中世寺社と国家・地域・史料

稲葉伸道 編

法藏館

序文

日本の歴史上、中世は政治・経済・社会・文化などすべての側面において、仏教が広くかつ深く浸透した時代であった。仏教思想が修法・法会・儀礼などを通じて展開する場は主に寺院であり、神社も仏教に大きく影響を受けていた。本書は、中世の寺院と神社について国家や社会との関係から、できるだけ幅広く検討していこうとするものである。本書刊行の経緯については「あとがき」で述べられているので参照されたいが、もともと編者の名古屋大学退職記念出版の企画であり、編者がそれぞれのテーマを考え、構成したものではない。したがって、全体構成において過不足無く中世の寺社および、国家・地域社会との関連を扱う論考が配置されているわけではない。しかし、「寺社との関連で」という依頼に応じて寄せられた幅広い論考は、結果的にはそれぞれ中世史研究において考えなければならない分野を対象としたものとなっている。

この企画に当たられた世話人諸氏と協議した結果、全体を四つの分野、すなわち、

Ⅰ　国家と寺社
Ⅱ　地域と寺社
Ⅲ　寺社の組織と経営
Ⅳ　史料と思想

に編成することとした。以下、寄稿された論考の内容を簡略に紹介し、編者の責を塞ぎたい。

Ⅰ　国家と寺社

黒田俊雄の権門体制論では寺社権門は中世国家の一つの構成要素として位置づけられていたが、ここでは古代から継続する朝廷と、鎌倉時代に登場する幕府を中世国家とし、朝廷・幕府が権門寺社とどのような関係性を持ち、どのような体制で臨んでいたのかを考えた論考をまとめた。

安原功「嘉応元年延暦寺強訴と後白河の「盛徳」」は、平安末期の嘉応元年（一一六九）の延暦寺大衆の強訴が、嘉応改元に籠められた後白河院の政治戦略を打ち砕くものであったと位置づけ、ついで、この前後の時期の改元定における元号の政治的意味について試論を述べたものである。強訴が権門寺院自身の問題だけではなく、政権中枢の政治路線や政治構造と関係する政治行動であることを指摘した。

稲葉伸道「南北朝・室町期の門跡継承と安堵―延暦寺三門跡を中心に―」は、南北朝・室町期における延暦寺の三門跡、すなわち、青蓮院・梶井・妙法院門跡の門跡継承と朝廷・幕府による安堵について検討したものである。後光厳院政期までは天皇家子弟が入室し門主となるが、足利義満期以降は室町将軍家子弟が加わること、また、安堵の主体も治天の君に代わって室町殿となることにより、鎌倉末期以来の門跡安堵システムが大きく変化していることを指摘した。

水野智之「室町期の醍醐寺三宝院門跡と摂関家」は、同じく醍醐寺三宝院門跡を対象とし、門主の出身家門である摂関家および室町将軍家との関係を検討している。三宝院門跡については近年大きく研究が進展したが、満済以後については十分ではない。この論文では、室町期の摂関の地位をめぐる九条流摂関家（九条家・一条家・二条家）と近衛流摂関家（近衛家・鷹司家）の対立の構図を明らかにし、九条流優位下における門跡継承との関連を考察している。鎌倉末期、天皇家や摂関家の分裂が門跡の形成と継承に大きな影響を与えたが、南北朝・室町期には、それに幕府の室町将軍家が加わる。門跡の出身家門は天皇家・摂関家・室町将軍家に限られることから、門跡継承の問題は国家の最高権力である王権の所在や権限につながるものである。

飯田良一「室町・戦国期の神宮伝奏と神宮奉行職事」は、室町・戦国期における朝廷の神宮伝奏と奉行職事について検討したものである。人名と職務についての基礎的研究であり、職務については神事奏事始と禰宜職の補任叙位において果たした役割を検討している。伊勢神宮に対する朝廷の管理支配体制を語る上で、神宮伝奏と奉行職事は重要な位置を占めており、鎌倉期に比べて研究が手薄だった室町期について切り込んだ論考といえる。

Ⅱ　地域と寺社

ここでは、中世の地域社会が鎌倉期から南北朝内乱を経て室町・戦国期に大きく変貌していくなかで、中央の荘園領主としての寺社から村落を基盤とする寺社に至るまでの寺社が、村落をも含む地域の世俗権力やその社会構造とどのような関係にあったのかを検討した論考をまとめた。

生駒孝臣「鎌倉期の東大寺領荘園と武士―山城国玉井荘の下司職相論から―」は、鎌倉期における東大寺領山城国玉井荘下司職が平安末期の内乱を経て、渡辺党一族や幕府の御家人の手に渡り、最後に武士が排除されて東大寺法華堂に移るまでの過程と、三者の関係について解明している。とくに、東大寺中門堂寄人の身分を持つ渡辺党一族と下野国御家人源（深栖）氏の下司職をめぐる争いは、東国出身御家人と畿内武士との争いとしても興味深い。同じ東大寺領荘園である美濃国大井荘の下司職が東大寺僧の手に移っていくこととも比較されるべき素材である。

小林保夫「荘園制成立期の物流と交易」は、かつて脇田晴子が提起した首都圏市場論が中世後期を対象としているとし、その視点を中世前期社会において展開させたものである。平安期の東大寺への封戸物納入や供御人である檜物師の交易圏などを素材に、京都や奈良などの周辺地域における津・倉敷・市を媒介とする物流システムを概観し、鎌倉後期以降の地方に成立してくる物流システムを展望する。

松山充宏「畠山氏の領国支配と寺院―可視聴化された守護権力―」は、名古屋市宝生院所蔵「集福寺堂供養記」を素材に、同記が永享七年（一四三五）九月から十月にかけて越中国の四カ寺で行われた舞楽曼荼羅供の記録であること、四カ寺の堂塔供養のために行われた曼荼羅供の規模やその費用を検討し、供養の主導者を守護畠山氏と推測している。室町期における越中国の真言宗寺院の拡大と守護との関係を考える素材を呈示したものとなっている。

佐藤圭「大乗院北国定使と朝倉氏」は、室町期から戦国期にかけての興福寺大乗院領越前国河口庄・坪江郷の支配にあたって、大乗院から現地に派遣された定使の活動を主に『大乗院寺社雑事記』から抽出し、その寺内における身分と職務について述べ、さらに、現地の請負代官であった朝倉氏との交渉にあたった定使の活動について触れている。権門寺院から荘園の現地に派遣され年貢収納の実務を担った人々が、現地の領主とどのように接触したのか、それを支える構造はどのようであったのかを具体的に検討することは、荘園制研究の課題の一つである。

服部光真「戦国期における地域秩序の形成と地方寺社―近江国甲賀郡を事例に―」は、戦国期の近江国甲賀郡の地域寺社の果たした役割について検討したものである。甲賀郡の郡中惣に至る地域秩序形成において、在地領主佐治氏の菩提寺妙音寺が佐治一族の紐帯、同名中形成の端緒となっていたことを、永正五年（一五〇八）の「妙音寺式条」の分析から指摘する。また、油日大明神が荘園の鎮守から郡の鎮守となっていくことを指摘している。戦国期は戦乱の時代であるとともに、地域の寺社が多く創建されていく時代である。地域における新たな寺社創建の担い手と信仰、地域秩序形成に果たしたそれらの寺社について解明していくことは、戦国期研究の重要な課題の一つであり、近世の地域社会に連続する問題でもある。

中島雄彦「起請文・契状にみる一宮—戦国期の厳島社と毛利氏—」は、戦国大名毛利氏が差し出した起請文や契状、逆に毛利氏に対して差し出された他氏の起請文や契状の神文部分に記載された誓約する神々の名前、とくに安芸国一宮厳島社に注目し、毛利氏の領国が拡大していくなかで、厳島社の記載がどうなっていくのかを網羅的に検討したものである。結論として、毛利氏も毛利氏に従属した領主も基本的には本拠とする国の一宮の神名を記載したこと、毛利氏と他国の領主が起請文や契状を結ぶ場合、一宮の順序が互いの序列や帰属性を示しているとした。平安末期以来、一国の一宮とされた神社が、一国を超える戦国大名の領国においてどのような存在であったのかを考える一助となるもので、他の戦国大名の検討が必要となろう。

谷口央「三河本願寺教団の再興過程についての一考察」は、三河一向一揆との対決を経て徳川家康がとった三河本願寺派禁制政策が、天正十年（一五八二）から翌年にかけて解除されていく過程を検証したものである。定説となっている新行紀一説が、当時の時代背景である徳川家康と羽柴（豊臣）秀吉の対抗関係を前提としている点に異を唱え、禁制解除の交渉は対抗関係とは直接関わることなく進められたことを指摘し、さらに、三河有力寺院と坊主衆や門徒衆との関係が一向一揆以前とは変質していることを指摘している。

Ⅲ　寺社の組織と経営

寺社を扱う場合、寺社組織とそこで活動する人々―僧侶・神官・俗人―についての理解が必要である。また、寺社で行われる宗教活動、恒例・臨時の法会・神事の儀式の意味やその経済的基盤についても同様に理解しておかねばならない。しかし、史料が必ずしもすべて揃っているわけではなく、少ない史料から復原していく作業も必要である。この分野の研究は一九七〇年代後半から急速に進展しているが、いまだ十分とはいえない。とくに中世後期の研究は遅れているといってよい。

高橋菜月「中世北野「社家」考―「社家」と松梅院・公文所を中心に―」は、近年解明が進んだ北野社の組織について、史料中にみえる「社家」の語の指す組織について、政所組織を意味する広義の用法と、執行以下三綱によって組織される狭義の用法があると指摘し、室町期には「社家」に対して公文所である松梅院が北野社において並立する存在になることを、公人である政所承仕・沙汰承仕と公文承仕の所属と活動から推定している。

古田功治「中世東寺長者の拝堂費用に関する覚書―大覚寺義昭の事例を中心に―」は、応永二十八年（一四二一）の大覚寺義昭の東寺一長者としての東寺拝堂儀式の費用負担を記した「寺務義昭拝堂用途算用状」が供僧方の文書として作成されたことの理由を推測し、ついで、通常は拝堂費用を長者側が負担し、執行方が管理する体制であり、供僧側が支出に関与することはなかったことを指摘している。東寺百合文書の利用はこれまでの関係者の努力によって、格段に容易になっている。執行方の文書も含めて東寺研究の環境は十分整備されてきているなかで、東寺研究はまだ進展させる余地が十分ある。

安藤弥「戦国期大坂本願寺における「斎」をめぐって」は、戦国期の大坂本願寺における「斎」行事について、『天文日記』と『私心記』から検討したものである。教団法要において年中行事となっていた「斎」「非時」の費用負担者である頭人（地方門徒衆）に着目し、頭人制度は番衆制度と並ぶ本願寺教団の体制を支えるものであったとする。また、地方門徒衆から申請されて行われた「中斎」の具体例が摂津・河内・美濃の門徒衆に多いことを指摘し、「斎」は本願寺住職と頭人となった地方門徒衆との共同飲食の場であり、両者をつなぐ宗教的結節点であったと結論している。寺社で行われた行事の宗教的意味については、平安期の顕密寺院での研究が進んでいるが、戦国期の本願寺のように門徒と門主が直接会い、飲食することの宗教的、政治的意味についての検討は、これからさらに追求されていく分野であろう。

川戸貴史「中近世移行期における法会・祈禱の支払手段―『舜旧記』の分析を中心に―」は、豊国社神宮寺別当神龍院梵舜の日記『舜旧記』、および『鹿苑日録』の法会・祈禱記事における費用の支払い手段（金・銀・銭・米）を検討し、十六世紀末から十七世紀初めの移行期において、どのような支払い手段が選択されていたのかを明らかにしようとしている。おおむね一五九〇年代以降は銀が中心であり銭も並行して使用されていくこと、豊国社への奉納が、北政所が銀、秀頼が金と銭、淀殿が金が主であったと指摘する。寺社の法会・祈禱と、そこに集積された貨幣を含む財物との関係は、社会史的観点からも興味深い問題である。

Ⅳ　史料と思想

ここでは主として寺社史料について論じた論考と、仏教思想に関わる論考をまとめた。もちろん、この二つの分野はそれぞれ一つの章を立てるべきものであるが、Ⅰ～Ⅳ全体のバランスをみて、ここにまとめた次第である。

渡邉正男「関東御教書と得宗書状」は、ともすれば両者が混同されがちであることを、寺社に関係する文書から指摘している。関東祈禱所の認定文書、禅宗寺院の住職補任文書、幕府と関係の深い醍醐寺報恩院流の関東護持祈禱命令や法流相承の認定に関わる文書、醍醐寺座主職の補任に関する文書などに使用された関東御教書と得宗書状が、様式の上では明らかに別のものであるにもかかわらず、得宗書状が関東御教書と類似した機能を有することによって、当時から混同されることがあったこと、それでも、両者は発給主体と発給手続きにおいて区別されるものであると指摘している。両者の混同は今日の古文書学でもみられると注意を喚起している。鎌倉幕府権力の二重性を寺社から追求する切り口となる論考である。

小久保嘉紀「『院秘抄』所載書札礼に関する基礎的考察」は、興福寺大乗院家の房官清実によって弘安八年（一二八五）に作成された故実書『院秘抄』にある書札礼について、その内容について検討を加えたものである。内閣文庫に所蔵されている同書については、すでに紹介されているが、実際に発給されている当時の大乗院門跡の御教書との比較を試み、奉者である房官と侍の身分差が書札礼に表れていることから、現存する大乗院門跡御教書の差出者や、他所からの門跡宛の宛所に記載された人物の身分を比定することが可能であるとする。こうした寺院における文書の様式集は醍醐寺の『雑筆至要抄』にもみられる。『弘安礼節』との関係も当然あるであろう。

青山幹哉「中世寺院における系図史料の存在とその理由」は、寺院になぜ俗人の系図が存在するのかという疑問について、資料の管理組織が自らの業務を遂行するために、その資料を管理所有しているか否か、すなわち「現用性」の有無の視点から検討したものである。寺僧の出自、諸氏諸家の系図の収集、俗人による寺院への奉納系図の三点から時代の変遷を踏まえて考察している。「現用性」の有無は、まさに古文書学の機能論に通じる視点である。

中世寺院が氏・一族・家という、実体でもあり幻想でもある共同体の情報を保存する役割を果たすようになったとの結論は興味深い。

西島太郎「転用される由緒「灰火山社記」―中世出雲国馬来氏の愛宕信仰―」は、灰火山宝照院に旧蔵されていた文亀二年（一五〇二）の奥書をもつ「灰火山社記」が、奥出雲の在地領主馬来氏に関わる宝照院の縁起であることを指摘し、史料を翻刻し、その内容について検討したものである。戦国期は寺社縁起が多く作成された時代であり、その内容は荒唐無稽な部分もあるが、縁起作成者の作成意図や寺社への信仰、記憶された歴史など歴史資料として分析されるべき対象である。地域史研究ではよく使用され、分析されているが、歴史学全体からみれば、まだ、その体系化はなされていない。

金龍静「顕如譲状考」は、天正十五年（一五八七）十二月六日の本願寺顕如の譲状の真偽について、筆跡・様式・使用文言・花押から検討し、結果、顕如自筆の真本と断定した。辻善之助の偽文書説を否定し、その上で、文禄二年（一五九三）の教如詰問状や天正後期の本願寺の政治動向について分析を行っている。譲状の真偽は東西両本願寺の始原に関わる問題であるため、議論を呼ぶことであろう。

斎藤夏来「中世後期五山派の栄西認識」は、密教僧としての側面を持つ禅僧明庵栄西について室町・戦国期の五山派の禅僧がどのように認識していたかを、栄西の呼称や称号に着目して検討したものである。五山派にとって栄西の法脈継承への関心よりも、栄西が開山となった建仁寺興隆が重要であり、そのために開山である栄西への関心が惹起されるようになり、戦国期になると円爾や蘭溪ではなく栄西こそが仏心宗の第一祖という認識が現れてきたと指摘している。禅僧が法脈上、自身と繋がらない栄西を、日本臨済宗の祖と認識するようになる過程を説明しようとしたものといえよう。

池田丈明「中世の禅僧と因果の道理―夢窓疎石・宗峰妙超・関山慧玄・一休宗純・道元―」は、禅僧の語録や法語にみる因果の道理の位置づけを検討し、禅僧が因果の道理をどのように捉えていたのかを考察している。考察の対象をいわゆる「純粋禅」と「兼修禅」とされる禅僧に分け、因果の道理を否定することをともに否定しているとした。中世禅僧にとって因果の道理は単なる方便ではなく冷厳な事実であり、「撥無」すべきものではなかったこと、さらに「撥無因果」は仏法失墜につながるものと認識されていたと結論している。近代的な思考で中世禅僧の思想を捉えるべきではないという論者の考えを証明した内容となっている。

以上、収録論文について概略を示し、一部、編者の私見を加えた。もとより、この概略には編者の関心が反映しており、執筆者の趣旨とずれていることを危惧する。

収録論文の扱った時代は、近年の中世史研究の動向と同じく、多くが中世後期を対象としている。その結果、近世への展望を開くものが見られるものの、古代から中世への展開について論じたものがほとんどないのは、中世の寺社を総合的に展望する上で、半分を欠いたものとなっている。しかし、現時点で全部を求めるのは編者の傲慢によるのかもしれない。ここに示された論考が、寺院史研究だけでなく国家史・地域史・社会史・経済史・仏教思想史・史料学などの各分野になんらかの貢献ができるものであれば、編者として大きな喜びである。

最後に、寄稿された各執筆者、編集世話人、そして刊行を引き受けて下さった法藏館に感謝の意を表したい。

二〇一六年十月二十日

編者

中世寺社と国家・地域・史料＊目次

Ⅳ 史料と思想

中世寺社と国家・地域・史料

I 国家と寺社

嘉応元年延暦寺強訴と後白河の「盛徳」

安原　功

はじめに

嘉応元年（一一六九）十二月、尾張国目代による美濃国延暦寺領住民への凌辱が契機となり、延暦寺大衆が目代と知行国主である、後白河院寵臣の権中納言藤原成親の配流を求めて強訴をかけた(1)。初めて大内裏内へ大衆が突入したのみならず、内裏門に神輿が放棄された点でも従来にない強訴だが、とりわけ政治的背景には不明な点が残されている。

本稿では、強訴という緊張した政治空間で大内裏・内裏の門号や神輿名が記号として生み出す意味を手がかりに、嘉応強訴が否定した後白河の政治戦略および後白河と平氏の関係を、断面的にだが浮き上がらせることを目的とする。近年、その文化的カリスマ性が強調される後白河だが(2)、平安末期の政治文化の実態、とりわけ儒教思想や皇統問題に即して読み解く必要があろう。王法と仏法が対峙する「国家大事」たる強訴は〈王〉の徳を問い、さらに皇統の正統性を俎上に載せることも少なくない。実子だが美福門院系皇統を継承した二条天皇との関係、後白河院政の確立と高倉即位、各時期の政治構造に留意しながら後白河の政治戦略と、その否定としての嘉応強訴を読み解きたい。

以下、第一章で嘉応強訴の検討から問題の所在を確認した上で、第二章では後白河の政治戦略を年号を手がかりに検討して、最後に嘉応段階での後白河と平氏の関係に視点を向けたい。

一　嘉応強訴の意味——大内裏・内裏諸門と神輿——

最初に嘉応強訴の概略を確認しておく。まず十二月十七日に「延暦寺所司・日吉社司各三・四人」で構成された「大衆使」が、所労を理由に受け取りを拒む蔵人頭平信範の私宅に奏状を投げ入れた(3)。信範は二十日にようやく参院しているが(4)、裁許がないまま二十二日夜に大衆が京極寺に下山して、翌二十三日に神輿とともに大内裏東面の二門の前に参集した。座主明雲と僧綱は大衆を制止するのでなく、さらに内裏東面の建春門内にある左衛門陣まで進んで子細を奏聞している。参院を求める後白河の制止を拒否した大衆は大内裏内に進入して、内裏の二門に神輿を放棄した(5)。翌二十四日に成親の備中国への配流と目代藤原政友の禁獄が決定され、神輿は帰座した(6)。しかし後白河の態度は一転する。二十七日に明雲の高倉天皇護持僧を停止したのに続けて(7)、二十八日には成親を召還するとともに、「奏事不実」を理由に検非違使別当権中納言平時忠と信範を配流に処分した。成親弟の尾張守家教も解官されたが(8)、成親本人は本官に復するのみならず、翌嘉応二年正月五日に右兵衛督および時忠後任の検非違使別当となる(9)。ただし延暦寺大衆が再び蜂起して、二月六日に再び成親は解官され、時忠と信範が召返された(10)。

本章では大衆の参集先と神輿名に絞って検討したい。強訴の渦中に後白河は大衆に対して、「衆徒参二内裏一之条尤不当、早可レ参レ院」と参院を指示したが、大衆側は「載報之条全不レ可、仍于〔参二于〕参内裏一、如レ此時雖二幼主一参レ内、是恒例也、更以不レ可レ参レ院」と、「内」を参集先として拒否している。[11] 十人から四十人程度で訴状の提出やその後の訴えを行う大衆使と、裁許の不備・遅怠から起きる大人数による強訴は区別する必要があるが、**表1**は参加人数と参集先が明確な延暦寺強訴のうち（人数不明でも神輿動座のある事例を含む）、天皇が元服以前の事例である。②③が起きた永久元年（一一一三）は正月に鳥羽天皇は元服しているが、まだ十歳で年齢的には「幼主」と言えるので加えてある。この年は延暦寺と興福寺の対立や強訴が激しく、『永久元年記』も編纂された年であり、先例として意識された可能性は他の強訴以上に高いであろう。天皇の年齢とは関係なく、参集者は数百人から数千人の幅があり、情報の誇大化や延暦寺側の内部状況が影響していようが、嘉応強訴は『歴代皇紀』巻四高倉天皇条に三百人（異本に二百人）とあり、神輿を動座した大規模強訴としては異例なまでに少ない。④保安四年強訴で大衆主力が官兵により阻止された際の別働隊三百人ばかりと同規模である。座主明雲と僧綱が大衆使の役割を果たしていた点も併せると、明雲が主導する一部の勢力による強訴と解すべきであろう。

次に参集先だが、永久元年（一一一三）の②以外はすべて大内裏・内裏であり、嘉応強訴における延暦寺大衆の主張が――大内裏突入の可否は別として――正統的な王法観であったことが確認される。②も『殿暦』に「院御門尓参集、依レ召参」とあり、逆に召しが無ければ、やはり大内裏が大衆の参集先であったと考えられる。しかしながら「幼主」で参院した事例であり、しかも他史料には召しの記載がなく、幼帝の場合は参院するという誤解が生まれても不思議ではない。また天皇の年齢に関わりなく大内裏が基本的な参集先であるが、詳細は不明だが、嘉応強訴の前回になる永暦元年（一一六〇）の強訴では、神輿群とともに大衆が院御所に参集している点が重要であろう。[12] ②への誤解や永暦元年強訴を踏まえれば、嘉応段階に「幼主」ではなく後白河への参院を想定することは自

表1　平安時代の延暦寺強訴（参加人数、神輿動座、参集先が明確で天皇元服前の事例、治承三年一一月まで）

	和暦	西暦	月日	内容	参加者	参集先	神輿	天皇	出典
①	天仁元	一一〇八	三月二三日	尊勝寺灌頂阿闍梨に東寺僧を用いべからざるを訴える。	延暦寺大衆・園城寺大衆数千人	闕（風聞）		鳥羽五歳	中右記
②	永久元	一一一三	閏三月二九日	興福寺衆徒による祇園社領への濫行と興福寺僧実覚の配流を訴える。	延暦寺大衆四〇〇・五〇〇人と神人が院御所北門（中右記に「是猛悪一類之衆所為」）／祇園神輿と大衆が召しで院御門に（殿暦）／延暦寺所司・神人三八人が院陣へ、僧徒二〇〇〇余人が祇園神輿とともに進発、京中で防がれる（長秋記）	院御所北門	祇園神輿（殿暦・中右記・長秋記）／祇園・北野・京極寺神輿が院陣（天台座主記）	鳥羽一〇歳（正月に元服）	殿暦・中右記・長秋記・天台座主記
③	永久元	一一一三	九月三〇日	座主仁豪の交代を訴える。	延暦寺大衆（無動寺、人数少）	陣頭（風聞）	神輿	鳥羽一〇歳（正月に元服）	長秋記
④	保安四	一一二三	七月一八日	神人を搦えた越前守平忠盛を訴える。	大衆が官軍に阻まれて河原に日吉七社神輿を棄てる一方、大衆三〇〇人ばかりが祇園神輿とともに公門を目指すも制止	公門（風聞）	日吉七社神輿（八王子・客人・十禅師、大宮・二宮・聖真子・三宮）／祇園神輿	崇徳四歳	一代要記・歴代皇記・天台座主記・十三代要略
⑤	久安三	一一四七	六月二八日	祇園社での闘乱により、平忠盛・清盛父子の配流を訴える。	延暦寺大衆・日吉神人・祇園神人	陣頭（源平盛衰記）	日吉神輿	近衛八歳	本朝世紀・百錬抄・帝王編年記
⑥	嘉応元	一一六九	一二月二三日	美濃国平野荘住人に暴行した尾張目代と知行国主藤原成親らの処罰を訴える。	延暦寺大衆三〇〇〇（異本に二〇〇〇）余人（歴代皇記）	待賢門から建礼門へ日吉神輿・祇園神輿、陽明門から建春門へ北野神輿（兵範記）	日吉神輿三基（十禅師・八王子・客人）と祇園神輿三基・北野神輿二基／天台座主記・一代要記では他に京極寺神輿	高倉八歳	兵範記・玉葉・愚昧記・天台座主記・一代要記・歴代皇記

然であろう。

想定に反した大内裏への参集が警備を手薄として、大衆は少人数であるにもかかわらず、強訴史上、初めて大内裏内に大衆が突入して内裏諸門に神輿を放置することが可能となった。『兵範記』では大衆は大内裏東面の待賢門と陽明門に参集した後、待賢門からは日吉神輿三基（十禅師・八王子・宮客人）と祇園神輿三基が進入して、内裏外郭南面の建礼門の壇上南面に神輿を据えた。また陽明門からは北野神輿二基が進入して、明雲等が先行していた建春門内の左衛門陣に神輿を放置した(13)。そもそも突入前に大衆が日吉神輿・祇園神輿からなる主力を待賢門前に参集させ、陽明門前には北野神輿のみを配したこと自体が異例である。通常、諸寺社の大衆・神人は公卿等が出入りする建春門に繋がる陽明門の前に参集するのであり、十世紀末から十一世紀前半の国司苛政上訴や神人愁訴の伝統を継承している。例外として、長治二年（一一〇五）十月三十日に延暦寺と石清水八幡宮が互いに訴えた際には延暦寺側は陽明門前、石清水側は待賢門前に参集しているが(14)、優勢な延暦寺側が「公門」たる陽明門前を占拠した故、劣勢の石清水側は南隣の待賢門前に参集せざるをえなかったのであろう。嘉応強訴では最初から先例を越え、建礼門を目標に突入するべく、一番近い待賢門前に主力を配したのである。この結果、重大な意味が生成されることになった。大衆の突入を許した待賢門と陽明門の権威が低下する一方で、神輿を放置された建礼門・建春門が内裏守護・仏法と王法が対峙する場としてクローズアップされた点である。南面正門である建礼門に六神輿が集中したのは当然であり、むしろ建春門と北野神輿の組み合わせが注目を浴びたであろう。祇園社の祭神が皇祖天照に濫行を働いたスサノオ＝牛頭天王であり、世界の起源における創始的暴力そのものであるのに対して、北野天神は御霊にすぎない。しかし醍醐天皇を落雷で落命させた後も業火で苦しませる天神のイメージは日蔵蘇生譚等を通して流布していたと考えられる(15)。高倉天皇個人の危機という点で、北野天神の脅威はより直接的、現実的である。

嘉応強訴により大内裏門、具体的には「公門」たる陽明門と待賢門の権威が後退して、新たに内裏南面正門の建礼門および建春門が天皇守護の宮門として浮上する、王権空間の新段階の到来が意味生成された。さらに信範や右大臣藤原兼実は大内裏南面の美福門から参入しているが、『兵範記』『玉葉』には「美福門跡」「件門者当時石居許也」と見える。美福門が荒廃して基壇を残すばかりの状況で待賢門も権威を失墜するのと対照的に、内裏二門の権威が演出されたのである。この大内裏突入と内裏門への神輿放棄という戦術には、四月十二日に高倉天皇の母、平滋子に建春門院の院号が宣下された際の混乱が影響した可能性が高いと考えられる。院号定では禁忌とされていた朱雀門を除き、大内裏の東と南の門号がすべて使われていたため、大内裏の北門である安嘉門や同西門の殷富門、内裏東門の建春門、御所の七条院など、公卿の意見も大きく三方向で分かれている[16]。結果的に定められた建春門院の号は内裏門を女院号に採用した初例となり、従来の通例から大きく変化することとなった。女院号が紛糾して大内裏門から内裏門へと変化した点は、門号への意識を高め、門号に女院とその所生の天皇を象徴する記号としての性格を強めたと考えられる。

すなわち嘉応強訴における待賢門からの神輿突入は、一方で美福門の荒廃と〈近衛天皇―二条天皇―六条天皇〉と継続してきた美福門院系皇統が高倉即位で完全に終焉したことをも重ね合わせつつ、後白河が体現する待賢門院系皇統が王権の危機を防げなかったことを強く意味することになろう。院号定でも権大納言藤原隆季は本来は御所名を用いていたが、待賢門院が吉例として以後は門号が多いと発言し、内大臣源雅通も待賢門院を吉例に挙げていた[17]。待賢門院系と美福門院系の二皇統が競合する旧時代から建春門院と平氏が養護する新王朝の開始へ、高倉即位の意義が大きく変えられることになる。後白河が時忠と信範に激怒した本当の理由はここにあろう。章を改めて年号・改元定を手がかりに、強訴が否定した後白河の政治路線を検討したい。

二　後白河の「盛徳」

1　嘉応改元と『梁塵秘抄』『梁塵秘抄口伝集』

仁安三年（一一六八）二月十九日に六条天皇から受禅して、翌月二十日に高倉天皇が即位した。中継ぎ役の後白河をはさんで近衛天皇以後続いた美福門院系皇統は最終的に途絶して、待賢門院系皇統が完全復活した。同日に国母である滋子も皇太后とされている。翌年四月八日に代始により嘉応に改元される。滋子に建春門院の院号が下される四日前のことである。改元定では前大納言藤原公通以外の全員が、権中納言藤原資長が勘申した「嘉応」「養元」から自分の二意見中の一つ、または一意見を挙げている[18]。資長は後白河天皇期の数年間で五位蔵人・右少弁から右大弁まで昇進した人物だが[19]、成親の配流と時忠・信範の召還を求めた延暦寺の再要求に対して開かれた嘉応二年（一一七〇）正月二十二日の院議定でも「備二顧問一之人々」七名の中におり、後白河の信頼は厚かったと考えられる[20]。

定の前に、新熊野社に籠もっていた後白河は往反の不便を理由に「仗議之上簡定、殿下可レ令レ申、一定之後可二参上一者」と信範に命じており、摂政基房は公卿意見の後、「今群議有レ四、頗多カリ、此中簡定重可レ定二申一両一者」と意見を絞るように指示している。最終的に意見は嘉応で一致して、後白河も「嘉応字聞レ吉之上、群議一同也、可レ被レ用者」と決定している。「聞レ吉之上」は、定以前から後白河は「嘉応」にその意向があった可能性を示唆しよう。その理由は典拠である『漢書』の宣帝と王褒等の故事にあると考えられる。資長は「漢書曰」と記すのみだが、厳朱吾丘主父徐厳終王賈伝が該当する。王褒は漢代を代表する賦家であり、とりわけ『文選』に収められた三作品―「四子講徳論」「聖主得二賢臣一頌」「洞簫賦」の文学的評価は高い(21)。

㋐王褒字子淵、蜀人也。宣帝時修二武帝故事一、講二論六藝群書一、博尽二奇異之好一、徵下能為二楚辞一九江被公上、召見誦読、益召二高材劉向・張子僑・華龍・柳褒等一、待二詔金馬門一。㋑神爵・五鳳之間、天下殷當〔富〕、数有二嘉応一。㋒上頗作二歌詩一、欲レ興二協律之事一。丞相魏相奏下言知レ音善レ鼓雅レ琴者渤海趙定・梁国龔徳上、皆召見待レ詔。㋓於レ是益州刺史王襄欲レ宣二風化於衆庶一、聞二王褒有俊材一、請与相見、使三褒作二中和・楽職・宣布詩一、選二好事者一令下依二鹿鳴之声一習而歌上之。㋔時氾郷侯何武為二僮子一、選在二歌中一。久レ之、武等学二長安一、歌二太学下一、転而上聞。宣帝召二見武等一観レ之、皆賜レ帛、謂曰、「此盛徳之事、吾何足二以当一レ之。」㋕褒既為二刺史一作レ頌、又作二其伝一。益州刺史因奏二褒有軼材一。上乃徵レ褒。既至、詔レ褒為下聖主得二賢臣一頌上。（後略）

（太字は資長の引用部）

宣帝は曽祖父である武帝の先例を意識して、多くの人材を登用して文化振興に熱心であった（ア部）。資長の引用部は、この神爵・五鳳年間（紀元前六一～紀元前五四年）の文化振興による天下の繁栄としばしば出現した瑞祥のことである（イ部）。宣帝は熱心に詩歌を作らせたり管弦を興隆させ、丞相魏相も音楽に通じ雅琴を善く鼓する者を推挙している（ウ部）。かかる文化興隆の中、益州刺史の王襄は衆庶を教化しようとして、俊材と聞いた褒に会い、「中和」「楽職」「宣布」の三詩を作らせ、好事家を選んで褒の歌を「鹿鳴」の雅声で習い歌わせた（エ部）。その中にいた何武等の歌を聴いた宣帝は、天子の盛徳を歌うものとして、己には相応しくないと自己の徳を否定している（オ部）。宣帝は褒を召して「聖主得二賢臣一頌」を作らせた（カ部）。

後白河が著した『梁塵秘抄口伝集』は巻第十冒頭で歌の種類と起源を総括した上で、自身の「当初十余歳の時より今に至るまで、今様を好みて怠る事無し」という今様狂いをまず概括的に振り返るが、王褒伝との類似性を看取しえる。

久安元年八月廿二日、待賢門院崩せさせ給にしかば、(中略)五十日過し程に、崇徳院の、新院と申し時、一つ所に朕が許に在るべきやうに仰せられしかば、余り間近く慎ましかりしかども、好み立ちたりしかば、その後も同じやうに夜毎に好み謡ひき。鳥羽殿に在りし時、五十日ばかり謡ひ明かし、と寄りて東三条にて船に乗りて、人々集へて四十余日日出づる程まで夜毎に遊びき。如レ此好みしかど、ⓐさしたる師無かりしかど、資賢やかねなどが歌を聞き取り、少々習ひて謡ふも有り。又謡ひ合ひたる輩の歌を、知らぬをば互に習ひつゝ、ⓑ何となく歌数知りたちては、足柄など、今様も秘蔵の歌を知らむと思て上手と聞きて便を尋ね取りて聞きしに、実によく聞えしかば、常に喚びて謡はせき。

王褒伝で用いられている「好」「歌(謡)」「聞」が散見する。とりわけa部の「習ひて謡ふ」は使役か自身の行為かの相違はあるが、エ部「習而歌」そのままであり、内容的にもエ部に類似する。またb部「上手と聞きて便を尋ね取りて聞きしに、実によく聞えしかば、常に喚びて謡はせき」も、オ部「転而上聞。宣帝召二見武等一観レ之」を踏まえたものであろう。

「久安元年八月廿二日」は巻第十で年月日を明記した最初の記事だが、雅仁親王(後白河)は十八歳で「十余歳」というにはやや遅いが対応している。母待賢門院が後に美福門院となる藤原得子を呪詛した風聞で出家した後に没し、兄崇徳も皇位を逐われたまま待賢門院系勢力は後退していた。自身も天皇位は夢想すらできなかった時期である。宣帝は祖父の衛太子が武帝に対する巫蠱事件で死んだ際、幼少故に命は助かり獄吏により民間で育てられた人物である。呪詛による失脚と死という点で衛太子と待賢門院は対応し、雅仁を同居させた崇徳と獄吏にも同様の関係を見いだしえよう。後白河は宣帝に自己を重ね合わせて、今様狂いの人生の起点としたと考えられる。巻第十も「京の男女、所々の端物、雑仕、江口神崎の遊女、国々の傀儡子」から今様を習得したことを記しているが、下層民と気軽に交流する後白河のイメージも、民間育ちの宣帝に由来するのであろう。

今様狂いは後白河個人の趣味の範囲を越えて、自己の皇統を守る〈王〉の営為へと展開したと考えられる。巻第十には「嘉応元年三月中旬の比、此等を記し畢りぬ」とあり、『梁塵秘抄口伝集』の基本的成立は同年と考えられている。(22) 高倉即位後の代始改元と建春門院の院号宣下はその翌月である。実際に後白河が『梁塵秘抄口伝集』を同年に完成させたのか、後に高倉即位にあわせて設定したのかは確定しがたい。しかし嘉応年号へのこだわりこそ、今様を通して自己の「盛徳」（オ部）を高めて高倉天皇を擁護しようとした、後白河の意志を示していると考えてよいであろう。

巻第一冒頭には「古より今に至るまで、習ひ伝へたる謡有り。此を神楽、催馬楽、風俗といふ。（中略）皆これ天地を動かし、荒ぶる神を和め、国を治め、民を恵む歌立てとす」とあり、歌は神をなごませ、国と民を安定させる回路として位置付けられている。巻第十の後半では、永暦元年（一一六〇）以後、社寺に参詣して今様を謡うことで神仏と感応するエピソードが散見する。「心を致して神社、仏寺に参りて謡ふに、至現を被り、望むこと叶はずといふこと無し」という至現は、冒頭部との対応において、神を和ませて国と民を安定させる司祭王の性格を付与して、後白河の「盛徳」を高めることになろう。〈王〉とは神話論的には人と神、人と世界の始源を結ぶ特別な存在である。「声足らずして妙なる事無ければ、神感有るべき由を存ぜず。唯年来嗜み習ひたりし劫の致すところか」という、執拗な修練の歳月が生み出した個人的能力こそ、後白河を神に対する唯一無比の司祭者としている。なお王褒伝カ部で褒が「頌」と「伝」を作っている点も、後白河が『梁塵秘抄』と『梁塵秘抄口伝集』を作成した点と対応するが、王褒伝後略部に収められた「聖主得㆓賢臣㆒頌」（「頌」は功績を神明に告げる文、王の徳への讃）には「春秋法五始之要、在㆓乎審㆑己正㆒㆑統而已」とある。「審㆑己正㆑統」は本来、自己を詳らかにすることで天下統治を正す意であるが、「統」を〈王統〉と読むことも可能である。「聖主得二賢臣一頌」を含めて王褒伝は待賢門院系皇統の護持者たらんとする、後白河の文化政治戦略に合致する。(23)

現存する『梁塵秘抄』『梁塵秘抄口伝集』には北野社との明確な関連は確認されないが、『梁塵秘抄』巻第二・神分三十六首中に「神のめでたく験ずるは、金剛蔵王徳王大菩薩西の宮、祇園天神大将軍、日吉山王賀茂上下」「東の山王恐しや、二宮客人の行事の高の御子、十禅師山長石動の三宮、峰には八王子ぞ恐ろしき」と見える。永暦元年（一一六〇）十月十六日には後白河の御願により、法住寺殿鎮守として日吉社が熊野社とともに勧請されていた。(24)日吉三神輿の動座は後白河の「盛徳」を荒々しく直接否定するのであり、祇園神輿もそれに準じてとらえられよう。

2　応保改元と法住寺殿

資長は嘉応改元以前にも、二条天皇期の応保・長寛・永万改元に年号を勘申していた。永暦二年（一一六一）九月四日の応保改元も資長の年号であり、嘉応同様に後白河の政治戦略に沿った可能性が考えられる。改元は二条も罹病した「天下疱瘡」を名目に行われたが、(25)むしろ憲仁（後の高倉天皇）が誕生した翌日である点が政治的に重要であろう。十五日には平時忠と同教盛が解官されており、(26)憲仁擁立の動きが理由と見られている。一般に以後、二条は合議・除目から後白河の影響を排除して親政を本格化するとみられており、陣定の訴訟処理機能が活発化する。(27)

年号定では資長は「天統」「応保」の二案を挙げている。(28)まず「天統」の典拠は『論語義疏』為政の「伏羲為二人統一、神農為二地統一、黄帝為二天統一」（ただし勘申では「人統」と「天統」が逆）と『周礼』天官冢宰の「以二八統一詔レ王馭二万民一」である。前者では続いて「少昊猶二天統一、言是黄帝之子、故不レ改レ統也」とあり、美福門院との養子関係により二条を美福門院系皇統の継承者とする位置付けを否定して、後白河との父子関係により待賢門院系皇統の一員と再規定することが目的であろう。

「応保」の典拠である『尚書』康誥は、唐代に撰された『尚書正義』の「**已、汝惟二小子一、乃服惟弘レ王、応二保殷民一、**已乎、汝惟二小子一、乃当下服二行徳政一、惟弘二大王道一、上以応レ天、下以安中我所レ受レ殷之民衆上」から、『尚書』本文と弘安国伝を引用している（太字が資長の引用部）。伝部分の「徳政」が表面的には勘申のポイントであろう。資長引用部に続く「惟弘二大王道一」も後白河の徳治を二条が支える意味を生むが、そもそも康誥全体が、二条親政を後白河の徳治の下に組み込む構造を有している。周の武王（一説に周公）が弟の康叔を殷の旧都に赴かせるにあたり与えた訓戒であるが、長文となるので適宜、一部を掲げる。(29)

　惟三月哉生魄、周公初基二作新大邑東国雒一、四方民大和会、侯・甸・男邦、采・衛、百工播民、和見二士于周一。

　周公咸勤、乃洪大誥治。

周公旦が東国の洛水のほとりに新たな都市を創建している。後白河もこの年四月十三日に鴨川東岸に十余町の広大な敷地面積を有する法住寺殿を作り、移徙している。(30)除目・朝覲行幸等のために洛外と京中の院御所を往反した白河・鳥羽院と異なり、以後、法住寺合戦で焼亡するまで後白河は法住寺殿に居住し続け、朝覲行幸も同殿で行われる。京中の院御所と同様の建物群が整備されたのみならず、(31)七条大路末を基軸として巨大建築が立ち並び、街路を含めて市街を形成する法住寺殿は、「都と同様の空間を演出する視覚的効果」を意図したとも評される。(32)最初の移徙に懐妊中の滋子ではなく、同宿の絶えていた皇后藤原忻子を同車しているのも、皇后を伴う〈王〉としての演出であろう。法住寺殿は中国の伝統的な副都制も連想させる〈東の王都〉であり、周公旦が「新大邑」を東国の河畔に築いた故事と対応する。

康誥は以下、「王曰」「王若曰」と、「王」が康叔に命じた殷の故地を統めるための心得を重ねる。

王若曰、「孟侯、朕其弟小子封。惟乃丕顕考文王、克明レ徳慎レ罰、不三敢侮二鰥寡一、庸二庸祗三祗威四威顕民一、用肇造三我区夏越二我一二邦一、以修二我西土一。惟時怙冒二聞于上帝一、帝休、天乃大命下文王、殪二戎殷一、誕受中厥命上。越厥邦厥民惟時叙、乃寡兄勖。肆女小子封、在二茲東土一。」

「丕顕」（徳があきらかな）文王が徳に励み（「明徳」）、刑罰の実行に慎重であったこと（「慎罰」）、故に天帝の耳に達して天命により殷を倒した結果、康叔が殷の故地に封じられたことが告げられる。周の文王の子の一人が康叔であり、後白河が天命を受けて新たに徳治を行う〈文王〉、二条がその結果として国を治める〈康叔〉になる。養子関係による美福門院系皇統の後継者という二条の位置が——前年十一月に美福門院は死去しているが——滅亡した殷の遺領を継承する康叔と重ね合わされ、同時に実父である後白河の徳治の一部として二条親政が位置付けられる。

王曰、「嗚呼、小子封。恫二瘝乃身一敬哉。天畏棐レ忱。民情大可レ見。小人難レ保。往盡二乃心一、無二康好レ逸、乃其乂レ民。我聞、曰、『怨不レ在レ大、亦不レ在レ小』。恵レ不レ恵、懋レ不レ懋。已、**汝惟二小子一、乃服惟弘レ王、応二保殷民一**、亦惟助レ王宅二天命一、作二新民一。」

（太字は資長の引用部）

「応保」とは、まさに文王＝後白河の徳を継承して広め、民を保つことで文王＝後白河に授かった天命を不動のものにせよ、との王命を意味するのである。次はその具体的な内容の一つとしての「慎罰」である。

王曰、「外事、汝陳二時臬司一、師二茲殷罰有レ倫。」又曰、「要囚、服念五六日、至二于旬時一、丕蔽二要囚一。」王曰、「汝陳二時臬事、罰蔽殷彝一、用二其義刑義殺一、勿レ庸二以次一。汝封。乃汝尽孫曰二時叙一、惟曰レ未レ有二孫事一。已、汝惟二小子一、未下其有中若二汝封之心一、朕心朕徳惟乃知上。（中略）」

「外事」＝外朝での裁判では「臬司」＝法律に従い、「殷罰」＝前王朝の殷の刑罰が条理を得ているのに従えとする。次も類似の命であり、「臬事」＝法律と「殷彝」＝断罪に用いる殷の法律を明示して正しく行えとするのに続けて、「汝封之心」ほど「朕」の心と徳を知る者はないとする。つまり、ここからは二条天皇に独自の法をつくらず、保元以前からの先行法令に従うことが命じられているのであり、重ねて後白河が出した保元新制を尊重せよ、ということになろう。前述したように以後の二条天皇期には太政官機構を通した裁判興業が行われており、「外事」と太政官が対応する。また二条天皇期を通じて体系的な新制が確認されない点も惹起される。

裁判興業は二条天皇の主導と理解されているが、実務上重要な弁官局の体制からは一考を要する。二条が即位する前日の保元三年（一一五八）八月十日に資長が左中弁から右大弁に、源雅頼が権右中弁から左中弁に転じて、左大弁藤原顕時を首班とする二条天皇初期の弁官体制ができる。転換点は永暦元年（一一六〇）十月三日であり、二人が左大弁・右大弁に昇任すると六条天皇期の永万元年（一一六五）八月十七日まで弁官局の左右首座を占め続ける。蔵人所においても永暦元年（一一六〇）に、まず四月三日に資長が蔵人頭として四年半ぶりに蔵人所に復帰した後、十月三日に参議に昇進すると雅頼が後継者となり、長寛二年（一一六四）正月二十一日の参議昇進まで継続する。雅頼は後白河天皇が即位した際にも資長と並んで五位蔵人に任じられ、常に資長と同日に弁官として昇進していた。資長が権中納言に昇任した後は、後任の左大弁として弁官局の首座を勤める。資長と同様に後白河の信任する人物とみなすべきであろう。すなわち、応保年号の持つ「外事」での法重視は、太政官のもとで実務を担う弁官局への後白河の影響力と対応し、しかも影響力は以後の裁判興業期にも継続すると考えられる。蔵人所でも後白河の影響が完全には排除されていないと推測され、全体として二条親政を後白河の徳治の一部とする応保年号の意図は一定、実態化されていたように見える。

後白河の影響力が強まった転換点として、四月に資長が蔵人頭となり、十月に弁官局の資長・雅頼体制が成立した永暦元年（一一六〇）が焦点となろう。時期的に滋子が懐妊する以前の変化であり、十一月二十三日に美福門院が病没している点が注目される。[33] 病の始期は不明だが、病による政治的影響力の低下が、後白河の影響力を強めたと考えるべきであろう。翌永暦二年（一一六一）、憲仁誕生と応保改元から二か月後の十一月、頭弁雅頼・五位蔵人藤原行隆の二人のみが二条御前に伺候していた「近時」の体制が改められ、蔵人全員が直接二条に奏聞する本来の体制が回復される。[34] 雅頼と行隆を二条側ととらえるか、後白河側ととらえるか評価が分かれているが、[35] 雅頼が後白河側である可能性が高いことは既述した。行隆も前年十月四日、雅頼が蔵人頭となった翌日に五位蔵人となった人物であるが、二条天皇の中宮藤原育子の中宮権大進であり、[36] 二条退位後は永万元年（一一六五）に左少弁となるが翌年には解官されている点からも二条派と考えられる。『平家物語』諸本は二条天皇のもとでの栄達と後白河院政期の困窮を記している。「近侍」の二人体制とは、美福門院の病と死去により緊張が高まった中で後白河側の雅頼と二条側の行隆に奏聞を限定した、移行期の相互妥協的な体制と考えられる。応保改元を含めて政治再編が進んだ故、十一月に入り、美福門院の一周忌を前に緊張時の体制が解除されたのであろう。弁官局・蔵人所の体制は実態および関係者、とりわけ雅頼の評価いかんで異なる理解が導かれる可能性が残るが、一見、国家意思決定から後白河が排除され、除目への影響力が低下しても、理念的に二条親政が後白河の徳治の一部として組み込まれたとすれば、大局的に後白河は──特異な形でだが──「院政」の主体であったと位置付けることも可能となる。

おわりに代えて──後白河・平氏対立の起点──

嘉応強訴は後白河の政治戦略を正面から否定した。平氏や明雲の動き、後白河の時忠・信範への怒りからは、平氏と明雲・延暦寺が連携していたと推測されるが検討は別の機会に譲り、最後に嘉応改元の際に資長が挙げた二案の一方、「養元」を検討して終わりに代えたい。

改元定における最初の発言では、後白河近臣だが親平氏とは考えにくい藤原経宗・同師長・同成頼が「嘉応」を選んだのに対して、時忠と親平氏派公卿である藤原隆季は「養元」を選んでいる。典拠の『後漢書』孝和孝殤帝紀では、和帝が即位すると継母の皇太后竇氏が臨朝称制を行い、兄の竇憲ら竇一族が専権を握った。皇太后が群臣に告げた詔中に「養元」が見える。

皇太后詔曰、「㋐先帝以二明聖一奉二承祖宗至徳要道一、天下清静、庶事咸寧。今皇帝以二幼年一、煢煢在レ疚、朕且佐助聴レ政。㋑外有二大国賢王一並為二藩屏一、内有二公卿・大夫一統二理本朝一。恭レ己受レ成、夫何憂哉。然守文之際、必有二内輔一以参二聴断一。㋒侍中憲朕之元兄、行能兼備、忠孝尤篤、先帝所レ器親受二遺詔一。当中以二旧典一輔下斯職上焉、憲固執二謙譲一、節不レ可レ奪。今供二養両宮一、宿二衛左右一、厥事已重、亦不レ可三復労以二政事一。㋓故太尉鄧彪元功之族三譲弥高、海内帰レ仁為二群賢首一、先帝褒表欲二以崇一レ化。今彪聡明康強、可レ謂二老成黄耉一矣。其以レ彪為二太傅一、賜二爵関内侯一、録二尚書事一。百官総レ己以聴。㋔朕庶幾得レ専二心内位一。於戯群公、其勉率二百僚一、各修二厥職一、**愛二養元元一**、**綏以二中和一**、称二朕意一焉」。

（太字が資長の引用部）

和帝は幼少孤独で病であるので皇太后が聴政を助けるとし（ア部）、国外には「大国賢王」が蕃国となり、国内では公卿大夫の補弼を受けて統治するので憂いはないとしながらも、先帝の制度を受け継ぎ聴政を行うには「内」の輔けが必要として（イ部）、二人の功臣を挙げる。まず自身の「元兄」である「侍中」竇憲を、先帝が「器」として頼り遺詔を授けた人材である故、補弼の臣とすべきであるとしながらも本人の辞退を予想し、かつ帝宮と太后宮の両方に侍しているので「政事」で煩わすべきでないとする（ウ部）。その上で「元功之族」たる前太尉の鄧彪を挙げ、太傅として尚書の任にあてることを告げる（エ部）。年号候補の「愛元」は二人の元（竇憲・鄧彪）に対する百官の愛育であり、両者のもとで中正和平の道に努めることを百官に求めている（オ部）。

後白河は応保改元では、『尚書』康誥を踏まえて二条親政を自己の徳政下に組み込んだが、和帝の故事を踏まえれば「先帝」は実質的に二条天皇となる。その制度を受け継ごうというア部において、皇太后竇氏が国母である皇太后滋子と対応するとすれば、二人の「元」と対応する人物が平氏一門から浮かび上がる。竇氏の兄竇憲には滋子の同母兄である時忠が該当しよう。日本では「侍中」は蔵人の唐名であり、前代の六条天皇期、永万二年（一一六六）六月から仁安二年（一一六七）二月まで蔵人・蔵人頭であった経歴と対応する。一方、鄧彪には清盛が対応しよう。保元・平治の乱の功臣である清盛と平氏一族は「元功之族」に相応しい。また鄧彪の前官である「太尉」は三公の一つで武官であり、前太政大臣清盛が最高の武門であることは自明であろう。

すなわち「養元」とは、国母である皇太后滋子を核として、時平・清盛の〈平平〉への従順を官人達に求める年号になる。ちなみにエ部の鄧彪に対する「百官総レ己」は『漢書』霍光伝では、前述した前漢の宣帝の即位当初に「関白」した霍光に対して用いられており、日本では関白を任命する際の定型文言となっている。したがって理念的には清盛に摂関に準じた位置を与える意味さえ、「養元」年号は派生しえることになる。後白河院政には、滋子を連携の核とした清盛・平氏の協力が重要であった点は一般に指摘されるが、新体制最初の改元で資長は後白河の徳政・王権構想に沿った「嘉応」年号と、滋子・平氏一門の外護による「養元」年号の二候補を併記したのであり、故に最初の公卿意見は二分されたのであろう。定の結論は通例として後白河自身が決定する以上、「養元」は平氏側に配慮したダミーと解される。往反の便宜を名目に定への直接関与は避けながら、最終的には絞られた意見を尊重する形で「嘉応」に確定することが、後白河の意向であったと考えられる。待賢門院系皇統の権威を失墜させ、高倉天皇の外護者として建春門院と平氏の存在を強調する嘉応強訴は、「養元」年号が象徴した政治路線の可視化に他ならなかったのである。

註

（1）　高橋昌明「嘉応・安元の延暦寺強訴について―後白河院権力・平家および延暦寺大衆―」（同『平家と六波羅幕府』東京大学出版会、二〇一三年、初出は二〇〇四年）に詳細な整理がある。嘉応強訴に関しては他に、田中文英「後白河院政期の政治権力と権門寺院」（同『平氏政権の研究』思文閣出版、一九九四年、初出は一九八三年）、河合康『源平の内乱と公武政権』（吉川弘文館、二〇〇九年）。

（2）　後白河個人とその時代に関する関連論稿は多岐にわたるが、古代学協会『後白河院　動乱期の天皇』（吉川弘文館、一九九三年）、棚橋光男『後白河法皇』（講談社、一九九五年、後に講談社学術文庫）、下郡剛『後白河院政の研究』（吉川弘文館、一九九九年）、遠藤基郎『後白河上皇―中世を招いた奇妙な「暗主」―』（山川出版社、二〇一一年）、美川圭『後白河天皇　日本第一の大天狗』（ミネルヴァ書房、二〇一五年）、他。

（3）『兵範記』嘉応元年十二月十七日条。

（4）『兵範記』嘉応元年十二月二十日条。

（5）『兵範記』嘉応元年十二月二十三日条、『玉葉』同日条、『愚昧記』同日条。

（6）『玉葉』嘉応元年十二月二十四日条、『愚昧記』同日条、『兵範記』同日条、『百錬抄』同日条。

（7）『兵範記』嘉応元年十二月二十七日条、『百錬抄』同日条。

（8）『玉葉』嘉応元年十二月二十八日条、他に『兵範記』同日条・二十九日条、『愚昧記』同日条、『百錬抄』同日条。

（9）『玉葉』嘉応二年正月六日条、『公卿補任』嘉応二年条。

（10）『玉葉』嘉応二年二月八日条、『百錬抄』同月六日条。

（11）『玉葉』嘉応元年十二月二十三日条。

（12）『天台座主記』第四九、『一代要記』二条天皇。

（13）『玉葉』同日条では建礼門壇上に「七社・祇園・北野等云々」と神輿すべてが放置されており、北野神輿の放置先が『兵範記』と異なる。『玉葉』は神輿に関しては伝聞情報であり、『兵範記』が正しい可能性が高いであろう。

なお『天台座主記』『一代要記』では神輿に京極寺もみえる。
(14)『中右記』長治二年十月三十日条、『殿暦』同日条。
(15)『扶桑略記』天慶四年春三月条所収「道賢上人冥途記」、『北野文叢』巻一一所収永久寺本「日蔵夢記」。
(16)『兵範記』嘉応元年四月十二日条、『成頼卿記』同日条。
(17)『兵範記』嘉応元年四月十二日条。
(18)『兵範記』嘉応元年四月八日条、『成頼卿記』同日条。
(19)以下、蔵人・弁官の経歴は市川久編『蔵人補任』（続群書類従完成会、一九八九年）、飯倉晴武校訂『弁官補任』第一（続群書類従完成会、一九八二年）による。
(20)『玉葉』嘉応二年正月二十三日条。安元三年四月二十九日条では、安元の大火で焼亡した「富二文書一家」六名中に資長がみえる。後白河は「漢家書籍」は「儒家」「他御倉」にあるとして、蓮華王院宝蔵での所蔵は「證本」に限定しており（『吉記』承安四年八月十三日条、美川註(2)前掲書）、資長はその一人であろう。なお資長の娘は建春門院女房である（『尊卑分脈』内麿公孫）。
(21)『文選』巻五一・四七・一七。
(22)飯島一彦「『梁塵秘抄口伝集巻第十』の史実性と虚構性―疑念への反駁と問題点の整理―」（『梁塵　研究と資料』第八号、中世歌謡研究会、一九九〇年）、馬場光子「『梁塵秘抄口伝集』巻第十成立試論」（同前）。
(23)王褒伝の後略部には褒の言に「無レ有二游観広覧之知一」とあり、熊野詣や「まなざし」の政治（遠藤註(2)前掲書）との類似性がある。ア部「博尽二奇異之好一」も珍奇な品や絵巻まで収蔵した蓮華王院宝蔵に通じよう（美川註(2)前掲書）。
(24)『百錬抄』永暦元年十月十六日条。
(25)『山槐記』応保元年九月四日条。
(26)『山槐記』応保元年九月十五日条、他。
(27)美川圭「院政における政治構造」（同『院政の研究』臨川書店、一九九六年、初出は一九八七年）。
(28)『顕時卿記』永暦二年九月四日条。
(29)本文・語釈等は加藤常賢『書経』上（明治書院、一九八三年）による。

(30)『山槐記』応保元年四月十三日条。
(31)川本重雄「続法住寺殿の研究」（高橋昌明編『院政期の内裏・大内裏と院御所』文理閣、二〇〇六年）。
(32)上村和直「法住寺殿の考古学的検討」（高橋註(31)前掲書）。
(33)『山槐記』永暦元年十一月二十三日条。
(34)『山槐記』応保元年十一月十八日条。
(35)曾我良成「二条天皇と後白河上皇の応保元年」（『名古屋学院大学論集　言語・文化篇』第二三巻第二号、二〇一一年）。
(36)『山槐記』応保二年三月十九日条。

南北朝・室町期の門跡継承と安堵

――延暦寺三門跡を中心に――

稲葉伸道

はじめに

鎌倉期以降、天皇家や摂関家の子弟（貴種）が院主となっていった院家のことを門跡と称し、院主のことを門跡とも称するようになる。本稿では、僧位僧官とは別に血筋（家）によって僧の身分の最上位に位置づけられた門跡が、出身母体である家（家門）とどのような関係を持ち、それが国家（朝廷・幕府）によってどのように安堵されたかを南北朝・室町期において検討しようとするものである。なお、本稿では門跡領や門跡構成員等を含む門跡の総体を門跡と呼び、個人としての門跡を門主と呼ぶことにして区別して表現することとする。

門跡の寺格、門主の身分がほぼ確立するのは南北朝期であるが、(1) それ以前の段階、鎌倉後期の段階では、門主の出身母体である家が分裂し自立化していく。すなわち王家における持明院統と大覚寺統の分化、摂関家における九条家・一条家・二条家・近衛家・鷹司家の分立である。それぞれの家門はその子弟を特定の院家に入室させ、その院家を間接的に自己の所領のごとく所有しようと図り、その所有をめぐって熾烈な争いが門跡に起こることは、興福寺大乗院・一乗院の事例で検証したことがある。[2] そこで確認されることは、家門の争いが門跡継承の原因だけではなく、朝廷の分裂、すなわち持明院統と大覚寺統の分裂が門跡安堵に大きな影響を与えたことである。鎌倉末期、公家の家（家門）継承において王権（天皇・院）が安堵を行うようになったことはすでに指摘されているが、[3] この公家の場合と同じように王権による門跡安堵が行われ、安堵主体である王権の分裂が門跡継承にも大きな影響を与えたのである。このような状況は南北朝期においてどのようになっていくのか。室町幕府下、とくに朝廷権力を吸収していく足利義満期において、門跡継承がどのように行われ安堵されていくのかを検討する必要がある。この課題は、すでに醍醐寺三宝院門跡の研究や、興福寺大乗院門跡の研究において、また、公家家門の安堵についての研究で触れられているところであるが、[4] 本稿では延暦寺の門跡を中心に考察したいと思う。

一　青蓮院門跡

建武政権期から応仁の乱後までの期間における、延暦寺青蓮院門跡の継承について、『華頂要略門主伝』によって歴代を示すと以下のようになる。

尊円（伏見院子）―尊道（後伏見院子）―慈済（一条経通子）―道円（後光厳院子）―尊道―義円（足利義満子）―義快（二条持基子、足利義教猶子）―尊応（二条持基子）―尊伝（後土御門院子）―（以下略）

出身の家門は天皇家（持明院統）、室町将軍家であり、二条家の場合は室町将軍家の猶子として入室している。門主の経歴からは、彼らが入室、出家、受戒、門跡継承・安堵、門跡譲与の過程をたどるのが通例であったことがわかる（以下の歴代門主の事蹟はとくにことわらない限り『華頂要略門主伝』に依拠している）。この過程について尊円の跡を継承した尊道から確認しておこう。

尊道は暦応元年（一三三八）十二月に次期青蓮院門主候補として尊円の住居である岡崎坊に入室した（七歳）。暦応四年（一三四一）三月には尊円とともに十楽院に移住し、親王宣下を受け、出家得度、受戒している（十歳）。延文元年（一三五六）八月二十八日、尊円から「門跡与奪」され、青蓮院門跡を継承した（二十五歳）。九月十日には後光厳天皇の「勅書」を賜り「四箇門跡」[5]と「真俗所帯」（真諦と俗諦の所持）を認められた。十月十一日には無動寺と三昧院の両寺検校職補任の綸旨を下され、十一月十二日には諸門跡安堵の綸旨が下された。応安七年（一三七四）西山青龍院に閑居し、四月十五日に門跡を妙香院門主慈済僧正に譲与した。但し、譲与は新宮（道円）が成人するまでの期間という限定付きであった。後光厳院の子久尊親王（道円）は門跡継承候補として応安五年（一三七二）に尊道の許に入室し（九歳）、翌年出家得度していたが、尊道は道円へ直接継承するのではなく、慈済に道円への後見を依頼する意図で中継ぎの門主として門跡を譲与しようとしたのである。この尊道の意図は、慈済によって拒否され、結局、永徳元年（一三八一）四月になって尊道は道円に門跡を譲与した。その前年（康暦二年）の尊道の道円に対する譲状が残されている[6]。

門跡真俗券契本尊聖教坊舎庄園、不胎一事悉所令付属道円親王也、為入室付法写瓶相続之嫡弟之上者、敢不可有異論者也、去応安四年後光厳天皇御在任之時、依有存旨、勅委細状進置御前訖、早被申此子細於禁裏、於正文者可被申給哉、条々遺状等、愚存之趣連々随臆念任端書置了、就中、先年応安七載巨細之篇目、令進座主御坊畢、其内少々時分相違事雖在之、大途不可有依違歟、於十楽院者一瞬之間、且為称号且為活計、慥可愚老之所分也、凡厄年寿限其期到来之間、世事弥飽満抛却許也、不及遁世、隠居之儀にて、公私大要真俗重事出来之時、更不可存如在遊見儀、勿論、今年相当　舊院七廻候上、宜為酬彼皇恩、且為憚重誓、故令譲与之状、如件、

康暦二年正月二十九日

（尊道花押）記之

応安四年における後光厳天皇に奏上した書状の内容は記されていないが、翌年の久尊親王の青蓮院入室であろう。門跡を将来道円法親王に継承する件については、応安七年（一三七四）の座主慈済に「巨細之篇目」を記していったん譲与しようとしたことを指している。その後、概ね状況は変わりなく、尊道は、後光厳天皇の没後七回忌の年にあたり、ここに自身の一期分として十楽院を残し、道円に門跡を譲与すべく譲状を作成したのである。実際に門跡譲与がなされたのは翌年四月ということになろうか。

しかし、道円は至徳二年（一三八五）に二十二歳で入滅してしまい、その後、再び尊道が門主に復帰する。明徳三年（一三九二）八月、室町将軍義満の子（尊満）が入室し（十二歳）、翌年に出家得度する。この間に尊道が門跡としてのふさわしい家格である天皇家か摂関家の子弟を入室させる努力をしたか、あるいは、門跡の門徒がそのような画策をしたかは残念ながら史料上確認できない。尊満の入室は当然、義満の意向によるものであったと思われるが、なお、門跡継承への課題が残ったものか、その後、尊満への門跡の譲与はなされないまま、応永十年（一四〇三）七月五日に尊道は七十二歳で入滅する。入滅直前の六月二十一日に、義満の三男（義円）が入室し（十歳）、次期門主候補であった尊満は遁世させられてしまう(7)。同じ室町殿義満の子でありながら、次期門主が何故に尊満ではなく義円であったのか。尊満の遁世がこの決定に対する尊満自身の不満から来るのか、それとも義満による何らかの命令なのかは不明である。広橋兼宣の日記『兼宣公記』は、この入室が義円の乳父である前大納言日野重光によって執り行われたことを記すのみで、尊満については全く触れていない。

義円は応永十八年（一四一一）七月に十八歳で受戒し、翌年の六月八日に室町殿義持から青蓮院の敷地と門跡領を「安堵」する「御書」（御内書）が出された(8)。

河東職〔敷〕地事、任　勅裁之旨、可令管領給候也、敬白

六月八日　　御判

青蓮院殿

御門跡領等事、被任御意、御成敗可然候、如此御沙汰、殊可目出候也、

六月八日　　御判

青蓮院殿

「河東敷地」とは青蓮院のある鴨川東の寺域を指すものと思われる。義持は青蓮院敷地については後小松天皇の「勅裁」を請ける形でその管領を認め、門跡領については門主である義円の「成敗」を認めた。ここには門跡継承の安堵の文言はない。この点をどのように評価すべきであろうか。義円は青蓮院に入室した際には、まだ出家得度をしておらず、次期門主候補ではあっても尊道から付法を受け、正式に門主となることはできなかった。したがって、その段階では門主として門跡継承の安堵を受けることはなかった。十八歳で受戒し、正式に僧となった段階で門跡を継承する資格ができ、翌年、門跡を継承した。したがって、義円は前門主から譲与されることなく門主となったのであり、門跡継承を安堵されることはなかったのである。それに代わって後小松天皇が「勅書」を下して、青蓮院の「敷地」を管領することを認め、それを室町殿義持が追認する形をとったのではないだろうか。門跡領についても通常であれば門跡を譲与された段階で安堵されるべきものであるが、ここではそれがないために門主になった時点で門跡領の「成敗」を認める形で義持が「御書」（御内書）を出したと考えられる。「御書」により門跡領「成敗」を認められた義円は早速、同年七月二日には門跡領近江国富永十七八条の預所職を妙泉坊に安堵する御

教書を、七月十八日には山城国元慶寺の奉行を越中法橋に命ずる御教書を発給している。[9] いずれも門跡領の給主に関する安堵・補任に関するものであり、門主就任にあたっての人事の一環であった。義円が入室してから室町殿義持の「御書」を受けるまでの九年の間、青蓮院は門主不在の状況が続いたが、義満の子弟であり将軍義持の弟である義円の地位を脅かす存在、すなわち、天皇家や摂関家の政治力はなかったといえよう。

義円は応永三十五年（一四二八）一月に還俗し（義宣、その後、義教）、空席となった門主には義宣（義教）の猶子として、関白二条持基の次男（義快）が七歳で入室し、永享三年（一四三一）七月に出家した。『満済准后日記』応永三十五年一月晦日条には、醍醐寺三宝院満済の推挙によって入室が成されたこと、二条家の「家門」が「歓喜千万」であったことが記されている。『建内記』同年三月七日条裏書にも「青蓮院新門主」の選出が満済准后によること、入室が三月二十日であること、安居院良宣僧都が「門跡執事職」に補任されたことが記されている。注目すべきは七歳の義快がすでに「門主」として認識されていたことであり、ここには門跡継承の資格である僧である必要はまったく問題とされず、また、門跡の安堵も受けていない。入室したことが、すなわち門跡の門主就任を意味しており、門跡を運営する「門跡執事職」も同時に補任されたのである。義快は出家以前の永享元年（一四二九）三月十七日には諸門跡の一人として、将軍となった室町殿義教に参賀している。このことを記した『薩戒記』は「青蓮院門主御童体也、御半尻」と記している。もはや門跡の門主の地位は僧でなくてもよいものとなっていたことがわかる。前門主の付法の弟子である必要もなく、門跡譲与も必要条件ではなく、門跡安堵もなされず、入室した時点で門主であった。

永享九年（一四三七）十二月二十七日、突如、十楽院に二条持基の子息（出家後、尊応）が入室し、青蓮院門主となり、嘉吉二年（一四四二）十二月に出家した。尊応の入室は六歳、義快はそのとき、まだ十六歳であった。『看

聞日記』にはこの交替について、

関白息今日青蓮院入室、以前門主関白息　非法器之間、被返云々

と記されている。義快は「非法器」と評価されたことによる一種の解任であった。もはや門跡の門主の地位は簡単にすげ替えることができる「職」となっている。また、六歳の子は入室時点で俗人のまま「門主」と認識され、義快は「以前門主」であった。

尊応は入室から五年後の嘉吉二年（一四四二）十二月に出家得度する。この得度について『華頂要略門主伝』は「泰忍法印記」[10]を引用し、次のように記している。

凡今度御得度事、従関白二条殿被押申之御使及数箇度云々、雖然門跡評定衆不承引申之、遂其節了、仍無着座公卿脂燭殿上人等、先規邂逅之例歟、

尊応の得度に際して、家門の関白二条持基は反対し、数箇度にわたって使者を下したが、青蓮院門跡の「評定衆」が承引せず、得度を強行したこと。それによって得度式には公卿や殿上人が参加しなかった。また、「公武」への得度の御礼に対して、持基は義快を「御儀絶」したことにより、尊応の御礼に際して「御出」しなかった。この点から考えれば、義快の門主解任には家門である二条持基は必ずしも同意しておらず尊応の得度にも反対していたのである。義快の解任と尊応の入室得度には家門の意向に反対する「門跡評定衆」の動向があったことも窺えるが、この点は詳しくはわからない。これまで門跡の門徒・坊官等構成員の動向はまったく見えていなかったが、ここに初めて家門の意向に抵抗する門跡構成員が現れている。門主は家門や室町殿、天皇（院）だけでは決定できなくなっている。

文安元年（一四四四）六月になって、ようやく三宝院義賢のはからいによって家門二条持基と尊応との「合体」

が成り、尊応は家門である二条家に参上している。尊応は以後明応二年（一四九三）に後土御門天皇の第二皇子尊伝親王が受戒し新門主となるまで、門主の地位にあり、永正十一年（一五一四）に八十三歳で入滅した。

以上、尊道から尊応に至るまでの門跡継承について概観した。これまでの考察から青蓮院門跡について以下の点が指摘できる。

①門主の出自（家門）は天皇家→室町将軍家→二条家→天皇家と推移した。

②門主継承方法は鎌倉期以来、基本的には、

次期門主後継者の入室→現門主による譲与→治天の君（天皇または上皇）による安堵

の方式であったが、後光厳親政・院政期に北朝の政権が安定し、かつ室町将軍家の子弟が入室するようになると、門跡をめぐる家門の争奪は収束する。

次期門主後継者の入室＝門跡継承

となり、譲状の作成はなされず、譲与に対する治天の君による安堵は行われなくなる。

③門主は出家受戒した僧である必要はなく、子供でもよいものであった。したがって門主からの付法伝受も必要条件ではなくなった。

④門跡領については室町殿から安堵が行われた。

二　梶井門跡

梶井（梨本）門跡の継承について、『諸門跡譜』『天台正嫡梶井門跡略系譜』『門葉記』（雑決三、梨本系譜）等に基

づき確認しておく(11)。

建武三年(一三三六)九月に妙法院と梶井両門跡を兼帯していた尊澄法親王(宗良親王)が退去し、十月には元弘三年(一三三三)六月に退去させられていた尊胤法親王(後伏見院皇子)が梶井門跡に復帰する。尊胤は延文四年(一三五九)五月に入滅するが、後継者である承胤法親王(後伏見院皇子)への門跡継承の子細は不明である。承胤はすでに元徳三年(一三三一)七月に十五歳で得度しており、建武三年には尊胤とともに梶井に復帰していたと思われる。承胤は康永三年(一三四四)には天台座主に補任されているが、梶井門跡の門主には尊胤が入滅する頃までに門跡を継承した形跡が見られない。正平六年(一三五一)に一時、大塔忠雲僧正が京都を占拠した南朝によって妙法院・無量寿院とともに梶井門跡の管領をしたが、南朝勢力退去後はただちに尊胤が門主に復帰した(12)。尊胤が文和元年(一三五二)十月に四度目の天台座主に幕府の推挙によって就任した際の『祇園執行日記』には、「座主梨子本門主二品親王尊胤、文和元年十月十日武家申入、十四日宣下」とあり、梶井門跡の門主として認識されていた(13)。延文二年(一三五七)七月の尊胤の小六条寄進状には被寄進者の手で端裏書に「小六条寄進状　梶井二品親王」と記されている(14)。この端裏書からこの寄進状を受け取った側が寄進状発給者を梶井二品親王尊胤と認識していたことはいえるであろう。これだけでは尊胤が当時の梶井門主であるとは断言できないが、尊胤が入滅するまでの承胤の門主としての活動は見られないことから、尊胤は入滅する延文四年直前まで梶井門跡の門主としての地位にあったと考える。尊胤は門跡後継者であり、天台座主にもなった承胤に少なくとも延文二年頃までは門跡を譲与していなかったと推定しておきたい。門跡と門跡領の安堵がなされたか否かも痕跡を残していない。

尊胤の跡を継いだ承胤は、貞治三年(一三六四)七月の光厳上皇の入滅を契機として遁世し「禅僧」となり、門跡を退去してしまう(15)。その跡を継いだのが恒明親王の子恒鎮法親王である。恒鎮は貞治元年(一三六二)九月に天台座主になっている。『迎陽記』同年九月二十三日の記事には「先有天台座主宣下事、梶井新宮無品恒鎮親王御補任」とあり[16]、恒鎮を「梶井新宮」と表記している。この時点で恒鎮は梶井門跡を継承していた。承胤と恒鎮の両者が梶井門跡の門主としてあったとも考えることができるが、承胤が禅僧として退去できたのは門主の地位を恒鎮に譲っていたと推定しておきたい。この恒鎮は応安五年（一三七二）一月に梶井門跡の青侍によって殺害されてしまう。三条公忠はその日記『後愚昧記』に「今暁梶井宮無品法親王恒鎮、故一品式部卿恒明子、入滅云々、梶井宮事、青侍法師但馬上座云々奉殺害之由、有其説等、言語道断也」と記録している。この事態にたいして「梨本門徒」は隠遁し禅僧となっていた前門主承胤の門主復帰を後光厳上皇に奏聞し、上皇は門主復帰を命ずる院宣を下した[17]。

再び梶井門跡を継承した承胤は、次期門主候補として翌年（応安六年）十一月二十四日、後光厳上皇の皇子（覚叡）を入室させ、永和三年（一三七七）四月に入滅する。ところが、その三箇月後の七月に覚叡は十七歳で入滅してしまう。『後愚昧記』同年七月四日条には「梶井宮舊院御子、正親丁前内府養君入滅、御年十七歳云々、屍病故云々、前師二品親王承胤去四月薨去、弟子宮又如此、言語道断事也」と記し、近衛道嗣の日記『愚管記』同日条は「梶井覚叡法親王円寂、門跡衰微歟」と記す。連続した門主の死は梶井門跡にとってまさに「門跡衰微」の危機であった。この危機に際し梶井門跡の門徒が連署して後円融天皇に提出した奏状が残されている[18]。

（端裏書）「連署状案」

当門跡者、叡山第一之師迹、慈覚正嫡之門室也、七条座主最雲親王従有入室以降、竹園貴種之相続、天性法器之統領也、爰前門主覚叡親王稟先師之属累、掌一門之規矩、明敏之美誉避邇所推也、而先師承胤親王入滅之後、不経幾居諸、令帰寂給之間、悉是山洛之門徒、皆失真俗之所依者也、然而莅最後終焉之席、聊被示置之旨在之、所詮、於相続之伝器者、宜在御連枝内、就其伝持之可否、有誰可奉鑑機乎、於今者縦為一算、只以成長可為御

器用之条、其理在暗者乎、早以斯趣被忩申御入室之様、可有洩御　奏達矣、
永和三年七月四日
法眼任潤
権大僧都明円
承光
円秀
法印権大僧都経意
憲尋
承範
権僧正実厳

梶井門徒たちは後円融天皇の弟で一歳の宮の入室を希望した。しかし、門徒の希望とは異なり、入室したのは十一歳の帥養君宮（明承法親王）であった。この間の人選については『後愚昧記』永和三年七月二十日条が詳しく記している。後円融天皇は当初、自身と母親が同じである「伯卿養君」宮を入室させようとしたが、年齢が上である十一歳の「帥養君宮、知繁卿息女少納言内侍腹」を入室させることになったという。この人選には前門主覚叡の執事であった明円僧都が前内大臣正親町三条実継と計略をめぐらしたという。三条実継は覚叡の養君であり、明円（毘沙門堂門主）は実継の子である。『後愚昧記』の記主三条公忠はこの計略に対して「可謂不可説」と批判的に記している。七月四日の門徒の連署状には「権大僧都明円」の名前が見えている。明円は連署状とは別人を入室させることに尽力したことになる。なお、明承は養君である帥卿橘知繁が勅勘の身であったので、三条実継が養君となり三条亭で出家し、その後入室したという。

以上の明承の入室経緯から、後円融天皇の意向が無視されていたこと、三条実継と子の毘沙門堂門主であり梶井門跡の執事であった明円の計略があったことがわかる。なお、この人選には将軍義満の干渉は見られない。

明承は応永三年（一三九六）四月二日に三十歳で入滅する。[19]『諸門跡譜』や『梶井門跡略系譜』は明承の跡を義承が継いだとしているが、室町殿義満の子の義承が七歳で梶井の円融坊に入室し門跡を継承したのは応永十九年（一四一二）三月十日のことであり、この間十六年の門主は不在ということになる。[20]しかし、この間応永十五年（一四〇八）まで、門跡の歴代には記されないが、門主であったのは義満の晩年の子で、応永二十五年（一四一八）に謀反により義持によって殺害される義嗣である。伏見宮貞成親王の『椿葉記』は「鹿苑院殿の若君、梶井の門跡へ入室ありしを、愛子にてとり返し」と記し、義嗣がいったん梶井門跡に入室したが、義満の寵愛する子供であったため門跡から取り返したことを記している。[21]応永十四年（一四〇七）八月に十五歳の山科賀安丸（嗣教）が梶井門主義嗣の侍童となったことを記した『教言卿記』同年八月十八日条には、「門主十四歳、未無得度也」とあり、義嗣が梶井門主でありながら出家得度していないことを記している。[22]義嗣は翌年三月四日には従五位下に叙せられ、その後元服し門跡を離れているので、梶井門跡にあったのは応永十五年までである。義嗣が梶井門跡に入室した時期は不明であるが、明承の入滅の後に入室したと推定しておきたい。いずれにせよ、入室後も出家得度せず門主として位置づけられたのである。

応永十五年から義承が入室する応永十九年までの四年間は梶井門主の空白期間である。義承は応仁元年（一四六七）六月に六十二歳で入滅した。義承のあと門主となったのは室町将軍義教の子義堯であるが、この人物については『諸門跡譜』には見えず、『梶井門跡略系譜』にのみ見える。義堯は康正二年（一四五六）頃には梶井門跡を継承したらしいが、同年八月十八日に病のため十七歳で入滅してしまう。その後は、再び義承が応仁元年まで門主としてあった。義承の跡を継承したのは伏見宮貞常親王の子堯胤で後花園天皇の猶子となっていた[23]。その後も、彦胤法親王、応胤法親王と続くことになる。

以上、梶井門跡の継承について検討した結果を要約しておく。

①門主の出身家門は、天皇家→室町将軍家→天皇家と推移した。

②門主継承は、若年の門主の病気や殺害による突然の死、門主の遁世による退去などが続き、梶井門跡は混乱を極めた。そのような事態に対して、門跡の門徒、すなわち梶井門跡に属する僧綱や学侶・坊官達は、家門である後円融天皇に門主後継者の入室を依頼するという行動をとった。家門だけでなく門徒の動向が門主決定に影響を与えたといえる。

③義満期に室町将軍義満の子息が門主となったが、門主不在の時期や門主が俗人のまま出家しない時期があった。門跡にとって門主はもはや僧である必要はなく、また、不在でもよかったのである。

④門主が生前に譲状によって門跡を譲与することが見られないことから、門跡および門跡領安堵が梶井門跡の場合はなかったと思われる。

三　妙法院門跡

妙法院門跡（新日吉門跡）の南北朝・室町期の歴代について『諸門跡譜』（前掲）、『門葉記』（雑決三、妙法院）、「宝幡院検校職相承次第」、「恵光院相承次第」、「新日吉社別当相続次第」などを参照して示す[24]。

後醍醐天皇の子、尊澄法親王（還俗して宗良親王）が退去したあと、建武三年（一三三六）に門主となったのは後伏見院の子の亮性法親王である。(25) 観応二年（正平六年、一三五一）十一月のいわゆる正平一統によって一時期南朝に制圧された時期に、妙法院門跡は梶井門跡・無量寿院門跡とともに大塔僧正忠雲が南朝によって妙法院門主とされたが、(26) 南朝勢力の京都からの退去により亮性がただちに門主に復帰した。観応三年（一三五二）三月、京都を奪還した将軍義詮は亮性に門跡と門跡領の回復を保証している。

御門跡幷御坊領以下事、如元御管領不可有相違之由、可令申入妙法院宮給候、恐々謹言、

観応三

三月十八日　　　　義詮

大納言法印御房(27)

義詮の入京は三月十五日であったから、南朝によって交替させられた門跡の人事がただちに行われ、門跡領とども安堵されたことがわかる。

翌文和二年（一三五三）十月になって後光厳天皇は妙法院門跡領目録を提出させ、十二月二十一日に目録の裏を封じ、門跡を安堵する旨の綸旨を下した。(28)

妙法院・仰木・恵光院等門跡御管領、不可有相違者、

天気如此、以此旨可令洩申妙法院宮給、仍執達如件、

文和二年十二月二十一日　　　　左衛門権佐（花押）

謹上　大納言僧都御房

遂申

門跡領等目録一通、封裏所返就〔献〕候也、

この門跡領の実態調査と門跡安堵が、この時期に妙法院だけに行われたのか、それとも他の延暦寺の門跡に及んでいたかは不明である。[29]

亮性は貞治二年（一三六三）一月三十日に入滅するが、前年の十二月十三日に置文を作成し、[30]自身の没後の葬儀、墳墓、追善供養、亮縉僧都のこと、尾張国一楊余田方のこと、尊寿丸のことなど七箇条にわたって没後のことを定めている。また、同日付で越前国大忠社預所職・公文職などについても書き置いている。[31]これら両通の置文は門跡領全体についてではなく、亮性個人に関わるものであり、門跡および門跡領全体の譲状ではない。門跡および門跡領全体についての譲状は残されていないが、貞治二年五月二十四日の親王（亮仁）に充てた後光厳天皇綸旨[32]が「故二品親王御譲」に任せて「妙法院・仰木・恵光院等門跡領」の管領を認める安堵状であることから、「故二品親王」亮性の譲状があり、それに基づいて妙法院門跡領安堵がなされていたことがわかる。亮性は入滅前に亮仁に対して譲状を与えていたと推定する。亮仁はこのとき九歳と推定され、まだ受戒していない。亮仁の受戒は応安二年（一三六九）十二月である。[33]

亮性の後、妙法院門主となったのは、後光厳天皇の皇子亮仁法親王である。亮仁の入室の年は不明。この亮仁は応安二年に受戒を遂げた翌応安三年（一三七〇）十月に早世してしまう。[34]その前月九月二十六日、無品親王亮仁は「妙法院・仰木・恵光院門跡」を「若宮」に譲る譲状を作成し、同月二十九日には自身の葬儀について遺言状をしたためている。[35]この「若宮」とは後光厳天皇皇子で後の尭仁法親王のことである。

尭仁が妙法院に入室するのは、翌応安四年（一三七一）七月二日（九歳）、出家得度するのは応安六年（一三七三）十一月二十四日である。[36]尭仁の入室は応安四年三月八日の延暦寺三塔衆徒集会で仰木庄を青蓮院から妙法院へ還付し、後光厳皇子（尭仁）の入室を要請する決定を受けてのことであった。[37]亮仁の譲状時点ではまだ尭仁は妙法院への入室さえしていない。応安五年九月の亮仁三回忌にあたっては、願文と諷誦文を「童躰人」である「新院宮」（尭仁）に代わって妙法院の執事法印慈俊が加署したようである。[38] 二代にわたって早世が続いた妙法院門跡は尭仁の代になってようやく安定し、尭仁は至徳元年（一三八四）、応永十八年（一四一一）には天台座主に就任、永享二年（一四三〇）四月二十一日に六十六歳で入滅した。[39] この間、尭仁は永徳三年（一三八三）八月二十七日に入室した後光厳の皇子尭性に門跡を譲ったが、尭性は嘉慶二年（一三八八）一月二十六日に自害してしまう。[40] 広橋兼宣は「妙法院新門主今朝有御自害」と記すが、その理由は記されていない。「新門主」とあることから尭仁が健在の時点で、嘉慶二年にほど近い年に尭仁は尭性に門跡を譲与していたのかもしれない。しかし、妙法院門主が管領する宝幡院や恵光院の相承次第には尭性を歴代に入れていない。[41]

『諸門跡譜』は尭性の後の門主として明仁を挙げ、「二品、号木寺宮、早世」と注記する。[42] 明仁は世平王の子で後小松天皇の猶子として応永二十六年（一四一九）十月十九日に十一歳で入室、同年十二月二十一日には法親王となった。[43] その後、永享六年（一四三四）四月に突然、妙法院から逐電し、仁和寺辺を徘徊したという。[44] その理由について伏見宮貞成親王は「其身不義之間、上意依不快逐電云々」と記している。[45] 室町殿義教の「不快」の原因である「不義」はわからないが、義教の公家・僧中の粛正の一環であった。[46] その後、六月二十一日には徳大寺実盛の子で、公有の弟である十一歳の教覚が義教の猶子として妙法院門跡に入室している。[47] 明仁は応永二十六年の入室後、尭仁の入滅する永享二年まで尭仁とともにあって、「妙法院新宮」と呼ばれている。尭仁は「妙法院宮」と呼ばれていたことから、尭仁は明仁に入滅直前まで妙法院を譲渡しなかったのかもしれない。[48]

明仁の逐電後に門主となった教覚は、康正元年（一四五五）五月六日に天台座主に任じられ、長享二年（一四八八）までは門主として確認できる。[49] 教覚が門主の地位にあった文明十四年（一四八二）十一月に次期門主として得度したのが、式部卿貞常親王息で後土御門天皇の猶子となり、長享二年八月に親王宣下を受けた覚胤である。覚胤は文明十六年十二月の歳末の御参に「めうほう院」（教覚）とともに「しんもんしゆ」として『御湯殿上日記』に見えることから、妙法院准后教覚と行動をともにしていたと思われる。教覚入滅後は天文十年（一五四一）まで一時期を除いて門主の地位にあった(50)。

以上、妙法院門主の歴代について確認した。妙法院門跡の継承についてまとめると以下のようになる。

①門主の出身家門は、天皇家→室町将軍家（猶子）→天皇家と推移した。

②門主継承は前門主による譲状作成、新門主の入室、出家、受戒という経過をたどるが、新門主は必ずしも門跡に入室している必要はない。前門主が早世の場合は、亮仁のように入滅直前に新門主となるべき候補者に入室以前に譲状を作成し、門跡を譲与している。早世でない堯仁は在任中に次期門主を入室させ、両者が並立している段階があるが、譲状を作成し門跡を譲渡しているかどうかは不明である。このような段階をたどるのは教覚においても確認できる。

③門主は幕府への謀反に与したと嫌疑をうけた場合に、室町殿によって門跡を追放された。明仁と覚胤がその例である。

④南北朝内乱の初期には門跡および門跡領の安堵が室町将軍義詮によって行われたことがあるが、それは正平一統時の一時的南朝支配後の幕府の対応であり、例外とすべきである。その後は室町殿による門跡安堵の形跡は見られない。

おわりに

延暦寺の三門跡（青蓮院、梶井、妙法院）について、その門跡継承を歴代門主について検討した。南北朝内乱期、門主には天皇家（持明院統）子弟が就任するが、後光厳院後は室町将軍家子弟あるいはその猶子が門主となる。義満、義教期においてその方針は貫かれている。しかし、義持期にはその事例は見られず、また、義政期以降も見えず、天皇家子弟が門主となっている。これは朝廷権威の再浮上といえる現象のひとつの現れである。義持が子弟を三門跡に入室させていないのは、外交儀礼における義持の政治姿勢と同じであろう。義持、義政は三門跡の寺格を天皇家子弟の入室する寺格と位置づけ、室町将軍家が家門となり、子弟を入室させる政策をとらなかったといえるだろう。

鎌倉後期の両統迭立時代には、公家家門の分裂に王権の分裂が拍車をかけて、門跡の継承をめぐって家門が熾烈に争う事態が生じたが、南北朝期には南朝勢力の衰滅によって不安定要素は解消していった。治天の君の交替による門跡の不安定化は解消されたのである。後光厳の治世下では門跡に自身の皇子を多く入室させ、門跡の権威を寺格のうえで確立させ、門跡を有する権門寺院への影響力を確保した。しかし、このいったん安定した支配構造を揺るがし、その構造をそっくり室町幕府権力下に取り込んだのが室町殿義満であった。義満の権力確立期に相次ぐ門主の早世や遁世、殺害事件の発生は、そのような不安な情勢とおそらく無関係ではないであろう。もはや門主の地位に対する天皇家の意向は無視され、新門主は門跡入室以前に決定され、出家受戒した僧でなく子供でもつとまる存在になった。そこでは僧としての師資相承による法流継承は形式的な意味しか持たなくなっている。

門跡安堵は、現在の門主が生前に門跡に入室した次期門主候補者に譲状によって譲与し、その門跡譲渡継承を時の朝廷の政務、治天の君（天皇・上皇）によって安堵してもらう行為である。南北朝期においても基本的には後光厳院まではこのシステムは変わらない。しかし、義満期に将軍家子弟が門跡に強引に入室するようになると、現在の門主の譲与は未来の門主決定を保証するものではなくなり、譲状の作成はなされなくなる。次期門主は室町殿によって決定され、その決定は新門主の「補任」の意味を持つようになる。そうなると、門跡の安堵はもはや不要になる。鎌倉期に形成された門跡安堵システム（譲与安堵システム）は義満期に解体したといえよう。

ところで、門跡安堵システムと併存していた門跡領安堵システムは、室町殿による安堵が義政期まで継続していたことが確認できる。妙法院門跡領は後光厳天皇による門跡（妙法院・仰木・恵光院等）安堵とともになされていたが[51]、義満の安堵には門跡領の安堵状のみが残されている。

妙法院・仰木・恵光院等門跡領事、任文和年中目六、御管領不可有相違候也、誠恐謹言、

四月廿一日　（義満花押）

妙法院殿[52]

文和二年（一三五三）に後光厳天皇による門跡安堵時点で作成され確認された門跡領目録が、義満によって門跡領の安堵の対象となっている。ここにみられる安堵の文言は、応永十六年（一四〇九）十月二日の義持による門跡領安堵、年未詳の義政による門跡領安堵においても登場し、義満による安堵状の様式（御内書）を踏襲している[53]。義持の安堵状には「応永十六」の付年号が記されている。これは前年に室町殿義満が没したことにより、義持の治世が始まったことによる代始めの安堵と考えられる。義教については安堵状は残っていないが、義政の九月十一日付の安堵状も、おそらく門主の交替に対する安堵状ではなく義政の治世の代始め安堵ではないだろうか。義持は先

述したように義円の青蓮院門主継承後の応永十八年（一四一一）にも青蓮院門跡の敷地と門跡領の「成敗」を認める御内書を出している。必要に応じて門跡領の知行安堵を行っており、すべて代始め安堵とはいえないが、基本的には代始め安堵と考えたい。このように室町殿による安堵は基本的には門跡領安堵であった[54]。

以上のような門跡および門跡領安堵の方式についての見通しは、水野智之氏が検討した室町殿による公家家門と公家領安堵についての見通しと一致する部分がある[55]。すなわち、氏は公家家門安堵と家領安堵が義持〜義政期において分かれており、室町将軍による安堵は家領の安堵にあり、家門安堵は天皇あるいは上皇によってなされたとした。門跡領の安堵は室町将軍によって行われていたという結論はこれと一致する。しかし、家門安堵については門跡安堵が行われなかったとする本稿の結論とは一致しない。公家家門と門跡とを同じものとして扱うことはできないので、その相違については今後の課題としたい。また、三宝院門跡の場合、義教、義政（義成）の代始めに門跡と門跡領総体の安堵が行われている[56]。これを賢俊以降将軍家との関係が深く「将軍門跡」と称された三宝院の特別な事例とするかどうか、問題が残るが、これも今後の課題としたい。

註

（1）永村眞「「門跡」と門跡」（大隅和雄編『中世の仏教と社会』吉川弘文館、二〇〇一年所収）。

（2）拙著『中世寺院の権力構造』（岩波書店、一九九七年）第六章（初出一九九五年）。拙稿「後醍醐天皇親政期における王朝の寺社政策」（『年報中世史研究』四〇号、二〇一五年）。

（3）金井静香『中世公家領の研究』（思文閣出版、一九九九年）。

（4）南北朝期の醍醐寺三宝院については、藤井雅子『中世醍醐寺と真言密教』（勉誠出版、二〇〇八年）、興福寺大乗院門跡については拙稿「南北朝期の興福寺と国家」（『名古屋大学文学部研究論集』史学四四、一九九八年）、公家家門安堵については、水野智之『室町時代公武関係の研究』（吉川弘文館、二〇〇五年）などがある。
（5）ここでいう「四箇門跡」とは青蓮院・十楽院・妙香院・常寿院等を指すか。
（6）京都大学博物館所蔵『古文書集』（名古屋大学文学部日本史研究室架蔵写真帳）所収。
（7）遁世後、禅僧となり、友山周師と名乗る。『建内記』嘉吉元年六月二十六日条には「香厳院」として梶井門跡義承などとともにその名が見える。「天龍宗派」（『大日本史料』六編）には建長寺の青山慈永の弟子として相国寺の僧として見え、「香厳院、仏興禅師」の注記がなされている。
（8）『華頂要略門主伝』（鈴木学術財団編『大日本仏教全書』第六六巻史伝部所収）一〇（義円の項）には二通の六月八日付けの義持の「御書」が写されている。このうち門跡領を安堵した「御書」は『古今令旨』（『大日本史料』七編一五）にも写されている。
（9）『華頂要略門主伝』一〇（義円の項）。『古今令旨』（『大日本史料』七編一五応永十九年七月十八日条）。
（10）青蓮院の坊官泰忍の日記か。近世に加賀守為善によって編纂された『青蓮院殿廳務補任』（宮内庁書陵部所蔵、東京大学史料編纂所写真帳6125-101）は初代増円から四十五代為純に至る青蓮院門跡の庁務の補任記であるが、第二十一代に大谷伊予法印泰任（本名泰忍）が見え、応永三十四年八月に庁務に補任されている。
（11）『諸門跡譜』（『群書類従』補任部）、『天台正嫡梶井門跡略系譜』（『続群書類従』補任部）、『門葉記』（『大正新修大蔵経』図像第一二巻）。
（12）『園太暦』（史料纂集）正平六年十一月十九日条。『祇園執行日記』（『増補史料大成八坂神社記録』）正平七年閏二月二十八日条。
（13）『大日本史料』六編一七、文和元年十月十四日条。
（14）鹿王院文書研究会編『鹿王院文書の研究』（思文閣出版、二〇〇〇年）文書編八三号。
（15）『増補校訂天台座主記』（第一書房、一九七三年、以下、『天台座主記』と略記）無品恒鎮親王の項に「光厳院法皇崩御、仍前座主承胤親王観世為禅僧、資菩提」とある。
（16）『大日本史料』六編二六。
（17）『愚管記』（『史料大成』）応安五年二月七日条。
（18）永和三年七月四日「梶井門徒奏状案」（東山御文庫所蔵文書勅封五〇甲八、名古屋大学架蔵写真帳）。

(19)『荒暦』応永三年四月三日条（『大日本史料』七編二）。
(20)『天台座主記』堯仁親王の項。
(21)『大日本史料』七編第三〇。
(22)『大日本史料』七編三〇。
(23)『天台座主記』。
(24)『諸門跡譜』（『群書類従』補任部）、「宝幡院検校職相承次第」「恵光院相承次第」（『妙法院史料』第五巻、吉川弘文館、一九八〇年、五二号）。なお、村山修一『皇族寺院変革史』（塙書房、二〇〇〇年）は南北朝・室町期の妙法院門主について簡略な記述がなされている。
(25)観応二年十二月十九日「亮性法親王発願条々」（『妙法院史料』第五巻二九号）に亮性自身が「十六ケ年之間門務」と記していることから、亮性の門跡継承は建武三年である。
(26)『園太暦』正平六年十一月十九日条。
(27)『妙法院史料』第五巻六六号。
(28)『妙法院史料』第五巻六九号、七〇号。
(29)青蓮院門跡の記録である尊円法親王の『門葉記』が同時期に撰述されていることも、あるいは関連しているかもしれない。
(30)貞治元年十二月十三日亮性法親王遺告状（『妙法院史料』第五巻二八号）。
(31)貞治元年十二月十三日亮性法親王譲状案（『妙法院史料』第五巻三〇号）。
(32)『妙法院史料』第五巻七三号。
(33)『後愚昧記』（『大日本古記録』）応安五年九月二十八日条は亮仁が「去々年」に十六歳で薨去したと記している。応安二年（一三六九）十二月二十七日に受戒したことは『天台座主記』座主尊道親王の項に見える。
(34)『大日本史料』第六編三二、応安三年十月条。
(35)『妙法院史料』第五巻三二号、三一号。
(36)『大日本史料』第六編三四、応安四年七月二日条。同応安六年十一月二十四日条。
(37)『大日本史料』第六編三三、応安四年三月八日条所引『含英集抜萃』。妙法院は門跡の地である仰木庄の領有をめぐって当時青蓮院と争い、青蓮院は同年二月十九日に後光厳天皇の綸旨を獲得している。当時の天台座主は青蓮院尊道であり、三塔集会はその決定に対する抗議であった。堯仁の入室が遅れたことは、仰木庄の紛争を妙法院が抱えていたためである。後光厳院が三塔集会の奏請を受け入れ、堯仁を妙法院に入室させた二日後、仰木庄に青蓮院の円明房兼慶らが攻め入って合戦となっている。

(38)『後愚昧記』応安五年九月二十八日条。

(39)『天台座主記』堯仁の項。

(40)『続史愚抄』、『兼宣公記』(史料纂集)嘉慶二年一月二十六日条。

(41)「宝幢院検校職相承次第」(前掲)。

(42)『群書類従』系譜部所収。「早世」は誤り。

(43)『看聞御記』(『続群書類従』補遺)応永二十六年十月十九日条。同十二月二十一日条。『薩戒記』(大日本古記録)応永二十六年十月二十六日条。

(44)『満済准后日記』(『続群書類従』補遺)永享六年四月二十二日、同年七月四日条。

(45)『看聞御記』永享六年五月十六日条。

(46)『薩戒記』永享六年六月十二日条。

(47)『満済准后日記』永享六年四月二十二日、同七月四日条。『看聞御記』永享六年五月十六日条。『大乗院寺社雑事記』(『増補続史料大成』)享徳四年六月十四日条。なお、『看聞御記』によれば義教は教覚入室前に伏見宮貞成に子弟の入室を打診したが、該当者がいないことで教覚に決定したようである。

(48)『薩戒記』応永三十二年三月十三日条。

(49)『天台座主記』、『御湯殿上日記』(『続群書類従』補遺)長享二年九月二十四日。

(50)覚胤は文亀元年五月に足利義尹に内通した嫌疑で妙法院を闕所処分され、永正六年閏八月に伊勢より復帰するまで、その消息を知ることができない(『後法興院記』(増補史料大成)文亀元年五月二十三日条、『厳助往年記』(『大日本史料』九編一)永正六年閏八月十八日条)。

(51)文和二年十二月二十一日後光厳天皇綸旨(『妙法院史料』第五巻七〇号)。

(52)年未詳四月二十一日足利義満御内書(『妙法院史料』第五巻七六号)。

(53) 応永十六年十月二日足利義持御内書(『妙法院史料』第五巻七八号)、九月十一日足利義政御判御教書(『妙法院史料』第五巻八七号)。

(54) 年未詳九月二十日付の足利義政御判御教書(『妙法院史料』第五巻八八号)は妙法院門跡と「領地」を元のごとく安堵する内容である。ここでは門跡領だけでなく門跡そのものも安堵の対象となっている。これは「如元」とあるように明仁や覚胤のような何らかの門跡の「闕所」のような事態が前提としてあったことと推測するが、後考を期したい。

(55) 水野智之『室町時代公武関係の研究』(吉川弘文館、二〇〇五年)第一部第一章「室町将軍による公家衆への家門安堵」(初出一九九七年)。

(56) 年月日未詳醍醐寺方管領諸門跡等所領目録、文安六年四月十一日三宝院門跡所領幷所職等目録(『新編一宮市史』四二六号、四三二号、醍醐寺文書)。

室町期の醍醐寺三宝院門跡と摂関家

水野智之

はじめに

本稿は室町期の門跡寺院をめぐる摂関家と将軍家の関与の実態を探るものである。ここで検討の対象とする門跡寺院は醍醐寺三宝院である。観応の擾乱以後、三宝院門跡は室町幕府の祈禱行政を担当する特殊な存在になると見なされている(1)。よって、その動向は室町幕府の宗教統制の内実を探る上でも重要な意味をもつと考えられる。

近年、醍醐寺及び三宝院門跡については寺院構造や法流の継承、満済といった門主の個人史的研究、さらには三宝院門跡に入室する僧侶の出自の家門等、綿密な研究が進められている(2)。ただし、いずれの研究も当該期の公家社会の状況、とりわけ摂関家の政治的動向に十分配慮していないため、三宝院門跡の立場に関してはなお検討の余地がある。そこで本稿では、主に摂関家の動向と三宝院門跡に入室した子弟の出自から公家社会における同門跡の位置を明らかにし、この点から醍醐寺のあり様を考察してみたい。

一　満済没後の三宝院門跡と摂関家

1　義賢の法脈とその相続

鎌倉後期以来、三宝院流の法流は報恩院への相承等により分裂していたが、足利尊氏の護持僧であった賢俊の頃に三宝院が嫡流の立場を固めていき、室町期の満済に至って、三宝院が醍醐寺の覇権を握った。(3) 応永二年（一三九五）十一月二日、満済は足利義満から三宝院門主に認められ、翌月一日には足利義満の「御子代」、すなわち猶子として京都法身院に移住した。同月二十九日、満済は醍醐寺座主に任じられており、(4) このことも義満の意向に基づいていたと思われる。応永十年六月二十日、満済は報恩院隆源より許可灌頂を授けられ、三宝院流の嫡流の立場を固めた。(5) 足利義持の執政期になると、満済は幕政に関わり、顧問として活躍した。それは義教期にも継続し、将軍と諸大名間の調整等に一層深く関与するようになった。

応永十八年（一四一一）六月十一日、満済の弟子義賢は京都法身院で得度し、同年十一月八日、延暦寺戒壇院で受戒した。義賢は足利義満の弟満詮の子で、応永六年の生まれである。醍醐寺には応永十七年四月八日に十二歳で入室していた。

『満済准后日記』より、義賢は幕府に出仕する満済に従って同車したり、あるいは満済の行う法会に参仕したりする等、頻繁に行動を共にしていたことが知られる。義賢は宝池院に入室し、宝池院義賢と呼ばれた。義賢は満済の後継者の一人として、諸事を教導された。応永二十一年（一四一四）二月二十一日、義賢は金剛界暗誦を、翌年十月二十一日には胎蔵界暗誦を開始した（『満済准后日記』各日条、以下同）。その後も満済の行う修法の一員に加わったり、様々な法会を聴聞したりして、真言僧としての資質を高めつつ、いくつかの修法を習得した。応永二十四年（一四一七）五月二十一日、義賢は文殊五十万遍を、同年十一月二十一日には不動護摩を始行している。翌年正月二十二日、義賢は満済より法身院で伝法許可灌頂を授けられ、三宝院流の法流を継承した。応永二十六年八月七日、義賢は六条八幡宮別当に任命され、応永三十二年十二月五日に東寺長者に任じられた。

義賢は満済の後継者としての階梯を着実に歩み、永享二年（一四三〇）十一月十九日に満済より、三宝院・遍智院・覚洞院・金剛輪院・菩提寺、六条・三条・篠村八幡宮別当職、同伝法院座主職、伊勢国棚橋法楽寺以下寺社院領所職所帯を譲られた（醍醐寺文書・一三函四〇）。これより義賢は満済の後継者として定まったと見なされている。[6]

永享三年十一月十九日、近衛房嗣の七歳の次男が宝池院義賢の附弟として入室することになり、それを許可した足利義教の返事が満済のもとに伝えられた（『満済准后日記』）。義教は満済が入寺した際の足利義満の先例にならい、義教自らもこの七歳の次男と同車して入寺することを満済に伝えており、満済も祝着であると喜んでいる。同月二十二日に、この次男は宝池院に入室した（『同』）。

しかし、同年十二月二十日、房嗣の父忠嗣（すでに出家して、法名を大賢と号す。以下、忠嗣と記す）は足利義教の怒りを買い、房嗣の次男の入室は取りやめられた。次の史料は『満済准后日記』同月十九日条のうち、「廿日事」として記されている記事である。

自室町殿以三條中将被仰出、陽明若公（近衛房嗣）入室事雖被治定、陽明禅閤（近衛忠嗣）今度新造御礼ニモ不被参申、当御代及四ヶ年処、当年初禅閤被参キ、如此公方ヲ被蔑如様、於事無御面目間、彼若公御猶子儀、一向可有御斟酌、然者一條左府（兼良）若公当年六歳云々、為公方毎事被沙汰立、来廿九日可被入室、但可為何様哉云々、御返事、仰旨殊門跡眉目此事也、可任時宜由申了、今夕已及夜陰、明日廿一日可参申入由、申三条中将了、中将二千疋随身、少一献在之、将軍仰自余門跡ナラハ、陽明息入室事、不可被仰是非事也、当門跡事、無内外代々異他事間、聊モ被置御意方様門主儀、可為御所存外間、不被残御心底被仰云々、旁眉目眉目、

近衛忠嗣は同月十一日に義教が新造の室町第上御所に移徙した際も礼参せず、足利義教が将軍に就任して四年になるが、今年になって初めて幕府に参ったことから、義教を蔑如していると見なされ、房嗣の次男の宝池院入室が見合された(7)。代わりに、一条兼良の六歳の子が足利義教の猶子として入室することになった。公家衆の子弟が将軍の猶子になって門跡寺院に入室することはしばしば行われている(8)。この時に入室した六歳の子はのちに教済と名乗った。足利義教の偏諱にあたる「教」字を授けられたのである。

右の史料の末尾に記されている将軍の仰せに注目したい。他の門跡ならば近衛家の子弟の入室は支障ないが、三宝院は代々他と異なる重要な門跡であるので、少しでも将軍に忠節を尽くさない家門出身の門跡は、自分の思うところではないという。これより将軍家と三宝院の結びつきは非常に深いことが知られる。

同年十二月二十九日、一条兼良の子は宝池院の附弟として入室した。満済の例に従い、兼良の子は義教と同車した。そのときの衣装等は義教の指示で送り下されたものであり、満済も驚くほどであった（『満済准后日記』）。なお、永享四年二月二十二日、足利義教は一条兼良に尾張国得重保半分と摂津国太田公文職をあてがった（『同』）。この時点で義教は一条家に対し、好意的であった。

永享八年（一四三六）六月十三日、満済の一周忌に、兼良の子が記した理趣三昧結願時の願文案（『大日本古文書醍醐寺文書』第七、一四三〇号）には「弟子都々丸」と記されている。『満済准后日記』にも「都々若公」と散見される。『五八代記』(9)によると、都々丸は永享十二年（一四四〇）四月八日に得度し、「教済」と名乗った。のちに成人した際に師の義賢の諱を授かり、「教賢」と改名したという。文安四年（一四四七）十二月二十日、宝池院法印

（教賢）は極官（僧正）を望んだようであるが、万里小路時房は「不審也」と日記に記している（『建内記』）。まだ若かったためであろうか。

教賢は義賢の後継者として三宝院門跡を継承する立場にあったと思われるが、宝徳元年（一四四九）四月六日に若くして死去した（『康富記』）。そのため、同年十二月十五日、近衛忠嗣の十三歳の末子が近衛房嗣の猶子となり、三宝院義賢の附弟として入室した（『同』）。忠嗣の子はのちに政深と名乗った。

以上をまとめると、南北朝期に三宝院門跡は満済の代に今小路家という摂関家二条家の庶流出身となり、その後は将軍家か摂関家の出身者が門跡を務めるようになった。満済の後継者宝池院義賢は将軍家出身である。永享三年に義賢の附弟として近衛家の子弟は入室せず、結局は一条家の子弟が入室した。これより醍醐寺と二条家・一条家の結びつきは維持されたと見なされる。ただし、宝徳元年十二月に近衛家の子弟が義賢の附弟として入室したため、その結びつきは変化する可能性がもたらされた。

2　関白をめぐる摂関家の対立

前節で醍醐寺三宝院門跡は摂関家の子弟が入室するようになったことを確認したが、この頃の摂関家の動向を探ると、関白・摂政の地位をめぐって、九条流摂関家（九条家・二条家・一条家）と近衛流摂関家（近衛家・鷹司家）は対立していたことが知られる。以下、その状況を明らかにしたい。

応永二年（一三九五）、満済が醍醐寺三宝院に入室して以降、関白は一条経嗣が長く務めていた。**表1**「摂関家の動向」によると、二条師嗣、近衛忠嗣、二条満基が短期間就任したが、再び一条経嗣が務めており、経嗣の没後は九条満教、二条持基、一条兼良と続き、二条持基が還補されている。このように応永初年以降、文安初年にかけ

表1　摂関家の動向（『新摂関家伝　第一』、続群書類従完成会、一九九七年による。一部、古記録の情報を加えた。■は九条流摂関家、■は近衛流摂関家の関白・摂政在任期間を示す）

年次	九条家	二条家	一条家	近衛家	鷹司家
応永元（一三九四）			11/6経嗣、関白		
応永二（一三九五）			←		
応永三（一三九六）			←		
応永四（一三九七）			←		
応永五（一三九八）		3/9師嗣、関白	3/9辞関白		
応永六（一三九九）		4/17師嗣、出家	4/19経嗣、関白		
応永七（一四〇〇）			←		
応永八（一四〇一）			←		
応永九（一四〇二）			←		
応永一〇（一四〇三）			←		
応永一一（一四〇四）			←		
応永一二（一四〇五）			←		
応永一三（一四〇六）			←		
応永一四（一四〇七）			←		
応永一五（一四〇八）			4/20辞関白	4/20忠嗣、関白	
応永一六（一四〇九）		3/4満基、関白		2/21辞関白	
応永一七（一四一〇）		12/27満基没	12/30経嗣、関白		
応永一八（一四一一）			←		
応永一九（一四一二）			←		
応永二〇（一四一三）			←		
応永二一（一四一四）			←		
応永二二（一四一五）			←		
応永二三（一四一六）			←		
応永二四（一四一七）			←		

応永二五（一四一八）	12/2満教、関白		11/17経嗣没		
応永二六（一四一九）					
応永二七（一四二〇）				⑩/10忠嗣、出家	
応永二八（一四二一）					
応永二九（一四二二）					
応永三〇（一四二三）					
応永三一（一四二四）	4/20辞関白、任内覧	4/20持基、関白			
応永三二（一四二五）					5/10冬家、出家
応永三三（一四二六）					
応永三四（一四二七）					
正長元（一四二八）		7/20辞関白、任摂政			5/26冬家没
永享元（一四二九）					
永享二（一四三〇）	満教、改名して満輔				
永享三（一四三一）					
永享四（一四三二）		8/13辞摂政、10/26還補	8/13兼良、摂政 10/26辞摂政		
永享五（一四三三）		3/23改摂政、関白			
永享六（一四三四）					
永享七（一四三五）					
永享八（一四三六）					
永享九（一四三七）					
永享一〇（一四三八）	満輔、改名して満家				
永享一一（一四三九）					
永享一二（一四四〇）					
嘉吉元（一四四一）					
嘉吉二（一四四二）					
嘉吉三（一四四三）					
文安元（一四四四）					
文安二（一四四五）		11/3持基没		11/13房嗣、関白	

文安三（一四四六）				←	
文安四（一四四七）			6/15兼良、関白	6/15辞関白	
文安五（一四四八）	満家、出家				
宝徳元（一四四九）					
宝徳二（一四五〇）					
宝徳三（一四五一）					
享徳元（一四五二）					
享徳二（一四五三）		4/28持通、関白	3/28辞関白		
享徳三（一四五四）		6/30辞関白		6/29忠嗣没	7/1房平、関白
康正元（一四五五）		6/5持通、関白			6/2辞関白
康正二（一四五六）		←			
長禄元（一四五七）		←			
長禄二（一四五八）		12/-辞関白	12/5教房、関白		
長禄三（一四五九）			←		
寛正元（一四六〇）			←		
寛正二（一四六一）			←		
寛正三（一四六二）			←		
寛正四（一四六三）		4/3持通、関白	4/-辞関白		
寛正五（一四六四）		←			
寛正六（一四六五）		←			
文正元（一四六六）		←			
応仁元（一四六七）		5/9辞関白	5/9兼良、関白		
応仁二（一四六八）			←9/6教房、土佐下向		
文明元（一四六九）			←		
文明二（一四七〇）		8/10政嗣、関白	7/19辞関白		
文明三（一四七一）		←			
文明四（一四七二）		←			11/16房平没
文明五（一四七三）		←			

文明六（一四七四）				6/29 房嗣、出家	
文明七（一四七五）					
文明八（一四七六）	5/15 政基、関白 ← ←	5/13 辞関白 ← ←			
文明九（一四七七）					
文明一〇（一四七八）					
文明一一（一四七九）	2/27 辞関白			2/30 政家、関白 ← ← ←	
文明一二（一四八〇）					
文明一三（一四八一）			4/2 兼良没		
文明一四（一四八二）					
文明一五（一四八三）				2/24 辞関白	2/25 政平、関白 ← ← ←
文明一六（一四八四）					
文明一七（一四八五）					
文明一八（一四八六）					
長享元（一四八七）	2/9 政忠、関白				2/9 辞関白
長享二（一四八八）	8/23 政忠没		8/28 冬良、関白 ← ← ← ←	10/19 房嗣没	
延徳元（一四八九）		4/10 持通、出家			
延徳二（一四九〇）					
延徳三（一四九一）					
明応元（一四九二）					
明応二（一四九三）			3/28 辞関白	3/28 尚通、関白 ←	
明応三（一四九四）					

て関白・摂政はほぼ九条流摂関家に独占されていたのである。

正長元年（一四二八）七月二十日、称光天皇は死去し、後花園天皇が践祚した。後花園天皇は十歳であったため、関白二条持基は摂政に任じられた。永享四年（一四三二）六月十七日、満済は義教のもとに参り、左大臣一条兼良が自らの昇進を内々に申し出たので、摂政二条持基と相談した内容を伝えたようである（『満済准后日記』）。二条持基は至徳二年（一三八五）の後小松天皇元服の際、二条良基が加冠を務めた先例に基づき、永享五年正月に予定されている後花園天皇の元服で加冠を務めることになっていた。持基は一条兼良に摂政を譲れば、自らが加冠を務められなくなると心配したが、満済は年内に兼良が辞任することを提案した。持基はその案について尤も祝着であると述べ、兼良も同様に喜んだ。ただし、『公卿補任』によると、永享四年七月二十五日に二条持基は太政大臣に任じられており、それは「明年正月天皇御元服加冠之故也」という。持基は一条兼良の変心等を警戒して太政大臣に就いたのかもしれない。

永享四年八月十三日、二条持基は摂政を辞し、代わりに一条兼良が任じられた。十七日、渡領は一条俊人に分配されたらしい（『看聞日記』同月十九日条）。来る十月二十六日に天皇元服定がなされるので、それまでに一条兼良は拝賀を遂げて辞職すべきと伝えられたが（『満済准后日記』同月二十三日条）、結局、同月二十六日、兼良は未拝賀のまま、摂政を辞し、再び二条持基が任じられた（『同』同日条）。義教は一条兼良の摂政拝賀の遅れと兼良が仙洞の召次に殿下渡領の一部を領知させていたことを怒っていた。二条持基が摂政に還補され、渡領が付せられたのはこのためであった（『看聞日記』同年十一月十日条）。

摂政をめぐる二条持基と一条兼良の顚末や他の諸事例から、両者は対立していたという見解がある。(10) ただし、兼良の年内の辞任は当初より予定されており、その後も両者は協調して政務にあたっているので（『満済准后日記』等）、深刻な対立ではないと考える。

永享五年正月に後花園天皇は元服し、二条持基は同年二月二十六日に太政大臣を辞任し、三月二十三日に摂政を改めて関白に任じられた。その後、持基は文安二年（一四四五）十一月三日に没するまで関白を務め続けた。

その間、近衛流摂関家は関白に就任することができずに、不満を募らせていた。嘉吉二年（一四四二）十月、近衛房嗣は関白職について二条持基の後任の勅約を取り付けた（『康富記』同年十月二十六日条）。それに対して、一条兼良は再び関白職の就任を求めた。近衛房嗣は管領畠山持国のもとに使いを送り、自身が後任であることの了承を求めた。一条兼良も自らの主張を管領に働きかけており、両者は対抗していたのである。

文安二年十一月三日、二条持基が死去すると、同月十三日に近衛房嗣が関白に任じられ、文安三年正月五日に房嗣は関白の拝賀を行った。これに対して、一条兼良は同年正月二十九日に太政大臣に任じられ（『師郷記』同日条、以下同）、関白近衛房嗣との座次が問題となった。中原師郷は太政大臣と関白の座次に関する先例を勘進し、二月四日に一条兼良が近衛房嗣よりも上位にあると定められた。これより近衛房嗣は不満の念を一層強めたと推測される。文安四年六月十五日、近衛房嗣は辞任に不満で上表に及ばなかったため、房嗣は関白を召し上げられ、同日に一条兼良が関白に任じられた（『公卿補任』）。幕政を主導していた大方殿（足利義政の母日野重子）は兼良への宣下を求める執奏をしていたので、後花園天皇は房嗣の関白を止めさせ、兼良への宣下をしたのである（『康富記』同日条）。近衛房嗣にとって関白を短期のうちに辞任することは残念なことであった。

近衛流摂関家としては、九条流摂関家の攻勢の前に不満を募らせていたと考えられる。宝徳元年（一四四九）十月、右大臣二条持通は左大臣鷹司房平を超越して関白に任命されることを望み、十月二十七日に蔵人右少弁日野勝光は関白が超越された例を勘進するよう命じられた。中原康富はその例を聞き、日記に書き留めた（『康富記』同月二十七日条）。いずれも不快の例であった。十一月二十一日、左大臣鷹司房平は二条持通が関白になると聞き、怒って官を辞めようとした。次の史料はそのことを伝える『康富記』同月二十一日条の一部である。

> 依召早旦参鷹司殿(房平)、官務清承等参会、有御密談事、書写儀等、今日就執柄職、右府(二条持通)可超越之由被申請事、自左大臣殿(鷹司房平)、以御使被申伝奏之処、伝奏辞退之時分之由申之、不被請取御書、仍委細御書状被遊之、超越《右大臣殿》令治定

者、辞申左府可有御隠居之由被申之、御使一条中将季隆朝臣也、被遣伊勢備中守貞親許了、可有御隠居之由就被申之、当執柄一条《兼良》殿、并近衛前関白《房嗣》殿、九条《満家》殿等、各被副御使、此処ニ被申之、於備中守許対面之間、委細申之、何様左府御状、并三殿《衍カ》中御使之旨趣等、室町《足利義成》殿可披露之由返答申之云々、左大臣殿御使一条中将季隆朝臣、殿下御使治部大輔経清朝臣也、近衛殿御使左京大夫相豊朝臣、九条殿御使大内記在治朝臣也云々、

この記事によると、鷹司房平は二条持通が関白に任命されるのであれば、左大臣を辞任して隠居すると述べている。摂関家では使者を政所執事伊勢貞親のもとに派遣して、鷹司房平の件について協議した。貞親はそれぞれの主張を将軍に披露して返事をすると伝えたという。なお、『康富記』同月二十二日条によると、鷹司房平と一条兼良、近衛房嗣、九条満家らはそれぞれ使者を管領畠山持国のもとに遣わし、前日と同様の主張を伝えたという。

結局、このときに二条持通は関白に任じられず、沙汰止みとなったが、九条流摂関家と近衛流摂関家の対立は一層深刻になったと考えられる。前節で、宝徳元年（一四四九）十二月十五日に近衛忠嗣の十三歳の末子が近衛房嗣の猶子となり、三宝院義賢の附弟として入室したことを述べたが、このときの摂関家はまさに両派が激しく対立していたのである。

引き続き関白職は一条兼良が在職したが、享徳二年（一四五三）四月二十八日、関白一条兼良から二条持通に代わることになった。さらに翌月七日、関白右大臣二条持通を左大臣鷹司房平の上に列することを認めた殿下一座宣旨が発給された（『康富記』同年五月十一日条）。このときの鷹司房平の心境は史料から確かめられず、詳細は不明であるが、非常に不本意のことであったに違いない。ただし、房平は出家して隠退することなく、左大臣の地位にとどまった。持通は享徳三年六月三十日に関白を辞し、鷹司房平は翌七月一日に関白に就いたのであった。なお、文明三年に鷹司房平は二条持通と座次を争っており（『親長卿記』同年十月二十五日条）、両者の対立は続いていたと見

なされる。

このように関白の地位をめぐって、九条流摂関家と近衛流摂関家は対立しており、それは寺院への子弟の入室や関与にも及んだ。次章ではその点を扱う。

二　三宝院門跡をめぐる九条流摂関家と近衛流摂関家

1　近衛家の関与

宝徳元年（一四四九）十二月、三宝院義賢の附弟として入室した近衛忠嗣の末子は得度した。のちの政深である。『醍醐寺新要録』、『華頂要略』によると、政深は足利義政の猶子と伝えられているので、政深の名字である「政」字も義政の偏諱を授けられた可能性が高い。義政の初名は義成であり、享徳二年（一四五三）六月に義政と改名するので、政深の名字は初名を改めて享徳二年以降に定められたと推測される。なお、政深の初名は不明である。

入室した頃の政深の活動はまだ年少であったことや門主義賢が健在であったためか、あまり明らかにしえない。そこで政深の入室以降の醍醐寺三宝院の状況を探ってみると、享徳三年（一四五四）十月十六日、義賢は室町第で仏眼大法を務めたり、康正三年（一四五七）四月二十三日、足利尊氏百年忌追善の結縁灌頂を醍醐寺で実施したりすることが知られる。また、寛正元年（一四六〇）閏九月、管領細川勝元は三宝院義賢に頼って、斯波義敏の赦免を義政に求めている[11]。これは満済以来、将軍の取次としての役割が義賢に認められていたためになされたのであろう。

寛正三年二月十九日、禅那院僧正顕済をはじめ、「出世」と呼ばれた門弟を含む、門跡の法流相承等に深くかかわる者や、「世間」と呼ばれた世俗の庶務を行う者が、三宝院義賢を訴えようとした（『経覚私要鈔』）。先行研究で説かれているように、この頃の三宝院では「出世」「世間」を含む「門下」が門跡と対立する状況にあった。[12]同年四月十一日には「出世」を含む六十余人が義賢に背き、退散したと伝えられている（『大乗院寺社雑事記』）。対立の要因は世俗権力の意図によって据えられた門跡と三宝院内の「門下」との関係が希薄であったためと考えられている。

寛正末年になると、政深の動向が実家の近衛家との関わりから少しずつ確かめられるようになる。寛正七年（一四六六）正月八日、聖護院道興、実相院増運、宝池院政深は近衛房嗣のもとを訪れている（『後知足院殿記』）。三人とも房嗣の子であり、新年の礼を実家に申し入れている。また政深は次期門跡として「暗唱」等、修学に努めている（『後法興院記』寛正七年二月四日、文正元年閏二月五日、文正二年正月二十四日条等）。他にも様々なことで近衛家と交流していたことが確かめられる。[13]

なお、寛正七年正月五日に近衛政家は三宝院坊人の少納言・兵部卿・治部卿と対面しており（『後法興院記』）、近衛房嗣も三宝院坊官の民部卿上座のことを日記に記している（『後知足院殿記』）。年末・年始に三宝院坊官は近衛家に挨拶に訪れていることも確かめられる（『後法興院記』文正元年十二月三十日、文正二年正月六日条等）。これらの点より、近衛家は三宝院に影響を及ぼしつつあったと考えられる。

寛正七年正月二十五日、三宝院坊官の治部卿が宝池院政深と如意寺政瑜の盃次第のことで、近衛房嗣のもとを訪ねている（『後知足院殿記』）。政瑜は二条持通の子である。この相談は盃の順をめぐる次第と推測され、後述する政瑜の僧正任官に伴って、政瑜が政深を超越する問題に通じる一件かと思われる。

応仁元年（一四六七）五月、応仁の乱が起こると、醍醐寺にも戦乱の影響が強く及んだ。同月二十日、近衛政家は近衛家の記録六合を宝池院の文庫に預けている（『後法興院記』）。六月七日、近衛房嗣は醍醐寺三宝院に戦乱を避けており（『後知足院殿記』）、醍醐寺が避難先に選ばれたのは政深が宝池院に入室していたためと考えられる。

翌年には醍醐寺で深刻な事件が起こっている。それは侍法師越前上座が西軍の山名氏や畠山義就を引き入れるよう企てて義賢の殺害を試みた事件である（『後知足院殿記』応仁二年二月十日条）。従来の指摘通り、門跡と「門下」の対立は深刻化していたと見なされる。

応仁二年二月七日、宝池院政深は如意寺政瑜に僧官を超越されるおそれがあると近衛政家に訴えている（『後法興院記』）。如意寺政瑜は極官すなわち僧正を望んでいたが、政深の方が上首であった。政深にとって、このような超越は理不尽であるので、早々に僧正に任じられるよう求めたのであった。結局、政深は政瑜に超越されたのであるが、同年閏十月二日、三宝院義賢は死去し、その跡が政深に継承されることになると、同月十八日、近衛政家は政深の僧正宣下に尽力した。次の史料は『後法興院記』の関連記事である。

（閏十月）十八日（中略）宝池院就極官事、広橋黄門許へ遣書状、宝池院為戒臈上首之處、去春比如意寺被超越了、此事可仰遣由被命之間、進愚状、自門跡明日可被遣云々、

（閏十月）廿九日（中略）自宝池院有音信、広橋返報賜之、極官事無相違被勅許了、日付去年八月分宣下云々、自愛由被命之、

このたび政深は僧正に任じられることになったが、政瑜よりも上首であるので、政深が超越されたことを解消するため、政瑜の補任よりも日付を遡及して政深が先に僧正に任じられたように宣下されることになった。近衛家門としてはこのような超越は解消したいところであり、しかも政瑜は二条持通の子であった。この頃に見られた九条流摂関家と近衛流摂関家の対立的な状況からも、超越は否定したい出来事であったと考えられる。

　このように宝池院政深に対する近衛家の支援や関与、音信等は多く確認される。近衛家は門跡後継者の政深を通じて、三宝院の坊人、坊官等に影響を及ぼしていたのである。

　義賢の死去に伴い、政深は三宝院門跡を継承した。すでに応仁二年九月に政深は醍醐寺座主に補任されている（『五八代記』）。同年閏十月一日、政深は義賢より大法秘法を伝授されており（『後法興院記』同月三日条）、義賢の死去以前に相伝がなされたのであった。同年十二月、政深は足利義政の護持を管領として勤修するよう命じられている(14)。政深もこれまでの三宝院門跡が務めてきた武家祈禱を管領する役目を担うこととなった。

　政深が三宝院を相続したのも束の間、文明元年（一四六九）六月十八日に、政深は醍醐寺座主を罷めることになった。次の史料はそのことを伝える『五八代記』の記事である。

　文明元年己丑年六月十八日、不盧（慮）追却云々、因之法流重賀預申歟、但対重賀別御附法状在之歟、如何末（未）及見、伝聞観心院賢誉僧正依為当流羽翼、縦雖不御置、誰人知之、云自証之刻、後遍智院御中陰以後、対重賀御附法状披露之處、彼僧正以外仰天、剰去本寺行他国、横死云々、

　政深は不慮に追却されたという。その具体的内実は不明である。法流は重賀が預かったという。重賀は五歳の頃から満済に仕えており、永享十一年（一四三九）十一月十四日に義賢より伝法灌頂を授けられている僧である（『五八代記』）。

　このように政深が失脚したことにより近衛家の醍醐寺三宝院に対する影響力は弱まったと考えられる。次節ではその後の状況を扱う。

2　将軍家と九条流摂関家の関与

文明元年（一四六九）六月十八日、醍醐寺三宝院には政深の後継者として、足利義政の次子義覚が入室した。義覚は前年三月二十一日に生まれており、まだ二歳であった。義覚の入室は「門下候人」が申し定めており、童形で寺務になった初例であった（『五八代記』）。政深の追却や義覚の入室状況から、「門下候人」が門跡の人事に影響を強めていたことが知られる。なお、この年の近衛家の日記は残っておらず、近衛家の関与を確かめることができない。

文明十二年（一四八〇）三月、義覚は眼を患い、片目が見えなくなったという（『大乗院寺社雑事記』同月三日条）。母の日野富子は深く悲しんだが、文明十四年二月十八日に十五歳の義覚は得度した（『長興宿禰記』）。義覚という名はこのときに定められた。翌日、義覚は得度の礼に朝廷を訪れている（『お湯殿の上の日記』同月十九日条）。

このように義覚は僧侶として三宝院門跡を務めていくところであったが、文明十五年（一四八三）九月十六日、病気になって他界した。将軍家としては義賢のときのように再び足利家出身者が三宝院門跡を務めて、武家祈禱等を通じて宗教界の統制を図ろうとしたはずであったが、その目論見は果たされなかった。

文明十六年（一四八四）七月五日、義覚の後継は九条政忠の子政紹に定められた（『大乗院寺社雑事記』）。次の史料はその経緯を伝える『同』文明十六年七月一日条の記事である。

一、東南院若君九条前内府御息十九歳也、去月廿八日自古市迎福寺御上洛、可奉成三宝院門主之由也云々、勢州(伊勢貞宗)之母儀相計而御乳母一人沙汰定付申處云々、彼門跡門主之躰所々相尋無之間、如此申沙汰云々、彼門跡ハ醍醐之諸院家也、大略日野党入室之所也、二条(師冬)之今小路之御息満済准后、為鹿薗(苑)院殿御猶子入室以来称門跡也、満済之御弟子義賢准后小川殿息、教賢大僧正予舎弟也、早世、号宝池院也、満済之御弟子分也、又為義賢之弟子、義賢之御弟子ニ陽明禅師、則辞之、成黒衣了、其後陽明(政深)僧正、彼禅師舎兄也、義賢入滅之時、許可請之、為門主、政済(深カ)、公方御猶子分也、天下大乱以後被退政済(深カ)僧正而、公方御息(義覚)入室、不及受戒早世了、去年歟、門跡事坊人共如形迷惑了、内府御息可有入室云々、所詮於今者、一人之息ハ不相応之地云々、各々無正躰者也、先師素意難計、

政紹は東大寺東南院に入室することが定められていたが、他に三宝院に入室する適当な人物がいなかったため、東南院でなく、三宝院に入室することになった。これより三宝院門跡は九条家の関与が強くなったと考えられる。八月十日、九条政忠の子は得度して足利義政の偏諱「政」字を授かり、政紹と名乗った。『後鑑』所収「御得度略記」によると、政紹は義政の猶子であると伝えられており、三宝院門跡は将軍家の猶子関係から、その影響が及ぼされることになった。同年十二月二十二日、政紹は醍醐寺座主に補任された。

政紹は報恩院僧正賢深や中性院重賀に従って入壇したり、重賀より伝法灌頂を授けられたりして[15]、順調に門跡としての資質を備えていったが、延徳三年（一四九一）八月十二日、三宝院を追い出された（『大乗院寺社雑事記』）。その具体的な理由は定かでない。再び「門下」との関係がうまくいかなかったためであろうか。政紹が門跡であった期間は七年ほどで、在任期間が長期に及ばなくなっており、その支配は安定しなかったと言える。こののち政紹は同年十二月二十七日に死去した。まだ二十六歳であった。

再び三宝院門跡は不在となり、相続者が求められた。明応元年（一四九二）四月にはすでに大智院喝食となっていた足利義材の弟周台を三宝院門跡として迎えられるよう、「三宝門派」より切望されており、六月二十七日に周台は門主に定められた（『蔭凉軒日録』同年四月十五日、六月二十七日条）。再び将軍家の子弟が門跡に迎えられ、義賢、義覚の先例を踏襲した人選であった。

明応二年正月、足利義材は畠山義豊を討伐するため、河内国に進発した。その際、義材の弟周台も供奉した。周台のもとには門下の公深大僧都、宗永権大僧都、その他坊官七騎が従った（『五八代記』）。しかし、この出征中に管

領細川政元が天龍寺香厳院清晃（足利義澄）を擁立して、義材と敵対したため、周台は逃亡した。京都法身院も物取りのため、炎上した。その後、周台は筑紫国に向かい、数年牢籠したという。義材の兄弟の在所である三宝院や曇華院もことごとく破却された。

再三にわたり、三宝院門跡は安定的に在任し続けることができなかった。こののち明応三年、今小路成冬の子随心院持厳が三宝院門跡を兼帯することになった（『厳助往年記』）。すでに持厳は文明十六年三月二十四日に得度しており、随心院に入室していた。持厳は二条持通の猶子になっており、今小路家は二条家の庶流家として二条家を仰ぎ、三宝院満済以来の関係が継続していたと言える。持厳が三宝院を兼帯することにより、再び今小路家、そしてその主家にあたる二条家が三宝院への関与を強めていくことになった。これより醍醐寺三宝院は九条流摂関家の影響下に位置づけられていたと見なされる。

おわりに

醍醐寺三宝院は南北朝期までは日野流の子弟が入っていたが、満済以降、摂関家か将軍家の子弟が入室するようになった。満済は二条家庶流の今小路家出身であったため、二条家との関わりがあったが、むしろ二条良基の子一条経嗣を含めた九条流摂関家としての支援に基づいていたのである。満済の後継者は足利満詮の子義賢であり、その後は一条家の子弟が将軍家の猶子として入室することになり、三宝院は九条流摂関家と将軍家の影響下にあったと言える。

摂関家はいずれの家も関白・摂政就任への強い志向をもつが、室町期には九条流摂関家が長期にわたって関白・

摂政の地位を占めた。従って、室町期の権力状況として、幕府とその支持を強く受けた九条流摂関家が関白職等を長期間占め、醍醐寺三宝院門跡もそれに連なって宗教勢力の統制を試みていたのである。

一時、醍醐寺三宝院には近衛家から政深が入り、近衛家の影響が醍醐寺に強く及びつつあった。しかし、政深は若死にしてしまったために、近衛家の影響は長く続かなかった。

その後は「門下」に支えられた足利義政の次子義覚が入室するが、若死にした。九条家の政紹も義政の猶子として入室したが、同じく早世し、次には今小路家の子弟で二条持通の猶子、持厳が入室した。この頃に醍醐寺三宝院は門主の交替が頻繁に繰り返されたが、九条流摂関家と将軍家の影響はなお維持されたと考えられる。

註

（1）大田壮一郎「室町殿と宗教」（『日本史研究』五九五、二〇一二年、のち同『室町幕府の政治と宗教』所収、塙書房、二〇一四年）。
（2）森茂暁『満済』（ミネルヴァ書房、二〇〇四年）、藤井雅子『中世醍醐寺と真言密教』（勉誠出版、二〇〇八年）、西尾知己「中世後期の真言宗僧団における三宝院門跡」（『仏教史学研究』五五―一、二〇一三年）、松岡隆史「室町期における醍醐寺座主の出自考察」（『古文書』七七、二〇一四年）、小池勝也「南北朝末期の醍醐寺三宝院主と理性院宗助」（『日本歴史』八一三、二〇一六年）、同「鎌倉末期から南北朝期にかけての聖尊法親王の動向」（『鎌倉遺文研究』三七、二〇一六年）等。
（3）前註（2）藤井氏著書、小池氏論文。
（4）『大日本史料』第七編之二、応永二年十一月二日、同年十二月一日。
（5）『大日本史料』第七編之二、応永十年六月二十日。
（6）なお、前註（2）森氏著書一六一頁には、満済の後継者の候補として、他に妙法院賢長がいたが、病気がちであったため、義賢が後継者に選ばれたと説かれている。なお、満済は永享六年（一四三四）三月二十二日に置文を記し

(「醍醐寺文書」二五函二〇七)、公家御祈、武家御祈をはじめ、本尊仏具聖教、門跡所職所帯以下のことを義賢に伝えた。翌年五月二十七日に満済はその置文に加筆をし、同年七月十三日に死去した。このことにより、義賢が実質的に三宝院を継承することになった。

(7) 『看聞日記』永享三年十二月二十一日条によると、近衛忠嗣は義教のもとに参賀せず、子の近衛房嗣しか参賀しなかったので、「以ての外、御腹立」であったという。同月二十日に房嗣の子は宝池院に入室することが決定したが、この出来事により改められたという。

『満済准后日記』同年十二月二十五日条によると、この日に近衛忠嗣は三宝院に参り、満済と対面したことが記されている。忠嗣は非常にうろたえており、今後どのように取り計らうか等を話したという。なお、『建内記』永享三年十二月二十日条には近衛忠嗣の次男が入室すると記されているが、正しくは房嗣の次男である。

(8) 拙稿「室町将軍の偏諱と猶子」(『年報中世史研究』二三、一九九七年、のち『室町時代公武関係の研究』吉川弘文館、二〇〇五年に所収)、拙著『名前と権力の中世史』(吉川弘文館、二〇一四年)参照。

(9) 佐和隆研「五八代記」(醍醐寺文化財研究所『研究紀要』四号、一九八九年)。

(10) 田村航「一条兼良の生涯と室町文化」(同『一条兼良の学問と室町文化』勉誠出版、二〇一三年)。

(11) 斯波義敏は年来、甲斐常治と対立しており、長禄三年(一四五九)五月に義政からの関東出陣の命令に従わず、進軍先を関東ではなく甲斐常治方の越前国敦賀城に転換して戦いに及んだ。そのため義政は激怒し、斯波家家督を義敏から、子の松王丸に代えた。なお、義敏は甲斐常治との戦いに敗北し、軍勢を越前国から尾張国に移すよう命じている。このような背景があり、戦いの翌年に管領細川勝元は斯波義敏の赦免を義政に求めたのであったが、義政はその要請に応じなかった。『碧山日録』長禄三年五月二十六日条、五月二十九日付袖留木重芸書状(『大乗院寺社雑事記紙背文書』第一巻、八〇〇号、勉誠出版、二〇〇二年)等。なお、『大乗院寺社雑事記』寛正二年九月二日条によると、義政は斯波家家督を松王丸から義廉に代えたが、『蔭凉軒日録』寛正四年十一月十三日条によると、同日に義敏を赦免して家督に認めている。

(12) 前註(2)藤井氏著書、第一部第三章第二節「三宝院門跡と「門下」」、特に一〇六—一一〇頁。

(13) 政深は近衛家に懸松や草花を贈ったり(『後法興院記』寛正七年正月二十一日条、文正元年七月三日条)、近衛忠嗣十三回忌に折紙を近衛政家に送ったりしている(『同』文正元年六月二十九日条)。また、近衛政家らと蹴鞠に興じたり（『同』文正元年九月二十五日、十一月三日、応仁元年三月二十二日条等）、近衛家を訪問したりすることも確かめられる（『同』文正元年七月二十日、七月二十二日、八月十七日、十一月十三日、十二月二十五日、文正二年正月八日等）。

(14) 応仁二年十二月十七日付足利義政御内書（「三宝院文書」五、『大日本史料』第八編之二、三五四・三五五頁）。

(15) 『五八代記』によると、延徳元年（一四八九）九月二十四日、政紹は賢深に従い、入壇している。同二年三月十六日には重賀に従って入壇している。また、『宗典僧正年中記』（「醍醐寺文書」一一七函二五、『大日本史料』第八編之三八、三三九頁）によると、この日に政深は伝法灌頂を重賀より授かっているようである。『五八代記』によると、同二年五月十日にも政深は重賀より附法を授けられている。

本稿は平成二十七年度大幸財団の人文・社会科学系学術研究助成金による研究成果の一部である。

室町・戦国期の神宮伝奏と神宮奉行職事

飯田良一

はじめに

室町・戦国期、神宮担当として、朝廷に神宮伝奏（以下、基本的に伝奏）・神宮奉行職事（以下、基本的に奉行）、幕府では神宮頭人・開闔（以下、頭人・開闔）があった。公・武への内宮解・外宮解は、大宮司解・祭主挙状によって進められ、天皇には官務―奉行―伝奏のルートで奏上し、室町殿には、武家伝奏あるいは頭人を介して披露された。

伝奏は神宮の注進を奏聞、奉行は権禰宜の叙位、大宮司や禰宜の加級・補任等の宣下等が日常的な業務であったが、十五世紀中頃からは、神宮伝奏奉書による公・武祈禱の下知が本格化するが[1]、戦国期には、明応六年（一四九七）三月十六日の三合御祈を初見として、伝奏奉書をうけた神宮奉行の施行状による沙汰[2]、文亀元年（一五〇一）七月二十六日の祈雨祈禱からは、これに官務施行状が加わり[3]、伝奏奉書―神宮奉行施行状―官務施行状（以下、官状）で命じられるようになる。また伝奏・奉行・官務がかかわる儀式に、神宮奏事始（以下、奏事始）があった。

伝奏・奉行についての研究蓄積は乏しく、祈禱・奏事始・文書行政から論じられている程度にすぎない(4)。伝奏の人名・在任期間も、文明元年の柳原資綱以前については未確定で、渡辺修の伝奏・上卿一覧表は、空白の時期も多く、行事上卿を混在したものである(5)。本稿では、限られた時期ではあるが、室町・戦国期の伝奏の人名・在職期間を整理し、奉行も含めて補任の経過や活動の一端を見ることにしたい。

一　神宮伝奏・神宮奉行職事の補任

1　神宮行事上卿

平安中期以降から鎌倉期に、神宮行事上卿と神宮上卿が置かれ、前者は造宮、後者が神宮雑訴を担当したことは、棚橋光男や藤原良章、岡野浩二の研究で明らかにされ、神宮伝奏の初見を弘安二年（一二七九）の参議左大弁吉田経長とし、十四世紀初頭以降常置されたことは共通認識となっている(6)。

渡辺はB論文で、室町中期に神宮上卿と神宮伝奏とが併置されていたことを指摘、その役割について、上卿は前代のように神宮関係の訴訟を評定する存在ではなく、遷宮日時定など儀式の上卿を勤めるもので、宝徳元年（一四四九）以降補任は確認されないとし、一方この時期に伝奏の神宮関係の奏請と伝宣担当という、近世にまで続く職制が確立すると結論した。

確かに伝奏が置かれるようになってからも、「神宮上卿」等の役職が散見され、混乱を招きやすい。貞和元年（一三四五）六月十日中院通冬は「外宮役夫工上卿」を命じられたが、『園太暦』六月十六日条には「神宮行事上卿」「神宮上卿」、『通冬卿記』六月二十一日条には「造宮上卿」と見える。通冬は宣下以前の六月十三日に外宮行事所始日時定を仮上卿として行い、宣下後の二十一日には常居所としての斎屋、潔斎時宿所の斎所を整え、注連を引き、神事札を立てた。[7] 応永二十五年（一四一八）八月には「神宮上卿」大炊御門宗氏が、仮殿遷宮日時定を行っている。[8]

清閑寺家俊は、『兼宣公記』応永三十二年七月二十四日に「神宮伝奏」とあるが、[9]『薩戒記』応永三十三年五月から十二月には、「神宮上卿」（五月十日）「太神宮雑訴伝奏」（五月二十三日、九月十二日）「伝奏」（六月十一日）など、さまざまな名称で記されている。一方、武者小路隆光が「神宮上卿」（九月二日）、「行事太神宮上卿」（十月十九日）として見え、十二月三日条には「吉田大納言家俊伝奏、籐大納言隆光行事、等不可参御八講云々、役夫工伝奏并造内宮行事上卿等故也」とあり、「伝奏」「役夫工伝奏」の清閑寺家俊と、「行事」「造内宮行事上卿」の武者小路隆光が仏事参仕を止められている。以上からこの時期、伝奏が清閑寺家俊、行事上卿は武者小路隆光であることが確認できる。

花山院持忠は、永享元年（一四二九）十月三日造外宮行事上卿の宣下をうけ、子午廊を修理して斎屋とし、十月二十九日外宮造替山口・木本祭日時定の上卿を勤めた。[10]『師郷記』には、永享二年十月七日「今夜於陣有内宮上棟日次定、上卿花山院大納言持忠神宮上卿　職事頭右大弁忠長神宮奉行」、永享三年十月十七日「神宮行事上卿花山院大納言」とある。『公卿補任』によれば、永享五年八月に「造宮上卿」が持忠から勧修寺経成に替るが、経成は九月に外祖母喪により辞し、葉室宗豊となる。[11] しかし永享六年の『公卿補任』は、経成を造宮上卿としているから、除服後再任されたと思われ、九月二日外宮神宝奉遣日時定と内文請印の上卿を勤めた。師郷は「経成　行事」と割注している。

文安二年（一四四五）十一月二十五日神宮行事上卿徳大寺公有が、師郷を呼んで「談合」、翌日に請印始、その後山口祭・木本祭の日時定を行った。文安五年十二月二十三日外宮山口祭日時定は、正親町持季が上卿であった。[12]

持季は宝徳元年（一四四九）八月「神宮行事上卿」「外宮行事上卿」と見える。宝徳三年十二月の月次祭では、触穢の公卿のほかに、持季は「造外宮行事上卿也、齋籠中除之」、徳大寺公有も「造内宮行事上卿、齋籠中除之」とされている[13]。

寛正三年（一四六二）七月、室町期最後となる内宮正遷宮のために、権大納言万里小路冬房が行事上卿、頭左中弁中御門宣胤が行事弁に補任され、十二月十五日造内宮日時定と請印政が行われた。冬房の行事上卿は、義政の決定によるものである。七月十一日武家伝奏広橋綱光は、神宮行事上卿・弁、神祇官修造についての女房奉書を義政に披露した。義政は上卿を万里小路冬房、弁は中御門宣胤に仰すること、神祇官修造は神宮頭人摂津之親に沙汰させるように命じる。冬房は困窮を理由に、就任困難を訴えるが、義政は「若猶令故障者、家領可被付他人由」と厳命、綱光が室町第に冬房を呼んで説得、就任を承諾させた。綱光はこれ以外にも、遷宮にかかわる儀式やその準備に奔走している[14]。

室町期の「神宮上卿」「行事上卿」は、棚橋が明らかにした遷宮行事所の上卿であり、神宮の訴訟等を担当した神宮上卿の系譜を引くものではない。もちろん室町期の行事上卿が造営や遷宮の実務にかかわることはない。仮殿は大宮司の職務であり、正遷宮は祭主流の大中臣一族が造宮使であったが、その任免は室町殿が行い、費用も幕府の負担である。行事上卿は、遷宮関連の日時定等の上卿を勤めるだけの存在であった。

2　神宮伝奏と敷奏

室町期の神宮伝奏は、応永前期に坊城俊任、『教言卿記』応永十五年五月七日条の町資藤などが見えるが、ほぼ連続して確認できるのは、応永三十一年（一四二四）の洞院満季以降である。今後の修正を要するが、参考として掲出する（**表1**）。

室町期の伝奏補任の経緯は分からないものが多い。後年のものであるが、永正三年（一五〇六）中御門宣胤は「祖父依武家普廣院殿御執奏為此伝奏」と祖父俊輔の伝奏就任を義教の執奏としている。(15) 三条西実隆の伝奏補任につ

表1　伝奏表

伝奏	在任	備考	出典
①洞院満季	↑応永三十一・四・九在任	同月内大臣、辞退か	兼宣
②清閑寺家俊	↑応永三十二・七・二十四～正長一・三・十四		兼宣・建内・薩戒
③町資広	永享一・八・三十↓	同日敷奏	守光
④中御門俊輔	（推定）		宣胤
⑤三条西公保	↑永享四・七・二十～十二・九・六↓		氏経神事記
⑥町資広	↑嘉吉二・七・十～文安二・九・七↓		康富・文安二仮殿
⑦松木宗継	↑文安三・七・十一～宝徳二・十・二十一		建内・康富・晴富
⑧町資広	↑宝徳三・十二・二十八～文明一・十一・十二	寛正六・八、重敷奏	守光・引付
⑨柳原資綱	↑文明一・十一～明応五・八・二十九	因幡在国期間有	引付　お湯殿
⑩三条西実隆	明応五・十二・三十～永正三・二	敷奏	実隆
⑪中御門宣胤	永正三・二・十二～八・十一・十五	敷奏	宣胤
⑫広橋守光	↑永正九・二～十三・四・十一	敷奏　武家伝奏	守光
⑬三条西公条	↑永正十三・四・十三～大永六・四・三	敷奏	永禄一品御記
⑭今出川公彦	↑大永六・八・九～天文一・一・二十		永禄一品御記
⑮正親町実胤	↑天文一・二・五～五・七・三十		永禄一品御記
⑯柳原資定	↑天文五・七・三十～八・十一・十三	因幡下向・上表	永禄一品御記

いては、瀬戸薫が武家伝奏と敷奏を論じるなかで詳しく述べており、[16] 重複する部分もあるが、行論の必要上『実隆公記』によってその経緯を見ておく。

明応五年十月三十日勅使として忠富王が来訪「神宮伝奏事、日野一位《柳原資綱》老耄無正躰之間、可被補他人之由已被仰下了、故内府《三条西公保》存知之近例可然歟、有被思食子細可令存知之由」の仰を伝えた。実隆を伝奏に補す理由に、父三条西公保が伝奏であったことをあげている。

このときは固辞した実隆であるが、十二月二十四日女房奉書で再度の仰せをうけ、就任の決意を固め町広光を招いて種々相談、翌日忠富王を訪れて伝奏を請ける旨を伝え、奉行には頭左中弁広橋守光を充てたいこと、敷奏と「神宮事可令申沙汰」の二通の綸旨を賜い、その後に奏事始を行う旨を述べ披露を求めた。ところがその後音信がなく、不審に思った実隆の問い合わせに、忠富王は「去二十五日申入趣、勾当内侍失念不披露（中略）仍只今披露之、奉行職事頭弁也、一通事可申遣」と返答、十二月三十日夜伝奏の綸旨だけが届いた。実隆は敷奏の綸旨発給を頭左中弁中御門宣秀に申入れ、翌年正月十二日に伝奏の綸旨と同日付の「可令候伝奏給者、依天気言上如件」の敷奏の綸旨をうけた。[17] 実隆が伝奏補任と同時に敷奏の綸旨を求めたのは、町広光の教示によったものである。

町広光は翌年正月実隆に送った書状で、敷奏と伝奏について、敷奏は職員令の太政官式に大納言の職掌として規定があるが、伝奏の成立時期ははっきりせず、中古以来のものであろうとし、南都のことは南曹弁が奉行し、長講堂も行事弁が申沙汰していたが、近代伝奏が置かれるようになったと述べ、さらに、

今度神宮伝奏ハかり進一通候哉、以前も申候しやうに、先敷奏事被仰候者可然存候、同日にても又一両日以前之日付にても可宣候、是ハ必御沙汰之次第此分候、当時無沙汰不可為例事候、被沙汰之趣其之所伝奏とて被定置候へハ、其外之事ハ一向不可相綺様候歟、是又不可説候、仮令庶事申沙汰候内にて、被定其所にてこそ候へ、

不可亘他事條ハ、返々せはき事にて候、口惜候

と、敷奏と伝奏の関係を実隆に説明した[18]。すなわち敷奏は種々のことについて申沙汰ができるが、伝奏はその担当についてしか申沙汰ができないから、伝奏補任と同日か、それ以前に敷奏の仰をうける必要があるとするのである。

伝奏表（**表1**）に示したように、町資広は永享元年八月三十日に敷奏、同日伝奏に補せられ、寛正六年八月後土御門践祚にともなって、重ねて敷奏の仰をうけた[19]。柳原資綱が敷奏であったかは確認できないが、『公卿補任』によれば文明八年（一四七六）十二月二十九日参議右大弁柳原量光が敷奏となっている。同年六月に日野勝光が死去、日野一族が触穢となったが、量光だけは「一人不可穢、相代父亜相在国、神宮事申沙汰故」とされており[20]、敷奏も同じ理由によるものと考えられる。神宮伝奏が、敷奏であることは戦国期には慣行となっていたようで、大永六年（一五二六）八月九日伝奏となった今出川公彦について『公卿補任』は、わざわざ「不及被仰敷奏、先例希歟」と注記している。

3　神宮奉行職事の補任

神宮奉行には、弘安七年（一二八四）の勘解由小路兼仲や嘉吉年間の坊城秀房のように五位蔵人の例もあるが、室町後期・戦国期には、蔵人頭のうち傍頭が就くのが慣行となっていた。周知のように、室町・戦国期の蔵人頭は二名で、両頭と称され、弁官・羽林（中将）が補せられた。その組み合わせは、両頭ともに弁官あるいは羽林の場合と、弁官・羽林各一名の場合があった。両頭のうち一名が殿上を統括する管領頭、他方が傍頭である。管領頭については、百瀬今朝雄論文に詳しい。文明七年正月二十八日左中弁広橋兼顕とともに蔵人頭となった右中将三条西実隆は、三月八日神宮奉行となり、「近来大略傍頭存知之間、伝奏資綱卿沙汰之」と記している[21]。

前述したように、実隆は明応五年十二月伝奏を請けるにあたって、「傍頭存知之条近例也」と広橋守光を奉行とすることを申し入れる。しかしこれが実現したのは、中御門宣秀が参議を望み、奉行を辞した明応七年十二月である。二十七日に宣秀が奉行辞退の申状を進め、実隆が二十八日奏聞して、次の奉行を「可仰傍頭之由」の勅定をうけた(22)。二年間管領頭宣秀が奉行を続けていたのである。

守光は、文亀元年六月二十二日奉行を辞し、後任の右中弁万里小路賢房は、永正二年六月十六日管領頭となるが、十月七日に参議に昇進するまで奉行の職にあり、十一月十九日蔵人頭となった右中弁勧修寺尚顕が、十二月十九日賢房昇進後未補であった奉行に就任している(23)。

永正五年二月五日の奏事始は伝奏中御門宣胤、奉行中山康親である。宣胤は康親について「当時管領頭也、此奉行職事雖傍頭役、未補以前被仰之上、実胤朝臣未拝賀也、此間尚顕朝臣又管領頭也(24)」と、管領頭康親が傍頭役の奉行であることの理由を説明している。康親は参議に昇進した公条の後任として、永正四年四月三十日蔵人頭となる。尚顕の管領頭就任は、公条が参議に昇進した永正四年四月二十七日後まもなくであったと思われるが、おそらくは永正五年正月五日の参議右大弁昇進までその職にあった。康親は奉行補任後に管領頭となり、傍頭は尚顕の後任である正親町実胤であった。しかし実胤は未拝賀なので、この時点では、管領頭康親が奉行を勤めていた。傍頭が奉行になる慣行といっても、管領頭となれば直ちに次の傍頭と交替するというものではなかった。

二　神宮伝奏・神宮奉行職事の活動

1　神宮奏事始

伝奏、奉行が関係する儀式に奏事始がある。奏事始は、祭主の奏上を伝奏が奏聞する儀式で、渡辺が永正三年三月の中御門宣胤、天文六年（一五三七）三月の柳原資定、井原も永正四年正月宣胤の事例を紹介している。[25]その成立時期ははっきりせず、今後の課題であるが、柳原資定が伝奏であった文明十五年正月十三日以降は、ほぼ連年行われている。

明応五年十二月実隆は、「平生神事之儀、又奏事始以下之事等」に不審があったので、内々に町広光を招き先例等を尋ねた。広光は、先例として「永和度保光卿奏事始記」を貸し与え、実隆はこれを書写したが、詳細な記録ではなかった。また父資広は奏事始の記録を残さず、年々の奏事目録も応仁の乱によって紛失したと述べている。[26]実隆は、文明七年～文明九年奉行であったが、『実隆公記』に奏事始の記事はなく、明応六年二月四日奏事始を行うにあたって、町広光に先例を尋ねただけでなく、前日には「合宿」して準備しているから、奉行として関与した経験はなかったと思われる。[27]

奏事始で伝奏が読む奏事目録は、祭主目録をうけて奉行が作成する。『時元記』に「一、神宮奏事始之事」として文亀四年の奏事始関係文書を載せる。

〈目録〉

目録
大神宮
造替事
神領再興事
爵事

祭主大中臣伊忠

〈挙状〉

荒木田守世叙爵事、款状一通進上之、以此旨可令申上給、恐々謹言、

正月十九日　　　　　　　　　　　　　　　神祇権大副判（大中臣伊忠）

進上　新四位史殿（小槻時元）

〈款状〉

権祢宜正六位上荒木田神主守世誠惶誠恐謹言

請殊蒙　天恩因准先例預五品栄爵状

右謹――――――――――――――――以下如恒

〈官状〉

進上

祭主伊忠朝臣書状一通、

目録一通、

荒木田守世叙爵事副款状、

右、進上如件

正月十九日　　　　　　　　　　　　　左大史小槻時元

進上　頭右中弁殿（万里小路賢房）

井原は、この一連の文書から「伊勢禰宜所―伊勢祭主―神祇大副―官務―頭弁をへて太政官・奏聞という上申シ

ステムが機能していた」とする。(28) 果たしてそうであろうか。

祭主は、折紙の目録に「祭主大中臣伊忠」、叙爵款状を進める挙状には「神祇権大副」と署名して官務に送付している。祭主は神祇官人としての官職を帯びており、款状や祈禱請文を進める挙状、神宮に祈禱命令や口宣案を施行する下知状などの公的文書には、神祇大副等と署名する。目録が祭主名、挙状が神祇官官職名であることは、神宮文書が神祇官を経ることを意味するものではない。祭主挙状・目録・守世款状は、官務から「官状」による次第挙で、神宮奉行職事万里小路賢房に進められ、賢房が奏事目録を作成した。(29)

井原は官務―弁官を重視するが、神宮文書は、頭中将・頭弁のいずれであれ、神宮奉行職事が取り扱うもので、弁官であることを要しない。また目録や官状による送付がなくても、奉行は奏事目録を書くことができた。このことは、奏事始における官務・奉行の活動を、具体的に見ることによって明らかとなる。

奉行は奏事目録の作成と、奏事始後の清書を行うが、その経過がよく分かるのが明応六年の奏事目録案である。(30)

『神宮事
宿紙也』　(朱)●神宮事

明応六年二月四日宣秀　奏事 (三条西実隆)侍従大納言　是ハ後日ニ付也、
此事ノ字、多年後ニ見之、不可有歟、

神宮条々

仰、早可申沙汰、　祭主伊忠申造営替之事
伝奏々聞以後、仰詞ト日付ノ四ノ一字ト書加之、返給以後　奏事トアル下ノ註ニ
付伝　奏之人、上ノ銘ニ奏事目録ト書、宿紙其ヲ写テ遣伝　奏、正文ハ此方ニ置也

仰、可仰合武家、　同申神領再興事

仰、可　宣下　同申度会常隆・同春千・同晨則等叙爵事
今日奏事始吉日之由伝　奏被申送、参会故障之間、以一通
付目録、六位蔵人一人為敷円座可祗候也、自伝　奏可召儲、

細字の部分は、宣胤の見解や明応六年の奏事始・奏事目録についての注記である。奏事始の時点では、日付や仰

詞等は奏事目録に記されておらず、奏事始後に奉行に戻された時に書き入れる。奏事始の儀式で、伝奏は年月日を読まず、神宮奉行が奏する形で読み上げ、御気色を伺うが、天皇は勅答の言葉（仰詞）は発しない。[31]奉行がこれらを書き入れて正本を保管、二通の写しを作り伝奏に送付する。[32]伝奏は一通を禁裏に進め、一通は自らのもとに留める。明応七年正月十四日の奏事目録は、実隆から「昨日の奏事の目録まいらせ候、御心えて御ひろう候へく」の消息を付して勾当内侍に送られた。[33]

明応六年の奏事始は、伝奏実隆と事前に議定所に円座を敷き、出御を告げる六位蔵人資直によって行われ、奉行の頭右中弁中御門宣秀は、当日朝に奏事目録を実隆に送るが、儀式そのものには参仕していない。永正三年の宣胤も当日の日記に、「一、奉行職事近年不参也、雖然、今度伝奏・奉行各初度之間、所参也」「一、六位近年不参円座、女嬬自外指入置之（女嬬不入内也）、今日極臈参候為厳重事」としており、少人数で行われる簡単な儀式である。[34]

奏事始では、造替・神領再興という神宮の維持・経営に関わる事項と、多くは権禰宜の叙爵や加級を奏聞し、天皇がその沙汰を命ずる。神領再興・造営は、幕府によらなければ不可能で、天皇の裁許で可能なのは叙爵・加級であったことは、「仰詞」にも反映されている。[35]

明応七年正月十四日の奏事目録は、当日朝届いておらず、実隆は使者を遣わして催促した。町広光はこの日、

今朝御　奏事始治定候哉、昨日中御就目録之事、被不審候子細等候、官と問答未休候間、不定之様被申候、無心元存候、凡於　奏事始目録為官強不及注進候、造替又ハ神領再興之事なとハ、嘉例吉書之間、為職事相計載来候歟、慥自神宮中子細、爵なとの事こそ、不帯次第之挙、祭主直付職事候条不可然由、去年も再往其沙汰候しものを、但可在貴計之由返答仕候キ、賢慮如何様候哉、自其も此子細内々被仰遣、今日不延引之様者可然存候（後略）

の書状を実隆に送った[36]。奏事目録をめぐって、「中御」＝宣胤[37]と、「官」＝官務時元の間に見解の相違が生じ、調整が難航、奏事始の催行が危ぶまれる状況となっていた。奏事目録の到着が遅れたのも、これが原因であったと思われる。対立は奏事目録についての、奉行と官務の関与・権限をめぐるものである。宣胤の質問に広光は、奏事目録は官務による祭主目録の送進は必ずしも必要ではない。なぜなら造替・神領再興の項目は吉書であり、奉行の判断で載せることが出来るし、従来もそうであったのではないか。叙爵や神宮からの注進が、官務の次第挙なしに、祭主から直接奉行に送付できないのとは異なるとの見解を伝えたことを報じ、実隆からもこの旨を仰せ遣わすように勧めたのである。

問題は翌年の奏事始でも解決していなかったようで、二月二十一日の奏事始は「両条」であった。同年五月八日二星合御祈の綸旨をうけた実隆は、同日付伝奏奉書で奉行広橋守光に沙汰を命じた。ところが、祭主伊忠は「当年未奏事始之間、御祈事難下知之」と、守光の施行状を返してきた。奏事始がすでに行われていたにもかかわらず、祭主が「未奏事始」とするのは、祭主が目録が進めないまま、奉行が奏事目録を作成したからである。守光からこれを告げられた実父町広光が介入したのであろう、官務時元は、急遽官状を付して「祭主目録折紙」を献じてきた[38]。

大永四年（一五二四）二月十一日の奏事始における祭主朝忠の目録は十日付で「申　神領再興事、一級事、叙爵事」、これを奉行柳原資定に進めた官務壬生于恒の官状は九日付で「祭主朝忠書状一通、荒木田神主長久申叙爵事副款状」である。しかし資定の作成した奏事目録は「祭主朝忠申造替事、神領再興事、権祢宜荒木田長久申叙爵事」となっている。日付からみれば、官状は祭主目録以前で、文面も叙爵の款状と祭主挙状の送進だけで、目録を含んでいない。事実、祭主目録は「右此折紙、後日祭主持送者也、相副次第解、官務可持参事欤」とあり、後日に官務を介さず直接届けられたものであった。町広光の見解を裏付けるものといえよう。

官務を経ずに祭主が直接奉行に目録を進めるのが例外でなかったことは、大永八年正月十九日の奏事始の後、資定が「大神宮　造替事、神領再興事、爵事」の祭主伊忠の目録を記し、「永正年中如此書之、仍官務相副次第賜（解カ）之、近年祭主直付職事、可謂違例者歟」としていることからも明らかである。[39]

奏事始の式日は定まっておらず、毎年日次を選び催行された。式日を検討した渡辺は、正月二十一日から九月四日までの幅があるとするが、[40]奏事始が二種類あったことを無視した結論である。永正十三年は三月二十一日（『守光公記』）・八月十一日（『時元記』）、大永六年は二月十六日（『永禄一品御記』）・八月十六日（同上）、天文五年（一五三六）も二月十二日（『壬生家四巻之日記』）・九月十四日（『永禄一品御記』）、永禄九年（一五六六）正月十六日（『お湯殿の上の日記』）・三月十一日（『永禄一品御記』）と、二回の奏事始が行われている。

これらはいずれも伝奏が交替した年である。永正十三年八月の奏事始について時元は「伝奏広橋中納言守光卿辞退八十一　帥中納言公條卿申沙汰　奏事始也」と注記している。[41]大永六年八月十日禰宜職補任を求める権禰宜度会晨彦款状が、次第解とともに届いた。資定は八月九日に伝奏に補せられたばかりの今出川公彦にこれを進めるが、前伝奏三条西公条から「件祢宜職事、奏事始以後奏聞可然之由」の諷諫をうけて、内々に在富にその日次を選ばせ、十六日の奏事始後に奏聞した。新任の伝奏が申沙汰を始めるにあたっての奏事始で、毎年の奏事始と区別すれば〈申沙汰奏事始〉というべきものであるが、奏事目録や儀式次第は同じであった。[42]

2　禰宜の補任・叙位

永正三年伝奏として初めて奏事始を行うにあたって中御門宣胤は、伝奏が「厳重之儀、人々所望」の職であることを述べ、職務における課題と覚悟を記した。[43]柳原資綱は文明六年から三カ年因幡に在国したが、改替されることなく、息参議右大弁柳原量光が代行し、特段の支障はなかった(44)。神宮上卿や伝奏には、触穢を避け、潔斎が求められた。承安二年（一一七二）九月神宮上卿となった九条兼実は、上卿としての禁忌・作法を各方面に尋ねるが、神宮文書は特別な浄所を設けて保管し、経典を郭外に出すなどのほかにも、日常生活に影響を及ぼす種々の規制があった。室町期でも行事上卿は斎屋を構え、仏事への参仕を憚った。伝奏清閑寺家俊は、息女が頓死し、家中が触穢となったことで、後小松上皇の不興を蒙っている(45)。

戦国期には伝奏の禁忌もよほど少なくなり、実隆は看経もしているが、死穢は厳重に忌避された。永正二年十一月、三十余年来の下女が中風で瀕死の状態となったとき、邸内から今出川辺に出している(46)。死穢が邸内に及ぶのを恐れたもので、中世後期における穢意識の肥大化の例ともされるが、このとき実隆が伝奏であったことに留意すべきである。神宮文書についても『実隆公記』に、「子細別記注之」、「具神宮文書了」「加神宮文書」「奏事目録加文書了」等とあり、別置されていた。文書を取り扱う際に行水して潔斎する作法は、奉行にも求められた(47)。

このように日常生活に制約のある伝奏が果たして「厳重之儀、人々所望」であるかは疑問もあるが、宣胤が課題としてあげた、

> 然神宮造替経数通(遍カ)不及沙汰（内宮寛正三年十二月廿七日遷宮、至当年四十五年歟、外宮永享六年九月十六日遷宮、至当年七十三年歟）、外宮炎上以後無造宮、雖有禰宜闕、（今三闕、内宮二人、外宮一人、）経年序無望申体、如此時節、伝奏可有所存歟

の二項は、公武の祈禱の効果――神の感応・受納――にもかかわるものと認識されていた。十一世紀以降重要な殿舎の顛倒・火災等には、公卿勅使が発遣され祈謝したが、室町期にあっても、殿舎の朽損に際して、神宮は祈禱請文に「雖致御祈禱之誠、御神躰御座不浄之中間、難相応神慮者歟」、「縦雖致御祈禱、神享非礼者哉」などとして、造営・遷宮を訴えた(48)。禰宜の欠員も神宮の状態が十全でないことを示すものであった。神宮祠官の叙爵・加級、禰

宜補任には、伝奏が関与しており、幕府との関係も見られるので、この点に限って述べることにする。

まず叙爵・加級である。康正元年（一四五五）内宮権禰宜氏元らが加級を求め、これを「新儀之濫訴」とする正禰宜と対立、両者は朝廷への訴えを繰り返した。伝奏町資広が対応にあたるが、朝廷の方針は一貫せず、解決には一年近く要した。結局代始賞という形で、禰宜と内・外宮権禰宜三百余人に加級することで収拾した[49]。

明応六年八月外宮権禰宜の叙爵には後土御門天皇が「以前就御躰事、雖被召上、不能上洛、剰有自由之申詞等、日野一位伝奏之時、再往被仰之了、于今無一途、仍栄爵等事、無左右不可有御沙汰也」と難色を示す。延徳の外宮炎上による神躰の安否について、禰宜を召喚したが、これに従わなかったことを問題としたのである。実隆は「巨細愚意之所存尽、淵底言上」して説得、以後は「不可有其煩」の勅定を得た[50]。永正二年三月内宮一禰宜となった守則は従四位下を望むが、伝奏実隆が「不審」として認められなかった。永正十二年の従三位申請でも、後柏原天皇は大外記中原師象に先例を勘進させている[51]。

禰宜の補任はどうか。内・外宮の禰宜定数は各十人で、死亡や辞職等により欠員が生じると、しかるべき家格の権禰宜が款状を捧げて、禰宜への転任を求める。荒木田氏経は、『氏経神事記』冒頭に、自身の補任経緯を詳しく記している。永享四年禰宜経博闕替に際して、競望した権禰宜は従四位下経満以下七人で、氏経は従五位下であったが、祭主清忠は将軍義教の命で、それぞれの「理運」を注して進め、義教が「為神可為氏経」と判断、執奏して、七月二十日禰宜補任の宣下をうけた。文亀二年室町殿義澄から内々に、祭主昇殿と禰宜補任執奏の先例を尋ねられた実隆は、祭主昇殿については明確な返答を避けたが、「於禰宜事者、毎度御執奏勿論」と答えている[52]。

禰宜補任の奏聞・勅許・宣下は、伝奏―奉行―官務によって、次第解・次第沙汰の文書手続きで行われる。しかし勅許があっても、武家執奏がなければ宣下されなかった。内宮九禰宜守隆から守誠への譲補は、文明二年九月に守誠が款状を捧げ、十月には祭主雑掌から勅許の連絡があった。しかし翌年四月段階でも「公家御沙汰、雖無相違候、依頭人御憤令停滞候歟」という状態にあり、内宮禰宜は連署して「殊今就天下忩劇、祢宜等抽御祈禱丹誠候折節、祢宜十員不足、且神慮難測、且為　公私、不吉子細候、早速預宣旨」ことを訴えている。(53) 神宮頭人摂津之親が室町殿へ披露せず、執奏が停滞していたのである。

戦国期には、神宮頭人摂津氏の「御執奏状」により、伝奏が奏聞することも行われた。永正五年十月、摂津政親は、

内宮禰宜両人闕替職事、荒木田守恒、前一禰宜守朝跡、同守直、前三禰宜守誠跡、御執奏之趣、任先例可有申沙汰由候、恐惶謹言

十月五日　　　　政親判

中御門殿
参人々御中

の書状で禰宜補任を執奏した。この日祭主が宣胤を訪れ「禰宜事、不及次第解、以御執奏状可奏聞」と告げ、七日には官務時元も「禰宜事以御執奏、早々可奏聞、不及次第解」と申し入れる。執奏状の場合は、本来の手続を省略することが可能であった。一方権禰宜二人の叙爵の款状は進められており、宣胤は八日、

あら木田守つね、同守直、神宮の禰宜の事、武家御しつそうのよし、摂津守政親かように申候、又同守雅、泰《やす》用《もち》じよしやくの款状まいり候、御心え候て、御披露給べく候

と、政親の「御執奏状」および権禰宜叙爵の披露を求める。(54)

『永禄一品御記』によれば、大永五年外宮権禰宜度会実久の禰宜転補では、官務于恒は「為武家御執奏之条、不

及進一通」と、次第解を送付しなかった。奉行の柳原資定は「不可然」と下知し、七月八日次第解が届いた。この武家執奏も頭人の申沙汰である。天文五年十二月の外宮禰宜是彦の死去にともなう貴彦の補任も、十二月八日摂津元造の執奏状が、伝奏資定の書状を付して、勾当内侍に進められた。

多くの場合、禰宜補任には複数名の競望者がおり、定員充足は容易で、朝廷から督促する必要はなかった。しかし十五世紀末から十六世紀初頭の神宮周辺では、宇治と山田の対立に北畠氏が絡んでの武力抗争や都市騒擾が頻発、祠官層は経済的に困窮しつつあった。

延徳元年（一四八九）二禰宜守氏の闕替について内宮は、祠官に「可望申之」を触れたが、六月二十二日の山田勢による宇治攻撃により「悉牢人」、「屋財悉消失之間、不及了簡之由」と、経済的困窮を述べ「如今者、雖経五ヶ年十ヶ年、不可有望申者」として「御　奏断以小事預御免」ことを求め、延徳三年の経房・氏綱の闕替でも同様のことを繰り返している[55]。

実隆は文亀元年八月変異祈禱下知に付して「如此御祈連続候、未補不可然」と外宮禰宜の欠員補充を厳密に沙汰することを命じ、永正二年正月にも祭主に「禰宜事其闕候条、太不可然、今春早可令拝任之由」を内宮一禰宜に命じるように下知するが、内宮は、「右件祢宜職望申祠官之輩等、以外無力之子細」として、四月以来の大雨による田畑の存亡と、「殊又山田徳政大乱打続々々、忩劇之折節、借銭等一向不叶」ことをあげ、任料の用意ができないことを弁明した[56]。

永正四年四月、宣胤も内・外宮各二名の欠員補充を祭主伊忠と問答し、八月には天下和平・朝家安全の祈禱命令に付して、「為禰宜中加評議、早々可申入」ことを祭主に命じたが、申請は翌年三月になってからである。このとき禰宜任料を千疋とすることを求められた宣胤は「至法万疋至乱前如此也、以外減少、不可叶之」と一旦は拒絶したが、翌日祭主に「禰宜礼物」を厳重に沙汰することを命じ、五百疋を追加するとの返事を得て「今時分先領状歟」と妥協し、大宮時元にも官務の任料を尋ねている。(57) 任料をめぐって交渉が行われるのは、その性格からして当然ともいえるが、この時期の神宮祠官には、負担に耐える経済力が乏しかったことも事実で、欠員補充を困難としていた。

おわりに

本稿で取り上げた伝奏・奉行の活動は、叙爵・禰宜補任、奏事始に限定されており、幕府との関係も、禰宜補任における執奏にふれたにすぎない。殿舎造営・遷宮、祭主・大宮司補任等の重要事項では、公武の交渉・協議が行われ、武家伝奏や頭人がその中心として活動している。これらの事例を通じて、神宮をめぐる公武関係を考えるなかで、神宮伝奏の役割や意味が明確となるであろう。後日を期したい。

註

(1) 応永三十一年四月九日二星合変異「禁裏・仙洞」、「室町殿（義持）・将軍御方（義量）」祈禱を、神宮伝奏洞院満季奉書で命じた例がある（『兼宣公記』同日条、「変異御祈中沙汰記」）。義教期には室町殿祈禱は武家伝奏が、公家祈禱を神宮伝奏が沙汰することが始まり、義政期に公武の祈禱は神宮伝奏奉書で命じるのが基本となる。拙稿「室町時代伊勢神宮における公武の祈禱～義持期から義政期を中心として～」（『三重県史研究』第二四号、二〇〇九年）。

(2) 『実隆公記』同日条。

(3) 『時元宿祢伊治宿祢符宣案』（神宮文庫一―八六三九号本。以下『時元符宣案』）。戦国期の伊勢神宮における公武祈禱に関しては別稿を予定している。

（4）渡辺修「神宮奏事始の成立」（『皇學館大学史料編纂所報』第二二八号、二〇一〇年。以下、渡辺A論文）。井原今朝男『室町期禁裏・室町殿統合システムの基礎的研究』（平成二〇年度～平成二三年度科学研究費補助金基盤研究（C）研究成果報告書第二部研究報告編二章（一）「下請符集」の概要と考察、「神宮奏事での文書行政の実態」「神宮奏事始の実態」「伊勢神宮・祭主・神祇官と官務・弁官のルート」二〇一二年。以下、井原論文）。

（5）渡辺修「神宮伝奏の成立について」（『学習院大学人文科学論集』八、一九九九年。以下、渡辺B論文）。

（6）棚橋光男「行事所―院政期の政治機構―」（『中世成立期の法と国家』塙書房、一九八三年。初出一九七八年）。藤原良章「公家庭中の成立と奉行―中世公家訴訟制に関する基礎的研究―」（『中世的思惟とその社会』吉川弘文館、一九九七年。初出一九八五年）。岡野浩二「平安末・鎌倉期の神宮上卿」（『年報中世史研究』二五号、二〇〇〇年）。

（7）『大日本史料』第六編之九　貞和元年六月十三日、二十三日条。

（8）『康富記』応永二十五年八月四日、五日条。

（9）『兼宣公記』同日条。歴史民俗博物館蔵（以下、歴民博）。

（10）『薩戒記』永享元年十月三日、二十六日、二十九日条。

（11）『看聞日記』永享五年九月十一日「中納言軽服之間、伊勢上卿辞退申」とある。

（12）『師郷記』同日条。

（13）『康富記』宝徳元年八月二十二日、二十六日条。宝徳三年十一月二十七日条。

（14）『綱光公記』歴民博。寛正三年七月十一日、二十五日、二十六日、十二月七日、十四日、十五日、十六日条。綱光の武家伝奏就任の日付は未詳であるが、『綱光公記』によれば、五月二十三日には病気の中山定親に代わって、富子御産御祈の沙汰を命じられ、二十四日に諸寺社に触れている。これをうけて、神宮には同日付神宮伝奏町資広奉書で「御産平安・御運長久」の「御台様御方御祈」が下知された（『氏経卿引付』四―一七　三重県史　資料編中世1上所収。県史所収の引付は、基本的に県史の文書番号で示し、文書名を省略する）。

（15）『宣胤卿記』永正三年三月二十四日条。

（16）瀬戸薫「室町期武家伝の補任について」（『日本歴史』五四三号、一九九三年）。

（17）「敷奏」を「伝奏」と表記する例は、明応九年十月三十日の武家伝奏勧修寺政顕がある。実隆・町広光・宣胤等の綸旨は「可令候敷奏給者、依天気言上如件、誠恐謹言」であるが、守光は政顕には「是ハ伝奏ト書之　上啓如件」と注記している（『守光公雑記』歴民博）。
(18)『実隆公記』明応六年正月九日条。
(19)『守光公雑記』。
(20)『親長卿記』文明八年六月十五日条。
(21)百瀬今朝雄「管領頭に関する一考察」（『弘安書札礼の研究』東京大学出版会、二〇〇〇年。初出『日本歴史』四三三号、一九八三年）。
『実隆公記』同日条。実隆の「近来」がいつ頃を指すのかは分からないが、『愚管記』延文三年八月二十五日条には、正和四年二月二十一日蔵人頭となった平親時と日野資名のうち、親時が上首として管領、資名が「奉行神宮事」の先例、延文三年八月十二日頭になった平親顕と柳原忠光が管領の立場をめぐって争い、「就上首被親顕朝臣、神宮事忠光朝臣可令奉行」の裁定のあったことを載せている。

五位蔵人の神宮奉行には、左少弁兼光（『玉葉』承安二年九月十七日条「奉行弁」）。治部少輔兼仲（『勘仲記』弘安七年九月五日条に「蔵人方謂　執権称神宮奉行」）。権右中弁坊城秀房（『康富記』嘉吉二年十二月二十四日、同三年九月三日条「神宮職事」）。『永禄一品御記』永禄十年九月十四日条には「神宮奉行事、貫首存知之儀勿論也、雖為五位職事非無其例之上者」とある。
(22)『実隆公記』明応五年十二月二十五日、明応七年十二月二十七日、二十八日条。
(23)『実隆公記』。
(24)『宣胤卿記』永正五年二月五日条。
(25)註(4)と同じ。なお井原は『宣胤卿記』永正三年正月二十三日条とするが、引用されているのは、同記永正四年正月二十三日条である。誤植であろう。
(26)『実隆公記』明応五年十二月二十四日、明応六年正月三日条。
(27)『実隆公記』明応六年二月三日条。
(28)註(4)井原「神宮奏事での文書行政」。本稿の『時元記』は東京大学史料編纂所蔵写本による。
(29)『実隆公記』文亀四年二月十一日条。
(30)『宣秀卿御教書案』（『室町・戦国期の符案に関する基礎的研究』二〇〇四年～二〇〇五年度科学研究費補助金

（基盤研究（C））研究成果報告書）所収。解題によれば、これは宣胤の筆録にかかるものである。宣胤が永正三年初度の奏事始にあたって「奏事目録書様等、近年分不宜」として、宣秀が職事であった時期に「注置一冊」を取り寄せて披見したのはこれであろう（『宣胤卿記』永正三年正月二十四日条）。

(31)『実隆公記』明応八年二月二十一日「年号月日不読之、守光朝臣奏トハカリ読申之」。『宣胤卿記』永正三年三月二十四日「又伺見天気、毎度不及勅答」。

(32)註(24)に同じ。

(33)『実隆公記』明応七年正月十四日条。

(34)『実隆公記』明応六年二月四日条。『宣胤卿記』永正三年正月二十一日条。

(35)権禰宜叙爵以外の例に、『守光公記』（宮内庁書陵部）永正九年二月二十一日大中臣清祝の権少副補任、『時元記』永正十三年正月二十日大中臣国忠・清祝の加級。『永禄一品御記』（東京大学史料編纂所蔵、柳原家記録　第百三巻）天文五年九月十四日の「申沙汰奏事目録」では神祇大副転任がある。渡辺はA論文で、『永禄一品御記』天文七年正月二十日の奏事目録に載せる権禰宜荒木田末国が「作名」であることから、叙爵は「形式的に申請するだけのものであった」と結論したが、叙爵・加級には伝奏・天皇が関与・決定しており、三項目のうち唯一具体的なものである。

(36)『実隆公記』正月十四日町広光書状。明応七年正月十五日裏。

(37)奉行は宣秀であるが、符案等は宣胤によることは、前掲註(30)参照。

(38)『実隆公記』明応八年二月二十一日条、五月九日条。奏事始以前には、祈禱を下知できないとの認識があったことは、天正二年（一五七四）正月十四日御祈奉行中御門宣教から天象之変異祈禱命をうけた伝奏柳原資定が直ちには下知せず、二十一日の奏事始後に、同日付の伝奏奉書で奉行頭中将中山親綱に神宮への沙汰を命じたことからも確認できる（『永禄一品御記』）。

(39)『永禄一品御記』。

(40)註(4)渡辺A論文。

(41)『時元記』。

(42)『永禄一品御記』。

(43) 註(15)と同じ。
(44) 資綱の在国は、文明六年九月三十日以前(『親長卿記』同日条)から、文明九年六月の三ヶ年に及んだ(『大日本史料』第八編之九所収『兼顕卿記』六月十三日条)。この間の祈禱命令や、三条西実隆の神宮奉行職事補任の伝奏奉書は量光が代書した。また文明八年八月一日の大宮司大中臣則長補任の任料も量光に納められた(同前所収『雅久宿禰記』)。
(45) 『玉葉』承安二年九月十四日、十五日、十六日条。『薩戒記』応永三十三年九月十二日条。
(46) 『実隆公記』永正二年十一月六日、七日条。
(47) 『実隆公記』文明七年三月八日、『親長卿記』文明八年五月二十一日条。
(48) 『氏経卿引付』五―二一、一六一。註(1)拙稿。
(49) 『氏経卿引付』二 二―一三六、一三七、一四一、一四三～一四六、一六四～一八〇。
(50) 『実隆公記』明応六年八月十日、十一日、十二日条。
(51) 『明応永正宮務記』六二、および注記。『守則長官引付』一六六。
(52) 『実隆公記』文亀二年九月十三日条。武家執奏は、室町幕府末期の永禄年間でも確認できる。永禄四年四月三日伝奏中山孝親書状(『惣官家引付』七)同六年三月十七日伝奏中山孝親書状(『惣官家引付』八)前者は外宮禰宜補任、後者は大宮司職重任である。
(53) 『氏経神事記』文明二年十月二十一日条。『文明年中内宮宮司引付』六〇。
(54) 『宣胤卿記』永正五年十月五日、七日、八日条。
(55) 『守朝長官引付』七・九。『内宮引付』「宇治没落」の項。
(56) 『実隆公記』文亀元年八月三日条。同日裏、神宮奉行万里小路賢房宛実隆書状。永正二年正月十八日条。『守朝長官引付』七二、『実隆公記』永正二年十月五日条に「抑禰宜間事、任料不事行之間、不可申之由返答注進」とあるのは、この内宮解を指す。
(57) 『宣胤卿記』永正四年四月二十日、八月八日、同五年三月三日、四日、十三日。紙幅の都合で詳細は省略するが、応仁の乱以前の任料は伝奏百貫文・奉行・官務が二十貫文であったが、文明年間には、それぞれ半分から三分一となり、十六世以降は、五分一程度に減少している。

叙爵・加級にも「礼分」「施行料」を必要とする場合があった。康正元年七月十一日伝奏町資広は、官務小槻長興に「各人別百疋宛、致礼分、忩々可預　宣下由、可被相伝」ことを下知した。このときは「施行料」を要求する官務と「代始施行料無沙汰例」を主張する神宮が対立し、宣下の施行が遅れていたのである（『氏経卿引付』二―一四一、二―一七二の注記）。

Ⅱ　地域と寺社

鎌倉期の東大寺領荘園と武士

――山城国玉井荘の下司職相論から――

生駒孝臣

はじめに

東大寺領玉井荘は、京都と奈良の中間に位置する山城国綴喜郡（現、京都府井手町）に所在した荘園である。そこは、研究史上、中世的村落共同体の成立過程や、隣荘との用水相論・堺相論からみえる中世村落の水利進退、それらの問題に対する領主東大寺の対応のあり方と在地支配の変容を究明する素材として注目されてきた(1)。また、当荘の特色の一つとして、十一世紀以降の荘司（下司職）就任者の変遷を挙げることができ、先行研究では治承・寿永の内乱期までの検討から、東大寺の支配の変容が明らかにされている(2)。その後も鎌倉後期に至るまで下司職就任者の変遷を追うことができるが、それについて触れた研究はない(3)。しかしそこには、東大寺の問題や村落史研究にとどまらない興味深い事実が含まれている。

それは、下司職就任者に、治承・寿永の内乱期以降は摂津国の武士団渡辺党(4)の一族や、承久の乱後に源保茂という、系図上は摂津源氏源頼政の曽孫にあたる御家人(5)があらわれることである。渡辺党と摂津源氏頼政流との関係は鳥羽院政期頃にまで遡り[6]、承久元年（一二一九）七月十三日の大内守護源頼茂（頼政の孫）が郎等の渡辺党源貯とともに、後鳥羽院によって誅殺された事件を最後にみえなくなる[7]。

しかし、鎌倉期の玉井荘にあらわれた渡辺党の一族と摂津源氏源保茂は、かつての主従関係とは無関係に、東大寺を巻き込んだ下司職をめぐる相論を引き起こす。いかにして彼らは東大寺との関係を結び、なにゆえ玉井荘を舞台に下司職を競望するに至ったのか。すなわち、鎌倉期の玉井荘に展開した下司職をめぐる諸事実の検証は、中世の権門寺院と武士の関係のみならず、院政期以来の軍事貴族とその郎等との関係解明といった、中世武士論研究の深化に資する問題なのである。

そこで本稿では、鎌倉期の東大寺領玉井荘における下司職相承に関わった渡辺党・源保茂ら武士の実態や東大寺との関係を追究し、両者の間で引き起こされた相論の構造を検討することにより、若干の知見を提示したい。

一　玉井荘下司職の変遷

1　十一～十二世紀の変遷

まず「はじめに」で述べた下司職の変遷について、先行研究をもとに整理する。

東大寺による玉井荘の経営が本格的に始まるのは、十一世紀半ばのことである。当初、玉井荘では、東大寺が派遣したと推測される僧名の荘官が媒介となり、同寺の支配が行われていた。そして、十二世紀に至ると、荘官は在地の有力者とみられる住人によって担われるようになる。このことは、東大寺の支配が住人等の内から荘官（下司）を補任する方式へと変化したことを示しており、山中吾朗氏は、「住人等」という初期中世村落における政治的主体の形成に対応した東大寺の支配方式の転換と評価する。

次に画期となるのが、治承・寿永の内乱の勃発である。治承五年（一一八一）三月、玉井荘の下司に、住人・百姓等ではなく初めて外部勢力たる摂津国渡辺津（現、大阪市）を拠点とする武士団渡辺党の一員と考えられる源守が補任される(8)。この点について山中氏は、内乱に乗じた住人・百姓等の反荘園領主的活動の活発化に直面した東大寺が、改めて荘園支配の再編を余儀なくされたことを読み取った。また、東大寺による渡辺党起用の背景については、治承四年十二月の平重衡による南都焼打ちと、その後の重源による東大寺再建事業を想定する。すなわち、重源が東大寺造営料国として賜った周防国から切り出された材木の経由地であり、渡辺別所が創建された淀川最河口部の渡辺津が東大寺と渡辺党の媒介になったとするのである。以後、彼らは玉井荘の下司職として東大寺との関係を継続する。

このように、十二世紀までの玉井荘の下司職については、東大寺からの荘官派遣（第一段階）→在地の住人等からの補任（第二段階）→渡辺党の起用（第三段階）、という三段階の変遷を辿ることができる。「はじめに」で述べたように、玉井荘の先行研究は主にこの三段階の下司職の変遷がみられる十二世紀頃までが検討の中心であった。しかし、下司職をめぐる問題が本格的に展開するのは、第三段階以降である。渡辺党一族の下司職起用は、山中氏が論じた東大寺復興との関連が最も説得的である。だがそれに加えて、第二段階から第三段階への移行期にあたる、玉井荘の住人等から渡辺党の人物への下司職補任の変化が、その後の玉井荘に新たな矛盾を引き起こしたことにも留意する必要がある。次にその点を確認する。

2　下司職相承をめぐる諸矛盾

『大日本古文書』の「東大寺文書」には、紀助兼以降の下司職補任に関する文書が、「玉井荘下司職重書案」（以下、「重書案」とする）として、二つに分類されてそれぞれ一括して収録されている。[9] 紀助兼から源守・昵、狛六郎をはさみ再び源昵、法師丸（玄恵）、藤原広村へと続く系統（以下、渡辺党一族と呼称する）[10]の九点の文書を「重書案」（A）、紀国宗から同宗忠、源保茂へと連なる系統の十点のものを「重書案」（B）として、各文書を編年順に並べたのが**表1**である。[11] また、**表2**では、「重書案」（A）（B）の中で最初に下司職に補任された紀助兼以降の就任者の変遷を、（A）（B）の系統別にまとめた。「重書案」（A）の渡辺党一族と、「重書案」（B）の紀氏との間で、下司職をめぐる競合があったことは、黒田氏や『大日本古文書』の編者が指摘しているが、その点は次の史料からも明白である。

史料1　東大寺中門堂衆言上状

（端裏書）「玉井御庄僧玄恵方下司補任代々御下□（文）□」

東大寺中門堂衆謹言上

欲被早蒙衆恩、任先祖相伝道理、以藤原広村、補任玉井庄下司職事、

右、件職者、広村之祖父源昵之職也、仍親父玄恵童形之時、以源昵之譲、補彼職畢、而玄恵幼少之間、玄恵之姉夫補彼職畢、仍勝法師暫所致其沙汰也、今勝法師被改其職之日、本主玄恵訴申子細於前別当（真恵）御房之時、任相伝之理、欲充賜之処、保茂（源）寄事於武威、致異論、故保茂雖被補任彼職、依令堂家訴申、不庄務仕、事未断之間、前別当御入滅、而広村者為玄恵子息之上、為堂家之寄人、奉公不浅、仍満堂蒙衆恩、欲賜其職、別当未補之間、

一向訴申衆徒也、就中八幡宮造営寺家莫大之勝事也、仍致随分之忠功、可補其職之由、所令申也者、且任相伝之証文、且優一堂之懇望、且依当時之奉公、被補彼職者、堂家施執啓之面目、広村含補任之喜悦歟、仍粗言上如件、

暦仁二年二月六日

広村相伝之条顕然之上、八幡宮造営之間、忠功異他間、惣寺并三十人衆、被放下司任補畢、後代更不可有違乱、仍三綱加署判而已、

（三綱署判略）

充行、子細顕然也、仍五師加署判者、

（五師署判略）

これは、暦仁二年（一二三九）に、東大寺の中門堂衆が、渡辺党一族の源昵を祖父に持つ中門堂寄人藤原広村（玄恵の子）の下司職就任の正統性と、この時期に、彼らを差し置いて同職に就任した源保茂の不当を東大寺に訴えた言上状である。(12)「重書案」（A）には、年月日次行からの東大寺三綱・五師による藤原広村の下司職補任の承認文言と署判部分の断簡しか収められていないが（**表1** No.19）、散逸した本文部分に該当する内閣文庫所蔵東大寺文書をあわせて復元すると、右のようになる。そして、端裏書の「玉井御庄僧玄恵方下司補任代々御下□〔文〕□」とあるように、本来「重書案」（A）には、右の**史料1**を皮切りに、藤原広村の父である玄恵以前の渡辺党一族を玉井荘下司職に補任する下文が配列されていたことがわかる（順番は**表1**文書番号の漢数字順）。

すなわち、「重書案」（A）（B）は、それらを伝えた渡辺党一族（藤原広村）と紀氏（源保茂）、あるいは彼らに

表1　玉井荘下司職重書案編年分類表

	年・月・日	西暦	文書名	宛所	内容	文書番号	分類
1	治承三・一一	一一七九	東大寺政所下文案	紀助兼	下司職の補任	一二五一-(九)	(A)
2	治承四・一〇	一一八〇	玉井荘下司職補任下文案	紀国宗	下司職の補任	一二三五-(一)	(B)
3	治承五・二・二四	一一八一	東大寺別当禎喜房政所下文案	紀国宗	下司職の再任	一二三五-(二)	(B)
4	治承五・三・九	一一八一	玉井荘下司職補任下文案	源守	下司職の補任	一二五一-(八)	(A)
5	寿永一・九	一一八二	東大寺別当禎喜房政所下文案	源昵	下司職の補任	一二五一-(六)	(A)
6	寿永二・八	一一八三	東大寺別当定遍房政所下文案	源昵	下司職の再任	一二五一-(七)	(A)
7	文治五・一〇・一八	一一八九	東大寺玉井荘下司職補任状案	源昵	下司職の再任	一二五一-(五)	(A)
8	建久八・八・三	一一九七	玉井荘下司職補任下文案	狛六郎	下司職の再任(?)	一二五一-(四)	(A)
9	建久一〇・二・三〇	一一九九	東大寺別当弁暁袖判玉井荘下司職補任下文案	源昵	下司職の補任	一二五一-(三)	(A)
10	建仁一・三・五	一二〇一	東大寺別当弁暁袖判玉井荘下司職補任下文案	玄恵(源昵の子、法師丸)	下司職の補任	一二五一-(二)	(A)
11	建暦二・四	一二一二	東大寺政所下文案	紀宗忠	下司職の補任	一二三五-(三)	(B)
12	承久四・二	一二二二	紀宗忠玉井荘下司職譲状案	源保茂	下司職の譲渡	一二三五-(四)	(B)
13	嘉禎二・八	一二三六	東大寺別当親厳房政所下文案	源保茂	下司職の補任	一二三五-(五)	(B)

14	嘉禎二・一一・一九	一二三六	東大寺別当真恵房政所下文案	源保茂	下司職の再任	一二三五-(六)	(B)
15	(嘉禎三)四・二六	一二三七	東大寺都維那某書状案	源保茂	下司職の再任	一二三五-(七)	(B)
16	(嘉禎三)四・二六	一二三七	東大寺都維那某書下案	玉井御庄公文式部公御房(玄恵カ)	源保茂の荘務得分の免除	一二三五-(八)	(B)
17	(嘉禎四)閏二・一五	一二三八	東大寺別当真恵御教書案	源保茂	下司職の再補任	一二三五-(九)	(B)
18	(嘉禎四)一〇・一〇	一二三八	東大寺別当真恵御教書案	源保茂	下司職としての職務沙汰の督励	一二三五-(一〇)	(B)
19	暦仁二・二・六	一二三九	東大寺中門堂衆言上状案	衆徒	藤原広村の下司職補任申請	一二五一-(一)	(A)

※いずれも『大日本古文書　家わけ第十八　東大寺文書之二十　東大寺図書館架蔵文書之十五（未成巻文書之十一）』の文書番号。
なお、一部文書名を刊本から変更したものがある。

それぞれ関係する人物との間で起こった玉井荘下司職をめぐる訴訟の際に、具書としてまとめられ、東大寺に提出されたものと考えられるのである。

では、なにゆえ暦仁二年に至るまで下司職をめぐる競望が起こることになったのか。その発端は、やはり（B）の紀国宗から（A）の源守への交替であろう。国宗が二度目の下司職に就任した治承五年の二月二十四日（以下、**表2**参照）から、わずか十五日後の三月九日に源守が補任されていることは、いかに東大寺がこの交替を性急に行おうとしていたのかが窺える。おそらくその間の事情は、山中氏が論じたように東大寺が玉井荘支配の再編を急務

表2　治承3年以降の玉井荘下司職変遷表

年・月・日	下司職就任者 (A)	下司職就任者 (B)	東大寺別当	典拠
治承3(1179).11	紀助兼		禎喜(治承1～)	1251-(九)
治承4(1180).10		紀国宗		1235-(一)
治承5(1181).2.24		(再任)		1235-(二)
3.9	源守			1251-(八)
寿永1(1182).9	源昵			1251-(六)
寿永2(1183).8	(再任)		定遍	1251-(七)
文治5(1189).10.18	(再任)		雅宝 俊證	1251-(五)
建久8(1197).8.3	狛六郎		覚成	1251-(四)
建久10(1199).2.30	源昵		弁暁	1251-(三)
建仁1(1201).3.5	玄恵→勝法師(玄恵代)		弁暁 延杲	1251-(二)
建暦2(1212).4		紀宗忠	成宝	1235-(三)
承久4(1222).2	(改替)	源保茂(紀宗忠より譲渡)	定範?	1235-(四)
嘉禎2(1236).8		(補任)	親厳	1235-(五)
11.19		(再任) (荘務停止)	真恵	1235-(六)
嘉禎3(1237).4.26	玄恵(公文職)	(荘務再開)		1235-(七)(八) 1235-(一〇)
嘉禎4(1238).②.15	(天王寺悪行後逐電)	(再任)		1235-(九)
暦仁2(1239).2.6	藤原広村			1251-(一)
?	木工助頼氏			392・1254・1257(以下同)
建治3(1277).3.5	東大寺法花堂		聖兼	

※1．下司職就任者欄の(A)(B)は「玉井荘下司職重書案」(A)(B)それぞれに該当する就任者を示す。

※2．典拠欄は年月日欄と対応しており、『大日本古文書　家わけ第十八　東大寺文書』の文書番号を示す。

の課題としたためであろう。国宗と彼の前任者である助兼、および助兼と源守との関係については、助兼の補任状（**表1**No.1）が（A）に含まれるのをふまえると、助兼・国宗の両者は、十一世紀の玉井荘住人紀近永ら紀氏の系譜を引く一族であるものの、下司職を競望する関係となり、助兼は渡辺党一族と結び付いたと考える。[13]

ともあれ、玉井荘下司職は、源守以降、建久八年（一一九七）八月前後の渡辺党一族との関係が不明な狛六郎（**表1**No.8）の一時期を除き、建暦二年（一二一二）四月の紀宗忠の補任（**表1**No.11）まで、源昵とその子孫によって相承される。ただし、紀宗忠への交替以後も、渡辺党一族による下司職の掌握は続いていたようである。建仁元年（一二〇一）三月に、下司職に就任した昵の息子の法師丸（玄恵）（**表1**No.10）は、前掲**史料1**によると、このとき幼少であったため、彼の姉の夫の勝法師が代わりに勤めたとされる。そして勝法師は、承久の乱で京方として合戦したことを乱後「敵方」に訴えられ、下司職を改易される。[14] 一方で、承久四年（一二二二）二月に紀宗忠から「養君」たるによるという理由で下司職を譲渡されていた「深洲源蔵人」＝源保茂が、[15] 嘉禎二年（一二三六）八月に、東大寺別当親厳から正式に補任される（**表1**No.13）。

つまり、建暦二年四月に紀宗忠は、父国宗以来、約三十年ぶりに玉井荘下司職に返り咲いたものの、実質的に渡辺党一族の勝法師が玉井荘を承久の乱後まで実効支配していたため、荘務から排除されていたと想定されるのである。とするならば、宗忠が源保茂に下司職を譲ったのも意味のある行為と理解できる。「はじめに」で述べたように、源保茂は、系図上、摂津源氏頼政流に連なる鎌倉御家人である。すなわち、紀宗忠は実質的な上位権力である保茂を戴くことによって、渡辺党一族への対抗を企図したと推測されるのである。この点は、保茂の実態と玉井荘の紀氏との関係から明らかとなる。

二　源保茂と玉井荘

1　〝摂津源氏〟源保茂

源保茂が玉井荘以外でその名をみせるのは、文暦二年（一二三五。九月十九日に嘉禎元年に改元）五月の石清水八幡宮領山城国薪荘と興福寺領大住荘の水論を端緒とした両寺社の紛争である。(16)事件の経緯については先行研究に譲るが、紛争に伴う悪党等の跳梁を危惧した石清水八幡宮別当幸清が、幕府に境内の警護を要請した際に、幕府がその任に選んだのが保茂であった。(17)このとき幕府は、「就譜代之寄」という理由から保茂に石清水境内の守護を命じた。

保茂が任じられた「男山守護」なる職務について熊谷隆之氏は、この「就譜代之寄」という記述から、保茂が曽祖父の頼政、祖父頼兼、父頼茂と代々「大内守護」の任にあったことと関係すると推測した。(18)確かに『尊卑分脈』（以下、『尊卑』とする）において、保茂は頼政の曽孫として記載されており、大内守護の流れを考慮すれば、不自然ではない。だが、保茂の系譜を今一度疑ってみる必要がある。というのも、『尊卑』の摂津源氏には、次の**系図**のように、非常に似通った系譜を持つ三人の保茂が登場するからである。

中央部②が頼政流の保茂である。それに対して、①は祖父光重が「深津」を名乗り、自身は下総守の経歴を持ち、③は祖父光重が「深栖」を名字として、自身は下野守・兵庫頭である。つまり、①③の保茂は、「深津」「深栖」という名字、下総守・下野守という官職（いずれかは誤記か）、父祖・兄弟ともに同名の人物が記載されている点から、同一人物であると判断できる。なお、③の保茂の家系は、祖父光重の注記に「実者光信子也、為猶子住下野国方

系図　摂津源氏略系図（『尊卑分脈』第三篇より作成）

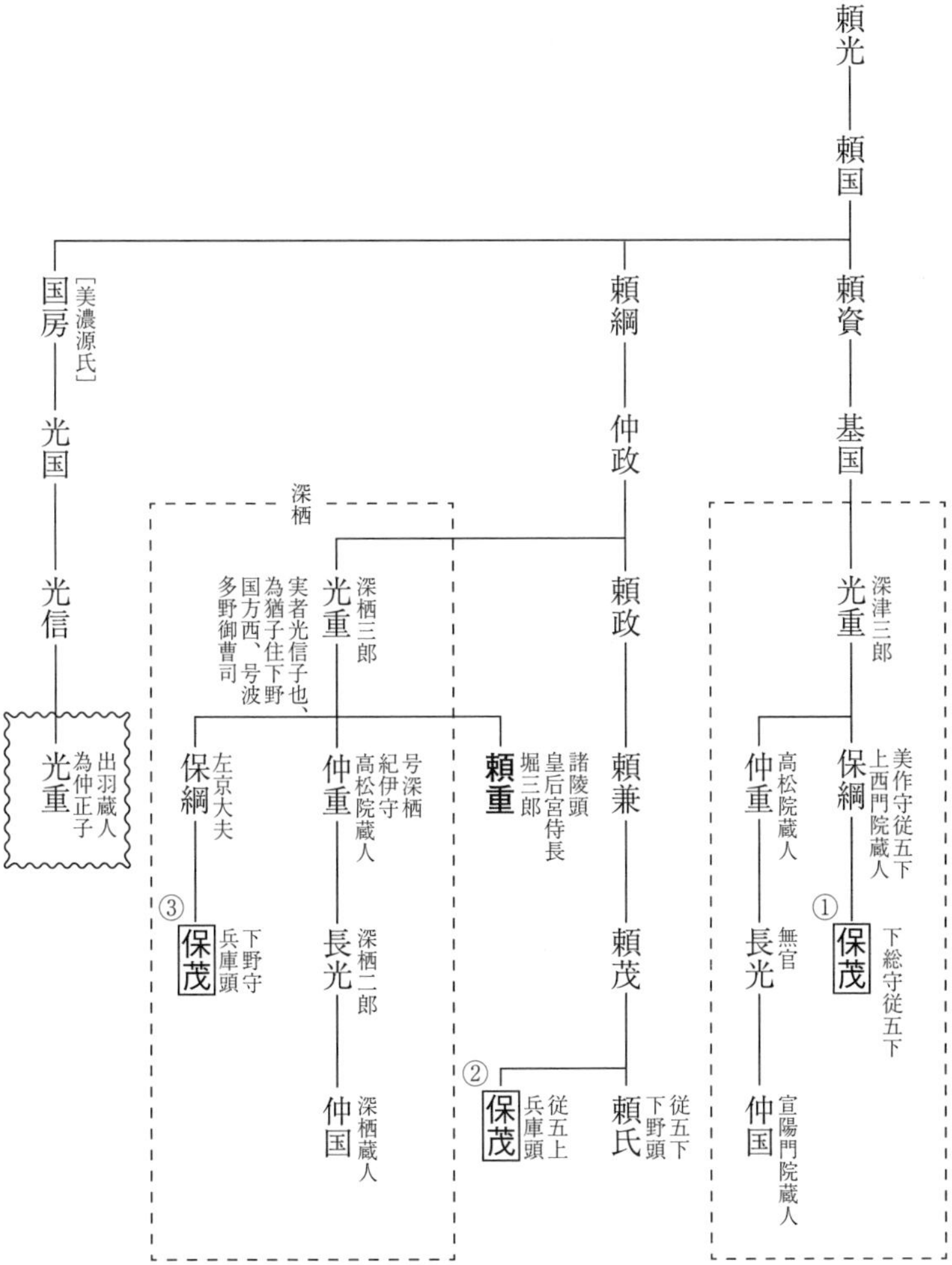

西」とあるように、本来は**系図**左端に示した［美濃源氏］光信の子の光重（波線部）が、頼政の父仲政の養子となってはじまったものであった。

また、①の保茂の祖父光重が仲政の系統とは別の頼光の曽孫の基国に釣られていることは、単純な『尊卑』の錯簡や、この光重の一族が『尊卑』の編纂段階で出自不明であった可能性がある。こうした『尊卑』の複雑さに加えて、①③、そして玉井荘下司の源保茂が、従来の頼政流の面々の名乗りではない「深津」「深栖」「深洲」[19]という名字を名乗っていることに注意したい。そして、「はじめに」で述べた承久元年七月十三日の後鳥羽院による源頼茂の誅殺以後、頼政流が事実上断絶していたであろうことをあわせて考慮する[20]と、本来彼は頼政流ではなく、この時期に頼政流を継承した存在、もしくは、**系図**②の保茂として頼政流に系譜上〝接続〟された存在であったことを窺わせる。

すなわち保茂は、頼政以来連綿と続いた「大内守護」を継承する頼政流の正統な後継者とは言い難いのである。また、「深栖」という名字で想起されるのが、保立道久氏が注目した『平治物語』の中で、牛若丸の奥州下向の先達としてあらわれる陵助重頼の存在である[21]。彼は下総国出身で、深栖光重の子（前掲**系図**の光重の子頼重〈重頼の逆〉）であり、源頼政と昵懇の間柄であったと語られる。保立氏は、「深栖」が下野の地名であり、彼ら深栖を名乗る一族と頼政とは、頼政の父仲政が下野守を勤めた頃からの縁だったとする[22]。つまり、深栖氏とは、本来は下野国を基盤とする武士であり、「深洲源蔵人」こと源保茂も、その一族であったと考えられるのである。

だとすれば、なぜ彼が頼政流に位置付けられたのか。鍵となるのは、彼が「男山守護」という役職に任じられたことと、その同時期に玉井荘下司職に就任することである。そこで彼がこれら二つの役職を獲得した過程から、その実像について迫ってみたい。

2 源保茂の実像

前述のように、源保茂は、文暦二年五月に幕府から「男山守護」に任じられるが、その後一年近く子細を申して現地へ下向せず、(23)翌嘉禎二年の十月に至ってようやく上洛を果たす。(24)北条泰時は、彼の上洛に際して餞別を贈り、六波羅の北条重時に「毎事可加扶持」ことを命じた。このとき、保茂は「日来参候、抽凪夜之功」とされ、泰時に近い人物であったとみられる。また、下総守という官途（嘉禎二年三月七日以降は「下総前司」）からも、関東御家人としてステイタスの高い武士であった。したがって、保茂は、「譜代之寄」という問題は措くとしても、幕府内において「男山守護」の任に耐えうるだけの実質を備えた存在と認識されていたといえよう。

一方、玉井荘下司職の就任について黒田氏は、保茂が「男山守護」として山城国の悪党等を追捕するという実質的な力を東大寺から認められて補任されたと理解した。だが、彼が承久四年の時点で紀宗忠から下司職を譲られ、その上で嘉禎二年八月に東大寺別当親厳から補任されたことをふまえると、「男山守護」に任じられる以前から紀氏との、そして彼らを介した東大寺との関係を構築していたと考えるのが妥当ではないか。関東に基盤を置く保茂にとって、そうした接点を得る契機となったのは、承久の乱後に玉井荘あるいはその周辺の南山城に所領を得たことであったと推測される。(25)保茂が玉井荘の周辺地域に、影響力を持ち始めたことは、渡辺党一族の圧迫により既得権益を失っていた紀宗忠にとって、保茂の権威を頼りに渡辺党一族に対抗する機会となったに違いない。

また、玉井荘は、「男山守護」の守護対象たる石清水八幡宮の南東に位置しており、両所は指呼の間にある。右のように、保茂が承久の乱後から当該地域に対する影響力を有していたのであれば、幕府が彼を「男山守護」に任じたのも「譜代之寄」という理由からではなく、その実力を見込んでのものと説明がつくのである。

以上の考察から、本稿では源保茂を、源頼政の曽孫に位置付ける『尊卑』や、それをふまえた先行研究とは異なり、頼政流摂津源氏とは直接関係のない存在と捉える。

では、なぜ保茂は、頼政流摂津源氏との系譜関係が語られるようになったのか。ひとつの可能性としては、あくまで推測の域を出ないが、深栖保茂が「男山守護」に補任された時点で頼政流を名乗った、または実際に頼政流を継いでいたことである。その理由は、『吾妻鏡』が「男山守護」の補任理由を「譜代之寄」としたように、「大内守護」のような特殊な任務を勤めうるには、それにふさわしい血統が必要とされたのかもしれない。そうであれば、『尊卑』の、源仲政の養子（頼政の弟）となった美濃源氏深栖光重の系統の保茂（**系図③**）が、断絶した頼政流の跡を、最も近い血族として継ぎ、「男山守護」に就任したと考えられまいか。

さらに、これ以上の推測は慎まねばならないが、頼政流を継ぐ保茂にとって、玉井荘に下司として進出し、かつての郎等渡辺党一族に主人として臨むことは、源頼茂の死後途切れていた頼政流と渡辺党との主従関係を再構築し、名実ともに頼政流の正統後継者となる絶好の機会になったのではなかろうか。しかし、本来頼政流と何の接点も持たない玉井荘の渡辺党一族にとって、源保茂は、単なる敵対者以外の何ものでもなかったであろう。

最後に、こうした問題とは別に、紀氏・源保茂と渡辺党一族との間で起こった下司職をめぐる相論が、実際にいかなるかたちで展開したのかを検討したい。

三　玉井荘下司職相論の構造

1　渡辺党一族からみた源保茂の下司職獲得背景

源保茂と渡辺党一族との相論の経緯について、再び前掲**史料1**の内容から確認する。

源保茂が玉井荘下司職に補任される嘉禎二年（一二三六）八月以前に、源昵の子玄恵は、自身の幼少時以降、実質的に下司職を独占していた勝法師の改易に際し、本主として還任されることを東大寺別当真恵に訴え、その正統性を認められた。しかし、この間に保茂が「寄事於武威、致異論」したため彼が下司職に補任された、と玄恵の子藤原広村が寄人として属した東大寺中門堂の堂衆は主張する。そして、中門堂衆が保茂の非理を訴えたものの裁定が下されることはなく、別当真恵が死去した（暦仁二年正月二十一日）。そのため、広村の下司職相伝の正統性と、中門堂寄人としての功績（東大寺八幡宮造営の功）を認めて彼を下司職に補任するよう惣寺に訴え、東大寺三綱・五師から承認された。

ここに書かれた点を額面通り受け取るのは危険であるが、ひとまず、これまでみてきた源保茂側（「重書案」（B））の流れとの矛盾を検討する。

まず、中門堂衆の主張にあった、保茂の武威を背景とした異論による下司職就任についてみると、前任者紀宗忠の建暦二年（一二一二）四月の下司職補任が偽りでない限り、宗忠からの同職譲渡、嘉禎二年八月の正式な補任と、手続き自体に問題はない。だが、次の史料によると、彼の下司職補任に際して東大寺内部で若干の問題が生じていたようである。

史料2　東大寺別当真恵御教書案(26)

玉井御庄下司職事、当御寺務之初、以文書道理、被申子細候故、即被成下御下文候了、而聊依御不審事等相残、暫雖被押知行、子細聞食開之間、庄務幷御得分以下事、更不可有相違之由被成下御下知状之処、寺家・庄民種々訴申之間、当下司補其職之後、於有罪科者、速可注進之由、雖有其沙汰敢不能言上、於今者早旁任道理、

可令庄務知行給之由、所被仰下候也、恐々謹言、
（嘉禎四年）後二月十五日都維那範慶
謹上　（源保茂）下総前司殿

嘉禎二年十一月四日に東大寺別当に就任した真恵[27]は、保茂に玉井荘下司職再任の下文（おそらく別当の代替わりに伴うもの）を発給した[28]ものの、「聊依御不審事等相残」って一旦保茂の知行を保留し、彼の言い分を聞いた上で改めて「庄務幷御得分以下」を安堵する下知状を発給した[29]（以上、傍線部）。ここでいう「御不審」は、単純に彼が所持していた紀宗忠から相伝した譲状などの証文類に対するものであったかもしれない[30]。しかし、真恵の別当交替という時期に注意すると、また別の要因も浮かび上がる。それは、保茂の最初の下司職就任そのものに関わる問題である。

これまで保茂の下司職就任については、紀宗忠との繋がりにのみ注目してきたが、東大寺が「当国悪党等事、為致沙汰之仁」りと彼の立場を認識していたように、寺内でもそうした政治的事情を把握する、より高位の存在が関与していたはずである。そこで彼に補任状を発給した主体が、当時の別当親厳であったことを想起したい。大江広元の甥にあたる親厳は、承久の乱後の東寺長者として、幕府の権威を後ろ盾に東寺の復興に尽力した人物として知られる[31]。彼が東大寺別当に就任したのは文暦二年閏六月であり、興福寺と石清水八幡宮との紛争が勃発し、源保茂が「男山守護」に補任されて間もない時期であった。これら一連の繋がりからすると、親厳が「旁依有子細」って保茂を下司に補任したとあるように[32]、そこに幕府の意向が作用していたとみても不思議ではあるまい。

すなわち、保茂の下司職就任には、幕府と別当親厳の半ば強引な介入があったと考えられるのである。これこそが、親厳から別当を交替した真恵の抱いた「御不審」だったのではないか。そうすると、保茂が紀宗忠から下司職

を譲られたこと、その前提に紀宗忠が父国宗以来、下司に返り咲いたという点も疑わしくなる。だが、中門堂衆・藤原広村の主張についても矛盾がみられ、疑わしいという点では保茂と同様なのである。

2　渡辺党一族による下司職相承の矛盾

中門堂衆側が抱えていた矛盾について、**史料1**で最も注目したいのは、この訴えが、別当真恵の死去（暦仁二年正月二十一日）から僅か数日でなされたことである。つまり、この訴訟は、次期別当に良恵が就任する（延応元年〈一二三九〉二月晦日）までの、別当不在時期に起こされていたのである。

では、なぜこのタイミングで中門堂衆・藤原広村は訴訟を起こしたのか。換言すれば、真恵死去・別当不在の時期にこそ敢えて訴訟を起こす必要があったのではないか。それを類推する手掛かりが、玄恵の立場にある。玄恵は、父昵の跡をうけて下司職を相承するはずが、勝法師・源保茂の登場によって叶わなかった。その一方で、嘉禎四年十月以前には、玉井荘の公文を勤めていたことが知られる。

史料3　東大寺別当真恵御教書案(33)

玉井庄公文玄恵法師、依天王寺悪行事、所領没収之間、其身已暗跡云々、東大寺連々公事懈怠定出来候歟、且下司職也、旁公事等無懈怠様、可令計沙汰給之由、所候也、仍執達如件、

（嘉禎四年）十月十日権少僧都在判

（源保茂）下総前司殿

これによると、公文の玄恵は「天王寺悪行」により、所領を没収され、玉井荘から逐電していたというのである。「天王寺悪行」については後述するが、真恵の源保茂に対する不審が解消した嘉禎三年四月に、保茂の「庄務得分」

を免除するよう命じられた「玉井御庄式部公御房」[34]も玄恵のことと考えられ、彼の公文職就任時期はさらに早まる。

いずれにせよ、彼は伯父の勝法師が下司を改易されたのちも、公文として東大寺による玉井荘支配の末端に位置付けられていたのである。ところが中門堂衆・藤原広村は、前掲**史料1**で、そうした事実や玄恵が「天王寺悪行」によって所領を没収され逐電したという、東大寺にとって罪人となった事実を一切記していない。

この玄恵が関わった「天王寺悪行」とは、天福二年（一二三四）四月から嘉禎三年（一二三七）八月に、摂津国の四天王寺で起こった、同寺執行一族の内部抗争であろう。[35]天福二年四月に四天王寺前執行円順が執行明順を殺害したことにより起こった紛争は、[36]明順側の報復を経て別当尊性法親王による寺内安定のための円順の安堵と、[37]それに対するさらなる不満から、[38]最終的には嘉禎三年八月に明順の一族覚順が四天王寺境内に乱入し、同寺を警護していた渡辺党と合戦に及ぶ事態にまで発展した。[39]四天王寺の執行一族は渡辺党の遠藤氏が担っており、[40]その他の一族も同寺との関係を有していた。[41]玄恵もそうした一人として、おそらく明順側に与したため、事件後に東大寺にまで追及の手が伸びることになったのであろう。

これこそが、中門堂衆・藤原広村が隠蔽したかった玄恵の実態なのである。これが訴訟の段階で明るみに出れば、自分たちの立場が不利になることは理解していたはずである。そこで、彼らは一連の事態を把握する別当真恵の入滅という機会を捉えて迅速に、訴訟に及んだのではないだろうか。無論、それは中門堂衆という組織が広村の背後にあって初めて可能なことであった。

東大寺中門堂衆は、大仏殿西側に建立された中門堂に止住し、法華堂衆とともに東南院・尊勝院のもとで行法や供花に従っていた堂衆である。[42]文暦二年の五月には、中門堂衆・法華堂衆の双方が、別当頼恵の制止にもかかわらず合戦に及んでおり、[43]この頃から彼らの寺内での勢力が拡大していた様子が知られる。また、夙に指摘されているように、この中門堂衆・法華堂衆の寄人となったのは、藤原広村のような、八幡宮造営の功を成し遂げるほどの財力を持つ存在であった(44)。当該期に東大寺での勢力を伸張させていた中門堂衆にとって、パトロンとも呼びうる藤原広村の存在は、欠くべからざるものであった。

それは藤原広村についても同様である。彼が、東大寺内部で発言権を増していた中門堂衆と結び付くことによって、自己を有利な立場へと導き、父玄恵の悪行と逐電により失った、祖父源昵以来の玉井荘の権益を獲得できる機会を得ようとしたことは明白である。とすれば、中門堂衆・藤原広村の主張に疑わしい点が多分に含まれるのも、両者の結託が前提にあってこそ理解できるのである。よって、源昵以来の渡辺党一族による玉井荘下司職の相伝は、関連史料のない現状で断定はできないものの、少なくとも勝法師の改易以降（勝法師の下司職就任とその後の玉井荘の実効支配自体、正当なものではなかったであろうが）、虚偽を含むものであったと考えざるを得ない。すなわち、この玉井荘下司職相論は、玄恵の罪科によって、玉井荘に対する影響力・権益を失っていた渡辺党一族が起こした、起死回生の一手であったと考えるのである。

このようにみれば、いささか強引な源保茂の下司職就任は、渡辺党一族が抱えていた矛盾に比べれば、下司職を覆されるほどの問題ではなかったはずである。それでも保茂が敗れたことは、承久の乱以降の畿内の地域社会では、西遷御家人として入部した東国御家人が、強引な方途で地域社会に介入した際に、従来からの在地勢力の秩序によって排除される傾向にあったことを如実に示している(45)。その後押しをする存在が玉井荘では、中門堂衆という本所に連なる勢力であったことは当該期の東大寺領荘園の特色を示しているといえるのである。

おわりに

以上、これまで論じてきた要点を整理しておきたい。

治承・寿永の内乱期に東大寺は、玉井荘荘民の反抗に対して渡辺党一族を下司職に起用した。その結果、それまで下司を勤めていた在地の住人紀氏は、承久の乱後に玉井荘周辺に所領を得て、のちに「男山守護」を勤める東国御家人の源（深栖）保茂と結び付き、渡辺党一族に対抗した。

紀氏から「養君」と呼ばれた源保茂は、系図上、摂津源氏頼政流とされるが、実際は「深栖」を名字とする下野国の武士であった。また、頼政流に近い縁戚関係にあったことから頼政流を継ぐ存在として位置付けられていたと考える。なお、保茂は玉井荘下司の渡辺党一族とは、院政期以来の頼政流と渡辺党との主従関係とは無関係に、下司職を競望する相手として対立した。彼の玉井荘下司職就任は、紀氏との結び付きと、幕府の後ろ盾によって実現したものであり、そうした強引なやり方が渡辺党一族の反発を招き、本格的な相論へと発展した。

そして、渡辺党一族の東大寺中門堂寄人藤原広村は、祖父源昵以降、下司職相承から外れていた父玄恵の悪行・逐電を隠蔽するかたちで、当時、寺内での発言力を増していた中門堂衆の権威を背景に、訴訟を有利に展開し、同職を保茂から奪い返したのである。

最後に、玉井荘下司職の行方について触れておきたい。玉井荘下司職は、藤原広村以降、建治三年（一二七七）三月以前に、「木工助頼氏」なる者によって担われていた。しかし、頼氏は、「衆徒之命」に随わず「政所御下知」に背くなどの狼藉を行っていたため、それを鎮めた東大寺法華堂衆が彼に替わって東大寺別当・惣寺から下司職・

公文職に補任された[46]。頼氏の狼藉として、「以新儀、号大番」して数多の人夫を荘内から催したことが挙がっているように[47]、彼は御家人であったと考えられる。彼と源保茂との関係は不明であるが[48]、中門堂衆・藤原広村の画策の直後に、彼は保茂と何らかの繋がりを得て、下司職を取り戻すような動きをしたのかもしれない[49]。それでも、最終的に玉井荘下司職は、法華堂衆という中門堂衆とならぶ堂衆の手によって担われることで決着をみたのである。木工助頼氏の下司就任は、源保茂時代への揺り戻しともいえるが、以後、渡辺党一族や関東御家人のような武士による下司職の就任はみられなくなる。

このように、玉井荘下司職は、治承・寿永の内乱、承久の乱といった鎌倉期の画期となる二つの内乱の影響により、武士の進出をみたわけである。こうした流れは一般的なことであり、ことさらに強調するまでもない。しかし、この東大寺領玉井荘は、東大寺という権門寺院固有の発展に規定されていたことに注意を要する。すなわち、鎌倉後期には、東大寺の惣寺が荘務権を自身の手で行うことが指摘されているように[50]、惣寺の構成員たる堂衆の中門堂衆・法華堂衆の擡頭が、源保茂・木工助頼氏といった新たに進出した武士のみならず、平安末期以来、玉井荘に権益を有していた在来勢力の紀氏・渡辺党一族をも結果的に排除することへと繋がったのである。ただし、渡辺党一族の場合、藤原広村は玉井荘の権益を失っただけであって、寺内から排除されたわけではない。その後も中門堂寄人として、末端とはいえ東大寺に対する影響力を持ち続けていたと推測されよう。

こうした渡辺党一族の動向は、寺院組織内部に一族子弟を送り込み、寺家への影響力を強めていく中世武士団と、中央寺院との寺領を媒介とした関係という、中世武士論・武士団研究の観点から捉えられる問題である[51]。そうした意味で、寺領荘園と中世武士・武士団との関係を、今後改めて追究する意義があることを強調して擱筆したい。

註

（1）黒田俊雄「村落共同体の中世的特質―主として領主制の展開との関連において―」（『黒田俊雄著作集　第六巻　中世共同体論・身分制論』法藏館、一九九五年。初出一九六五年）。堀内和明「中世初期の分水相論について」（『日本歴史』三八六号、一九八〇年七月）。山中吾朗「平安後期の用水相論と荘園支配―山城国玉井荘をめぐって―」（『神戸大学史学年報』三、一九八八年）。

（2）山中前掲註（1）論文。以下、山中氏の諸説については、本論文に依拠するため、典拠を省略する。

（3）本文で述べるように、下司職就任者個人について言及するものはあっても、管見では、黒田俊雄氏が前掲註（1）論文において、天喜四年（一〇五六）から建治三年（一二七七）までの下司職就任者の変遷を表にまとめ、鎌倉期については、相承に関わる若干の問題点を、その表の注で指摘するのみである。なお、黒田氏の所説は、本論文に依拠し、断りのない限り典拠を省略する。

（4）渡辺党については、拙著『中世の畿内武士団と公武政権』（戎光祥出版、二〇一四年）参照。

（5）『尊卑分脈』第三篇　清和源氏。

（6）拙稿「源頼政と以仁王―摂津源氏一門の宿命―」（野口実編『中世の人物　京鎌倉の時代編　第二巻　治承～文治の内乱と鎌倉幕府の成立』清文堂、二〇一四年）。

（7）『吾妻鏡』承久元年七月二十五日条。事件の詳細については、佐々木紀一「源頼茂謀叛の政治的背景について」（『山形県立米沢女子短期大学附属生活文化研究所報告』三一、二〇〇四年三月）、木村茂光「阿野全成・時元および源頼茂の乱の政治史的位置」（『初期鎌倉政権の政治史』同成社、二〇一一年）など参照。

（8）治承五年三月九日付玉井荘下司職補任下文案（『大日本古文書　家わけ第十八　東大寺文書之二十（東大寺図書館架蔵文書之十五）』東京大学出版会、二〇〇八年、一二三五―（二）号文書〈以下、『大日』一二三五―（二）のように略記する〉）。

（9）『大日』一二三五―（一）～（一〇）・一二五一―（一）～（九）。

（10）源守・昵と摂津渡辺党との関係について言及しておきたい。源守は信憑性の高い渡辺党の系図では名前がみえず、昵との関係も不明である。それに関連して、先行研究は、源昵を、元暦二年（一一八五）三月に壇ノ浦で平家一門とともに入水した建礼門院を救出した渡辺昵（親）と同一人物とする。しかし、本文で述べる玉井荘下司源昵の子玄恵（法師丸）の姉の夫である勝法師は、承久の乱で京方に与したことからすると、後鳥羽院の西面として同乱に参加した渡辺翔の子の勝に該当すると考えられる。とすると、翔は渡辺昵（親）の孫であり勝は曽孫となるため、世代的に渡辺昵と源昵を同一人物と捉えるには無理が生じる。したがって、この玉井荘下司を勤めた一族は、渡辺党渡辺氏の系統に属するものの、摂津の渡辺党渡辺氏本流とは異なる存在と考えられるため、区別して本文では渡辺党一族と呼称する。なお、渡辺党一族の系譜を想定すると以下のようになる（源守は除外）。

昵 ―┬― 玄恵（法師丸）――― 藤原広村
　　└― 女（法師丸姉）
　　　　　＝
　　　　勝法師

（11）なお、東大寺図書館架蔵の「重書案」（A）（B）の原本は、ともに欠損や錯簡がある。とりわけ（A）は三点の文書のみであり（**表1** №9・10・19）、そのうち完全な状態にあるのは一点（№10）のみである。『大日本古文書』では、散逸した欠損部分をあわせて全体が復元されており、本稿はそれが本来の「重書案」（A）（B）の姿であったと捉え論を進める。

（12）本文でも述べるように、本文書は、本来、本文部分とそれ以外とで別個に伝来している。それらを合わせて全体を復元した東京大学所蔵東大寺文書の暦仁二年二月六日付東大寺中門堂衆言上状（『大日　東大寺文書別集一（東京大学所蔵文書之二）』四五号）を参考に、本文は、内閣文庫所蔵東大寺文書のもの（『大日　東大寺文書之五　内閣文庫所蔵東大寺文書』九一号）を、点線部分以下は「重書案」（A）の『大日』一二五一-（一）を用いた。

（13）天喜四年（一〇五六）八月二十五日付玉井荘田堵等解（『大日』八八二）、天喜六年七月日付玉井荘荘司等解土代（『大日』一二四五）。

（14）嘉禎二年（一二三六）八月日付東大寺別当親厳房政所下文案（『大日』一二三五-（五））。

（15）承久四年二月日付紀宗忠玉井荘下司職譲状案（『大日』一二三五-（四））。

（16）事件の詳細については、黒田俊雄「鎌倉時代の国家機構―薪・大住両荘の争乱を中心に―」（『黒田俊雄著作集第一巻　権門体制論』法藏館、一九九四年。初出一九七六年）、熊谷隆之「嘉禎の南都蜂起と鎌倉幕府―「大和国守護職」考―」（大和を歩く会編『シリーズ歩く大和Ⅰ　古代中世史の探究』法藏館、二〇〇七年）参照。以下、熊谷氏の見解は本論文に拠る。

(17)『吾妻鏡』文暦二年五月十六日条。

(18)なお、黒田俊雄氏は、「男山守護」を幕府という一権門にとっての御願寺社たる石清水八幡宮との譜代の関係から、奉行人の一つとして置かれた私的なものと捉える（黒田前掲註(16)論文）。つまり、「譜代之寄」という言葉を、頼茂にかかるものではなく、幕府と石清水八幡宮との譜代の関係と理解するのである。

(19)前掲註(15)文書。

(20)頼茂の死後、彼の後継者や縁者が大内守護を継承していた形跡はない。また、大内守護が守るべき内裏は、頼茂誅殺の際にいくつかの殿舎が燃え、その後再建が進められていたが、嘉禄三年（一二二七）四月二十七日の火事で完全に焼失し（『百錬抄』）、以後再建されることはなかった。このことから、大内守護という役職自体、復活することはなく、それを担う摂津源氏頼政流の存在意義はすでに頼茂の死によって失われていたと考える。

(21)『平治物語』下　牛若奥州下りの事（『新日本古典文学大系　保元物語・平治物語・承久記』岩波書店、一九九二年。二七八～二七九頁）。保立道久a『義経の登場―王権論の視座から―』（日本放送出版協会、二〇〇四年）、同b「義経・基成と衣川」（入間田宣夫編『平泉・衣川と京・福原』高志書院、二〇〇七年）。

(22)保立前掲註(21)b論文。

(23)『吾妻鏡』嘉禎二年（一二三六）三月七日条。

(24)『吾妻鏡』嘉禎二年十月二十九日条。なお、保茂が「男山守護」としての下向を渋った理由は判明しないが、「男山守護」を引き受け、実際に興福寺・石清水八幡宮との紛争に巻き込まれた際、最終的にその責めを負わされることを恐れたためであろう。

(25)保茂から時代は下るものの、永仁四年（一二九六）頃から、大和・山城で深栖八郎蔵人（泰重）なる武士が、六波羅使節としてみえる（外岡慎一郎「鎌倉幕府と使節遵行」〈『武家権力と使節遵行』同成社、二〇一五年。初出一九八四年〉）。また、『太平記』巻第三「主上御没落笠置事」の元弘元年（一三三一）九月に笠置山で鎌倉幕府軍に敗れ、落ち延びた後醍醐天皇を山城国綴喜郡の有王山で捕らえた「此辺の案内者」の「山城国の住人、深須《栖》入道」もその一族であろう。源（深栖）保茂の所領が南山城にあったとすれば、彼は深栖泰重らと系譜関係を持つ存在であった可能性が高い。
(26)（嘉禎四年）後二月十五日付東大寺別当真恵御教書案（『大日』一二―三五―(九)）。
(27)以下、東大寺別当の経歴については、「東大寺別当次第」に拠り、典拠を省略する。
(28)嘉禎二年十一月十九日付東大寺別当真恵房政所下文案（『大日』一二―三五―(六)）。
(29)下知状そのものは残っていないが、嘉禎三年の四月に保茂へ真恵からの荘務再開の命を伝える書状〈嘉禎三年〉四月二十六日付東大寺都維那某書状案〈『大日』一二―三五―(七)〉と、同じく同荘公文に宛てた真恵の「御不審」が保茂の弁明により解かれたため、保茂の「庄務得分」を免除するよう命じた書状（同年同月日付東大寺都維那某書状案〈『大日』一二―三五―(八)〉）がある。
(30)前掲註(29)文書（『大日』一二―三五―(七)）の追而書には、真恵が保茂との対面を悦んだこと、その後に「為証文故居判」えたことが記されており、保茂が事前に証文類と思しきものを提出していたことが知られる。
(31)網野善彦「鎌倉幕府の成立と東寺の復興」（『網野善彦著作集　第二巻　中世東寺と東寺領荘園』岩波書店、二〇〇七年。初出一九七八年）。
(32)前掲註(14)文書。
(33)（嘉禎四年）十月十日付東大寺別当真恵御教書案（『大日』一二―三五―(一〇)）
(34)前掲註(29)文書（『大日』一二―三五―(八)）。
(35)事件の詳細については、高橋慎一朗「尊性法親王と寺社紛争」（『遙かなる中世』一九、二〇〇一年五月）、木村英一「鎌倉時代の寺社紛争と六波羅探題」（『鎌倉時代公武関係と六波羅探題』清文堂、二〇一六年。初出二〇〇八年）など参照。
(36)『百錬抄』天福二年四月八日条、「尊性法親王消息集」年未詳四月八日付尊性法親王書状（『向日市史　史料編』一九八八年、史料番号七六。以下『向』七六と略記）。
(37)『百錬抄』天福二年六月二日条、「尊性法親王消息集」年未詳六月二日付尊性法親王書状（『向』八四）。
(38)「尊性法親王消息集」年未詳六月十七日付尊性法親王書状・同二十九日付尊性法親王書状（『向』八六・八七）。
(39)『百錬抄』嘉禎三年八月五日条、『吾妻鏡』嘉禎三年八月十三日条。
(40)川岸宏教「『遠藤系図』に見える天王寺執行について」（『四天王寺国際仏教大学文学部紀要』第一四号、一九八八一年）。

（41）渡辺党渡辺氏の系図「堺禅通寺蔵渡辺系図」（翻刻は拙著前掲註（4）に掲載）には、「天王寺禅宮」「天王寺借住」の注記が付いた僧名の人物や、「天王寺惣追捕使」の肩書きを持つ人名がみえる。

（42）永村眞「中世東大寺の諸階層と教学活動」（『中世東大寺の組織と経営』塙書房、一九八九年）。

（43）平岡定海氏所蔵「東大寺別当次第」文暦二年五月条（『東京大学史料編纂所研究紀要』第一三号、二〇〇三年三月）。

（44）丹生谷哲一「伊賀国黒田荘に関する補考」（『日本中世の身分と社会』塙書房、一九九三年。初出一九七七年）。

（45）この点については、拙稿「鎌倉幕府の成立と畿内武士社会の変容」（拙著前掲註（4））参照。

（46）建治三年三月五日付玉井荘下司公文職補任状案（『大日』一二五四）。

（47）建治三年三月日付玉井荘下司公文職宛行状案（『大日』一二五七）。

（48）前掲系図頼政流の源頼茂の子（保茂の兄弟）に「頼氏」の名前がみえるが、彼は承久元年七月に父頼茂とともに死亡しているので（『吾妻鏡』）、別人であろう。

（49）建治三年三月十二日付法華堂家玉井荘下司公文両職請文（『大日』三九二）には、頼氏の狼藉による改易ののち、下司・公文両職は停廃されていたとあり、法華堂衆が両職に補任されるまでしばらく時間があったと考えられる。よって、頼氏の下司職就任時期は、藤原広村の時期からさほど遠くない頃と捉えてよかろう。

（50）稲葉伸道「東大寺寺院構造研究序説」（『中世寺院の権力構造』岩波書店、一九九七年。初出一九七六年）。

（51）こうした問題を追究した研究として、高橋修「神護寺領桛田庄と湯浅氏」（『中世武士団と地域社会』清文堂、二〇〇〇年。初出一九九六年）を挙げておく。

荘園制成立期の物流と交易

小林保夫

はじめに

これまで荘園制は自給自足の社会であったことが必要以上に強調されてきた。その原因に研究史的に西洋封建制、ことにヨーロッパ中央部のレーン制との比較検討によって日本荘園制のイメージが形成されてきたことにある。

西洋中世社会の理解に近年大きな影響を与えたのはベルギーの歴史家アンリ・ピレンヌである。「地中海世界がイスラムによって征服されることにより、古代から続く商業交易は途絶え、フランク王国が農業中心の独自の国家を形成することで西欧の中世社会が形成されてきた」、俗に「マホメットなくしてシャルルマーニュなし」との著名なピレンヌのテーゼにより、ヨーロッパ中枢部では商業から隔絶され、自給自足の農業社会に変化していったとの理解がヨーロッパ中世史家の大勢を占めたのである。

日本においても草深い東国から始まった領主制のもと、荘園制は自給自足の社会であったとの理解が大勢を占め、自給自足を補完する農村市場の存在や自由都市としての堺や博多などが多少論じられる程度であった。これに一つの風穴をあけたのは脇田晴子の首都圏市場論[1]である。脇田は近世の江戸と上方を基軸とする全国的な流通市場形成の前提としての、ことに中世後期に限られるとは言え、自給自足の社会であったとされてきた荘園制を基盤とする中世社会の見方に変革を迫るものであった。本稿はこの首都圏市場が中世前期においてどのように形成されてきたかを探る一つの試みである。

一　首都圏市場の形成と物流

十世紀半ばの山崎津には伊予国経営の倉庫があり、また京都の西寺近くの倉庫には備中国米が保管されていたらしく、賑給等の米の不足によりこれらの倉庫に隠匿されていた米を検封するよう検非違使に命ぜられている[2]。西岡虎之助は京都近辺の山崎・淀・鴨川尻・大津などに諸国経営の倉庫・納所があったのではないかと推測している[3]。

摂津河尻や渡辺は西国方面からの官米などの入港地で、この地で川船に積み替えられて神崎川・淀川を淀津まで運ばれ、荘園領主によって封戸物や年貢・公事物の京都への中継地として倉敷が設定された。「河尻」は三善清行の『意見封事十二箇条』[4]にみえる播磨室泊に始まる五泊の最終地として、古くは渡辺などとともに難波の八十島と呼ばれた沼沢地で河口の三角地帯をなしていたが、平安中期以降、神崎・浜崎・杭瀬・今福・久岐・長洲・大物・寺江などの地名が出現し、港津としての機能を整えてくる。文応元年（一二六〇）の改元にあたって「吉書」として出された摂津守中原師藤の「雑事八箇条」[5]はこの時期すでに形骸化していたとは言え、平安時代末の国務の実情をうかがわせるものである。その第四条には神崎・浜崎・杭瀬・今福・久岐の五か所の「要津」に居住する「神社仏事権門勢家庄園寄人等」より先例に従って「国役」の「在家役」を賦課することの裁可を申請している。さらに

「浜崎」は「往古の国領印鑑（鎰カ）の敷地」とあり、国衙の倉敷地であった可能性が高い。この河尻には六条院召次所[6]や清盛政権の中枢にいて権勢をふるった公卿大納言藤原邦綱の寺江山荘が設けられている[7]。また、河尻近くには摂関家領の椋橋庄や橘御園もあり、この椋橋庄は永承三年（一〇四八）十月の藤原頼通の高野山参詣にあたり、淀・山崎の刀祢や散所が調達した屋形船十一艘の水手を御厨子所所管の大江御厨とともにおのおの三十人を供出している[8]。また、橘御園は橘や柑子の果実をはじめとする貢納物を摂関家に納めるために設定されたものであるが、この橘御園には摂関家の主殿所に所属し、様々な奉仕をさせられた「散所雑色」という集団の存在が知られる[9]。散所は摂関家などにより、種々の雑役に奉仕するために編成されたものであるが、交通の要地に置かれた散所の人々は前述の藤原頼通の高野山参詣にあたり屋形船を調達したことに示されるように、領主の社寺参詣や年貢公事物の運送に従っていた。前にあげた六条院召次所も本来の召次所は院中の雑事を行い、院の外出に供奉する召次の詰所であったが、河尻のそれはその出先機関とも言うべきもので、その実態は散所同様であったと考えてよかろう。また、鎌倉時代、橘御園には「難波江館」と称する居館があった[10]。「難波江館」は藤原邦綱の寺江山荘同様、別荘としての機能だけでなく、年貢や貢納物の集積・船積みの倉敷地としての機能をも有していたと思われる。

鎌倉初期、俊乗坊重源は東大寺修造のために周防国で伐りだした材木を山城国木津の木屋所まで運ぶための中継地として、摂津渡辺の地を別所となし、浄土堂を建立するとともに、「木屋敷地」を設けて「二階九間二面倉一宇」を建てた[11]。また、長保三年（一〇〇一）、中納言兼大宰権帥平惟仲は自らの氏寺である白川寺喜多院（後の寂楽寺）に摂津国豊島郡にあった「榎坂家壱処」ほか十か所の荘牧とともに「同国（摂津国）久保津御庄壱処」を施入している[12]。久保津は正しくは窪津とも九品津とも書かれ、熊野九十九王子の第一王子窪津王子が渡辺王子あるいは大江王子とも呼ばれたところより、渡辺一帯に比定される。平惟仲より喜多院に施入された久保津御庄が前述の俊乗坊重源の渡辺別所同様、渡辺の交通上の利便さゆえに設定されたものであることは容易に推測しうるところであるが、さらに、承暦四年（一〇八〇）六月、摂関家領摂津国榎並荘をめぐる内大臣藤原信長と信濃守藤原敦憲との相論に際し、榎並荘四至に所領を持つ者に公験を提出させたところ、内大臣藤原信長と信濃守藤原敦憲以外に皇太后禎子内親王・右中弁藤原通俊・四天王寺・善源寺などがこれに応じている。(13) 摂津国榎並荘は渡辺よりやや上流に位置し、淀川と旧大和川の合流点近くの低地帯に広がった荘園であり、交通上の要地であるこの地がこれら複数の権門寺社によって領有されていたことは、後述の太田荘の尾道や太田川河口の桑原郷の志道原庄や壬生庄の倉敷地のようにその領有が田畠からの収益を期待しただけでなく、俊乗坊重源により設定された渡辺別所同様、瀬戸内海から淀川をさかのぼる川船へ積み替える倉敷地としての役割が大きかったと考えられる。

寛徳二年（一〇四五）東大寺は周防国の封米の受取に際し、その所済の証拠として東大寺の使より二十四通の請文が出されている。(14) そのほとんどが同じ日付で、同じ使者のものであることから、大石直正は東大寺の使者が一か所に立ち並ぶ多数の倉庫＝納所から少しずつの封米を同時に受け取っていたことを推測した。さらに、天喜四年（一〇五六）東大寺より近江国野洲郡・犬上西郡、播磨・讃岐・周防などの諸国の封戸物徴収を加賀前司源頼房が請け負っているが、(15) 頼房がこのような「広範囲の諸国から同時に封戸物の徴収が可能であったのは、彼が在京の国司との交渉によって京都周辺の納所・梶取などから封戸物徴収をおこなっていたからであろう」と指摘している。(16)

大石によれば、十一世紀頃の封戸物進済の方法としては封主が封米を割り当てられた郡や荘園に赴いて直接収納する「弁補」と、京都において受け取る「見下之弁」あるいは「見納」という二つの方法があった。大石の指摘する如く、「見下之弁」あるいは「見納」による方法は、諸国経営の倉庫・納所が京都周辺、ないしは京都から交通の便の良い場所に存在することを抜きにしては考えられないシステムである。

また、長保四年（一〇〇二）三蹟の一人藤原行成は御法事の「諷誦料布」を武蔵弁済所から借用している。弁済所は受領の「在京目代」とも言うべき存在で、受領に代わって公文の勘済や調庸雑物の弁済にあたった弁済使の運上物の貯蔵所である。[17]

以上述べてきたように、官物輸送の目的地である京都およびその周辺で諸国経営の倉庫・納所が置かれ、封戸物徴収・納入ならびにその売却による経済システムを形成していた。

それではこのような権門勢家により設置された施設がどのように機能していたかを東大寺領木津木屋所を例に述べてみる。

東大寺領木津木屋所は宝亀九年（七七八）に勅施入されて以来、[18]その後八世紀末より十二世紀半ばまで木屋と畠四町という木屋所の規模は変わらなかった。[19]木津にはほかに大安寺・薬師寺・興福寺などによっても同様の木屋所が設けられており、そのうち大安寺の木屋には薗地二町が付属していた。[20]東大寺木屋には「木守」が三人おり、その管理のもとに十五人から十八人の寄人が[21]「木上・船渡・肥牛」と呼ばれた寺家雑役に従っていた。「木上」は「寺家修理材木」の津上げに従事することであり、「船渡」とは東大寺の僧侶たちの上洛や下向の際に用いた船の「船差役」や「梶取役」を勤めることで、「肥牛」は「別当上下向の時」の運送に使用する牛を飼養することであった。こうした寺家雑役が「寺家修理材木」の津上げといった本来の木屋所の機能に付随する労役とともに、「船渡」や運送に使用する牛を飼養する「肥牛」といった東大寺への交通上の便宜を供与するものであったことが注目される。さらに副業として飼養していた牛を使用して「車力」（＝車借）をも営んでいた。[22]

東大寺木屋所において「木守」や寄人を管理し、その運営の実質的な責任者とも言うべき「木屋預職」は、寺家より任命された譜代の者が多く世襲相伝し、その職掌は材木の保管だけでなく、寺家需要材木の交易調進をも行っていた。天喜三年（一〇五五）十一月、父利友以来十代の別当に仕えてきた「木屋預職」をさしたる過失もなく前別当有慶より解却されたとして訴え出た前木屋預安倍友高は、その愁状の中でこれまで寺家雑掌が本来勤めるところであった天開（テガイ・転害）会馬頭役に木屋預であったため、差定されて東大寺八幡宮礼殿の材木をことごとく交易により進納したことを述べており(23)、木屋所が東大寺に対して交通上の便宜を供与することにとどまらず、寺家需要の材木を交易によっても調進させていたことがわかる。

木津以外の大津・鳥羽・淀・山崎などで、この時期に検非違使などが強制手段に出て、材木を検封するにあたって、津を占有して木屋を営んでいた権門勢家が「家材木」であることを理由として点定検封を拒否している(24)。この木屋が東大寺や興福寺と同様に単なる材木を管理することだけにとどまらず、荘園領主に交通上の便宜を供与するために設けられたものであり、さらにそこに保管されていた材木が先に東大寺木屋預にみたような交易の対象にもなりえたことは明らかである。

また、受領が院や摂関家など権門に奉仕する「成功」のための修造材木の調達にあたるとともに、その私宅や先述の納所など私的性格の強い収納場所で材木の交易に関わっており、白河院近臣の受領藤原盛遠は「左京五条三坊一町」の宅地を材木の売却で弁済している(25)。

二　首都圏市場での交易の展開

貞応二年（一二二三）ごろ、摂津および河内の北西部を交易圏とし、朝廷で書籍・文書・記録・器物などをいれる御書櫃を蔵人所に貢納することにより、様々な商売上の特権を与えられていた檜物師の集団がいた(26)。この檜物師の交易圏内の市場はその名称より三つに分類される。まず第一に摂津国衙に付属する市小路市である。この市小路市は現在の天満橋付近にあった摂津国衙に付属していた市場で、中央を街路が通り、その両側に市屋が立ち並んでいたところよりその名が由来するものと思われ、淀川河口域の摂津国内でも有数の市場であったと考えられる。(27)

次いで神崎津の向かいに位置した賀島にあった美六（弥勒）市や今市・豊島市のように地名に「市」のつくものである。これらの市では檜物師の集団はその市日を順々に回っていたものと推定される。賀島は神崎川と猪名川合流点の神崎川左岸に位置し、対岸の神崎とともに、平安時代後期より、大江匡房の『遊女記』に「神崎蟹島（加島）等地、比門連戸、人家無絶、倡女成群」とみられるように、有名な歓楽地の一つであった。今市のあった久代荘は猪名川中流の西岸一帯に広がった荘園で、荘園領主は不明であるが、鎮守として総社春日神社による宮座のあったことより、摂関家とのつながりがうかがわれる。豊島市は今市とともに久代荘の市とも読み取れるが、久代荘は川辺郡にあり、その名より猪名川をはさんだ対岸の豊島郡にあったと思われる。豊島郡の北部には西国街道が横断しており、ちょうど久代荘の対岸あたりが、猪名川と交差する地点にあたり、水陸交通の要衝として市の立地点としては恰好の場所である。なお、『豊島郡誌』では当地付近の旧西市場村に南北朝期に「市場古城」があったことが記されている。

榎原雅治によれば、山陽道と揖保川の支流林田川の交差点にあった弘山宿は、林田川をはさんで鵤宿のすぐ西に接して位置しており、中世後期には鵤・弘山の二つの宿は相互に補う形で市が立てられていた。(28)榎原が指摘した鵤・弘山の宿（市）と同様に、今市と豊島市も猪名川をはさんで、相互に補う形で市が立てられていたのであろう。

そして残りの大半を占めるのが地名に「市」の表示のないものである。摂津国内では猪名川中下流にあった椋橋荘檜物、神崎川・淀川・大和川河口付近に点在していた難波八十島と呼ばれた島々の一つと思われる久濃島・門島・鵲島および川辺郡橘御園・大物・長州・鳴尾と武庫郡西宮・小松・広井・河西・西尻内など、現在の兵庫県伊丹市南部から尼崎東部を南下して大坂湾にいたる地域である。

椋橋荘は神崎川と猪名川合流地域の低湿地帯に展開した摂関家領で、前にも述べたように永承三年（一〇四八）十月の藤原頼通の高野山参詣にあたり、淀・山崎の刀祢や散所が調達した屋形船十一艘の水手を御厨子所所管の大江御厨とともにおのおの三十人を供出している[29]。椋橋荘檜物はその名よりこの檜物師の集団の本拠であった可能性が高い。

猪名川下流域の平野部に展開した橘御園は、橘や柑子の果実をはじめとする貢納物を摂関家に納めるために設定された園地で、南は神崎川との合流点あたりにまで達していた。この橘御園には前述の摂関家の主殿所に所属し、様々な奉仕をさせられた「散所雑色」という集団の存在が知られる[30]。散所は摂関家などにより、種々の雑役に奉仕するために編成されたものであるが、交通の要地に置かれたこれらの散所の人々は藤原頼通の高野山参詣にあたり屋形船を調達したことに示されるように、領主の社寺参詣や年貢公事物の運送に従っていた。また、橘御園には鎌倉時代に「難波江館」と称する居館があった[31]。この「難波江館」は神崎川河口の河尻寺江にあった藤原邦綱の寺江山荘同様、別荘としての機能だけでなく、年貢や貢納物の集積・船積みの倉敷地としての機能をも有していたことはすでに触れた。大物は「摂津職河辺郡猪名所地図[32]」では東大寺猪名荘の南に「杭瀬浜・長洲浜・大物浜」が東から順に記されている。天承～長承年間（一一三一～三五）には摂津国司の検注が実施され、田地こそないものの在家があったことが知られている。長洲は庁役・国役免除の地であったため、応徳元年（一〇八四）に鴨社領長洲御厨が成立すると各地から漁民（網人）が流入し、元永元年（一一一八）には正員の神人三百人、付属の間人二百人が居住していたという[33]。大物や長洲などは古くは淀川河口付近の渡辺などとともに難波の八十島と呼ばれた沼沢地に河口の三角地帯をなしていた神崎川河口の「河尻」として知られる。また、この河尻には前述した六条院召次所大納言藤原邦綱の寺江山荘もあった。これらの地域が西国の国衙からの官物や荘園からの貢納物の倉敷地として、官物や貢納物の運送・保管に携わる人々およびこれらを対象に交易活動に従事する人々により町場が形成されていたことをうかがわせる。

鳴尾は武庫川右岸に位置し、古くから船津として機能していた。松の美しい景勝地としても有名で、平安末には塩湯浴びを楽しむ施設が設けられ、鎌倉初期には神祇伯の西宮参詣の際には、当地で衣冠・行粧を整えられたことからも[34]、当地が西宮との関連、および塩湯浴びの名所として町場としての発展がうかがえる。西宮は夙川・東川の河口に位置し、古代には畿内と瀬戸内海との結節点として武庫の泊が設けられ、また、中世には式内社広田神社と戎社が置かれ、海陸の要地として近隣の今津・鳴尾とともに発展した。鎌倉末の延慶二年（一三〇九）には広田社の境内に「市庭」が存在し、津料を徴収していた[35]。小松は現、西宮市内の武庫東条にあった荘園とみられ、国衙領が平氏によって荘園化したものと思われる。広井は弘井とも書かれ、もとは小松荘の一部であったらしく、鎌倉初期には近衛家領弘井荘が成立した。西宮・鳴尾とともに当地域で中世において重要な港津であった今津は「弘井加納」に含まれていた「船江村」が発達したものという[36]。久濃島・門島・鵤島および武庫郡内にあったと思われる河西・西尻内は地名の比定が難しいが、久濃島は柴島とも考えられ、また、鵤島も鵤森と呼ばれた現、森ノ宮にあった島と推測され、いずれも当時、神崎川・淀川・大和川河口付近に点在していた難波八十島と呼ばれたうちの一つであろう。久濃島・門島・鵤島の島々も大坂湾より京都への輸送に従事していた船頭や水夫を相手とする商人や遊女などが居住する町場として機能していた神崎・加島などと同様であったと推測される。

河内国内では若江郡の蒲田新開と茨田郡榎並・高瀬がみえ、河内の北西部に位置する地域である。このうち、若江郡の蒲田新開は不明である（おそらくは現、東大阪市中新開一帯にあった新開荘カ）が、榎並荘は淀川河口付近の渡辺よりやや上流に位置し、淀川（大川）と旧大和川の合流点近くの低地帯に広がり、京都・西国・河内・大和に結ばれる交通上の要地にあった摂津国の荘園で、伝領関係の複雑な荘園としても知られている。前に述べたように承暦四年（一〇八〇）六月、榎並荘をめぐる内大臣藤原信長と信濃守藤原敦憲との相論に際し、榎並荘四至に所領を持つ者に公験を提出させたところ、内大臣藤原信長と信濃守藤原敦憲以外に皇太后禎子内親王・右中弁藤原通俊・四天王寺・善源寺などがこれに応じている[37]。この地が摂関家のみにとどまらず、これら複数の権門寺社によって領有されていたことは田畠からの収益だけでなく、水上交通の要所として倉敷地設営の好適地であったことにほかならない。のちに、北野社領となった地に「号高瀬」とみられることより[38]、荘域は摂津国にとどまらず、河内国茨田郡にも及んでいたようである。高瀬は現、守口市高瀬町付近にあった高瀬荘、あるいは小高瀬荘（観心寺領）と比定されるが、当地はかつての淀川はここまで南下し、淀川と旧大和川の合流により堆積した土が高瀬をなしたことにその名が由来するもので、古くは「長柄船瀬」の四至東限として[39]、難波津と大和を結ぶ交通の要所で、また京都への淀川舟運の拠点でもあった。すでに触れたように榎並荘にも高瀬の名が出てくることからすれば榎並荘に隣接した、あるいは入り組んだ地域にあったと考えられる。

これら地名の判明するものの多くが大坂湾岸の河口部ないしは神崎川、猪名川や大和川などの流域でしかも主要陸路との交点に位置する水陸交通の要所にあたり、倉敷地が立ち並び、また、倉敷地に貢納物の出し入れに従事する人々とその人々を対象とする遊女や商人などにより町場としての発展がうかがわれる地域である。檜物師の出自は従来から指摘されてきた椋橋荘檜物であったと思われるが、摂津国衙に付属する市小路市を拠点として市日以外の時にもそれぞれの地域を巡回して振り売り（行商）を行うことによって、その需要にこたえていたのであろう[40]。

ほぼ同じ時期、檜物師同様蔵人所に所属する供御人として活動していた河内丹南の鋳物師は和泉国衙を拠点として各地を廻船により交易活動を行っていた。鋳物師は惟宗氏に統率された右方灯籠御作手と、広階氏に統率された左方灯籠御作手に編成され、各地の鋳物師を組織し、当時では有数の高度な鋳造技術を有して、灯籠をはじめ梵鐘や鰐口を各地の寺院や神社の求めに応じて鋳造しただけでなく、諸国で鍋・釜や鋤・鍬を売買し、その修理に応じていた。河内丹南の鋳物師は建暦三年（一二一三）十一月の「蔵人所牒写」[41]によれば、各地で日用品の鍋・釜や農具の「打鉄」した鋤・鍬などの代償として受け取った「布絹類、米穀以下大豆、小豆を売買」していると守護地頭等から非難されている。関口恒雄は「この時代の農村では手工業製品と手工業労働の対価として、まだ銭貨が十分に流通せず、上記の現物（絹布や米穀などの雑穀類—筆者注）が対価として支払われた」と推定している。[42]丹南の鋳物師により鍋・釜や鋤・鍬などの対価として獲得された絹布や米穀などの雑穀類は交易活動を行っていた各地でその一部が売買されたが、多くは和泉国衙に運び込まれ、そこでの交易に供されたのであろう。

檜物師も「国司領家及地頭神人等濫妨」の停止を願い出ていることから、生産した檜物の対価として獲得した物資はその一部が交易活動を行っていた各地で売買されるとともに、多くは摂津国衙に持ち込まれ檜物とともに市小路市で交易されたと考えられる。

以上述べてきたことから、以下の三つのポイントが指摘しうると思われる。

（1）蔵人所供御人であった檜物師は摂津国衙、同じく鋳物師は和泉国衙の国府市を交易の拠点として大坂湾岸を交易していた。

（2）淀川や神崎川など大坂湾岸の河口の倉敷地がこれら檜物師や鋳物師らに交易の場を提供していた。

（3）さらに淀川や神崎川以外の大和川・猪名川などの水系でも河川交通の利便性が当該地域において市が成立

する大きな要素であった。

京都・奈良およびこれらの地域を首都市場圏と最初に問題提起したのは脇田晴子である[43]。しかし、その後首都市場圏のイメージは研究者個々によりまちまちで一人歩きしているように思われる。脇田晴子によれば、畿内の商品流通と遠隔地流通の二つの商品流通を媒介していた荘園領主の支配下にある都市特権商人である座商人は、中世後期になると、座内部の階層分化による座頭職の売買等を経て一人の問屋に買い集められ、さらにその問屋が次第に問屋的座としての独占権を行使するようになってくる。この独占権の背景に畿内流通圏があり、京都の集権的地位、求心的商品流通に基づき、京都を中心に奈良・天王寺・堺などの畿内主要都市を結び、問屋的座が独占権を行使し、畿内の農村経済をもその支配の枠内に組み込んで成立した市場圏、これを脇田は首都市場圏と定義付けている。

脇田の首都市場圏は中世後期、ことに応仁文明の乱後を問題としており、中世前期については畿内の商品流通と遠隔地流通の二つの商品流通を媒介した荘園領主の支配下にある都市特権商人＝座商人の存在の指摘以上には必ずしも明らかにされていない。

脇田が言及しなかった中世前期の首都市場圏を本稿では京・奈良＝権門社寺勢力の集住地へ各地の荘園から運び込まれる流通物資を前提とした交易圏ととりあえず定義しておく[44]。

院の召次所、摂関家の散所、東大寺など寺社の木屋所なども同様の役割、すなわち倉庫機能や交通手段の調達とあわせて交易活動を行っており、さらに貴族のなかにも京都近郊や淀川尻の交通の要所に別荘を設け、ここを拠点として年貢・公事物の保管とともに、交易活動をも行っていたと思われる[45]。前述の檜物師や鋳物師による交易活動が国司や荘園領主、あるいは守護地頭らのそれと競合していたことは、これらの事情を裏付けるものである。

三　地域市場への展望――地方の物流システムの構築――

年貢の積み出し港に倉敷地が設定されたものとしては、南北朝期以降、備後守護山名氏の守護所が置かれ、また、瀬戸内中部で讃岐守護細川氏の宇多津とともに地域経済の中心地へと発展する備後尾道がよく知られている。太田庄は永万二年（仁安元＝一一六六）、平重衡が備後国世羅郡東条内太田・桑原両郷の荒野・山河などを「募二御勢一為レ令二開発一」に後白河院に寄進したことに始まる。[46] さらに仁安三年（一一六八）、太田荘の倉敷地として御調郡尾道村の田畠五町（田二町畠三町）の租税を免除し、荘域に加えることを申請した。[47] 翌仁安四年（一一六九）四月、備後国庁はこれを認め、四至を牓示し、[48] 太田庄尾道浦の歴史はここに始まる。荘内より年貢の積み出し港尾道までは「津下」と呼ばれていた農民の夫役による負担[49]で行われ、尾道からは梶取により紀伊湊まで運ばれた。

太田川河口の近くに位置し、太田川水運と航路の接点にあたる安芸国桑原郷（現、安佐南区祇園町東西山本地区長束地区。その多くは後の厳島社領桑原荘となった）には、本家を平清盛、領家を厳島社として、嘉応二年（一一七〇）に立荘された厳島社領壬生庄（現、山県郡北広島町）の倉敷地が設けられ、[50] 年貢・物資の中継地としての機能を果たしていた。また、同じ本家を平清盛、領家を厳島社として、平安末の長寛二年（一一六四）以前山県郡内の厳島社領のうち最も早く成立した志道原庄[51]もその倉敷が桑原郷内の萩原村（現、安佐南区上安）に置かれており、[52] それ以前に桑原郷内の一町六段二四〇歩と桑原郷より太田川上流の佐東郡伊福《いおき》郷（堀立江上。現、安佐南区祇園町南下安の帆立）内の吉次領畠と交換している。[53] この伊福郷の地も志道原庄との位置を考えればより川岸に面した倉敷地としての利用が目的であったと思われる。この桑原郷一帯は公領＝国衙領を中心に所領が混在しており、「佐東」と呼ばれていた新熊野社領安佐郡三入庄の倉敷地も設けられ、地頭熊谷氏の門畠とされていた[54]。桑原郷にあった安芸新勅旨田の年貢の運搬に鎌倉末には「梶取佐東八日市藤次」があたっていたことはよく知られているが[55]、鎌倉末には「佐東市[56]」という八日に市が開かれる町場として発展しており、年貢輸送に関わる「梶取」らが定住し、交易活動が行われていたことがわかる。

地方においても首都圏と同様に、鎌倉後期になると交通上重要な有力河川の河口付近に設けられた年貢などの保管地である倉敷地において町場が形成され、地域の物流や交易の拠点として発展してくるのである。荘園近辺の年貢積み出し地の倉敷地、さらに河川から海上への移送のための河口近辺の倉敷地、そして首都圏の大坂湾岸の海上から河川への積み替えの倉敷地へと物流ルートが形成されるとともに、中継地での交易システムが構築されていったのである。

おわりに

これまで述べてきた首都圏市場と地方市場との関係を今後考える上で示唆的であると思われるものに、ノーベル経済学賞の受賞者として著名なポール・クルーグマンによって示された都市や産業集積力の発生メカニズムに関しての前方連関効果と後方連関効果の相互作用がある[57]。依田高典によれば、前方連関効果とは、ある都市に産業の集積が発生し、より多様な消費財の供給が行われると、消費者の多様性への選好によって実質所得の上昇がみられ、その結果、ますます多くの消費者がその都市に集積することである。後方連関効果とは、多くの労働者が都市に集積すると、規模の経済性が作用し、より多くの企業立地を促し、さらに多様な消費財の供給が進むことである。こうした循環的連関効果を通じて、それぞれの地域の規模の経済性が、都市レベルでの収穫逓増に転換され、集積力を生み出していくと要約される。(58) また、首都圏市場の中世的（荘園制的）な形成、ないし転換が平安末の院政期から鎌倉初期にかけて始まるのに対し、地方市場のそれは鎌倉後期から南北朝期とほぼ一世紀の隔たりがある。

註

（1）脇田晴子『日本中世商業発達史の研究』（御茶の水書房、一九六九年）序論　三「展望」および第五章第五節「首都市場圏の形成」。
（2）「貞信公記」天暦二年六月四日条。
（3）西岡虎之助「荘園制に於ける倉庫の経営と港湾の発達との関係」（『荘園史の研究　上』岩波書店、一九五三年）。京畿以外にも朝妻港などの交通上の要地にもこのような施設が置かれていたものと思われる（戸田芳美「東西交通」『歴史と古道』人文書院、一九九二年）。
（4）『本朝文粋』。
（5）『妙槐記』文応元年四月十三日条。
　これ以外にも正応六年（一二九三）の摂津守津守国助のもの（『勘仲記』正応六年八月五日条）および康永四年（一三四五）の摂津守藤原隆昌のもの（『園大暦』康永四年十月十四日条）があり、内容はまったく同文である。
（6）「永承二年造興福寺記裏文書」。西岡註(3)前掲論文「荘園制に於ける倉庫の経営と港湾の発達との関係」。
（7）『玉葉』治承四年四月一〜三日条、「高倉院厳島参詣記」（『群書類従』巻一八）、『山槐記』治承四年三月十九日条他。なお、尼崎市内の今福に寺江亭跡の石碑がある。
（8）「宇治関白高野参詣記」（『続々群書類従』五）。
（9）『平安遺文』（以後『平』と略す）九—四八七五号。
（10）『勘仲記』弘安二年三月十七日条。
（11）『鎌倉遺文』（以後『鎌』と略す）二—九二〇号。

(12)『平』三―四一〇号。
(13)『水左記』承暦四年六月二十五日条。
(14)『平』二―六二五号。
(15)『平』三―七八六・七九一・八二五号。
(16)大石直正「平安時代後期の徴税機構と荘園制」（『東北学院大学論集　歴史学・地理学一』一九七〇年）。
(17)『権記』長保四年八月一日条。なお、弁済使には「数代之因幡弁済使」を勤めた検非違使府生経則など下級官人が任命されたようである（『中右記』元永二年十二月二十九日条）。勝山清次「「弁済使」の成立について」（『中世年貢成立史の研究』塙書房、一九九五年）。
(18)『平』六―二六〇九・二七八三号。
(19)『平』六―二九三〇号。
(20)『寧楽遺文　中』「大安寺伽藍縁起幷流記資財帳」。
(21)『平』五―一八〇六・一八八九号、七―三二一六号。
(22)『平』五―二〇九三・二〇九六・二〇九七号。
(23)『平』三―七三八号。
(24)『小右記』治安三年八月五日条、長和二年八月八日条、十一月十七日条、三年二月九日条、四年六月一日条。『吉記』承安四年九月十二日条。『玉葉』文治二年九月三日条。『今昔物語』一二ノ二〇など。
(25)『平』五―二二九九号。櫛木謙周「商人と商業の発生」（『新体系日本史12　流通経済史』山川出版社、二〇〇二年）。
(26)『鎌』五―三〇七八号。
(27)和泉国衙の置かれた堺では、時代は下るが戦国期の天文四年（一五三五）の念仏寺（現、開口神社）の築地修理のために費用を負担した町の名に「市小路」あるいは「大小路町」がみえる（天文四年四月二十八日　念仏寺築地修理料差文『開口神社文書』第一二巻の一）。いずれも堺南荘本町分の町組の一つで、江戸時代には「市小路」は「市町」、「大小路町」は「大寺門前町」とも呼ばれている（『堺手鑑』『和泉堺政所旧記』『開口神社文書』史料解説による）。「市小路」は堺の町を南北に縦断する熊野大路と町の中央部を横断する横大路の交差する地点、「辻子」に位置しており、「大小路町」はその東に横大路の両側町であった。この「市小路」や「大小路町」が戦国期からいつごろまでさかのぼれるかは明らかではないが、「市小路」や「大小路町」に関わる応永二十四年十一月二十二日付「沙弥宗貞田地譲状」（『開口神社文書』　拾番箱の八）に「堺動乱之時、引失上者、此状可用本券」とみえ、また永享十二年十月二十二日付「宝阿田地売券」（『開口神社文書』　拾番箱の十三）にも「但本もんしょを八、大内とうらんに、ひきうしない候間、あいそへ申さす候」とあり、応永の乱後にそれ以前の土地所有者が土地を取り戻していたことが知られ、大内義弘の引き起こした応永の乱後の堺がほぼ乱前の状態に戻されていることがうかがわれることから、少なくとも南北朝期には存在していたであろう。摂津の「市小路」も国衙あるいは国府津に付属する大路に面し、これと交差する小路からなる「辻子」に形成された市であったと思われる。

(28) 榎原雅治「中世後期の山陽道」（『日本中世地域社会の構造』校倉書房、二〇〇〇年）。延徳二年（一四九〇）の「鵤御庄当時日記」には「市数八宿・弘山、月二六度、鵤ノ宿、市八一日・十一日・廿一日、弘山八六日・十六日・廿六日」とある。

(29) 「宇治関白高野参詣記」（『続々群書類従』五）。

(30) 『平』九―四八七五号。

(31) 『勘仲記』。

(32) 「東大寺文書四附録水木直箭蔵」（『大日本古文書　東大寺文書』）。

(33) 東南院文書・東大寺文書／『平』六―二六二八号。

(34) 「資宗王記」元仁元年十一月七日条（『大日本史料』五編―二）。

(35) 延慶二年八月二十四日　広田社神官供僧等言上書（「温故雑帳」『西宮市史』第四巻）。

(36) 『西宮市史』第一巻。

(37) 『水左記』承暦四年六月二十五日条。

(38) 『北野社家日記』延徳二年三月四日条。

(39) 『住吉大社神代記』長柄船瀬本記（『日本庶民生活史料集成　第二六巻　神社縁起』三一書房、一九八三年）。

(40) 平安末期の漢詩集『本朝無題詩』（『群書類従』第九輯）の巻七にある釈蓮禅（藤原資基）の大宰府周辺の一連の漢詩で「葦屋津」を読んだなかに「土俗毎朝先売菜〈黄瓜紫茄土人売之〉」とあり、平安後期の筑前葦屋津では毎朝近在の農村からもたらされた胡瓜や茄子などの蔬菜類が売られていた。また、別の一編では香椎宮の門前で塩の振り売り（行商）が行われていたことが描かれている。このことから、葦屋津や香椎宮と同じかあるいはそれ以上の人の出入りがあったと思われる大坂湾岸でも同様の状況であったことが推測される。

(41)『鎌』四―一〇六四号。

(42) 関口恒雄「荘園公領制経済の変容と解体」（『日本経済史を学ぶ（上）』有斐閣、一九八二年）。

文永十一年（一二七四）ごろ、今宮浜に居住する広田社の神人は広田社に供祭を納めるとともに、御厨子所の供御人として海老、貝蛤等の海産物を京都その他に売り歩いていた。彼ら今宮供御人は魚介類以外にも交易によって得た麦・絹等を再度交易することにより、積極的な商業活動を展開していた（文永十一年正月二十五日　蔵人所牒写『今宮村文庫文書』東京大学史料編纂所影写本。『日本地名大系28　大阪府の地名Ⅰ』平凡社、一九八六年）。これと同一文書と思われる文書を網野善彦は「山科家旧蔵　大谷氏所蔵文書」として紹介している（『日本中世の天皇と非農業民』第二章「中世にあらわれる「古代」の天皇」岩波書店、一九八四年）。

当該期の交易は時代は下るがお伽草子の『わらしべ長者』のようなものとしてイメージできるのではないか。当面必要とする生活物資だけでなく、より投機性の高い物資との交易がなされていたと思われ、わらしべ一本から長者に成り上がるわらしべ長者はまさに投機性の高い物資の交易の有り様が戯画的に描かれたものにほかならない。

(43) 註(1)と同。

(44) 古代では栄原永遠男が都城の東西市をかなめとして、畿内主要部には泉津・宇治津・難波市などが水陸の交通路網によって相互に結合され、東西市の延長部分として機能することにより、中央交易圏とも呼ぶべき一個の流通経済圏をつくっていたとする（「都城の経済機構」『日本の古代　九　都城の生態』中央公論社、一九八七年）。

(45) 拙稿「年貢輸送」（『講座日本荘園史　三』吉川弘文館、二〇〇三年）。同「東大寺領木津木屋所の歴史的位置」（『古代・中世の政治と文化』思文閣出版、一九九四年）。

(46)『平』七―三三七八・三三八一号。

(47)『平』七―三四七八号。

(48)『平』七―三五〇一号。

(49)『鎌』二七―二〇四二九号。

(50)『平』七―三五六八号。
(51)『平』七―三二八五号。
(52)「厳島神社文書　新出一八」(『広島県史』古代中世資料編Ⅲ)。
(53)『平』七―三四〇四・三四〇五号。
(54)『鎌』七―四八四九号。
河口に倉敷を設けた熊谷氏は佐東川(現、太田川)の水運を自ら利用するとともに、河手や鵜船の権益をめぐって安芸守護武田氏の一族佐東郡武田泰継と争っている(『鎌』二二―一六六六九号)。武田氏の拠点とした佐東銀山城は太田川河口を少しさかのぼった要所に位置しており、その築城も太田川の水運および河口部の権益と無関係ではなかったことは言うまでもない。
(55)『鎌』三〇―二二七八三・二三〇八八号、三五―二六九二〇号。
(56)「仁治三年二月二十五日　安芸宮内庄預所代請文」(『鎌』八―五九八八号)によれば、「佐東」で利銭を受け取ったり、酒を購入している。
(57)ポール・クルーグマン(北村行伸訳)『脱「国境」の経済学―産業立地と貿易の新理論―』(東洋経済新報社、一九九四年)。
(58)依田高典『現代経済学』(放送大学教育振興会、二〇一三年)。

畠山氏の領国支配と寺院

——可視聴化された守護権力——

松山充宏

はじめに

中世越中における真言系寺院の発展は、すでに久保尚文が銘文・聖教奥書等から複数の寺院名や写経僧の交流、立川流の流行、越中・能登国境の石動山の信仰関係史料などについて整理している[1]。しかしながら、越中の真言寺院と高野山・東寺との本末関係、北陸地域における寺院間交流については、総持寺の千手観世音菩薩像の胎内銘研究のみの状態が続いてきた[2]。

加えて久保が論じるように、真言系寺院は越中東部と氷見市周辺に色濃く分布しているものの[3]、県西部、特に射水・砺波地域における動静は不明な点が多い。これは、中世末期における一向一揆等の勃興と檀越である幕府および守護畠山氏権力の弱体化・国人層の浄土真宗傾化が、真言系寺院の真宗化や衰退に拍車をかけたと考えられる。本願寺蓮如の越前下向・越中布教前後まで密教寺院だったという伝承を持つ真宗寺院が多いことも証左となろう[4]。言い換えれば、十五世紀まで越中の密教系寺院と幕府・守護権力や国人層との密接なかかわりが想起される。この点に関する先行研究でも畠山氏の守護代神保氏と熊野修験の親近関係に注目した研究[5]のほかは少ない。この研究史を踏まえたうえ、本稿は中世越中の真言宗寺院の動向と実態、幕府・守護権力や国人層との親疎関係について検討したい。

一　分析対象とする史料

本稿では守護畠山氏と真言寺院の関係を如実に示す史料として「集福寺堂供養記（越中国般若野庄之内東部集福寺堂供養舞楽曼荼羅供記録）」（名古屋市　宝生院所蔵。以下「記録」とする）を主に分析する。「記録」は、永享七年（一四三五）九月・十月に越中国射水郡・砺波郡の四か寺で、子どもらによる舞楽と読経を交え行われた法要「舞楽曼荼羅供」の職衆交名（出仕者名簿）、式次第、法要で読まれた表白文・願文・諷誦文の記録である[6]。

奥書によれば、越中四か寺の舞楽曼荼羅供で大阿闍梨を務めた僧の成雄が、同年十一月に「記録」を執筆した。成雄（一三八一～一四五一）は高野山で宝性院宥快（一三四五～一四一六）から安祥寺流を学び、応永二十三年（一四一六）に宝性院七世となった。「記録」に見える宗福寺（崇福寺）住僧の永遍は弟子である[7]。成雄の師である宥快は、立川流を批判した『宝鏡鈔』を著した。

二　「記録」から復元する四か寺

「記録」において法会を行った四か寺は、記載順に集福寺、惣持寺、慶国寺、宗福寺である。それぞれ日時、当時の所在地、堂宇の形状、執行者・檀越、次第の順に関係史料も踏まえながら以下の整理を試みた。[8]

1　集福寺

①　日時

永享七年十月八日寅一点～酉刻半

②　所在地

般若野荘東部とあることから、庄川中流に位置した般若野荘に存在していたことが明らかである。当時の般若野荘は、南部が領家方（徳大寺家領）、北部は地頭方（幕府直臣領などが混在）と推定されている。[9] 室町期になると、荘域が射水郡と砺波郡に分割され、[10] 荘域に隣接する増山城が射水郡守護代神保氏の支城であった。同荘地頭方に東保郷（現・砺波市東保）がある。[11] 現在の石川県能美市辰口にある集福寺が、砺波郡石坂村で開創したと伝えている。東保に字石坂があることから、同寺が「記録」に現れる集福寺の後身である。

史料一　**「貞享二年寺社由緒書上」**[12]

集福寺　　　　　　　　　　　　金沢小立野馬坂上　真言宗

一　当寺開基者、越中砺波郡石坂村罷有候、開闢之年号知不申候、（中略）、

集福寺

③　堂宇

「記録」によれば、堂の規模は三間四面で、本尊は阿弥陀如来であった。

④　執行者・檀越

「記録」職衆交名によれば、儀式の執行にあたり持金剛衆十八人、讃衆八人、大阿闍梨一人、同従僧二人、同中童子一人、同乗輿力者六人、中間六人、十弟子四人、庭行事僧一人、引頭二人、持幡童二人、執蓋一人、執綱二人、鐃持二人、螺吹二人、堂前預二人、菩薩六人、鳥蝶六人、舞童十二人、楽人三十人、専当六人の延べ百二十人が出仕した。僧侶と寺社に所属する童子らが楽人・舞童などを分担している。願文・諷誦はいずれも永遍の名で記されている。この永享七年の越中における堂塔供養は、永遍に請われて師の成雄が下向したという。

史料二　「紀伊続風土記」高野山之部(13)

宝性院成雄伝　附永遍

釈成雄字行性、（中略）、永享七年秋遊化于北越、経集福崇福等梵刹、修堂塔供養崇福寺造営供養記・名徳伝・本朝僧伝・湯山鈔、附法嗣永遍、越中崇福寺住侶也、（中略）、永享季屈請雄師於崇福寺、執行造営供養、（下略）、

集福寺の舞楽曼荼羅供は、寺の開創・竣工を記念して行われた。幕府料所であるから、檀越は同地を宛行われていた直臣の狩野・堤・桃井氏など(14)であろう。

⑤　次第

寅一点（午前四時ごろ）に神分の祈禱を行い、巳初点（午前九時ごろ）に職衆の集合を告げる鐘を打ち、楽に合わせて入場、続いて大阿闍梨（導師）成雄が道場に入り、供花、散華、行道、礼拝、開眼作法、表白、願文、読経、諷誦、讃、仏眼呪、閼伽作法、讃、被物、舞楽、そして酉刻半ば（午後六時ごろ）退出終了した。

2　惣持寺

① 日時

永享七年九月十四日

② 所在地

「記録」冒頭に浜物持寺と記されているため、海浜に近い寺院と考えられる。この惣持寺と同音の総持寺（真言宗）が、高岡市関町にある。関町総持寺は「かんのんでら」と称し、安置される木造千手観音坐像は正平八年（一三五三）に造立された。

史料三　総持寺千手観音坐像「胎内墨書銘[15]」

藤原浄円　大檀那　□浄算　正平八年癸巳　幸寿
金剛位理海　本願聖人　浄□（弁）　卯月三日未時御入　鏡海

（中略）

金剛位禅恵

また同像は、六渡寺浜（射水市庄西町）から引き上げられたと伝えられる。

史料四「貞享二年寺社由緒書上[16]」

総持寺

一　当寺安置千手観音者、六渡寺浜より揚申候由、伝聞候、年号知不申候、（中略）、

高岡関町　真言宗
総持寺

六渡寺浜（六動寺）は、中世初頭に越中国衙沙汰所を担う日吉神人が集住し、射水川河口の港湾として国衙領

だった可能性が高い[17]。

「記録」惣持寺「表白」によれば、惣持寺は北海（富山湾）に面し、浜辺に生える松を近くに見る位置に境内があったと述べられている。

史料五　**「集福寺堂供養記」浜惣持寺舞楽曼荼羅供表白**[18]

一　表白案

夫以両部心王ノ尊像ハ巍々シテ而烈、千手観音ノ妙体ハ堂々而住ス、（中略）、爰当寺者斟テ東寺法水ヲ、湛ヘ北海之金波ヲ、扇テ蓮峯ノ余風ヲ、瑩ク松下ノ玉場、（中略）、然忽国中安全、郡内静謐、武門泰平、黎民豊楽、乃至、有情・非情巨益無辺、動物・植物平楽抜済、敬白、

また「記録」諷誦案では「浜之逸類」、つまり海辺の生物を救済する対象に掲げている[19]。

史料六　**「集福寺堂供養記」浜惣持寺舞楽曼荼羅供諷誦**[20]

一　諷誦案

敬白　請諷誦事

三宝衆僧御布施

窃以五智ノ法帝ハ、住月殿ニ而儼然タリ、（中略）、然則鳴テ滙シ浜之逸類ヲ、驚ス四曼之生衆ヲ、仰願、伽藍安穏、香花不退、人法繁興、諸徳長久、乃至、六趣四生、上ニ窮テ有於ヲ、下モ尽シテ無間ヲ、天上人中毛鱗角冠蹄履尾裙之類、悉ク抜出シ、同ク済度、仍諷誦所修如件、敬白

永享七年九月十四日　　　　護持法主　憲乗　敬白

これらの比較から「記録」に見える惣持寺は関町総持寺と同一であり、永享七年には六渡寺浜にあったと考えら

れる[21]。また、墨書銘に見える禅恵は、高野山物持院禅恵をあてる説と、河内国天野金剛寺禅恵をあてる説があり、金剛寺禅恵もまた高野山宝性院で学んだ経歴を持つ[22]。

③ 堂宇

「記録」では、舞楽曼荼羅供は金堂の再建に伴い行われたもので、本尊は千手観世音菩薩という。

④ 執行者・檀越

職衆交名によれば、持金剛衆三十四人、讃衆十二人、荷輿丁四人、十弟子四人、持幡童二人、執蓋・執綱三人、鐃持二人、螺吹二人、堂前預二人の延べ六十五人が見える。集福寺供養出仕重複者は記載省略されているとみられ、総出仕者は百四十人前後と推定される。諷誦は護持法主を称する惣持寺住持とみられる憲乗の名で記されている。惣持寺の舞楽曼荼羅供は、金堂竣工を記念して行われたもので、檀越は、守護代である遊佐氏や、六渡寺の東に隣接する放生津へ入部する神保氏など、守護畠山氏の被官また守護権力との共生を模索する国人たちであろう。それは、応永二十年（一四一三）十二月の段階で六渡寺が守護領として確認できるためである。

史料七　「越中国棟別銭除在所注文[23]」

越中国棟別銭除在所事
くらかけ（倉垣荘）　賀茂領
かな山（金山保）　八幡領
（中略）
くゝみな（久々湊）　やわた領
まきの（牧野）　守護領

六動寺　　　　　同

（中略）

（太田保）
大田　　　管領

応永廿年十二月十一日　聖舜（花押）

⑤　次第

集福寺とほぼ同様であったとみられる。

3　慶国寺

①　日時

永享七年九月二十六日

②　所在地

安吉（現・射水市安吉）にあった。当時の安吉は、石清水八幡宮領金山保と庄川周辺の室町幕府直臣料所を結ぶ陸路の要衝であった。慶国寺は中世後期に廃滅したと考えられ現存しないものの、平成二十一年（二〇〇九）に北陸新幹線建設に伴い実施された安吉地区の発掘調査で、五鈷杵（残欠）および般若十六善神を勧請した祈禱札が出土した。いずれも慶国寺関係の品とみられている。(24)

③　堂宇

本尊は薬師如来であり、三重塔の造立にあたり舞楽曼荼羅供が行われた。

④　執行者・檀越

職衆交名によれば、持金剛衆十六人、讃衆六人、十弟子二人、持幡童二人、執蓋・執綱三人、庭行事一人、鐃持一人、螺吹二人、庭承仕一人、堂前預二人の延べ三十六人が見える。集福寺供養時の出仕重複者は略されているとみられ、総出仕者は百十人前後と推定される。諷誦は永遍と推定される。
慶国寺の舞楽曼荼羅供は、三重塔竣工を記念して行われたもので、複数の国人らが檀那となったのだろう。

⑤ 次第

集福寺とほぼ同様であったとみられる。

4 宗福寺

① 日時

永享七年十月二日

② 所在地

「記録」では、般若野荘内にある。宗福寺と同じ寺院とみられるのが、高岡市戸出西保金屋にあった崇福寺である。

史料八 「題未詳識語[25]」

書本、越後国賀茂長福寺開山長智長老、以御口説□□、次ノ本云、於越中国都波群《(ママ)》般若野庄西保金屋崇福寺宝幢坊ニテ、弘源御坊書写候（中略）

また、永正三年（一五〇六）に般若野庄地頭方東保郷毘沙門堂に鐘を寄進した秋賢は宗福寺（崇福寺）の僧であろう。

史料九　「諸旧留帳」(26)

奉鋳鐘一口
越中国都波《ママ》郡般若野庄地頭方東保郷毘沙門堂常住
永正三年三月廿八日
願主　常福《ママ》寺秋賢
大工　放生津源才《太カ》誠吉

③　堂宇

本尊は「釈尊附属之摩訶薩、濁世利益之大導師」と見えることから、「大乗大集地蔵十輪経」序品で釈迦から濁世の衆生救済を委ねられたと説かれた地蔵菩薩であろう。堂宇・三重塔があった創建の地は水害に遭い、移転再建して舞楽曼荼羅供が行われた。

④　執行者・檀越

職衆交名によれば、持金剛衆二十人、讃衆十人、引頭二人、十弟子四人、持幡童二人、鐃持二人、螺吹二人、堂前預二人、舞童十二人、楽人三十人の延べ八十六人が見える。集福寺供養時の出仕者で重複している人々は省略されている。総出仕者は百十八人前後と推定される。願文・諷誦はいずれも永遍である。表白案には、一人の檀那の協力で、水害に遭う旧地から別の地に移したと記す。般若野荘西部は徳大寺家領と考えられるため、檀那は徳大寺家の請負代官だろうか。

⑤　次第

舞童十二人、楽人三十人が集福寺と同じであった。

三　曼荼羅供の規模と費用

1　動員された寺院

ここで、「記録」から浮かび上がる在地密教寺院の存在状況を、「記録」に登場する人名・寺院名を表化した本文末尾の**表1**「『越中国般若野庄之内東部集福寺堂供養舞楽曼荼羅供記録』に現れる寺房・人名等の一覧」（以下「寺房・人名等の一覧」とする）をもとに概説する。「記録」に登場する人名・寺房等は百八十五件である。出仕は百八十二件で、内訳は高野山から成雄に同行した者七名、加賀一寺・能登二寺、他は石動山を含む越中寺院であろう。確認できる越中寺院は、次の十五か所である。

〈越中国砺波郡〉
安養寺（小矢部市七社）、円満坊（高岡市福岡町木舟）、円満坊（砺波市宮森）、宝幢坊（小矢部市五社）、聖主院（小矢部市松尾）、千光寺（砺波市芹谷）、遍照坊・宝積坊（小矢部市埴生）
〈越中国射水郡〉
密蔵寺（射水市水戸田）
〈越中国婦負郡〉
長福寺（富山市婦中町袋周辺カ）
〈越中国新川郡〉

玉蔵坊・常住坊（立山町岩峅寺）、泉蔵坊（立山町芦峅寺または魚津市小川寺カ）、実相坊（立山町岩峅寺または芦峅寺カ）、観音寺（上市町横越）

2　費用

九月十四日から十月八日までの一か月間に、四か寺で行われた曼荼羅供の費用は、莫大なものであっただろう。参考となる情報として、応永二十三年（一四一六）六月十八日に石動山（石川県中能登町）で行われた五重塔・講堂供養のための舞楽曼荼羅供がある。その様子をまとめた「能登国石動山五重塔婆供養幷同寺講堂供養舞楽曼荼羅供日記」（以下「日記」とする）によれば、持金剛衆十二人、讃衆八人、十弟子四人、持幡童二人、執綱二人、執蓋一人、承仕四人、庭行事僧一人、舞童十二人、楽人三十人、専当十人、大阿闍梨一人、従僧二人、中童子一人、大童子二人、力者八人、白丁一人、鐃持二人、螺吹二人の延べ百五人が出仕し、永享七年の越中舞楽曼荼羅供と同規模である。「日記」によれば、石動山の別当・検校である勧修寺（京都市）慈尊院主実順を大阿闍梨として招き行われた。布施は実順に三百貫文、色衆（持金剛衆・讃衆）二十人のうち京都から来た九人に各十貫文、そのうち唄・呪願役に五貫文、散花両頭に各三貫文、讃頭二人に二貫文がそれぞれ追加された。勧修寺側へ合計四百五貫文が渡された。このほか、道場装飾に絹一疋、仏供米一石、読経の礼である誦経物として麤布三十段、仏布施として絹一疋、番匠への禄物（馬）などが石動山で準備された。

史料一〇　「能登国石動山五重塔婆供養幷同寺講堂供養舞楽曼荼羅供日記[27]」

応永廿三年六月十八日戊寅星宿日曜　塔供養舞楽曼荼羅供

（中略）

一　布施物事　十七日夕送之
大阿闍梨御分要脚参百貫文、色衆方京都分九口加布施平引各十貫文也、唄・呪願五貫文、散花両頭各三貫文、讃頭二人各二貫文、

一　道場方
壇敷絹一疋、仏供米壱石、誦経物簾布三十段備業上□□座、仏布施一裹中入絹一疋以絹裹之、

一　塔婆上棟事
供養前日十七日有之、番匠禄物引馬等厳重也、
（下略）

四　推定される曼荼羅供の主導者

1　永享五年の高野動乱

次に、曼荼羅供を執行した高野山が当時どのような状況にあったか注目してみよう。

室町時代の高野山では十五世紀に事相（教学）研究が宝性院宥快らによって大成された。同時に山内では教学・祈禱を担う学侶（衆徒）方と実務に当たる行人方の対立が激化した。永享五年（一四三三）七月、行人方は紀伊守護代遊佐氏の制止を聞かず、粉河寺との合戦を企てた。遊佐氏が軍勢を率いて登山したところ、行人方は学侶方と

合戦を始めて敗走し、坊舎二千あまりを焼いた。この事件は永享五年の高野動乱と呼ばれている[28]。この動乱で勝利を収めた学侶方の拠点のひとつが、宝性院と考えられる。宝性院成雄が越中の諸堂供養を行った永享七年は、まさに学侶方が主導権を握り、高野山諸堂の再建が推進されていた時期でもある。宝性院成雄が越中に赴いた永享七年は、従来の宗教権門を揺るがす年だった。二月、将軍足利義教と対立した延暦寺衆徒が、根本中堂に閉籠して自害し、堂宇が焼失したのである。天台の本山である延暦寺が混乱し、地方末寺に対する影響力も低下させた。この時期に越中へ下向した成雄の主目的は、同じ守護を擁する越中の真言寺院の再組織・再統制に加え、越中の天台宗など他宗寺院の真言宗化を図ることにあったのではなかろうか。この仮説を裏付ける証拠として、「寺房・人名等の一覧」で整理したとおり、四か寺の堂塔供養にいずれも本山系天台修験の立山衆徒が動員されている点を挙げたい。また、教学上の面から高野山で大成された事相研究の成果を地方真言系寺院に教授して画一化を図ることや、守護からの高額な布施を高野山復興にあてようとした、といった可能性も指摘しておきたい。宝性院成雄は、師の宥快の著述を通じ、当時の越中が立川流も盛行する強い真言信仰の地という認識を持ち、意欲を持って臨んだことであろう。

2　紀伊・越中守護畠山家

続いて、高野山と融和関係を結ぶにいたった守護畠山家のあゆみを確認しよう。

南北朝期の争乱を経て、畠山宗家（満家系）は越中・紀伊・河内の三国守護となった。しかし紀伊では、応永年間の末まで高野山・熊野などの寺社勢力と紀伊の国人層の双方に対して強固な支配権を確立していなかった。実例を挙げれば、応永二十五年（一四一八）には、熊野社と守護方が田辺あたりで合戦し、紀伊国人の裏切りで守護方が大敗している。同三十年（一四二三）には、高野山領の鞆淵荘の下司で守護被官であった鞆淵範景が、荘民・高野山と対立し、守護方が屈服して範景を追放する事件も起き、永享期の前段階まで守護権力による宗教権門や国人の克服は未完であった(29)。

越中でも、南北朝の争乱による闕所処分で設けられた幕府・寺社領や、康暦の政変の契機となった細川家領新川郡太田保をはじめ、一円支配の障害がいくつもあった。特に南北朝争乱後、守護畠山家が国人から信頼を得ることは難しく、畠山家の在京雑掌として早くから活躍する土肥氏・鞍河氏のほか、越中国人の登用例は見られない。越中の守護代は出羽国人層出身の遊佐氏、守護又代には畿内国人層の藤代・貴志・草部氏をあてていた(30)。

3　舞楽曼荼羅供の主導者

永享期に入ると紀伊における守護の重みは一変する。永享五年の高野動乱は、守護勢力伸張を象徴する事件となった。動乱が畿内での正長の土一揆の影響を受けて起きたとする指摘(31)に従えば、高野山も守護権力と提携なしに体制を維持できない時期にさしかかっていた。

時を合わせるように、永享五年九月十九日、守護畠山満家が六十三歳を一期に没し、子の畠山持国が三十五歳で家督を継いだのである。

こうした状況で迎えた永享七年、宝性院成雄の越中下向を促し、一連の舞楽曼荼羅供を主導したのは、守護畠山持国であろう。その理由を説明しよう。

まず四か寺の舞楽曼荼羅供動員数を比較すると、守護領六渡寺浜の物持寺が最多の約百四十人を動員している。「記録」物持寺表白案で特に「武門の泰平・当郡（射水郡）静謐」が祈願された。この武門は守護を指すとみられ、他の三か寺で類似表現は見えない。

あわせて、惣持寺の舞楽曼荼羅供は四か寺の最初に行われ、執行された九月十四日は、前越中守護畠山満家の三回忌にあたる九月十九日に先立つ五日前であった。

また、前述の石動山の例に照らせば、紀伊や近隣から国・郡・荘境・宗派の別を超えた百五十人近い動員を行い、旅費、布施、威儀品など多額な費用捻出も、守護の力によるものだろう。

舞楽曼荼羅供の記憶もまだ新しい同年十一月、幕府の命を受ける形で、畠山持国は紀伊国一宮の造替費を越中・紀伊・河内三か国に段銭として賦課した。

史料一一「室町幕府御教書」(32)

日前国懸両太神宮造替要脚事、以河内・記紀伊・越中三箇国段銭、被付其足乎、早守事書之旨、可被致執沙汰之由、所被仰下也、仍執達如件

永享七年十一月廿五日　右京大夫（細川持之）

畠山尾張守殿（畠山持国）

それまで越中では、公武が重視する摂津国多田院や東寺の修理造営にあたり段銭が課された(33)。しかし同じ守護家の料国の一宮の造替にかかる段銭が、越中に知行を持つ社寺・幕府直臣にも課されたことは初めてであった。畠山持国の守護就任から日も浅い時期を考慮すれば、紀伊一宮造替段銭の賦課行為こそ、代初めの記念行為として神事興行を掲げる中世的権力者意識の表れでもあろう。

おわりに

一連の舞楽曼荼羅供は、守護主導で高野山、守護と協調する在地勢力[34]が協力して行った、守護家代替わりを象徴する法要（式典）だったのだろう。

舞楽曼荼羅供を行った四か寺の位置は、般若野荘から六渡寺浜という地域である。東西を走る北陸道と砺波・射水平野を南北に流れる中小河川の交差する要地であるこの地域は、南北朝期に大量の闕所地を幕府関係者に給付した、新旧勢力の交雑地でもあった。

永享七年、前守護の三周忌に合わせ、越中の堂塔を舞台に高野山の高僧が大阿闍梨を務めて視覚・聴覚を驚かせる殷賑な法会が行われた。絵巻物に描かれるような時間・空間を見聞した越中の人々の驚きも想像できる。法会の様子は諸方へ伝聞され、在地勢力は真言宗寺院への崇敬と同時に、行事を主導した新守護畠山持国への畏敬の念を高めたことであろう。守護の代初めにあたり権威・権力の再確認を意図する畠山家、真言宗勢力の拡大を企図した高野山、両者の願いはここに成就した。

永享期には、射水・婦負守護代として神保氏が入部した[35]。越中国人椎名氏も新川郡守護代に登用され、遊佐（砺波郡）・神保（婦負郡・射水郡）・椎名（新川郡）による分郡守護代体制の素地が築かれた。紀伊でも遊佐氏・誉田氏、次いで遊佐氏・神保氏という二分郡守護代体制へ移管した。畠山氏の支配体制充実がうかがわれる。

ここに畠山家の守護権力は安定するかに見えたが、畠山持国の後継争いという不測の事態が起き、応仁・文明の大乱を引き起こすこととなる。

一方、高野山の意図に反し、応仁・文明の大乱後、一向一揆勢力に押されて越中の真言系寺院の多くは転派もしくは移転・衰滅という危機に直面する。

舞楽曼荼羅供を挙げた四寺で成雄が捧げた繁栄の懇祈は、半ば実り、半ば空しくなってしまったのである。

以下、「寺房・人名等の一覧」を掲げて、稿を了えることとする。

表1　『越中国般若野庄之内東部集福寺堂供養舞楽曼荼羅供記録』に現れる寺房・人名等の一覧

名	集福寺	物持寺	慶国寺	宗福寺	地名・所属等	現存、または候補がある寺房・所在地
赤若丸	舞童			舞童	勝蔵坊	
阿乗房	十弟子					
阿本房		持金剛衆				
按察公	執綱・楽人			楽人		
安養寺	持金剛衆			持金剛衆		砺波郡七社　長岡神社別当
犬王丸			持幡童			
伊与		堂前預				
右京公	執綱・楽人			楽人		
永遍	(願文)(諷誦)		(諷誦?)	(願文)(諷誦)		集福寺の住侶・成雄弟子
円京房			持金剛衆・呪願		能州	
円禅坊	楽人			楽人		

円智房			堂達・（讃衆）	（讃衆）		
円満寺				持金剛衆		砺波郡東石丸（円満寺島割）カ
円満房	引頭					砺波郡木舟円満坊（「加越能寺社来歴」安居寺書上、『加越能寺社由来』上、一四四頁）
快尊房				（讃衆）堂達		
覚順房	持金剛衆					
覚乗房			持金剛衆		能州	
観言房		持金剛衆				
観舜房		持金剛衆	持金剛衆			
観乗坊	楽人			楽人		
観仍房		持金剛衆				射水郡長坂（カンジョウジ割）カ、砺波郡井波山閑乗寺割カ
観音寺				持金剛衆		新川郡寺田荘横腰観音寺
鏡舜房	持金剛衆					
行舜房		鐃持				
教禅房			庭行事			
鏡本房		讃衆	（讃衆）		高野山	

名	集福寺	物持寺	慶国寺	宗福寺	地名・所属等	現存、または候補がある寺房・所在地
教尊房	讃衆					
玉蔵坊	楽人			楽人		新川郡立山岩峅寺玉蔵坊カ（「三州寺号帳」天台律宗、『加越能寺社由来』上、一一〇頁）
禁裏（後花園天皇）	（願文）					
空月房			持金剛衆			
熊石丸	舞童			舞童	宗福寺	
慶□房		讃衆				
慶運坊	楽人			楽人		加賀大聖寺慶運寺カ（「三州寺号帳」加州大聖寺寺庵之分、『加越能寺社由来』上、九四頁）
慶恩房			持金剛衆・散花			
慶厳房		讃衆・堂達				
慶宗房			法螺吹			
慶舜房		持金剛衆				
慶乗房			讃頭・（讃衆）			能登石動山心王院末　慶乗坊カ（「石動山社堂有寺院跡等地誌

帳」『氷見市史』3資料編一）

慶照房			鐃持			
慶妙寺				引頭		
恵吽房	持金剛衆			（讃衆）		
月蔵坊	楽人			楽人		
賢宗房			（讃衆）			
憲乗		護持法主（諷誦）				
賢仁房		螺吹				
賢善房		讃衆			高野山	
弘円房		持金剛衆				
弘乗房		持金剛衆				
高祖大師（空海）	（願文）					
光智房			執蓋			
光如房		持金剛衆				
弘仁聖主（嵯峨天皇）	（願文）					

名	集福寺	物持寺	慶国寺	宗福寺	地名・所属等	現存、または候補がある寺房・所在地
光明坊（光明寺）				（讃衆）		射水郡黒河光明寺カ、砺波郡戸出光明寺カ、射水郡島尾（光明寺割）カ、能登石動山宝池院末光明坊カ（「石動山社堂有寺院跡等地詰帳」『氷見市史』3資料編一）
弘尊房	讃衆					
小法師丸	舞童			舞童	宝幢坊	砺波郡五社宝幢坊カ
宰相	十弟子					
三位公	楽人			同行頭・讃衆・楽人		
慈円房		持金剛衆				
慈教寺	唄・持金剛衆			持金剛衆		
至乗房			（讃衆）			
実相坊	執蓋					新川郡立山岩峅寺実相坊カ、立山芦峅寺実相坊カ（「三州寺号帳」天台律宗、『加越能寺社由来』上、二〇・二一頁）
実尊房			十弟子			

慈本房		讃衆				
十王寺	持金剛衆			持金剛衆		
秀栄		行事（請定案主）				
秀尊房			堂前預			
宗智房			持金剛衆			
宗福寺	持金剛衆			呪願・持金剛衆		永遍ト別人カ
宗眼房		持金剛衆				射水郡加納カ（宗源寺割）
舜証房		持金剛衆				
俊永房			鐃持			
俊慶房			持金剛衆			
舜栄房		讃衆				
舜聖房		持金剛衆				
舜尊房			執綱			
俊智房		持金剛衆				
舜眼坊		持金剛衆				
舜了房		持金剛衆				
成雄	大阿闍梨	大阿闍梨				
性賢房		持金剛衆				

名	集福寺	惣持寺	慶国寺	宗福寺	地名・所属等	現存、または候補がある寺房・所在地
乗賢房		持金剛衆・散華行頭				
浄観房		持金剛衆				
上宮太子（聖徳太子）			（表白）			
荘厳寺				持金剛衆		砺波郡正権寺カ、同郡医王山カ
常住坊	楽人			楽人		新川郡立山岩峅寺常住坊（「三州寺号帳」天台律宗、『加越能寺社由来』上、二〇頁）
証舜房		持金剛衆				
浄舜房		螺吹				
定舜房		十弟子				
上乗坊	引頭			持金剛衆		
勝蔵坊				持金剛衆		
乗空房		讃衆				
乗通房			持金剛衆			
少納言公	讃衆			（讃衆）	高野山	
乗如房		十弟子				

小輔公	楽人			楽人		
小輔	楽人			楽人		
浄仙房		執蓋				射水郡久目村（浄専割）カ、同郡触坂（上専割）カ
慈叶房			持金剛衆			
聖堅房		持金剛衆				砺波郡清玄寺カ
聖主院	呪願・持金剛衆			唄・持金剛衆	松尾	砺波郡松尾（談義所割）
聖通房		讃衆				
泉蔵坊				持金剛衆		新川郡立山芦峅寺泉蔵坊カ（「三州寺号帳」天台律宗、『加越能寺社由来』上、二二頁）同郡小川山千光寺泉蔵坊カ（「越中国小川山千光寺之記」『富山県史』史料編Ⅱ、一一八七頁）
善聡房			持金剛衆		高野山	
仙舜房		持金剛衆				
千光寺	楽人			楽人		砺波郡芹谷
物空房		持金剛衆				
増長坊	阿闍梨（仮）坊					集福寺の子院と推定

名	集福寺	物持寺	慶国寺	宗福寺	地名・所属等	現存、または候補がある寺房・所在地
大善坊	楽人					能登石動山宝池院末　大善院カ（「石動山社堂有寺院跡等地詰帳」『氷見市史』3資料編一）
大弐公	舞人・楽人			楽人		
大輔房		十弟子				
田面丸	舞童			舞童	宗福寺	
智明房	讃衆					
智円房		鐃持				
智鏡房	持金剛衆			庭行事		
智舜房		讃衆・讃頭				
智性房				散花・持金剛衆		
智善房		持金剛衆				
智相房		持金剛衆				
治部卿公	楽人			楽人		
長真坊		持金剛衆	持金剛衆		密蔵寺	射水郡水戸田
長善坊				（讃衆）	高野山	
長尊房			十弟子			

長福寺				持金剛衆		婦負郡為成保袋村周辺（本覚寺文書「永禄五年四月十七日付水越勝重寄進状」）
千代童丸	舞童			舞童		
千代寿丸	舞童			舞童	宮森円満坊	砺波郡宮森
智栄房	讃衆					
通玄房	持金剛衆					
通舜房	持金剛衆					
道俊房			庭承仕			
道乗房			持金剛衆		高野山	
徳寿丸	舞童			舞童	七社	砺波郡七社　長岡神社
虎若丸	舞童			舞童	増長坊	
二位公	楽人			楽人		
野熊丸	舞童・楽人			舞童・楽人	泉蔵坊	
春千代丸	舞童			舞童	大雲坊	
春若丸	舞童・楽人			舞童・楽人	泉蔵坊	
常陸	楽人			楽人		
日向	十弟子					

名	集福寺	物持寺	慶国寺	宗福寺	地名・所属等	現存、または候補がある寺房・所在地
兵部卿公	十弟子・楽人			楽人		
不退院	持金剛衆			持金剛衆		
武門		（表白）				越中守護畠山持国
普門坊	庭行事僧					能登石動山火宮坊末　普門院カ（「石動山社堂有寺院跡等地詰帳」『氷見市史』3資料編一）
遍照寺	持金剛衆			持金剛衆		
遍照坊				持金剛衆		埴生八幡宮遍照坊（護国八幡宮文書「天正十年九月十五日付佐々成政寄進状」）
宝蔵寺	楽人			楽人		
宝蔵坊	楽人			楽人		能登石動山大行院末　宝蔵坊カ（「石動山社堂有寺院跡等地詰帳」『氷見市史』3資料編一）、射水郡泉（宝蔵坊割）カ
宝俊房			持金剛衆			
宝智房			堂前預			新川郡小川山千光寺宝池坊カ（「越中国小川山千光寺之記」『富山県史』史料編Ⅱ、一一八

						七頁）能登石動山一覚院末　宝池院カ（「石動山社堂有寺院跡等地詰帳」『氷見市史』3資料編一）
宝光院	持金剛衆・楽人			持金剛衆・楽人		埴生八幡宮宝光房（護国八幡宮文書「天正十年九月十五日付佐々成政寄進状」）
宝積坊	持金剛衆					埴生八幡宮宝積坊（護国八幡宮文書「天正十年九月十五日付佐々成政寄進状」）
本円房		持金剛衆				
本空坊		持金剛衆・呪願				
本等房		讃衆				
松一丸	持幡童					
松王丸			持幡童			
松若丸	持幡童					
宮本房				引頭		
明証房		持金剛衆				
妙音坊	楽人			楽人		

名	集福寺	物持寺	慶国寺	宗福寺	地名・所属等	現存、または候補がある寺房・所在地
武蔵殿	楽人			楽人		俗人カ
薬泉寺	持金剛衆			持金剛衆	加賀国	
薬王寺				持金剛衆		
宥海房		持金剛衆				
祐賢房	持金剛衆・散華行頭					
宥慶房			執綱			
宥舜房		堂前預	法螺吹			
宥泉房			持金剛衆			
宥琳房		讃衆・讃行頭				
祐厳房	讃衆・堂達兼磬役			讃頭・（讃衆）		
養舜房		持金剛衆				
養善坊		持金剛衆	持金剛衆		不退院	
良深坊		持金剛衆	持金剛衆		高野	
理舜房	散花頭・持金剛衆			（讃衆）		

理通房				（讃衆）		
隆清房		持金剛衆				
了円坊		持金剛衆				
良円房		十弟子				
亮舜房		讃衆				
良俊房			（讃衆）			
良本房	讃師頭・讃衆					
林泉坊	楽人			楽人		能登石動山阿弥陀院末　林泉坊カ（「石動山社堂有寺院跡等地詰帳」『氷見市史』3資料編一）
理乗房	讃頭・讃衆					
蓮乗坊	（舞人）・楽人			楽人		
蓮花坊				持金剛衆		射水郡蓮花寺カ
若丸	舞童			舞童	本光坊	

註

（1）久保尚文『越中における中世信仰史の展開（増補）』（桂書房、一九九一年。以下『信仰史』とする）二二頁および久保尚文執筆『氷見市史』3　資料編一（氷見市、一九九八年）。

（2）久保尚文『信仰史』二八頁および杉﨑貴英「高岡市総持寺千手観音像の近代」（同志社大学『博物館学年報』三

八号、二〇〇七年）、杉﨑貴英「『高岡市総持寺千手観音像の近代』補逸と覚書」（私家版、二〇〇八年）。

（3）富山県編『富山県宗教法人名簿』一九七九年。

（4）金沢大学法文学部日本海文化研究室『加越能寺社由来』上・下（金沢大学、一九七四〜七五年。以下『寺社由来』とする）。

（5）久保尚文『信仰史』七頁。

（6）「記録」全文は、所有者である宝生院のご許可を得て、松山充宏「中世砺波・射水の舞楽曼荼羅供」（砺波散村地域研究所『研究紀要』二六号、二〇〇九年）において、「記録」を底本に高野山大学保管の抄本二種（持明院本・三宝院本）と対校して翻刻紹介したので併読されたい。なお芸能の視点から「記録」を分析した三島暁子「『集福寺堂供養記』の舞楽曼荼羅供次第」（遠藤徹編『天野社舞楽曼荼羅供』岩田書院、二〇一一年）もある。

（7）『密教大辞典』（法藏館、一九七九年）および砺波市編『砺波市史』資料編四　民俗・社寺編（砺波市、一九九四年。以下『砺波市史』資料編四とする）一一一七頁。

（8）以下の整理は、「記録」抄本二種を翻刻した『砺波市史』資料編四と重複する部分もある。合わせて参照されたい。

（9）『砺波市史』資料編一　考古・古代・中世編（砺波市、一九九〇年）。

（10）若林陵一「中世後期加賀国倉月荘・越中国般若野荘にみえる村と社会の枠組」（立教大学史学会『史苑』七五号、二〇一五年）。

（11）『富山県の地名』（平凡社、一九九四年）九一五頁。

（12）『寺社由来』上　三三四頁。

（13）『砺波市史』資料編四。

（14）松山充宏「室町幕府奉公衆桃井氏の所領について」（砺波散村地域研究所『研究紀要』一五号、一九九八年）。

（15）前掲註（2）杉﨑二〇〇七年論文で翻刻。

（16）『寺社由来』上　二四頁。

（17）金三津英則・松山充宏「中世放生津の都市構造と変遷」（仁木宏・綿貫友子編『中世日本海の流通と港町』清文堂出版、二〇一五年）。

(18)前掲註(6)「記録」。
(19)こうした行為は、放生津の北西に位置する氷見湊に石浮図を造営して魚も救済対象とした臨済宗法燈派の動きと共通性がみられる。久保尚文「中世氷見の『市・宿』と寺院について」(富山市日本海文化研究所『紀要』二〇号、二〇〇七年)を参照。
(20)前掲註(6)「記録」。
(21)本稿に直接係わらないが、総持寺は高岡市石堤、もしくは同市福岡町赤丸を旧地とする論争があるという。『高岡市史』(高岡市、一九五九年)、桜木成一『ある贋作物語』(私家版、一九六九年)参照。
(22)久保『信仰史』二七頁および前掲註(2)杉﨑二〇〇七年論文を参照されたい。
(23)東寺百合文書。氷見市編『氷見市史』3 資料編一(氷見市、一九九八年)一九三頁で翻刻。
(24)金三津道子ほか『水上遺跡・赤井南遺跡・安吉遺跡・棚田遺跡・本江大坪Ⅰ遺跡発掘調査報告』(財団法人富山県文化振興財団埋蔵文化財調査事務所、二〇一二年)。なお安吉遺跡で出土した五鈷杵(残欠)は「記録」の記載を裏付けるものとして史学・考古学関係者の関心を集め、同報告書の表紙はこの五鈷杵(残欠)トレース図が掲出されている。
(25)金沢文庫文書。富山県編『富山県史』史料編Ⅱ(富山県、一九七五年)銘文抄三、一〇一号で翻刻。
(26)東京都個人蔵「折橋家文書」(『富山県史』史料編Ⅱ 銘文抄一、三〇号で翻刻)。なおこの鐘を鋳造した源□誠吉は、その名に守護代である神保長誠の名の一字が共通することから、神保氏との被官関係を結ぶ工匠であったことがわかる。応仁の乱後、主家畠山氏の混乱を背景に、越中在国の守護代神保氏が偏諱下賜などを媒介に放生津周辺の有力町人・工匠らを被官的関係に置くことで積極的な都市支配を推し進めようとしていた可能性が垣間見える。
(27)東寺百合文書。『氷見市史』3 資料編一で翻刻。
(28)和歌山県編『和歌山県史』通史編中世(和歌山県、一九九四年)三八二頁。
(29)『和歌山県史』通史編中世 三五八頁。
(30)『富山県史』通史編Ⅱ(富山県、一九八四年)三七六頁および『和歌山県史』通史編中世 三四四頁を参照。
(31)『和歌山県史』通史編中世 三八三頁。
(32)『紀伊続風土記』三。『富山県史』史料編Ⅱ 四七八頁で翻刻。

(33)『富山県史』通史編Ⅱ　三九七頁。
(34) 松山充宏「明応の政変における将軍直臣団の動向」(『新湊市博物館研究紀要』二〇〇四年)参照。
(35)『富山県史』通史編Ⅱ　四二一頁。

〔付記〕本稿は、松山充宏「可視聴化された権力—越中守護と真言宗寺院—」(富山市日本海文化研究所『紀要』二二号、二〇〇九年)を基とし、二〇〇九年度中世史研究会六月例会報告(二〇〇九年六月二十六日、於名古屋市)を踏まえ改稿したものである。執筆にあたり、基本史料である「集福寺堂供養記」を所有されている宝生院(名古屋市)から改めて翻刻許可をいただくとともに、富山市日本海文化研究所(二〇一一年三月廃止)の設置者である富山市教育委員会の転載許可を受けたことを特記し、深く謝意を表します。

　また久保尚文氏、故佐伯安一氏、故山崎為雄氏、杉﨑貴英氏、総持寺(高岡市)、高木好美氏、砺波散村地域研究所、富山市民俗民芸村のご協力を賜った。皆様に改めて感謝申し上げたい。

大乗院北国定使と朝倉氏

佐藤　圭

はじめに

越前国の河口庄と坪江郷は、興福寺大乗院領北国荘園と呼ばれ中世末まで存続した。朝倉氏は管領・越前守護斯波氏の被官から戦国大名へと発展し、五代約百年にわたって越前一国を支配した。この戦国大名の領国の中に、北国荘園のような京都や奈良の荘園領主の所領が最後まで存続したことは注目すべきことであり、また史料の乏しい朝倉氏の研究にとって荘園領主が伝えた詳細な記録は貴重である。本稿でいう定使とは、下級の荘官のひとつで領家・預所などの命をうけて定期的に荘園の現地に下向して荘務に当たった使者のことである[1]。興福寺・大乗院の所領は地元の大和近在と北国荘園のような遠隔地にあるが、両者に定使が派遣された。しかし遠隔地の場合、その職務の性格は自ずと異なっているとみられ、在地有力者との関係がより強い。早く神田千里氏は「文明十年代後半から大乗院は、朝倉宗家・庶家とその家臣を中心に、北国定使下向に際しての音信を送るようになっており、大乗院の年貢収取がほぼ朝倉氏に依存してなされていたことが窺われる」と論じた[2]。それならば北国荘園に派遣された定使の行動を軸として当時の朝倉氏や大乗院門跡の在地との関係を具体的に知ることができるのではなかろうか。そこで本稿では、『大乗院寺社雑事記』を始めとする荘園領主側の記録を中心として断片的な史料を収集し、この定使の意義について論じたい。

一　北国荘園に派遣された定使

まず河口庄と坪江郷について簡単に紹介すると、両庄は越前国の北部に位置し、加賀に接する。河口庄は平安末期康和年間白河法皇の御願として、奈良の春日社の神前で一切経転読を行なうための料所として寄附され、また坪江郷はそれより遅く、鎌倉末期の正応元年（一二八八）後深草上皇の御願として春日社頭で法相宗の僧侶により新三十講（唯識論）を行なうための料所として寄進された[3]。両庄は供僧の衣服と供米の料に宛てられ、両者の仏事を統括した興福寺大乗院門跡が検校所として管領した。両庄の内部は多数の郷や名、別名に分かれており、在地では公文・政所などの荘官が置かれ、また興福寺では両庄の給主や奉行・納所などが置かれた。そして大乗院門跡も両庄の中に複数の所領や得分を確保しており、門跡領としての性格も持っていた。

河口庄・坪江郷からの年貢を確保するために興福寺や春日社から様々な使者が派遣された。中でも毎年定期的に下国して、年貢請取にあたる定使は重要な使者であり、またその他段銭徴収などのため臨時に派遣される使者も多かった。十五世紀後半、『大乗院寺社雑事記』の記主である大乗院尋尊の時代には、大乗院門跡の定使、隠居した前門跡安位寺経覚の定使、河口庄給主の定使、寺門定使などが見られ、それぞれ別個に派遣されている。まずその全体を概観して、当時の定使の様相を叙述する。

表1　興福寺北国定使年表

西暦	和暦	大乗院定使	安位寺経覚定使	給主方定使	寺門定使（両使）			
1446	文安3年		宮鶴					
47	4年		徳市					
52	享徳元年	徳市	↓			①友長？		
57	長禄元年	↓	楠葉元次	吉万	③武次	②国弘		
58	2年	↓	↓	↓	↓	12・22没		
59	3年	9・21没	↓	↓	↓			
60	寛正元年	慶徳	↓	↓	↓	④友清		
64	同5年	↓	↓		10・3没	↓		
65	同6年	↓	↓			↓	⑤武友	
68	応仁2年	↓	木阿			↓	↓	
70	文明2年	↓	虎松			↓	↓	
73	同5年	↓	↓				↓	⑥武吉
74	同6年	↓		吉陣			↓	↓
75	同7年	↓		↓			↓	↓
77	同9年	虎松		↓			↓	↓
83	同15年	↓		↓			⑦清氏	↓
84	同16年	↓		↓			↓	⑧春盛
91	延徳3年	↓		↓			↓	↓
94	明応3年	↓		↓			↓	↓
96	同5年	正・5没		↓				
97	同6年	常徳		↓				
98	同7年			↓				
99	同8年	小谷又四郎		↓				

表1は、尋尊と経覚の日記から定使の所見をまとめたものである。ある程度長期にわたって勤めていることがわかり、定使と呼ばれるゆえんである。寺家から派遣される寺門定使のみ二名で、両使と呼ばれるが、他は一名である。

以下個別の定使について簡単にまとめる[4]。まず宮鶴という人物が、安位寺経覚から越前に下されて年貢請取にあたっている。文安三年（一四四六）二月、宮鶴は越前で前年分の年貢を請け取り請取状を作成した。同二十七日経覚のもとに綿一屯・割符二と年貢額分の苧が送られた。宮鶴は同年九月と十月にも越前に下向して年貢進上にあたっており、安位寺経覚の定使とみられる。その後、文安四年（一四四七）正月出家し、名を覚朝、対馬公と称した。

同年宮鶴に代わって徳市が経覚の使者として北国に遣わされる。徳市はもと大乗院門跡尋尊に属していたが、経覚の要請によりその北国定使を務めることになった。(5)その後、徳市は毎年大体夏と冬の二度越前へ下向し、御服（綿）や年貢銭の請取にあたった。「在国定使徳市法師」と明記され、(6)安位寺経覚の定使であることが確認される。

しかし徳市が経覚の定使として越前に下向するのは康正二年（一四五六）までであり、翌長禄元年（一四五七）からは楠葉与一元次が越前に下向する。(7)楠葉元次は、その後応仁二年（一四六八）まで細呂宜郷下方の年貢請取にあたったが、朝倉孝景から忌避されて年貢の引き渡しを拒否されたので、経覚はその代わりに河口・坪江の年貢に関係していた木阿を下して請取にあたらせ、同年十月には虎松を年貢未進催促のため越前に下し、以後文明五年（一四七三）まで虎松が細呂宜郷下方の年貢請取にあたる定使を務めた（同年経覚は寂した）。以上、安位寺経覚の定使として、宮鶴・徳市・楠葉元次・虎松の四人の名が知られる。

次に大乗院門主尋尊の北国定使は、徳市・慶徳・虎松の三人がいずれもかなり長く務めている。徳市は前述のように安位寺経覚の定使を務めたが、宝徳三年（一四五一）から明応四年（一四九五）までの大乗院門跡の収入を記録した『到来引付』(8)によれば、享徳元年（一四五二）の河口庄郷々の得分を大乗院尋尊に納めており、その年貢請取の任にあったことがわかる。また同書によれば、享徳四年（一四五五）三月の栂尾開帳にあたり、尋尊は銭十貫文を徳市から借用してその返済を北国年貢から出しており、すでに徳市が大乗院門跡の年貢請取を長期担当した北国定使であったことが類推される。

その後、康正三年（一四五七）六月、徳市は大乗院門跡の北国荘園坪江・河口両庄の定使を安堵された。(9)

徳市法師北国坪江・河口両庄定使事如此間、不可有相違候之由、可令下知給之由仰所也、恐々謹言、

六月廿日　孝承

因幡法橋御房

こうした文書からこの定使が門跡から宛行われ安堵されるひとつの所職となっていることがわかる。以後も徳市は度々越前に下向したが、長禄三年（一四五九）九月越前で没した。『大乗院寺社雑事記』の同月二十六日条に次のように記される。

一去廿一日夜河口庄定使徳市法師於国円寂云々、御給分等事、如元仰付子了、於金津道場彼衆僧等タヒ云々、神妙之由成奉書了、

大乗院門跡尋尊の北国定使徳市は越前で荘務にあたっている最中の九月二十一日夜没した。金津道場の衆僧が荼毘に付したといい、尋尊は彼らに宛てて奉書を出した。五日後に情報が奈良に報じられており、迅速な連絡体制がうかがえる。また給分についてはその子に命じられることになったが、これについては後述する。

次の慶徳は大乗院門跡の力者で、長禄四年（一四六〇）十一月二日定使として河口・坪江両庄の年貢催促のため越前に下向した。以後文明七年（一四七五）まで門跡の定使として見える。その末期の文明六年（一四七四）には、定使慶徳の代官として虎松が越前に下向しているが、翌文明七年（一四七五）も慶徳は定使として見える。[10]

次の虎松も力者として大乗院門跡に仕えたが、一方前述のようにかつて安位寺経覚の定使を務めている。文明九年（一四七七）から正式に北国定使となり、[11]以後明応五年（一四九六）越前で没するまで二十年にわたって定使を務めた。享年は六十二だった。

虎松が越前で没した時、その子の玉阿弥も門跡から北国に遣わされており、前年の年貢請取の残務にあたった。[12]虎松のあとを受けて玉阿弥が定使として活動したのであろう。しかし翌明応六年（一四九七）三月九日玉阿弥は

「法性院之又三郎」という人物を殺害し、玉阿弥自身も手負い逐電するという事件を起こした。そして十二月には住屋が検断されており、罪過を受けた。この明応六年には力者の常徳が北国定使となり、十月二十日越前へ下向し、十二月二十六日奈良に戻っている。しかし以後常徳が北国定使を務めることはなく、この年だけの臨時の処置だったようである。

恪阿弥は玉阿弥の弟である。明応七年（一四九八）十月と翌明応八年（一四九九）に北国に下向し、八年七月十五日に「北国成足」を門跡に注進している。そして『大乗院寺社雑事記』同年九月十一日条には次の記事がある。

一又四郎・悟（恪）阿両人召之、北国方年貢事、去年・去々年両年分二百余貫幷絹・綿在之、未進条以外次第也、定使無沙汰也、早々罷下加催促、幷当納分合三ケ年分悉以可成道者也、万一不成事、以後ハ定使別人ニ可仰付旨、以宣舜加下知、畏入可催促云々、

冒頭の又四郎は、玉阿弥が還俗した名で「小谷又四郎」と名乗った(13)。大乗院尋尊は又四郎（玉阿弥）・恪阿兄弟を召して、北国荘園の年貢未進は定使の無沙汰のせいだとして兄弟に越前に下向して未進と当納分の年貢を催促することを命じている。そしてもし出来なかったなら、定使を別人に替えるとおどしている。結局、この年も小谷又四郎が定使として越前に下向することになり、十月下向し、帰路は十二月二十九日近江坂本まで来ている(14)。

その後明応九年（一五〇〇）以降は小谷又四郎・恪阿兄弟が北国荘園の年貢請取に関わった記事は見えず、文亀二年（一五〇二）になって明応九年と文亀元年分の年貢が少々納められたことが、越前に下向した住阿弥から大乗院門跡に注進されているので(15)、この住阿弥が使者を務めた。その後は、永正元年（一五〇四）は上北面順願が北国に下向し、永正二年は玄長、永正三年も閏十一月に「北国御使下向、書状三通遣之」と毎年別々の人物が門跡の使者として北国に遣わされて年貢請取にあたっている(16)。以上、大乗院尋尊の定使を徳市・慶徳・虎松がそれぞれ八年

から二十年近くも継続して務め、虎松が没するとその子が定使に起用されたことなどをみた。

次に河口庄給主松林院（兼雅・兼親）の定使としては、吉万と吉陣の名が見える。吉万は松林院の力者で長禄元年（一四五七）に「河口庄給主方定使吉万法師」と見える。吉陣は文明六年と延徳三年に給主定使と見え、以後も文亀元年まで毎年のように越前に下向しており、長期にわたって河口庄の支配に関係した。[17]

最後に河口庄寺門定使は、一切経方供料・衣服催促使として一切経衆から派遣された。応永初年ころ井上覚専法橋という人物が寺門定使として下向したという。その後仕丁二名が両使として下されるようになり、『大乗院寺社雑事記』には表1に番号を付した八人の人物が寺門両使として見えるが、[18]⑥武吉までいずれも仕丁が務めた。文明十五年⑦藤左衛門清氏が河口庄寺門使に起用され、翌十六年には⑦清氏と⑧玄蕃允春盛が寺門両使であることが明記され、その後明応三年（一四九四）に両人が「一切経納所両使」として見える。[19]この藤左衛門清氏は春日神人であり、全く新しい人材から寺門両使が選ばれたことがわかる。

二　定使の身分と職務

前章でみた北国荘園の定使は、各人の名前からもわかるように、ほとんどが俗人身分である。力者がなっている場合が多い。力者は人夫を引率して物資を届ける宰領を務めたり、武家御教書施行の郡使を務めたり、門跡の出行に随従したりして門跡の公私の業務に重用された。身分的には門跡や院家に属しており、門跡の場合、力者の﨟次があった。[20]『大乗院寺社雑事記』長禄元年十一月三日条に次の記事がある。

御力者一﨟億万法師辞一﨟云々、仍一﨟職正陣法師也、今日御下部奉行給補任云々、御領内定使・天満宮仕・

小五月定使一﨟ニ付職也、同正陣ニ仰付云々（下略）

大乗院門跡の力者一﨟の億万法師が力者の職を辞して、その跡に正陣法師が昇格し、御下部奉行以下の諸職を命じられたという内容である。力者一﨟に伴う所職が決まっていて、御領内の定使や小五月会の定使などの職が見える。また尋尊が大乗院の先例をまとめた『三箇院家抄』の力者給分の項には七人の力者の交名と得分がまとめられているので次に抄出する。引用にあたり、給分の内訳について二人目の徳善以下は省略した。(21)

○御力者正陣分「（追筆）正陣之闕分慶市法師給之、文明四六月　日 止奉公之間、又十郎之弟ニ仰付之、」

越田尻間田一反半　　一石　出雲庄御米内損、免有之、

高田庄定使四反　　新免　一反半半ハミソ田

「（追筆）高田庄公事物色々七月盆月迫、」　高田間田一反半　慶万知行之由申、

○御力者徳善分十郎之弟ニ仰付之（中略）

○御力者徳陣分（中略）

○御力者慶力分（中略）

○御力者慶徳□（分）（中略）

○御力者慶万分（中略）

○御力者徳市分「（追筆）十郎弟ニ仰付之」（中略）

これによれば、力者は当時七人おり、それぞれ数か所の給免田を与えられ、定使給も見られる。中略部分の給分の記載もいずれも大和かその周辺であり、北国荘園のような遠隔地の定使の記載は見られない。これは北国定使に

ついては、このような給分に設定されることがなく、それらとは別の特別の所職だったことを示していると考えられる。

彼らの大乗院門跡内の位置付けについては、『大乗院寺社雑事記』文明十二年（一四八〇）正月六日条に、門跡恪勤者の交名があり、童子・力者・牛飼・仕丁・恩給輩（塗師・銅細工・檜物師・番匠大工）・小者の順で記載され、童子と牛飼の間に位置するものであった。その力者の部分は次のように記されており、住所が知られる。

中市 慶徳　福智院郷 慶力　同 慶万　同 徳力　九内堂郷 力陣　福智院 吉善　福智院 虎松丸　中市 松丸

これら力者の住所は、大乗院郷を中心とし、南都七郷の中市も近在である。またこのうち松丸は慶徳の子であり、吉善は慶万の子である。父子で力者を務めるものも多かったらしい。

延徳三年二月二十四日虎松の子の岩童丸が大乗院門跡に初参していることが『大乗院寺社雑事記』同日条に見える。

北国定使虎松榼一荷・折各両所進上、息岩童丸十七歳也、今日初参故也、此間東大寺童也、召出見、各扇一本給之、畏入了、

虎松の息子岩童丸は、それまで東大寺の童子を務めていたが、改めて大乗院門跡に伺候したという。これを見ると必ずしもひとつの門跡に隷属しているのではないらしい。

次に寺門両使の場合は、主として仕丁という下級身分で、一方が単独で北国へ下向して行動することが禁じられており、より限定的な職務だったらしい。いずれの定使も比較的長期間勤仕する場合が多いが、寺門定使の中には途中で辞退する者もいた。

大乗院定使の給恩については前掲の給分注文のほかに、実例として長禄三年（一四五九）に没した徳市の場合が

知られ、『大乗院寺社雑事記』同年十一月十六日条に次の記事がある。

一徳市法師御恩事、如元不可有子細旨成奉書縁舜了、

神殿庄三反一石二斗、　若槻庄御米内一石、

吉岡《丹後庄》　一反三斗、　狭竹庄定使給一石二斗、

勾田庄定使給八斗、　萱尾寺定使給百文、

大内庄定使　以上

これは徳市が門跡から宛行われていた恩給の知行が、その遺子に安堵されたことを示している。徳市は河口・坪江庄定使のほかに、大和国内三か所の荘園の定使を務め、それに伴う米・銭の給分があり、その他伊賀国の大内庄の定使も務めていたことがわかる。またその他大和国内三か所の荘園に給田・給米を支給されている。なお、『三箇院家抄』とは二か所異同があり、給分の割り替えもあったらしい。これらを見ると徳市を始めとする力者は相当の給付があり、財力と行動力があったとみられる。門跡の尋尊が定使に対して年貢の前借（借下）をしているケースもある。慶徳について、有徳銭をかけられたことがしばしば見え、彼らは奈良の富裕層であったことがうかがえる。また仕丁についても七郷の主典や沙汰者を務めて興福寺の奈良支配にあたり、また東大寺大仏殿堂童子が興福寺仕丁を兼ねる裕福な郷民・商人であったことも知られている(22)。

さて、大乗院門跡北国定使の職務についてまず、『大乗院寺社雑事記』長禄三年（一四五九）七月二日条の次の記事を引用する。

一今日徳市法師下向北国、細呂宜上方公文・政所・鶴丸名・石王名・連道・小山・三个浦等、此間大館兵庫致知行分事、年貢無沙汰上者、可改代官職、年貢公事物等不可渡彼代官之旨、仰地下了、次山荒居代官事、去

年・当年分致無沙汰上、御代官朝倉遠江入道近日遂（逐）電之上者、可被仰別人、自何方雖令申、南都御補任状無之者、不可承引之旨、同仰地下了、次少年貢共同可催促之由仰了、次粮物事雖申入、先可下行之由仰丁、

定使の徳市を下国させ、年貢無沙汰を続ける代官の大館教氏を改易するので、大館に年貢物を渡さないことを地下に命じること、山荒居代官の朝倉頼景が逐電したので代官を別人に命じ、南都補任状を持たないものを承引しないことを地下に命じること、年貢催促等のことが指示されている。なおこれら河口・坪江両庄内の所領は大乗院門跡領であり[23]、その年貢の請取にあたることが定使徳市の職務である。

その後十一月には山荒居代官職が朝倉教景（初代朝倉孝景の本名）に替えられ、その際次のような請文が提出されて補任状が発給された[24]。

（前闕）

合捌拾貫文者可有夫賃者也、

右於此御年貢者、十一月中可渡申御定使候、就中自来年者弐十貫文二月中、二十貫文八月中、四十貫文十一月中、如此三个度仁可皆済仕候、万一馳過約月無沙汰無法儀候者、雖為何時、可被召放御代官職候、其時不可申入一言子細候、且又可蒙春日大明神御罰候、仍為後日請状如件、

長禄三年十一月　日　　、、判

……………………

（花押）

補任　越前国河口庄之内山荒居御代官職事

朝倉孫（弾）正左衛門教景

右任請文之旨所補任彼職也、仍（執脱カ）達如件、

長禄三年十一月　日　　寺主清賢判

教景の請文には年貢を定使に渡すことが明記され、次年度から二月・八月・十一月の納期が示されている。このようにして年貢は現地で代官から定使に渡され、定使は奈良に帰ってその注進状を門跡に提出した。こうした制度的な在り方が応仁の乱以前の状況だった。

三　定使の活動と朝倉氏

初代朝倉孝景は前掲の請文や、その他河口・坪江両庄の大乗院門跡田楽頭段銭の徴収を請け負っていることに見られるように(25)、寛正年間までは北国荘園の代官、請負人としての立場に留まっていた。そして一方では、本庄郷の百姓に弾圧を加えて逃散させ、また細呂宜郷下方の百姓を逮捕監禁してやはり百姓の逃散をまねくなど、在地を混乱させて荘園領主から糾弾された(26)。

その後の応仁の乱で孝景は越前守護・西軍管領の斯波義廉に従って奮戦したが、政所伊勢貞親や将軍足利義政の働きかけにより西軍から東軍方に寝返り、文明三年（一四七一）五月幕府から越前守護職に関する権限を認められると立場を大きく変えた。西軍方の旧守護代甲斐氏との戦いが一段落して府中を制圧した文明四年（一四七二）八月、孝景は国内の寺社本所領の半済を幕府に申請して認められた。安位寺経覚の定使虎松が河口庄に遣わされており、九月初めに奈良に戻り、越前の状況を伝えた。大乗院尋尊は定使慶徳に門跡領の年貢催促のための注文や目録を持って越前へ下向させた。また寺門は幕府に、半済免除の奉書を申請して下され、それを持って神人大蔵が使者

として越前に下り、さらに已心寺の坊主なども下った。越前から戻ってきた寺門使大蔵は朝倉孝景の半済免除を認めないとする書状をもたらした[27]。

しかし前年分まで奈良に届いていた北国荘園の年貢は、この年以降納められなくなった。維摩会段銭など興福寺の必須の行事に伴う北国荘園の段銭は文明七年（一四七五）と翌年に納入されるが、門跡領の年貢収入が回復するのは文明八年（一四七六）分の年貢からで、翌年正月奈良に到来した。その内訳を記した『到来引付』に、計二十貫文を「朝倉方礼分立用由虎松申」と記されており、定使虎松は朝倉氏に礼銭（年貢額一貫につき百五文と記される）を進上して年貢を確保したのである。

朝倉氏が公家領を始めとする寺社本所領に対する政策を改めたのはこの時とみられ、翌文明九年（一四七七）から越前に家領を持つ公家たちが次々と下向した[28]。大乗院定使虎松も門跡領の年貢請取のために越前に下向するが、文明十年（一四七八）十二月虎松は年貢請取注文と共に、次のような「引物注文」を門跡に提出している[29]。

此内引物
十貫　去夏朝倉・三輪方蚊帳以下代
二貫三百　同油煙代
四貫文　クタリ粮物二个度分以下
十二貫　折紙銭
五貫　小坂殿
三貫　三輪方礼当代
合卅六貫三百文

文明十年十二月廿六日　トラ松判

この引物注文とは、定使虎松が門跡領の北国年貢請取に要した必要経費を列挙したものである。その内訳は贈答費用・旅費・礼銭などで、虎松はそれらを立て替えて調達し、その代銭を年貢請取の後に年貢銭から引いたのである。こうした贈答や礼銭は荘園領主の大乗院門跡として行なったもので、虎松はあくまでも定使としてこれを遂行したにすぎない。

こうした贈答の内容と対象に注目すると、荘園領主と朝倉氏の関係をうかがうことができる。『大乗院寺社雑事記』には文明十一年（一四七九）から明応六年（一四九七）までのこうした贈答が記録されているが[30]、それらを概観すると、まず贈答対象は朝倉氏当主と一族、在地武士・寺庵などである。当主は初代朝倉孝景から二代氏景、三代貞景に至る。当主に仲介する近臣にも礼銭が支出された。次に一族といっても、初代孝景の弟の慈視院光玖・経景・景冬に限られる。贈答品は一定しないが、初めての時は当主・一族に樽酒が贈られた。そして以後祈禱の巻数も贈られる。また夏に蚊の襲来を防ぐ蚊帳や油煙（墨）など奈良の名産品、そして矢じりや弓などの武具も贈られた。

在地武士と寺庵では、前波氏・青木氏・印牧氏・堀江氏・杉若氏・桑原氏・石田氏・和田本覚寺蓮光らの名が見える。前波氏は朝倉氏の年寄衆（重臣）であり青木・印牧と並んで三奉行として北国荘園の年貢収取に関与した。杉若・桑原・石田は慈視院光玖や朝倉経景の内衆であり、堀江は河口庄・坪江郷に勢力を張る在地国人の有力者である。

北国荘園の在地支配がこれらの人物だけでなされたとは到底考えられないが、大乗院門跡としては列挙した人物に依頼している。これらの贈答に関連して尋尊の書状の本文が知られるのが、文明十五年（一四八三）の杉若藤左衛門尉宛と堀江河内守宛の二通の案文である(31)。今、前者を次に引用する（左傍の〻は抹消を示す）。

就河口・坪江年貢事、此間儀毎事無等閑御成敗候間、千万目出候、長久之御祈念ハ、巨細定使虎松ニ仰候、毎事可然様被申合談合可目出候也、

十月二日

杉若藤左衛門尉殿

これは尋尊が杉若に送った書状（内書とも呼ばれる）の下書きである。年貢のことについて定使虎松と相談せよ、子細は虎松に命じたと簡潔に述べている。堀江宛もほぼ同様で門跡に対する然るべき奉公を求めている。この杉若・堀江などは門跡領代官として年貢徴収に責任を持っており、尋尊は彼らのことを「北国所々給人」と呼んでいる(32)。当然、荘園領主からの給人という意味であって朝倉氏の給人ではない。

こうした贈答は神田氏が指摘したようにその後も見られるが、それが定使を通じてなされたことに注目される。その後、大乗院門跡で大永二年（一五二二）興福寺別当となった経尋の日記『経尋記』にも、大乗院北国定使の記事が見られる。このころ「太郎次郎」という人物が定使を務めており『経尋記』大永二年正月九日条に「昨日北国定使太郎次郎上洛也、年貢無替義珍重也、又大会段銭モ可調之由申之旨、納所延専申之」と記される。そして同年十月十五日条には次のように記される(33)。

一越前国河口・坪江両庄本役定使今日吉日之間門出也、仍内書朝倉弾正左衛門尉（四代孝景）方へ遣之、同巻数一合・油煙卅廷遣之、細呂宜上方幷油免・吉久名以下無沙汰之間、堅可下知旨仰遣了、同兵庫郷政所分別ニ内書遣之、随而細呂宜上方幷油免之事、堀江右近丞無故無沙汰之旨、祖父之大良左衛門方へ可加入魂由遣内書、巻数一合・油煙廿廷遣之、次朝倉与三（景職）右衛門方へ諸本役堅申付、自然催促等之用毎度巻数一合・油煙卅廷、内書遣

之、珍重〳〵、

この日、定使を越前に下すに当たり、経尋は内書を四代朝倉孝景（弾正左衛門尉）・堀江大良左衛門・朝倉景職（与三右衛門）の三人に宛てて出して、年貢無沙汰の下知、本役催促を依頼した。こうした定使下向に伴う門跡の内書の案文が同書に収められている。大永四年十月二十三日条所載の定使下向の時に四代孝景に宛てて出された内書のうちから一通を次に引用する。なお花押は記主経尋のものである。

就河口・坪江両庄本役催促之儀、定使差下候、如先々堅可被申付候之条、可為本望候、仍巻数一合・油煙卌廷献之候、弥武運長久之懇祈不可有等閑候也、

十月廿三日　（花押）

朝倉弾正左衛門尉殿（孝景）

これらを見ると朝倉氏当主に求められていたものは、年貢収取自体ではなく、年貢無沙汰の督促であり、強制力を持ったものであろう。無沙汰の張本人は前掲史料の堀江右近丞のような在地国人であり、それらに対する守護権力を発動することが求められたと考えられる。

この大乗院経尋の定使太郎次郎はその後替えられて、大永六年冬から慶徳法師が務めることになった。[34]この慶徳は寛正から文明年間に見える慶徳とは別人であるが、同じく力者であった。

その後の大乗院定使としては永禄年間の北国荘園の年貢請取を記録した『河口庄勘定帳』に森田市右衛門尉家久が定使だったことが見え、別に永禄十一年（一五六八）の買物日記と仕日記があり、定使の在庄支出が細かく記録されている。[35]その中に、当時一乗谷に逗留した公方足利義昭を始めとして、朝倉義景の宿老前波氏、取次、奏者衆、奉行衆過書の礼銭、諸給人に触状を伝える朝倉義景の下部・中間衆の飯米、米屋・扇屋など商人への礼銭、その他

贈答費用・交通費などが列挙される[36]。このうち比較的多額を要したのが朝倉義景の下部・中間衆や府中両人の飯米であり、具体的には彼らの催促によって年貢取立がなされたと考えられる。

その後、大乗院門跡では永禄十二年ころから前門主尋円と当門主尋憲との対立が生じ、翌元亀元年（一五七〇）大乗院門徒は門跡領三分一を隠居した尋円が知行し、三分二を尋憲が知行することに定めて定使を下すことを求めた。しかし多武峰に蟄居した尋円は、これに同意せず、翌年に至るまで定使の森田市右衛門を抑留した。結局尋憲は新たに定使として林出羽守という人物を越前に下そうとしたが、これもうまくいかず、元亀二年十一月新たに定使新を越前に下したが、信長方から通路止めがなされており、新は越前に入ることができなかった[37]。

結局大乗院尋憲は翌元亀三年十一月新と祐岩の両使を定使として越前に派遣した。定使新らは越前に入国して府中から金津、そして一乗に行き、さらに近江小谷城大嶽に在陣する朝倉義景のもとに赴いて謁見し、義景が一乗に帰陣するとまた参上して礼を申し上げてようやく奉書が発給された。その内容について『尋憲記』に次の記載がある[38]。

（元亀三年十二月）十五日ニ、又礼申、則奉行前波奉書出、諸給人衆南都大乗院殿御本役、如前々可致沙汰旨、厳重書出、是ヲ諸給人へ可被触由申条、一乗谷衆之分ニ相触、諸給人共以、尤上使御下向目出度候、御本役之事得其意候通悉請申、今ノ奉書金津へ遣、諸給人へ申触、同請申由也、次第ニ令催促運上之由也（下略）、

奉行の前波長俊が書き出した奉書の内容は、諸給人衆は南都大乗院尋憲の所領北国荘園の本役を前々の通りに沙汰せよということである。この奉書をまず一乗谷に滞在している給人たちに通知したところそれを承諾し、次にこれを金津に送って諸給人に通知して承諾し、順次催促して運上したという。

このようにして大乗院門跡は北国荘園の年貢を確保したが、それもこの年が最後となる。翌天正元年（一五七三）八月、朝倉氏は織田信長によって滅ぼされ、やがて越前は一向一揆によって席巻され、天正三年八月再度織田信長が一揆征伐のために越前に出陣した時、今度は門主の尋憲自身が北国荘園の回復を求めて越前に下向し、陣中の信長を見舞う。尋憲の主観的意図は、知行の回復と百姓の保護にあったが、それは実現されることはなかった（『越前国相越記』）。

おわりに

代官の年貢未進や補任料の無沙汰などに悩まされた大乗院門跡が、文明八年（一四七六）年以降も北国荘園からの年貢収入を部分的にでも確保できたのは、朝倉氏の荘園政策によるとともに、毎年遠路下向して荘務にあたった定使の働きによるものでもあった。彼らの中には下向先の越前で没した者もあり、厳しい職務が想定される。ただ生活の根拠は奈良にあり、門跡に従属する身分だった。年貢物の輸送や送金については触れられなかったが、定使を務める力者などの運輸業者・商業者としての側面と為替による安全な送金が背景にあったと思われる。

註

（1）『国史大辞典』第七巻（吉川弘文館、一九八六年）「定使」の項（上島有執筆）参照。ただし上島氏は定使を「固定的、恒常的なもの」と表現するが、ここでは定期的という言葉を用いた。なお定使は在地村落における触役という意味もあったが、その側面については本稿では扱っていない。池上裕子「名主と定使について」（『戦国時代社会構造の研究』校倉書房、一九九九年）参照。

（2）神田千里「越前朝倉氏の在地支配の特質」（『史学雑誌』第八九編一号、一九八〇年）。
（3）河口庄・坪江郷の概要については、清田善樹「河口・坪江庄」（『講座日本荘園史6北陸地方の荘園近畿地方の荘園Ⅰ』吉川弘文館、一九九三年）、『福井県史通史編2中世』第二章第四節の四「河口・坪江荘」（福井県、一九九四年）などにまとめられている。なお越前には他に興福寺本願藤原不比等の忌日の仏事に宛てられる木田庄があり、興福寺東北院が知行したが、これは北国荘園の概念に含めない。
（4）北国荘園に関する大乗院関係の史料は井上鋭夫編『北国庄園史料』（福井県立図書館・福井県郷土誌懇談会、一九六五年）に収められており、安位寺経覚の日記『安位寺殿御自記』も抄出されている。「細呂宜郷下方引付」は同書二五〜三八頁に掲載される。なお『安位寺殿御自記』は史料纂集古記録編に『経覚私要鈔』として刊行されているが、「細呂宜郷下方引付」部分は未刊。以下主として「細呂宜郷下方引付」による。
（5）『経覚私要鈔』文安四年四月八日条。
（6）「細呂宜郷下方引付」享徳三年十月十日条。
（7）『大乗院寺社雑事記』康正三年六月二十二日条に「楠葉与一為安位寺殿御使北国ニ下向云々、為礼来了」と記される。以下虎松については「細呂宜郷下方引付」参照。
（8）松岡久人編『広島大学所蔵猪熊文書』（二）一七六〜三九七頁（福武書店、一九八三年）。
（9）『大乗院寺社雑事記』康正三年六月二十日条。
（10）『大乗院寺社雑事記』文明六年十一月十三日条、文明七年六月二十六日条。
（11）『大乗院寺社雑事記』文明九年十二月朔日条に「御定使虎松丸」と記される。
（12）『大乗院寺社雑事記』明応五年二月二日条。
（13）『大乗院寺社雑事記』明応八年二月八日条。
（14）『大乗院寺社雑事記』明応八年十月十四日条、十二月二十九日条。
（15）『大乗院寺社雑事記』文亀二年六月十八日条、八月二十二日条。
（16）『大乗院寺社雑事記』永正元年十月三日条、永正二年正月六日条、九月十八日条、永正三年閏十一月二日条。
（17）『大乗院寺社雑事記』長禄元年十一月二十八日、寛正四年九月二十八日、文明六年閏五月十九日、延徳三年十二月二十九日、文亀元年六月八日条。

(18) 寺門定使の補任状況については、『大乗院寺社雑事記』文明四年十二月十一日条参照。それぞれについて史料を例示すると次の通りである（日付だけの記載はいずれも『大乗院寺社雑事記』）。①友長　長禄四年七月十三日、十四日条、②国弘　康正三年七月八日、長禄二年十二月二十三日条、③武次　康正三年七月八日条、『経覚私要鈔』寛正五年十月八日条、④友清　長禄四年六月四日、文明四年十二月十一日条、⑤武友　寛正六年十二月三日、文明九年十二月十七日条、⑥武吉　文明四年十二月十一日、文明十四年十月十七日条、⑦清氏　文明十五年正月十二日、明応三年十二月三十日条、⑧春盛　文明十六年十一月七日、明応三年十一月九日条など。

(19) 『大乗院寺社雑事記』文明十六年十一月七日、明応三年十一月九日条。なお寺門両使については、『経尋記』大永三年十月五日条以下にも言及がみられる。

(20) 力者の職務については『大乗院寺社雑事記』康正三年七月二十八日、長禄三年六月一日、寛正三年正月十八日条など。力者が門跡に属して公人と呼ばれず、仕丁が寺家に属する公人であることは、稲葉伸道「中世の公人に関する一考察―寺院の公人を中心として―」（『史学雑誌』第八九編一〇号、一九八〇年、のち『中世寺院の権力構造』〈岩波書店、一九九七年〉所収）参照。

(21) 史料纂集『三箇院家抄』第一、八九頁。この交名の年代は詳らかでないが、正陣が力者一﨟となるこの長禄元年から以降、徳市が没する同三年以前のものであり、また文中の正陣の注記に見える文明四年ころまでの状況を付記している。

(22) 慶徳については『大乗院寺社雑事記』文明五年二月二十三日条など。仕丁が郷民の富裕層であったことは、河内将芳「戦国期奈良における郷民の諸相とその史的展開」（『史朋』二六号、一九九一年）参照。

(23) 『大乗院寺社雑事記』康正三年八月十日条。

(24) 『大乗院寺社雑事記』長禄三年十一月十日条。

(25) 『大乗院寺社雑事記』寛正二年十月十四日条。

(26) 佐藤圭『中世武士選書23朝倉孝景』（戎光祥出版、二〇一四年）一〇六頁。

(27) 『大乗院寺社雑事記』文明四年八月二十八日、九月八日、十九日、十月二日、十三日条。

(28) 前掲註(26)拙著二一七頁。

(29) 『大乗院寺社雑事記』文明十年十二月二十七日条。

(30)『大乗院寺社雑事記』文明十一年九月二日、同十二年十一月二十三日、同十四年十月十三日、同十五年十月十九日、同十七年十月十日、同十九年正月十九日、長享元年閏十一月八日、同二年十一月六日、延徳元年十一月二日、同三年十一月十四日、明応二年十一月十三日、同三年十一月九日、同十二月末、同四年十一月十三日、同六年十月二十日条。以下本文の叙述はこれらの記事による。

(31)『到来引付』に一紙文書で二枚挟み込まれている。同書文明十五年項。

(32)『大乗院寺社雑事記』文明十五年十二月三日条後付。

(33)『経尋記』は国立公文書館内閣文庫蔵、同館の写真帳による。

(34)『経尋記』大永六年四月七日条。

(35)広島大学文学部蔵「猪熊信男氏旧蔵大乗院記録」。これらの史料についてはすでに神田氏が言及しており、神田氏は後者を「永禄十一年出納日記」と呼んでいる。後者の記載の中の支出部分として「辰夏仕買物日記」と「仕日記」が見られる。神田氏前掲註(2)論文。

(36)松原信之「「河口庄勘定帳」解説」表1参照。松原信之『越前朝倉氏の研究』(三秀舎、二〇〇八年)五四八頁。

(37)『多聞院日記』元亀二年二月十七日条、『尋憲記』元亀二年五月十八日、十月十四日、十一月十八日、十二月六日条、『大日本史料』第一〇編之五、元亀元年是歳ならびに年末雑載、同書第一〇篇之七、元亀二年雑載所収。

(38)『尋憲記』元亀四年正月十九日条、『大日本史料』第一〇編之一〇、元亀三年十二月十五日項。

戦国期における地域秩序の形成と地方寺社

――近江国甲賀郡を事例に――

服部光真

はじめに

甲賀郡中惣は、中間層論、地域的一揆体制論、惣国一揆論などの主要なフィールドとして研究が蓄積されてきた。概ね一九七〇年代までは、社会経済史的な視角によって研究が進められ、山中氏ら甲賀郡中惣形成の主体を村落上層農民の成長したところの土豪・地侍層あるいは小領主などと捉えて、その性格が検討されてきたのに対し、一九八〇年代以降は、郡中惣やその構成員を取り巻く政治的諸関係が明らかにされ、地域権力の一つとして畿内の政治史や権力構造に位置づけられつつある。

とりわけ久留島典子氏が、山中氏を惣村上層と同一視して甲賀郡中惣を惣村の系列の上に置いてきた従来の研究を根本的に批判したことは、研究史の大きな転換点となった。久留島氏は、室町期の山中氏が在地領主として職を持ち国家公権に連なっているとして、甲賀郡中惣の形成は在地領主としての伝統的権威を背景とした惣村・百姓に対する領主的対応であったことを指摘した(1)。さらに、上級権力との関係を重視した石田晴男氏は、甲賀郡中惣など

「惣国一揆」を幕府御家人が中心になって土豪・百姓を糾合した一揆として戦国大名とともに「室町幕府・守護・国人体制」の中に位置づけ、[2]藤田達生氏も地域的一揆体制論を大枠で継承しつつも、畿内の諸勢力の軍事的、経済的基盤としての性格を指摘した。[3]

さらに近年には、山中氏をはじめとする甲賀郡の在地領主層の政治的位置や他権力との関係などについては、ますます精緻に明らかにされている。石田氏は、山中氏の「両惣領」というあり方や細川氏への被官化など、その領主的性格を多面的に明らかにしていたが、久留島氏は山中氏「両惣領」の二系統について詳細に考察し、複雑な一族関係とその盛衰を明らかにした。[4]そして戦国期小領主の代表例として分析されてきた山中氏は、山中氏の一系統、在地領主宇田氏の転落した姿であると結論づけている。尾下成敏氏は、新出文書を含む関係史料の検討により、戦国期の甲賀郡をめぐる政治史を明らかにし、郡中惣は「甲賀奉公衆」を核として、永禄年間後半に伊賀惣国一揆と相前後して成立したとしている。[5]長谷川裕子氏は、村落の利害を代表する土豪層が日常的に果たしていた領内の紛争解決や治安維持の機能をもとに、対外危機を契機に「惣国一揆」たる甲賀郡中惣が成立したとする見解を出していたが、[6]その対外危機の内実の考察を深め、平時には被官関係を多方面に結ぶことで中立地帯を作り、対織田戦に臨み他国奉公者、敵方を排除して新たに一揆を形成したとの指摘をしている。[7]

以上の諸研究により、幕府御家人などの在地領主層を主体として、対織田戦をめぐる甲賀郡の対外危機に際して甲賀郡中惣が成立したとして、幕府を中心とする畿内の政治構造の中に位置づけられつつあるといえよう。ただし郡内の各在地領主と諸勢力との多元的な関わりが明らかになる一方で、その多元性の中で、甲賀郡中惣の前提となる地域的な領主間連合の形成がいかに進められたのかは、かえってみえにくくなっている。畿内政治史の中での甲賀郡の「対外危機」に際して甲賀郡中惣という高度の政治組織が成立するとしても、「対外危機」の「外」に対する「内」は無前提に存在していたわけではない。一時に甲賀郡中惣が成立すると考えるのではなく、基盤となる地域秩序の新たな形成がその前提にあったとみるべきであろう。

本稿では、地方寺社に注目したい。地方寺社が地域社会史研究の重要な視点となることは、戦国期では宮島敬一氏の研究[8]などでも説かれるところである。それらを参照すると、地方寺社は個別の村を超えた地域の結集拠点であり、守護や戦国大名などの上部権力との回路にもなった存在である。地域社会の諸階層が矛盾を含みながらも関わり合った地方寺社こそが地域社会史研究の重要な視点となる。しかし、ピエール・スイリ氏が伊賀、伊勢小倭とともに甲賀郡中惣を事例に挙げて、「惣国一揆は宗教性が皆無であることが特徴」と述べているように[9]、甲賀郡中惣研究においては地方寺社の重要性は必ずしも自覚的に認識されてこなかった。近世史の藤田和敏氏は、近世甲賀郡について、中世荘園制的枠組みを継承した近世郷が地域構造の基盤、郷鎮守が紐帯であったと述べており[10]、そうした研究との接続も課題である。

本稿では、地方寺社をめぐる在地諸階層の関わり合いの中で、甲賀郡中惣に連なる地域秩序が成立してくる過程について、社会的背景、主体に留意しながら動態的把握をめざしたい。

一　十五世紀後半から十六世紀初頭の甲賀郡における地域構造の変化

十五世紀半ば以降、甲賀郡では戦乱が立て続けに起きている。応仁・文明の乱、長享・延徳の乱、永正期の細川澄元・将軍義稙らの甲賀郡への逃亡などである。いずれも中央政局の関わる大規模な戦乱であり、地域社会諸階層にも大きな影響を及ぼした。本章では、戦国期における地域秩序形成の前提として、十六世紀初頭までの戦乱の様相と、それへの在地領主層の対応を確認したい。

室町期の郡内在地領主層の政治的位置に関しては、石田晴男氏が、室町期における鈴鹿山警固役を勤める御家人の連帯性が戦国期の甲賀郡中惣の前提となると指摘している。[11]しかし、鈴鹿警護役を勤めていることが確認できる両山中氏、佐治氏、岩室氏、大野氏はいずれも伊勢海道（東海道）沿いに拠点を持つ在地領主であり、[12]郡内でも地域的には限られている。その他の在地領主の動向は不明で、十五世紀半ばまでに幕府御家人であったことを示す史料はなく、政治的な動向が知られるようになるのは応仁・文明の乱以降となる。したがって鈴鹿警護役を勤める幕府御家人という属性を後の甲賀郡中惣の領域としての「郡」の領主全体に拡大させて理解することはできず、その連帯は限定的なものであったと思われる。

守護との関係を確認すると、甲賀郡での使節遵行は基本的には六角氏が勤め、六角氏が当事者の場合は両使や京極氏が勤めたが、六角氏が当事者ではない場合にも京極氏が勤めている事例もあることは注目される。具体的には、長禄四年（一四六〇）に宇田大和守跡の飛鳥井家雑掌への打渡命令が京極持清と六角政尭の双方に命じられている例が確認できる。[13]また、応永三十一年（一四二四）には鈴鹿路山賊の糺明が「両佐々木」に命じられている例もある。[14]将軍伊勢参宮の饗応役は、草津（昼食）で六角氏、水口（宿泊）で京極氏が勤める慣例もあった。[15]甲賀郡では守護六角氏に収斂せず、京極氏も事実上その機能を補完する立場にあったようである。応仁・文明期には京極氏と甲賀郡内に拠点を持つ多喜氏や山中氏が融通無碍に通じていることは、[16]京極氏が甲賀郡において一定の基盤を有していたことが前提となるだろう。所領関係でも、永享三年（一四三一）、六角満綱が文和四年（一三五五）に「甲賀一郡拝領」したと称して幕府御家人領を押領しているが、基本的には甲賀郡は六角氏にとって「他人領知繁多」の地であった。[17]柏木御厨本郷は鹿苑院領、同山村郷は摂津氏領、酒人郷は西芳寺領、宇治河原保は伊勢神宮領、蔵田荘地頭職は楢葉氏などと確認でき[18]、山門領の他に五山、京極氏、幕府上級御家人領など幕府を背景とする在京領主の所領が多くあった。六角氏に限ることなく多様な上級権力と結びつく道が開かれていたといえる。在地領主層の荘園所職については、これら在京領主が有する領主職のもとでの荘官職、名主職が中心で、荘園領有関係からすると「地下人」にすぎなかったという点はすでに久留島氏が指摘しているとおりである[19]。

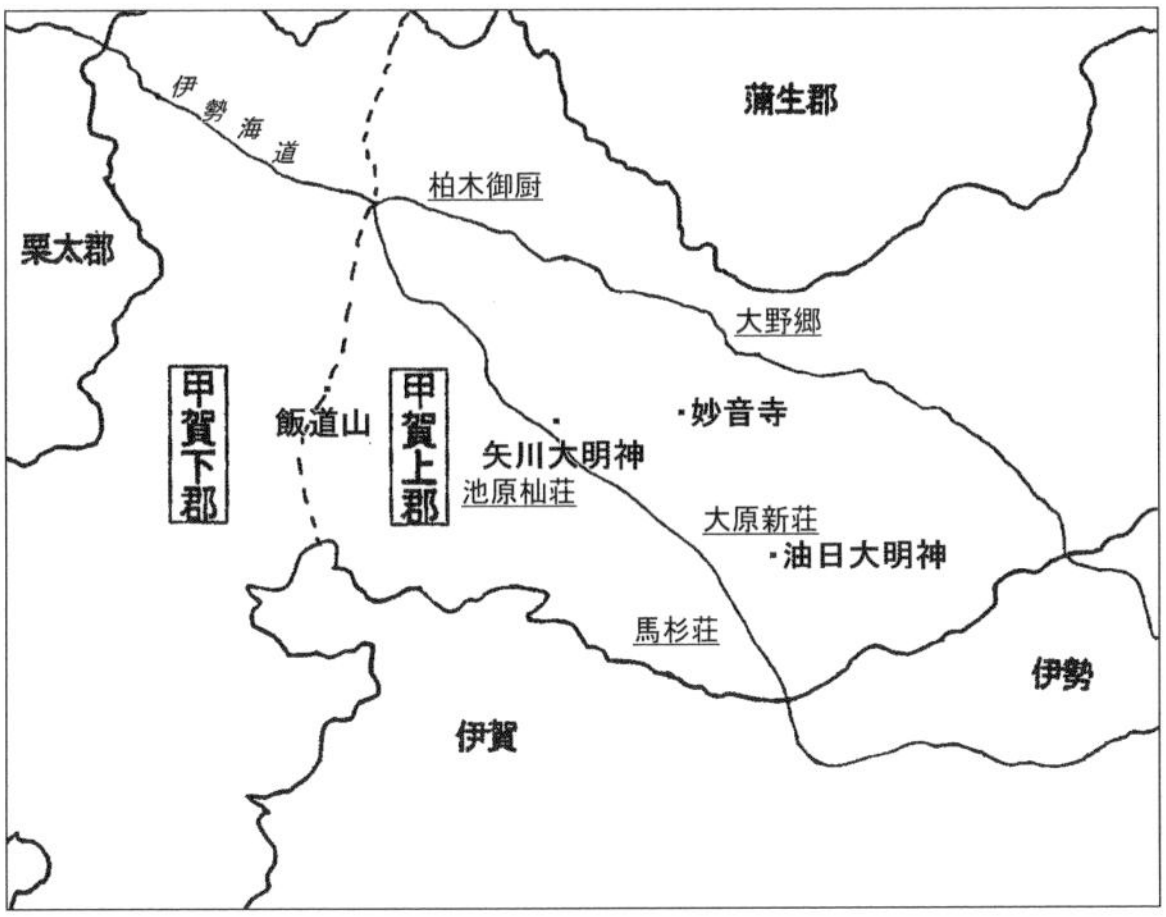

図　甲賀郡関係地図

このような甲賀郡の在地領主をめぐる状況は応仁・文明の乱以降の戦乱で大きく変化していく。

まず、応仁・文明の乱である。近江においては六角政尭・京極持清の東軍と六角高頼の西軍の対立があり、文明十年（一四七八）に六角高頼が幕府と講和している。室町期に鈴鹿山警護役の御家人であった山中氏、佐治氏が西軍方六角氏のもとで軍事行動しているほか、望月氏、多喜氏、黒川氏、三雲氏などこれ以前の動向が史料上判然としない領主層も、六角氏や京極氏のもとで軍事行動をとり、知行宛行をうけるなどしている[20]。郡内の中小領主層がおしなべて上級権力により把握され始めている。

次に、長享・延徳の乱といわれる、守護六角高頼・被官層による寺社本所領・幕府奉公衆領違乱押領を原因とする将軍足利義尚、義材による六角氏征伐では、両度とも六角高頼が甲賀郡へ逃亡したため戦場になった。延徳三年（一四九一）十月、六角高頼の伊賀逃亡後も郡内に被官がいたといい、「少々手者甲賀郡ニ有レ之歟、於二此郡一者悉以可レ被レ成二焦土一」[21]ともいわれる状況となった。

そして、永正四年（一五〇七）、同五年には細川澄元、同十年には足利義尹が甲賀郡に出奔している。これに関わってか、同六年に甲賀郡内岩根の「牢人出陣」との風聞があり[22]、同十年には細川高国・尹賢が甲賀山中に出陣し放火している[23]。同七年には細川高国が甲賀に足利義澄を攻めたという後世の記録もある[24]。

立て続けに中央政局の関わる大規模な戦乱に、甲賀郡の在地領主層はいかに対応したのであろうか。まず確認すべきは、後世の由緒書等でいわれるように、一致して六角氏側についているわけではないことである。このことは、戦国末期のように対外危機があれば必然的に地域が結集するというような状況にはなっていなかったことを意味する。

また、上級権力への個別被官関係の形成が進行したことも特徴的である。二次にわたった六角氏征伐の原因は、守護六角高頼・被官層による寺社本所領・幕府奉公衆領違乱押領であったといわれる。六角氏のもとでの郡外所領所職の獲得を目的として、甲賀郡の在地領主層の六角氏への被官化もこの時期に拡大した。例えば、文明十三年（一四八一）には、小槻家領滋賀郡苗鹿村を甲賀住人伴太郎左衛門尉が押領したことが、小槻家の代官白子貞宗により報告されている[25]。白子の認識では、「近日、当国西近江辺人々知行、守護佐々木被官人等打入押二取之一、其等類歟」というものであり、甲賀住人伴太郎左衛門尉は六角氏被官として捉えられていたようである。同十八年には、薬師寺領蒲生郡豊浦荘を代官の多喜帯刀が押領している[26]。多喜氏は甲賀郡多喜を本拠地とする領主である。多喜帯刀は、前年の十七年は興福寺北戒壇院と大乗院との双方に十貫ずつ納めたが、この年は北戒壇院のみに二十貫を納めた。これに対し大乗院尋尊は「所詮北戒壇院ト同心而、此方ヘハ一向無音也」と批判し、多喜に替えて斎藤利国を代官とし、大乗院に千二百貫を納めることで契約した。この背景には、薬師寺別当をめぐる北戒壇院と大乗院との対立[27]や、六角高頼と斎藤利国の対立があったのであろう。多喜は、義尚没後の延徳元年（一四八九）には守護代伊庭の意向で代官に再任されていることから、文明十七年の段階でも多喜は六角氏被官の立場にあったと考えられる。

いずれも甲賀郡の領主層が六角氏被官化により郡外に進出している事例である。甲賀郡内では、一族同名や近隣在地領主との間で所領が一筆単位で錯綜しており[28]、所領を大きく広げることは困難だったのであろう。多喜氏が守護代伊庭氏の意向で代官職に任じられたように、六角氏への被官化は郡外における所領所職の獲得を目的としてこの時期に顕著に拡大していたと考えられる[29]。

永正四年の細川澄元の甲賀郡への逃亡に関わっては、石田晴男氏らが注目したとおり、山中氏が細川氏のもとで摂津国闕郡守護代を勤めるなど被官関係形成に伴い郡外にも進出した[30]。永正十年の足利義尹の出奔では、義尹が甲賀を発つ際に「甲賀奉公衆[31]」が供奉したという。具体的には不明ながら、郡内の領主層を「奉公衆」として再編成する契機となったのであろう。

そして、同じ一族内でも庶子は所領給付・軍事行動の面で上級権力より個別的に把握され、庶子の自立化・個別被官化が進行した。例えば望月氏に関しては、六角行高（高頼）より望月弥次郎と越中守とがそれぞれ文書発給を受けている[32]。六角氏は、望月弥次郎に詳細を報じた上で、越中守に宛てた書状では「弥次郎かたへ以二永田右京亮一申遣候、此段被レ加二意見一、無二仔細一去渡候者、可二悦入一候」として、弥次郎へ意見して蒲生郡麻生荘が問題なく伊勢氏へ去り渡されるように依頼している。惣領弥次郎、越中守のそれぞれが六角氏と結びついているのである。黒川氏でも、蒲生郡馬淵郷を知行する修理亮系統と、神崎郡山前南荘を知行する兵庫助・次右衛門系統の二系統がこの時期に確認できる。[33] 岩室氏は、室町期に鈴鹿山警護役を勤めた御家人であったが、長享の第一次六角征伐の際、六角高頼は「岩室雑説」つまり岩室氏が離反することを警戒し、山中橘六に岩室氏の一家中、大野氏と申し合わせてともに用心するように指示している。[34] 岩室氏は惣領と一家中で、一族内部で分裂しているようである。

以上の動向からは、応仁・文明の乱以降、甲賀郡内の在地領主層は畿内近国を直接の基盤とする幕府や守護により軍事力として把握され始めて被官関係を形成し、上級権力に多元的に結びつくことにより郡外に所領拡大したことが判明する。応仁・文明の乱以降の幕府・守護権力の後退が領主間連合化を推進したと考えられてきたが、私的な主従関係に限ってみた場合、上級権力による把握はむしろ深化しているのであり、郡内の在地領主層はそれぞれの政治的諸関係に規定されて分裂したのである。甲賀郡の対外危機ともいえるこの事態に、地域防衛のために大規模一揆を形成することにより対処しうる段階ではなかった。むしろ、在地領主層と上級権力との被官関係拡大により中央政局に関わる戦乱が持ち込まれ、深刻な分裂状況となったことがこの時期の地域社会の課題であった。

村落が政治権力により公認されるまで力量を高めてきたこともこの時期の特徴的な動向であった。甲賀郡では、延徳元年（一四八九）「岩根三郷沙汰人御中」宛六角氏奉行人奉書[35]を初見として名主・沙汰人宛文書が発給されている。また、大永六年（一五二六）には「頓宮郷青土村」によって加茂神社拝殿が造営されている。[36] 十六世紀半ばには、佐治氏領内での村落の結合強化・自立化によって同名中支配が動揺し始めることも久留島氏により指摘されている。[37] 甲賀郡では村落結合は未熟とされてきたが、十五世紀後半から十六世紀初頭には村落も再編を遂げる大きな画期を迎え、自律性ある集団として成長しており、それへの対応としての百姓支配、および村落を含む地域秩序の形成も在地領主層の課題であったといえる。

二　同名中惣の端緒的形成

こうした状況への対応として、在地領主層は、まず一族の再結集を図るべく同名中惣を結成した。宮島敬一氏、久留島典子氏らの研究によれば、応仁・文明の乱による幕府などの裁定権力の後退に対処するため、惣庶間の並列的・契約的な同族関係として同名中惣が形成されたという(38)。両氏をはじめ従来の研究では、延徳四年（一四九二）に山中同名の承認により惣領の地位を決定しているのを同名中惣の実態としての初見例とし、主に永禄十三年（一五七〇）「大原同名中惣与掟写」の分析により、戦闘集団、在地法秩序の機構、身分的特権集団がその機能であったとされている。

しかし、その形成に関しては、石田晴男氏により、「同名中」の史料上の初見は弘治三年（一五五七）であることから、天文十八年（一五四九）の山中氏の摂津国闕郡支配権喪失という政治的な事情を契機に同名中惣が形成されたとする異論も出されている(39)。

従来の同名中惣研究の分析対象であった「大原同名中惣与掟写」は戦時における百姓の軍事動員などの規定も盛り込む同名中惣の到達点ともいえる内容を含むが、形成期の同名中の実態については他の史料によって確認する必要がある。

次に掲げる史料は、永正六年（一五〇九）に甲賀郡内佐治郷の妙音寺住持・年預・同名衆・門中衆が制定した寺院法の写しである。

史料一　妙音寺式条(40)

佐治郷笠間山妙音寺式条

一凡門徒者、守二先徳之清規一而可レ住二戒定恵之三学一之事、【1】

一凡檀孫者、専二上古之礼儀一而可レ敬二仏法僧之三宝一之事、【2】

一三時勤行者、且為二天下泰平紹隆正法一、且為二師檀後生菩提一、不レ可レ怠之事、【3】

一為二住持一者、或挟二兵具一、或学二俗礼一、堅令二停止一之事、【4】

一在寺之僧、白衣而不レ可レ出二入在家一之事、【5】

一勤行法事之時、高声以二世俗雑談一、不レ可レ妨之事、【6】

一寺家小破之時、且加二修理一、不レ可レ及二大破一之事、【7】

一校割之物、毎年新添可レ有レ之、若於二破了失却一者、可二弁償一之事、【8】

一臨時造作、雖レ為二何大工一、便宜次第可レ使レ之、但於二撃槌祝料一者、可レ限二本大工一之事、【9】

一於二夜陰一、無二指用一女人不レ可レ出二入寺中一、若有二大用一者、非二制法之限一之事、【10】

一於二当寺一、沙弥・行者之外、朝夕不レ可レ召二使女人一之事、【11】

一家具家財門外不出、但於二大用一者、非二制之限一之事、【12】

一魚肉之類、不レ可レ入二寺中一之事、【13】

一檀方之客人募レ費、寺家幷他家之公事不レ可レ借レ寺之事、【14】

一就二檀方之公事一、茶炭之外不レ可レ費二寺家一之事、【15】

一就二寺家之儀一評議之時、聊構二私曲一、不レ可レ作二親疎偏頗一之事、【16】

一督二諸事之参会一、定二時刻一之後、不レ可二遅参一、若二他行人一者、可レ有二其左右一之事、【17】

一於二当寺一闘諍口論堅令二停止一、縦雖二冤敵一、可レ有二堪忍一之事、【18】
一於二当寺一中間小者等、諸事狼藉禁遏之事、【19】
一於二当寺一諸篇勝負幷局上之遊、堅令二停止一之事、【20】
一於二当寺一武具之細工幷弓鞠之芸、禁制之事、【21】
一漁具猟具不レ可レ入二寺中一、幷殺生禁制事、【22】
一年中諸下行幷諸年忌可レ有之事、【23】
一無二指修造一之年者、可レ置二余米一之事、【24】
一或買二校割物一、或於二造作一、諸下行等高直立二算用一、不レ可レ引二失寺物一之事、【25】
一当寺竹木莫レ出二門外一、浪二伐竹木一者、可レ出二過料一之事、【26】
一当寺年貢不レ可レ有二未進懈怠一、但於二少分一者、如レ法早速可レ致二沙汰一之事、【27】
一年貢過分難渋之時、自二請人方一可レ弁‐償レ之、若不レ然者、可レ召二放彼作一之事、【28】
一百姓等拘置仏陀之田地、年貢米多二粃糠一者、甚以無道也、若如レ斯則淘調而可レ納之事、【29】
一作半之地不レ可レ作二苗代一、若作二苗代一、可レ納二本斗年貢一之事、【30】
一諸檀方浪莫レ借二寺物一、縦檀方皆雖レ為二同心一、不レ可レ借之事、【31】
一為二先祖冥福並自身逆修一、各以二奉加一可レ載二祠堂名帳一之事、【32】
一祠堂料毎年執行不レ可レ怠之事、【33】
一若於二寺物難渋一者、不レ構二親疎一、当年預堅可二催促一之事、【34】
一就二寺家之儀一、年預一代可レ窮二沙汰一、若不レ然者、雖レ及二次年預一、猶先年預可二存知一之事、【35】

一諸事談合議定之後、不レ論二是非一不レ可レ翻之事、【36】

一設有二一人一而雖レ構二異儀一、師檀同心不レ可二承引一、又設有二悪行之人一、不レ可二見隠聞隠一之事、【37】

一毎年一度年預差定可レ有之事、【38】

一下人等、寺方要用之時、不レ論二遠近一、不レ分二昼夜一、可レ仕之事、【39】

一問答諍論之時、雖レ引二先例一、不レ可レ承二引無道之例一之事、【40】

一雖レ不レ載二条目之中一、不レ可レ動二道之外一之事、【41】

右四十一箇条所定如件、

観音大士鎮守新宮　俯垂照鑑

時永正六年己巳十二月十三日　住持比丘

記焉

年預左衛門尉為延在判

年預左京亮為定　在判

年預図書権助為政在判

年預右兵衛尉為豊在判

同名衆各　在判

門中衆　在判

妙音寺は延徳二年（一四九〇）に佐治越前守高為によって創建されたと伝わる。(41) 妙音寺が所在する佐治郷は佐治氏の拠点である。署判者のうち、為延は「佐治系図」に確認でき、(42) また佐治氏は「為」を通字としていることから、為延以下の年預は佐治氏の一族と推定される。

各条目の内容を検討すると、まず最も多いのが寺内生活の禁止事項についてである。寺僧が白衣にて在家に出入りすることの禁止（第五条）、女人の寺中立ち入りおよび寺僧との接触を制限する規定（第一〇、一一条）、家具家財の持出禁止（第一二条）、魚肉の持込禁止（第一三条）、喧嘩の停止（第一八条）、中間小者の狼藉禁止（第一九条）、勝負や「局上之遊」禁止（第二〇条）、武具細工と弓鞠の禁止（第二一条）、漁具猟具の持込禁止と殺生禁断（第二二条）、竹木伐採の禁止（第二六条）のごとくである。

このうち、第五条の寺僧の在家への出入りの制限は、裏返せば実態としては寺僧が在家に行き来することが一般的にあったという状況が窺えよう。寺僧と世俗在地社会との関わりは深かったことが推測され、寺僧の出自、供給源が奈辺にあったかも想像できる。

同様に第九条からは寺に従属する大工の存在、第一〇条からは在家俗人の寺への出入り、第一一条からは沙弥が寺に住することもあったという状況が実態としては想定できる。いずれも在地の世俗社会と密接な関わりを有していたことを示唆している。

次に、寺家の運営に関わる条目を検討すると、寺家の「評議」（第一六条）、「諸事の参会」（第一七条）、「諸事談合」（第三六条）などの合議が行われていたこと、一年に一度年預が選ばれて（第三八条）、年預が「寺家之儀」を沙汰（第三五条）していたことが分かる。この年預はこの史料の署判にもあるとおり佐治氏一族がなっていたことが推定される。諸事談合の議定に異議を構えるものがあれば「師檀同心」して承引してはいけないとの規定もあり（第三七条）、年預（佐治氏一族）を中心とする檀那と住持によって寺家が運営されていたと考えられる。

寺の収取と財政については、下行（第二三条）、修理と造作（第七、九、二四、二五条）、校割（第八、二五条）、檀方への借物（第三一条）、寺領年貢（第二七～三〇条）、祠堂帳（第三二、三三条）などについての取り決めがある。

ここでは第二七～三〇条の、年貢を納めるべき百姓への規定が注目される。寺領は「仏陀之田地」（第二九条）と位置づけられて年貢賦課された。年貢の未進に対してはこれに先立つ慣例（「法」）が存在し（第二七条）、追放刑（第二八条）などにより強制力を伴って年貢収取が行われていたことが窺える。

その点で第三四条に「若於㆓寺物難渋㆒者、不㆑構㆓親疎㆒、当年預堅可㆓催促㆒之事」とあるのは重要である。「寺物難渋」（年貢未進も含むか）の際には年預、つまり佐治氏が催促するとされているのである。

また、先祖供養や逆修供養を行っていたことも分かる（第二三、三二、三三条）。これにより妙音寺は佐治氏の一族結合の紐帯となっていたのであろう。

ここまでの分析をまとめると、「住持」「在寺之僧」と「沙弥」「檀方」は同じ佐治氏の一族で、それぞれ在寺の「門中衆」と在俗の「同名衆」を構成し、「年預」を中心とする合議により妙音寺が運営されていたということになる。

妙音寺の存在は佐治氏一族の紐帯となると同時に、佐治氏の世俗の在地支配の場にも作用した。佐治氏は「仏陀之田地」「寺物」として寺領の「百姓」「下人」を一族共同で支配したのである。これは、庶子の自立化による一族の分裂への対処として、菩提寺を紐帯として一族・同名衆が結集し、合議機関を成立させているのであり、このような一族結合は同名中惣形成の端緒と評価できる。

そして、この菩提寺の寺領から百姓統制が始まっている点は注目される。佐治氏領内では天文期に村落が同名中支配を動揺させている状況が久留島典子氏によって指摘されている[43]が、そうした村落や百姓の成長に対処する領主的結集でもあった。

山中氏の事例を参照すると、阿部浩一氏によれば、天文八年（一五三九）の段階で山中氏と伴氏は檀那・年預として評定衆とともに菩提寺の玉田寺を運営していたという。(44) 山中氏は玉田寺の寺領を掌握、玉田寺を通じて領主的な出挙を行っていたことも指摘されている。このような、百姓統制を目的とした、菩提寺を紐帯とする一族・同名衆の結集、合議機関の成立は、同名中惣の原初的なあり方であったといえよう。

菩提寺の共同運営による一族の結集・再編と並行して、荘園鎮守とその別当寺である天台寺院、村落の祈禱寺院への在地領主層による寄進・奉加が十五世紀後半から十六世紀初頭にかけて集中している。その例を列挙すれば、文正元年（一四六六）の多喜土佐・沙弥源珍による池田檜尾神社石段寄進、(45) 文明二年（一四七〇）の佐治為氏による小佐治郷佐治大明神の社殿造営、(46) 延徳元年（一四八九）の内貴孝則による内貴総社神社の社殿造営、(47) 大永元年（一五二一）の常住坊秀慶・上野三兵衛・伴兵衛尉兼隆・太兵衛丞鞆重・助三郎広義・七郎左衛門資定・祝井資秀・鉄次郎朗兼による大原河合社の拝殿造営、(48) 同二年の伊家多（池田）重治による池田金竜寺への灯料米寄進、(49) 同五年の多喜弥六による池田檜尾神社への社領寄進、(50) 同七年の池田新次郎・滝七郎左衛門による檜尾神社社殿上葺の(51)ごとくである。典拠とした史料集が古いものがあり、個別的には再検討の必要な事例もあるかもしれないが、おおかたの傾向はつかむことができよう。

このうち、小佐治の佐治大明神、内貴の総社神社、大原の河合社、池田の檜尾神社は、それぞれ近世には各村の鎮守であり、おそらくはそうした性格は中世にも遡ると思われる。また池田金竜寺については、池田重治の寄進した料米の用途として「毎年正月十四日御行之夜四十八灯」とあり、村落を主体とする修正会の民俗行事「オコナイ」がすでに始まっていることが確認される。

こうした事例からは、在地領主層が村鎮守や祈禱寺院を介して村落への影響力を強めていることが確認できよう。

三　油日大明神の「郡鎮守」化と地域秩序の形成

甲賀郡の在地領主層が一族を超えて結集する際には、より高次の中立性、公共性が必要となる。地方寺社の場合、先に見た妙音寺のような氏寺や、檜尾神社、大原河合社、佐治神社などのような個別荘園・村落の鎮守ではなく、没派閥的に地域全体の安穏を保障するべき寺社の存在が求められる。結論からいえば、甲賀郡の場合、まさに戦国期に郡鎮守が再発見されその由緒が創出されていく。その際、「郡」という地域が歴史的に設定され、在地領主層が主導的に地域を形成していく過程に注目したい。

十五世紀末から十六世紀初頭にかけて、郡内の有力寺社である油日大明神（油日神社）において社殿造営や什物の整備が集中的に行われた。油日大明神は、藤田和敏氏の研究によって、大原新荘（上野郷・大原郷・岩室郷・佐治谷）鎮守で、上野同名中が運営に関与していたことが知られる。[52] この時期における造営、什物の整備を挙げると、明応二年（一四九三）の本殿上棟、同四年の社殿造営、永正七年（一五一〇）の境内社白鬚大明神の修覆、大永五年（一五二五）の大般若経全部の修覆、同年の社僧祐旭による神輿修理などである。[53] 明応四年の社殿造営には、大原荘のみではなく、甲賀郡内の広範囲の領主層が奉行や奉加者として関わっており、『甲賀郡志』によれば社僧の祐旭も在地領主多喜氏の一族であるという。これらを主導したのは、郡内の在地領主層であろう。

次の史料は、祐旭による大永五年「社僧祐旭神輿修理勧進状」である。

史料二　社僧祐旭神輿修理勧進状

勧進沙門敬白

請下殊蒙二十方檀那御□成一奉中修理上江州甲賀郡油日大明神祭祀神輿之状

去以二鷲鷲峯霞一、而二千余［　］、止レ韻阻二龍華雲一兮、五十六億逸多法雨未レ灑矣、生三二仏中間一、失二四生依怙一、苦海浪高、去船師県野路□無導王不如、仰二蒼天一、崇二天神一、伏二黄地一、敬二地祇一、夫吾朝神国也、神天地根本万物霊性、爰油日大明神者、用明天皇王子聖徳太子守屋退治時、負二鏑矢一乗二白馬一人来、太子献二鏑矢一手一、依二問答一□□、是自天神七代之始、守二弓箭一神云云、治二彼逆臣一、依二当社擁護一、因レ茲太子［　］崇敬霊神也、又伝教大師、為二叡山中堂建立一、入二彼杣山一、滝水下有二大蛇一［　］、馬入来、以二鏑矢一、射三落大蛇尾一、寔神徳非レ一、霊験千差可レ敬可レ貴、是以運歩道俗雲集繁二於雨一、傾首敬信風儀盛二於市一、次祭祀者、左伝曰、神不レ享非レ礼、民不レ祭非レ族□、大般若経云、或復示現設二大祠祀一、因レ此化道令レ入二正道説一、神者依二人之敬一増□、人者依二神之徳一保レ運、加二神社修理一、息災延命之秘術、専二恒例祭祀一、寿福長久之洪基、仍神輿者宝蓋法天々名、円蓋玉台法地々称、方輿神居二中心一、奉レ号二一陰一陽一、神明鳳鳥天下泰平之現瑞、□鳥大慶将来之嘉祥、張二錦繡一含二経緯二儀一、懸二□鏡一標二法報応三身一、神輿頂戴輩招二福徳於一□間一、神行拝見類攘二災難於千里外一、抑当社雲捧二紅鏡一、且風磨二金波一、夕一天挑二両灯一故、奉レ号二油日明神一也、本地如意輪観自在尊、垂迹日本無双勝軍［　］也、彼抜苦与楽施二化道一、此怨敵退散顕二神威一、爰神輿年々祭祀朽損、威礼奠陵夷、玉扉破風金殿穢塵、敬興二修造一者、武運長久、揚二弓箭嘉名於雲間一、謹致二施入一人、振二兵革称誉於日下一、同二武帝・高祖一、等二焚会・張良一、然則奉レ書二写八軸妙典紺紙金泥一、致レ勧三発一字一銭奉□（加）一、令レ成三就一字千金願望一、法花是三世諸仏出世本懐、一切衆生即身成仏、経王別而為二明神法楽一、惣而為二施主丹祈一也、故郡内弥繁栄、邑老村童奢二福徳一、国家倍静謐、百姓万民遊二有道一、兼又富貴不レ惜二金銀数玉一、貧眇族不レ恥二一紙半銭一、欲レ預二奉加一者也、若爾現世安穏之室内満二攘災招福之素願一、後生善処之床上感二観音来迎之紫台一、仍粗勧進之状如レ件、

大永五年九□□日　　沙門祐旭敬白

この史料では、神社修理・神事興行が息災延命・寿福長久につながるとする主張や大般若経の引用がみられ、この神輿修理は先の一連の社殿造営、大般若経修理と連動するものであったと考えられる。ここで注目すべきは、天文十四年（一五四五）成立の「江州甲賀郡油日大明神縁起」にある聖徳太子伝の内容がすでにみられ、さらに神輿修理の願意として「郡内弥繁栄」が述べられている点である。本来、油日大明神は大原新荘の鎮守であり、鎌倉期には「庄内安穏」が祈願されていた(54)。正安元年（一二九九）には「昔上下郡之鎮守」「今当庄四郷之惣社」とされている(55)。しかし、大永五年の神輿勧進状を初見として、油日大明神は郡内の安穏・繁栄を保障すべき存在として認識されるのである。

こうした認識は、時代は下るが、後年の油日神社旧蔵梵鐘銘においても窺うことができる。例えば、元亀三年（一五七二）、上野富田氏らが油日大明神を「甲賀惣社」と位置づけ、「郡内安穏、干戈大定」を聖徳太子に祈願して梵鐘を奉納している(56)。十六世紀初頭の再編を契機として、大原新荘の荘園鎮守であった油日大明神は、中世には軍神として信仰された聖徳太子を祀る郡鎮守、郡内の安穏を保障する存在として認識されているのである。すなわち、荘園鎮守油日大明神は、その濫觴を語る縁起の原型が作られることにより「昔上下郡之鎮守」という地位が喚び起こされ、戦国期には軍神として郡内の安穏を保障する郡鎮守と認識されるに至ったものと考えられる。

実際に、明応四年の社殿造営棟札にみられる奉加者の地域的分布は、大原新荘を超えており、油日大明神が杣川流域を中心に甲賀郡のより広域の範囲を捉えていることが確認できる。しかも、多くの村落を含みこんでいる点も注目される。この明応四年棟札については宮島敬一氏の分析があり、神社造営という公の場における、土豪・地侍層による権威誇示による序列化と、諸身分参加による一体感の演出が図られているとしている(57)。

天文十四年（一五四五）成立「江州甲賀郡油日大明神縁起」(58)では、こうした方向性をさらに展開している。松本真輔氏によれば、この縁起の特徴として、『聖徳太子伝暦』ではなく中世太子伝の明瞭な影響がみられ、武人としての太子への信仰が認められるという(59)。聖徳太子伝をひいて油日大明神の由緒を語っているのは先の大永五年「社僧祐旭神輿修理勧進状」と同様であるとはいえ、注目すべきは油日大明神の本地仏として摩利支天が新たに付け加えられていることである。摩利支天もまた戦の神として中世に信仰されており、こうした改変からは軍神としての性格を強く主張する明確な意思を読み取ることができる。

山下立氏による油日神社所蔵の懸仏の調査報告によれば、摩利支天を尊像とするのは元禄三年（一六九〇）銘のもの一点のみである(60)。室町期の懸仏に摩利支天がみられないことから、油日大明神の本地仏に摩利支天が加わったのはそれほど遡らない時期であろう。「江州甲賀郡油日大明神縁起」が成立した中世末期のこの時期であった蓋然性は高い。

さらに、この縁起の中には、馬杉荘に関わる馬杉、火尾（檜尾）、池原杣荘に関わる池原杣、矢川など郡内の有力寺社名、地名の由来が組み込まれている。これらを油日大明神縁起の世界の中に位置づけることで、大原荘を超える地域との深いつながりが主張されるとともに、その地域の中核に油日大明神が位置することを明確にしている。内容の一部、最澄の大蛇退治のくだりは、同時期、天文八年（一五三九）成立の「池原杣庄延暦寺縁起」にも共有されており(61)、郡内有力寺社を結んで一つの地域が設定されているのである。

以上の動向をまとめると、油日大明神の社殿造営事業、郡鎮守化、軍神としての縁起の成立が連動し、上野氏ら在地領主層の主導によって油日大明神が保障すべき平和領域として村落や郡内有力寺社を含みこむ地域秩序の形成が意図されたとみることができるのである。背景には、先に確認したように、在地領主と上級権力との被官関係強化、およびそれに伴う度重なる戦乱、そして村落の擡頭といった歴史的な諸課題を踏まえた在地領主層の結合強化があったと思う。

ただし、こうした動きは地域社会内部に完結するものではなかったという点には注意を要する。この時期の油日大明神興行の勧進に六角氏も関与しているのである。

史料三　金剛輪寺下倉米銭下用帳（抄出）(62)

（明応四年十一月）
五升□日　甲賀油日勧進聖郡小使上下五人来時、飯米
五升　同酒直
一斗同日　同日逗留候て、六角殿より被二仰出一候とて過分申候間、先帰る

断片的な状況を示すにすぎないが、明応四年（一四九五）十一月、愛智郡の金剛輪寺に「郡小使」が油日勧進聖とともに来訪していることが判明する。「郡小使」は六角氏の行政官と考えられる(63)。郡外にも勧進が展開しており、その際に六角氏が関与していたらしい。この勧進聖は時期的にはあるいは祐旭その人であった可能性もあるが、勧進聖と六角氏の関係者が行動を共にしている意味は大きい。祐旭は上野氏を出自とするというから、上野氏と六角氏との間に被官関係など政治的な関係があったのかもしれない。

さらに、六角氏と油日大明神との関係は、一時的な勧進の局面に限らない。永正年間頃には六角高頼が小倉孫九郎に「油日神事銭五百疋」到来に礼を述べている(64)。神事銭の確保を六角高頼が担っているのである。小倉氏は愛智郡を拠点とした六角氏配下の領主である。神事銭が恒常的なものであったのか、臨時的な大祭に関わるものであったのか判然としないが、先の勧進の際の郡小使の関与と合わせて考えるならば、油日大明神の興行は六角氏の領国支配に構造的に組み込まれ、その枠組みの下で他郡にも及んでいたものとみることができよう。

第一章で触れたように、永正年間までの甲賀郡はなお断続的な大規模戦乱のさなかであり、郡内領主層の政治的動向は決して六角氏権力に収斂するものではなかった。油日神社に残された棟札や記録などには守護六角氏の影は認められず、一連の事業の主体性は郡内の在地領主層にあったと考えられる。しかし実際には六角氏の後援があったことは明白であり、そのことの意味は大きい。地域社会の政治的分裂状況の渦中にあって、六角氏に連なる在地領主層としては油日大明神を核とする地域的結集によって政治的基盤を創出する必要性があったのだろう。一方、六角氏側も、形成された地域の秩序に依拠する意図があったものと思われる。一連の油日大明神の興行は単純な地域社会の自律的形成ではなく、六角氏に与同する政治的立場からの、畿内の政治権力とも密接不可分の動きであった。実情は、六角氏の後援を受けた特定の立場にある在地領主層による観念的な平和領域の創出だったのである。

それでも、観念的とはいえ没派閥的な「郡」地域を覆う秩序を正当化する地域規範として宗教秩序が形成された意味は大きい。十六世紀前半以降、甲賀郡内の近隣裁定の事例が増加している。宮島敬一氏はこれを在地法秩序の形成と評価した(65)。それによれば、近隣裁定に際しては、裁定者から相論の当事者に対して起請文形式の裁定状（異見状、判状）が出された。裁定の対象は村落間相論も含んでいたが、裁定する近隣領主は「郡(66)」などと認識されていた。この時期に作成された起請文には「別而当郡飯道寺権現・杣三社大明神・油日大明神(67)」などという表現が登場しており、こうした在地法秩序の正当性を支えるのは、在地領主層主導により歴史的、価値選択的に創出された郡鎮守を中核とする宗教的秩序であったといえよう。これら在地領主層による近隣裁定は、創出された宗教的秩序と結びつけられることで正当性が裏づけられていたのである。前川祐一郎氏が指摘しているように、在地領主層による紛争裁定は、村落の武力行使の統制を志向していた(68)。創出された地域秩序はあくまでも在地領主主導であり、村落は紛争裁定の対象としてその地域秩序の枠組みの中に位置づけられるのである。宗教的秩序と結びつき正当化された村落統制が本質であった点に注意する必要がある。

甲賀郡中惣も、こうした宗教的秩序と無関係ではなかった。甲賀郡中惣は、紛争裁定に関わる「郡中掟(69)」、「郡中之法度(70)」を持つ、より明確な政治的組織で、これまで述べてきた地域秩序とは明確に異なる段階にある。そして、そのような段階に展開する契機となったのは、先行研究でもいわれているように、永禄末年からの対織田戦に関わる対外危機が直接契機であったと考えられる。しかし、先述の地域秩序にみられた郡内安穏を保障する宗教性は甲賀郡中惣にも継承されているようである。

元亀三年（一五七二）上野同名中などが「江州甲賀惣社」たる油日大明神に梵鐘を寄進していることは先に触れたが、その願意は、「聖徳太子号曰日本無双勝軍神給」という由緒に恃んだ「惣郡内安穏、干戈大定」であった。黒田智氏も指摘するように、織田氏に対する甲賀郡中惣の戦勝祈願の意味があっただろう(71)。対織田戦の降伏後だが、天正十四年（一五八六）には、「甲賀中惣」として油日神社に田地を寄進している(72)。

有力寺社が甲賀郡中惣の政治的な動向にどのような影響を及ぼしたかは不明ながら、甲賀郡中惣の参会が行われたのが、矢川神社や、飯道神社の里宮があったと考えられる「針」などの郡規模の有力寺社であった点(73)は注意される。この点、甲賀従属後の織田の対応も示唆的である。天正九年（一五八一）、織田信長は伊賀惣国一揆を平定させた後、伊賀への見物の途中に甲賀郡に立ち寄り宿泊した際、飯道山より国見をしたという(74)。これは一種の示威行動であろう。同年、元亀三年に上野同名中などが戦勝祈願のために油日大明神に寄進した梵鐘は、織田信長により尾張熱田誓願尼寺に寄進されている。これについて、黒田氏は、甲賀郡中惣への制裁と、目前に控えた対武田氏戦争の戦勝祈願といった意味を見出している。この頃、甲賀郡より長寿寺三重塔と柏木神社山門も安土城に創建された摠見寺に移築された(75)。郡内の有力寺社の建造物や什物の郡外への移転が重なっているのは偶然ではないだろう。

郡内を秩序づけ、郡中惣を構成する上野同名中や山中同名中など反織田勢力の拠り所ともなっていた有力寺社への制裁による示威といったことは含意されていたであろう。

甲賀郡中惣の領域や構成員については、南北朝期に形成された歴史的地域としての甲賀上郡が甲賀郡中惣の領域に相当すると述べた小林健太郎氏の説[76]が継承されてきた。「甲賀上郡」とは、十四世紀後半から在地で作成される文書に使用されるようになる地域名称で、令制郡に代わる歴史的領域として機能したという。しかし、少なくとも、甲賀郡中惣の矢川参会には下郡を本拠地とする三雲氏も参加しているようであり[77]、また、針で郡中惣の参会が行われていたことなどを踏まえると、甲賀下郡も部分的に含む可能性もある。甲賀郡中惣の「郡」とは、あくまでもまさにこの時代、戦国期に新たに政治的に形成された地域の枠組みであったとみるべきであろう。

おわりに

最後に本稿をまとめておく。応仁・文明の乱以降、中央政局に端を発する大規模戦乱が甲賀郡にたびたび持ち込まれ、郡内の在地領主層は室町幕府や守護との被官関係を強化した。これに起因する地域社会の分裂状況は、村落の擡頭と相まって郡内における個別在地領主の支配の動揺を招き、それへの対処として一族間、領主間の連合化が進められたが、それは地方寺社への結集の形をとった。佐治氏の妙音寺などの菩提寺レベルでは、僧俗をまたぐ一族の共同運営によって同名中惣としての結集と寺領百姓の共同統制が図られた。さらに、個別荘園、個別在地領主領を超える地域的結集に際しては、油日大明神の興行と郡鎮守の創出によって、宗教的秩序に裏づけられた政治的な地域秩序の新たな創出が試みられた。在地領主層の主導によって形成されたこの地域の枠組みは、一面では特定の政治的立場から構想された、軍神に守護されるべき観念的な平和領域であったが、在地法秩序と不可分に結びつき、村落を包摂する地域秩序としての実態を伴った。こうして形成されていた地域秩序が、後の甲賀郡中惣の高度な政治組織の重要な前提の一つとなったものと考えられる。

ところで、水林彪氏は社会の平和化の道の二つのタイプとして、軍国主義秩序による上からの道と、暴力を排除した市場平和の原理による下からの道を挙げ、豊臣権力による社会の平和化は前者の道の勝利を意味すると述べた(78)。今その是非を検討する用意はないが、油日大明神の軍神としての性格を極限まで拡大することにより郡内安穏を志向した甲賀郡の事例は、暴力による社会の平和化の原型が地域社会に内在していたことを意味する。在地領主層の主導した地域社会の自律的形成の方向性は百姓層の志向するところと乖離を生んだであろう。

十六世紀後半、甲賀郡中惣は織豊権力により解体される。それ以後の十七世紀にかけての過程は、この領主層主導で形成された地域秩序を、村落が自らのものとしてそれを組み替えようとする過程であったと考えられるが、今後の課題としたい。

註

（1）久留島典子「中世後期在地領主層の一動向」（『歴史学研究』四九七、一九八一年）。
（2）石田晴男「両山中氏と甲賀「郡中惣」」（『史学雑誌』六五—九、一九八六年）、同「室町幕府・守護・国人体制と「一揆」」（『歴史学研究』五八六、一九八八年）など。
（3）藤田達生「地域的一揆体制の形成と展開」（『ヒストリア』一〇九、一九八五年）。
（4）久留島典子「甲賀山中氏に関する二、三の問題」（佐藤和彦編『中世の内乱と社会』東京堂出版、二〇〇七年）。
（5）尾下成敏「織豊期甲賀「郡中」関連文書の紹介」（『織豊期研究』一二、二〇一〇年）、同「織豊政権の登場と甲賀」(『甲賀市史』第二巻第三章第三節、二〇一二年)。
(6) 長谷川裕子「土豪同名中の形成・構造とその機能」(『中近世移行期における村の生存と土豪』校倉書房、二〇〇九年)、同「戦国期における紛争裁定と惣国一揆」(『日本史研究』四八二、二〇〇二年)。
(7) 長谷川裕子「惣国一揆の平和維持と軍事行動」(藤木久志編『京郊圏の中世社会』高志書院、二〇一一年)。
(8) 宮島敬一『戦国期社会の形成と展開』(吉川弘文館、一九九六年)。
(9) ピエール・スイリ「伊賀、甲賀、小倭」(脇田晴子、アンヌ・ブッスイ編『アイデンティティ・周縁・媒介』吉川弘文館、二〇〇〇年)。
(10) 藤田和敏「特権的神職と郷鎮守」(『近世郷村の研究』吉川弘文館、二〇一三年、初出は二〇〇五年)、同「近世天台宗における宗教的権力秩序の諸段階」(同書、初出は二〇〇九年)。
(11) 前掲註(2)、石田晴男「両山中氏と甲賀「郡中惣」」。
(12) 永享二年十二月二十三日室町幕府奉行人連署奉書写(「御前落居奉書」、桑山浩然校訂『室町幕府引付史料集』上巻、近藤出版社、一九八〇年)、永享五年閏七月二十五日六角満綱書下(頓宮文書、東京大学史料編纂所所蔵影写本)。寛正三年には「土山肥後入道」が室町幕府より内宮御遷宮神宝の運送の警固を命じられている史料もある(寛正三年十二月十一日室町幕府奉行人連署奉書、藤谷永三郎氏所蔵文書、『甲賀郡志 上』〈甲賀郡教育委員会、一九二六年、名著出版、一九七一年復刊〉、四九頁所収)。
(13) 長禄四年四月二十五日室町幕府奉行人連署奉書案(山中文書一六八号、『水口町志 下』)、長禄四年四月二十五日室町幕府奉行人連署奉書案(川嶋雅直氏文書、『近江蒲生郡志』〈蒲生郡役所、一九二二年〉四九一号)。
(14) 応永三十一年九月日山中為久・氏範言上状(山中文書一四一号、『水口町志 下』)。
(15) 『耕雲紀行』(『神道大系文学編五参詣記』神直大系編纂会、一九八四年)、『花営三代記』応永二十八年、同二十九年(『群書類従』二六、続群書類従完成会)、『義持公参宮記』(『神道大系文学編五参詣記』)。
(16) 年未詳四月二十日付京極政高書状(賜蘆文庫文書七内多喜文書、東京大学史料編纂所所蔵影写本)、年未詳五月十二日付京極政高書状(同前)、(文明元年)十一月二十日付京極生観書状(山中文書三八八号、神宮文庫所蔵写真帳)。
(17) 永享三年十一月八日室町幕府奉行人連署奉書案(「御前落居記録」、前掲注(12)、桑山浩然校訂『室町幕府引付史料集』上巻)。
(18)『甲賀市史』第二巻(甲賀市、二〇一二年)。
(19)前掲註(1)、久留島典子「中世後期在地領主層の一動向」。
(20)黒川文書(滋賀県立図書館所蔵写真帳)、木村政延氏所蔵文書(東京大学史料編纂所所蔵影写本)、賜蘆文庫文書七内多喜文書(同)など。
(21)『大乗院寺社雑事記』延徳三年十月一日条(『増補続史料大成』、以下同じ)。
(22)『実隆公記』永正六年五月十一日条(続群書類従完成会)。
(23)『後法成寺関白記』永正十年五月十八日条(『大日本古記録』)。
(24)『関岡家始末』(『続群書類従』二〇下、続群書類従完成会)。
(25)『長興宿禰記』文明十三年十月八日条(『史料纂集』)。
(26)『大乗院寺社雑事記』文明十七年六月十九日条、同十八年十月十八日条。『政覚大僧正記』文明十八年十月十四日〜十八日条(『史料纂集』)。
(27)末柄豊「中世における薬師寺別当職の相承について」(勝俣鎮夫編『寺院・検断・徳政』山川出版社、二〇〇四年)、及川亘「戦国期の薬師寺と唐招提寺」(同前)。
(28)天文十二年四月八日美濃部茂在田地売券(山中文書二一二号、『水口町志　下』)など、山中文書所収の売券等に載る田地の四至記載を参照。
(29)甲賀郡の領主層の他国奉公を含むちりがかり的な被官関係の様相とその位置づけについては、前掲註(7)、長谷川裕子「惣国一揆の平和維持と軍事行動」が詳しい。
(30)前掲註(2)、石田晴男「両山中氏と甲賀「郡中惣」」。
(31)『後法成寺関白記』永正十年五月一日条。
(32)(文明二年ヵ)八月二十二日六角行高書状(木村政延氏所蔵文書、東京大学史料編纂所所蔵影写本)、(文明二年ヵ)八月二十二日六角高頼書状(「敦賀市博物館所蔵文書」、『蒲生町史』第四巻、蒲生町、二〇〇一年)。なお年次比定は村井祐樹編『戦国遺文　佐々木六角氏編』東京堂出版、二〇〇九年に従った。
(33)黒川文書(滋賀県立図書館所蔵写真帳)。

(34)山中文書三六九号（神宮文庫所蔵写真帳）。
(35)木村政延氏所蔵文書（東京大学史料編纂所所蔵影写本）。
(36)加茂神社社棟札（『甲賀郡志　下』、六九一頁）。
(37)前掲註(1)、久留島典子「中世後期在地領主層の一動向」。
(38)宮島敬一「戦国期における在地法秩序の考察」（『史学雑誌』八七—一、一九七八年）、前掲註(1)、久留島典子「中世後期在地領主層の一動向」。
(39)前掲註(2)、石田晴男「両山中氏と甲賀「郡中惣」」。
(40)山本順也「中世末期の掟書と地域社会」（『栗東市歴史民俗博物館紀要』一一、二〇〇五年）『甲賀の社寺』（滋賀県立琵琶湖文化館、一九八五年）。
(41)前掲註(33)、『甲賀郡志　下』八五七頁。
(42)佐治秀寿『佐治家乗』（一九三六年）。
(43)前掲註(1)、久留島典子「中世後期在地領主層の一動向」。
(44)阿部浩一「甲賀山中氏の高利貸活動と寺社経営」（勝俣鎮夫編『中世人の生活世界』山川出版社、一九九六年）。
(45)檜尾神社石段耳石刻銘（瀬川欣一『近江石の文化財』サンライズ出版、二〇〇一年）。
(46)佐治神社所蔵棟札（前掲註(36)、『甲賀郡志　下』七一〇頁）。
(47)総社神社所蔵棟札（『貴生川町誌』貴生川町公民館、一九五四年）。
(48)大鳥神社所蔵棟札（前掲註(35)、『甲賀郡志　下』六五三頁）。
(49)大永二年二月四日付伊家多重治寄進状（檜尾神社文書、滋賀県立図書館所蔵写真帳）。
(50)大永五年十二月三日付多喜弥六寄進状（檜尾神社文書、滋賀県立図書館所蔵写真帳）。
(51)大永七年三月二十八日付棟札銘写（檜尾神社文書、滋賀県立図書館所蔵写真帳）。
(52)前掲註(10)、藤田和敏「近世天台宗における宗教的権力秩序の諸段階」。
(53)油日神社所蔵棟札（『油日神社関係文書調査報告書』甲賀市、二〇〇七年）、同社所蔵大般若波羅蜜多経巻第一識語（『滋賀県大般若波羅蜜多経調査報告書』一、滋賀県教育委員会、一九八九年）、大永五年九月□日祐旭神輿勧進状（伴良松家文書二四号、前掲『油日神社関係文書調査報告書』）。

(54) 文永十一年六月十七日付清原某・同氏女連署田地寄進状写（伴良松家文書九号、前掲註(53)『油日神社関係文書調査報告書』）。
(55) 文永十一年八月十七日付覚念・千松丸連署寄進状写（伴良松家文書一九号、前掲註(53)『油日神社関係文書調査報告書』）。
(56) 尾張熱田誓願寺梵鐘銘文（奥野高広『増訂織田信長文書の研究』下、吉川弘文館、一九八八年）。
(57) 宮島敬一「戦国期近江における地域社会と地方寺社」（地方史研究協議会編『宗教・民衆・伝統』雄山閣出版、一九九五年）。
(58) 油日神社文書（前掲註(53)『油日神社関係文書調査報告書』所収）。
(59) 松本真輔「中世聖徳太子伝と油日神社の縁起」（『日本文学』五三―六、二〇〇四年）。
(60) 山下立「油日神社懸仏群調査報告」（『滋賀県立安土城考古博物館紀要』一六、二〇〇八年）。
(61) 松本郁代「信仰の中世的展開」（前掲註(5)、『甲賀市史』第二巻第四章第一節）。
(62) 『金剛輪寺下倉米銭下用帳』（愛荘町教育委員会、二〇一〇年）。
(63) 『秦荘の歴史　第一巻　古代・中世編』（秦荘町、二〇〇五年）。
(64) 年次未詳五月十一日六角宗椿書状（来田文書、前掲註(32)、村井祐樹編『戦国遺文　佐々木六角氏編』一〇五三号）。
(65) 前掲註(38)、宮島敬一「戦国期における在地法秩序の考察」。
(66) 年月日未詳宇川村起請文前書案（「宇川共有文書」、『宇川共有文書調査報告書』下、水口町立歴史民俗資料館、一九九六年）。慶長十年（一六〇五）頃に甲賀郡宇田村との河原相論に際して宇治河原村により作成された。宇治河原村が河原領有の由緒を主張する中で、五十一年前のこととして「宇田村と三年之間弓矢を取申候、然処ニ従レ郡弓矢之儀ハ七年相延候て其内ニ本訴之儀以ニ理非一相済候へと被レ申候」とあり、天文期に近隣裁定が村落間相論をも対象としていたこと、その主体が「郡」と認識されていたことが窺える。
(67) 大永二年四月二十七日柏木三方惣起請文（柏木神社文書、水口町総務課自治体史編纂準備室編『柏木神社文書調査報告書』水口町総務課、二〇〇四年）。
(68) 前川祐一郎「中世後期の集団間抗争の解決における「罪科の成敗」」（『史学雑誌』一一九―三、二〇一〇年）。

(69) 元亀二年八月二十七日甲賀郡中惣起請文案（山中文書二四三号、『水口町志　下』）。
(70)（天正四年）五月二十六日滝川一益書状（田堵野大原家文書、前掲註(5)、尾下成敏「織豊期甲賀「郡中」関連文書の紹介」）。
(71) 黒田智「信長夢合わせ譚と武威の系譜」（『史学雑誌』一一一―六、二〇〇二年）。
(72) 天正十四年十一月日付甲賀中惣田地寄進状案（山中文書二六一号、『水口町志　下』）。
(73)（永禄十二年）八月十八日付六角義治書状案（山中文書三五六号、神宮文庫所蔵写真帳）、年未詳十月二十六日付青木重頼書状（山中文書三八一号、神宮文庫所蔵写真帳）など。針には飯道社里宮が所在する。
(74)『信長公記』巻十四（角川文庫、一九六九年）。
(75) 長寿寺三重塔については西田弘「長寿寺塔跡と惣見寺三重塔」（『滋賀考古学論叢』第二集、一九八五年）。柏木神社山門については摠見寺山門棟札（『近江蒲生郡志』七、蒲生郡役所、一九二二年）。
(76) 小林健太郎「甲賀郡中惣の領域と甲賀上郡」（『月刊歴史』一七、一九七〇年）、同「甲賀武士と信楽」（藤岡謙二郎編『山間支谷の人文地理』地人書房、一九七〇年）。
(77)（永禄十二年）八月二十一日六角義治書状（山中文書三六〇号、神宮文庫所蔵写真帳）。
(78) 水林彪『封建制の再編と日本的社会の確立』（山川出版社、一九八七年）。

〔付記〕　本研究の一部はJSPS科研費15K16840の助成を受けたものである。

起請文・契状にみる一宮
——戦国期の厳島社と毛利氏——

中島雄彦

はじめに

中世における一宮の研究は、平安末期から鎌倉期までの研究が重厚に積み重ねられつつあるのに比して、中世後期についてはいまだ個別の一宮の事例検証を積み重ねる段階にあるといえる(1)。

さて、中世後期に一宮が史料上頻出する例として起請文・契状をあげることができる(2)。特に起請文は戦国期に急増するといわれている(3)。これは、史料の残存状況にも因ると考えられるが、戦乱期に至って領主間で協約を結ぶ行為が頻繁になり、その証として起請文・契状が用いられたためと考えられる。本稿では、なかでも史料の豊富な毛利氏を対象として、安芸国の一宮である厳島社の神名があらわれる神文について注目し、起請文・契状にみる一宮と戦国大名との関係について検討することによって、戦国期の一宮のもつ性格の一端を解明していきたい。

佐藤進一氏によれば、起請文・契状は前書と神文によって構成され、神文にあらわれる一宮について、「神名の結びは、起請文を記した当事者の居住する地方、ことにその国の一宮などの大社、あるいはさらに小地域の神名があげられるのが普通である」とまとめられている。[4] また、同氏は、神名の列挙の仕方には一定の法則性があるとしながらも、神名が起請文発給者の信仰に結びつくとしている。一方、戦国期の起請文にあらわれる一宮の神名については、戦国大名の守護職獲得との関連での研究がある。[5] しかし、厳島社と毛利氏の場合、信仰と守護職獲得のいずれも関連性が密接であるとはいえないであろう。[6]

では、戦国大名と起請文にあらわれる一宮の神名との関係性はいかなるものであったのであろうか。そこで、松田博光氏、堀本一繁氏の研究に注目したい。[7] 両氏ともに中世後期の肥前国を対象として検討しているが、松田氏が「龍造寺氏は自分が保護を加える神を記載させることにより、国人領主支配を宗教的な面から正当化しようとしたのではないだろうか」、と述べるのに対して、堀本氏は、神名の選択は精神的（信仰的）・イデオロギー的なものではなく、所在地における神々の序列意識に拠ったものであると述べる。

両氏の見解は対立しているが、起請文の神名を、松田氏が指摘する「政治的関係」性を示すものとして捉える視点、堀本氏の指摘する「所在地」を示すものとして捉える視点は、一定の説得力をもつものと考えられる。両視点を参考にしながら、毛利氏の場合について考察を加えていきたい。

なお、考察の対象としては、十六世紀初頭からいわゆる豊臣大名と化していく天正十三年（一五八五）頃までを対象期間とする。

一　毛利家当主が差出の起請文・契状

1　神文に厳島社があらわれない起請文・契状

毛利家当主（毛利宗家の当主、具体的には弘元〈元就父〉―興元〈元就兄〉―元就―隆元〈元就息〉―輝元〈隆元息〉）が差出、ないしは署名する起請文・契状を集めたのが**表1**である。[8]

第一の特徴は、一部を除いて、一宮としては一貫して厳島社が掲げられている点である。毛利氏が備後・防長・石見・出雲と領国を拡大していっても、元就等当主が厳島社を神文に記載するのは、毛利氏の本拠地＝安芸国との意識のあらわれと考えられる。

文書の真偽に疑問の残るNo.35[9]を除くと、神文に厳島社があらわれないのはNo.2・No.20・No.44である。

（一） No.2[10]

国衆間協約に関わる一揆契状である。岸田裕之氏によれば[11]、当契状に署判の国衆それぞれは「上級権力」のもとで対等の関係であることが指摘できる。

国衆間協約に関わる一揆契状としては、ほかにNo.23（「毛利元就他十一名傘状連署契状　弘治三年十二月二日」）があげられる。No.23は傘状という連署の形態であるが、元就が主導権を握っていたとされている。[12]

No.2とNo.23とを比較したとき、一揆契状としての性格の最大の相違点は国衆間における毛利氏の主導性の強弱に求められるといえる。No.2・No.23両文書とも安芸国に本拠をもつ国衆のみではなく、No.2の高橋氏、No.23の出羽氏というように、石見国に本拠をおく国衆がみられる。これらの点に注目すると、No.2の神文に厳島社がみえず、No.23に「厳嶋大明神」がみられるという相違は、安芸国を本拠とし、厳島社を一宮として起請文に掲げる毛利氏の主導性に起因していると考えられる。

また、No.5（「吉原通親他三名連署契状　年未詳四月五日」）は、『広島県史　中世』（通史Ⅱ、一九八四年）によれば、

表1　差出が毛利家当主の起請文・契状

No.	年号 元号	年号 西暦	年号 月	年号 日	差出	宛所	神名	出典	
1	文亀二	一五〇二	八	二二	治部少輔弘元	志道大蔵少輔(広良)殿［高田郡］	八幡大菩薩、**厳嶋両大明神**、祇園牛頭天王	『山口2』「志道家」	一
2	永正九	一五一二	三	三	天野讃岐守興次［賀茂郡］・天野式部大輔元貞［賀茂郡］・毛利少輔太郎興元・平賀尾張守弘保［賀茂郡］・小早川安芸守弘平［豊田郡］・阿曾沼近江守弘秀［安芸郡］・高橋民部少輔元光［石見国邑智郡］・野間掃部頭興勝［安南郡］・吉川次郎三郎元経［山県郡］		日本国中大小神祇、殊者八幡大菩薩、摩利支尊天	『山口3』「右田毛利家」	一七
3	永正九	一五一二	一〇	一八	興元	小早河小法師丸(興平)殿御宿所［豊田郡］	梵天帝釈、四大天王、殊者八幡大菩薩、**厳嶋大明神**	『小早川』	二六三
4	永正一〇	一五一三	三	一九	元就	志道大蔵少輔(広良)殿まいる［高田郡］	梵天帝釈、四大天王、殊者八幡大菩薩、**別者厳嶋大明神**、天満大自在天神	『山口2』「志道家」	二
5	年未詳		四	五	吉原次郎五郎通親［備後国世羅郡］・毛利少輔大良興元・敷名左馬助亮秀［備後国カ］・上山加賀守実広［備後国世羅郡］		日本国中大小神祇、殊者八幡大菩薩、**厳嶋大明神**、**吉備大明神**	『毛利』	二〇七

6	大永五	一五二五	六	二六	毛利少輔次郎元就	天野民部大輔（興定）殿［賀茂郡］	梵天帝釈、四大天王、惣而日本六十余州大小神祇、殊者八幡大菩薩、**厳嶋両大明神**、天満大自在天神部類眷属	『山口3』「右田毛利家」	一九
7	享禄四	一五三一	二	一二	元就	出羽民部大輔（祐盛）殿［石見国邑智郡］	梵天帝釈、四大天王、堅牢地神、別而者八幡大菩薩、**厳嶋大明神**、天満大自在天神部類眷属等	『閥閲録』	巻四三
8	天文一二	一五四三	六	四	毛利右馬頭元就	天野民部太輔（興定）殿参［賀茂郡］	梵天帝釈、四大天王、**殊者厳嶋大明神**、八幡大菩薩	『広島Ⅴ』「天野毛利家」	五二
9	天文一六	一五四七	七		（吉川）元春［山県郡］・隆元・元就	吉川治部少輔（興経）殿参［山県郡］	梵天帝釈、四大天王、惣日本国中六十余州大小神祇、**別厳嶋両大明神**、八幡大菩薩、天満大自在天神部類眷属	『吉川』	四二五
10	天文一六	一五四七	閏七	二五	（吉川）元春［山県郡］・隆元・元就	吉川伊豆守（経世）殿・同式部少輔（経好）殿・今田孫四郎（経高）殿まいる［いずれも山県郡］	梵天帝釈、四大天王、**殊当国厳嶋両大明神**、八幡大菩薩、天満大自在天神	『吉川』	四二七
11	天文一八	一五四九	一二	一二	隆元	天野六郎（隆綱）殿参［賀茂郡］	日本国大小神祇、当所七社、**厳嶋両大明神**	『山口3』「右田毛利家」	七三

12	天文一八？	一五四九	一二	二五	元就・隆元	乃美弾正忠殿（隆興）御宿所［豊田郡］	八幡大菩薩、祇園牛頭天王、**別而者厳嶋両大明神**	『閥閲録』	巻一四
13	天文一九	一五五〇	一	一二	（吉川）元春・元就	吉川式部少輔（経好）殿［山県郡］	日本国中大小神祇、八幡大菩薩、祇園牛頭天王、**厳嶋両大明神**	『閥閲録』	巻三八
14	天文二〇	一五五一	八	二三	毛利備中守隆元・毛利右馬頭元就	天野六郎（隆綱）殿参［賀茂郡］	梵天帝釈、四大天王、惣日本国中六十余州大小神祇、八幡大菩薩、**別厳嶋両大明神**	『山口3』「右田毛利家」	八五
15	天文二〇	一五五一	九	二八	隆元・元就	乃美弾正忠殿（隆興）［豊田郡］	梵天帝釈、四大天王、惣日本国中六十余州大小神祇、**別厳嶋両大明神**、八幡大菩薩、天満大自在天神	『閥閲録』	巻一四
16	天文二二	一五五三	二	一〇	小早川又四郎隆景［豊田郡］・毛利備中守隆元・平賀新九郎広相［賀茂郡］		梵天帝釈、四大天王、惣日本国大小神祇、八幡大菩薩、**殊当国厳島両大明神**、天満大自在天神	『毛利』	二二一
17	天文二二	一五五三	六	四	毛利右馬頭元就	天野民部太輔（興定）殿参［賀茂郡］	梵天帝釈、四大天王、**殊者厳嶋大明神**、八幡大菩薩	『山口3』「右田毛利家」	五六
18	天文二三	一五五四	五	二三	毛利備中守隆元・毛利右馬頭元就	天野六郎（隆綱）殿参［賀茂郡］	日本国中大小神祇、八幡大菩薩、祇園牛頭天王、**殊者厳嶋大明神**	『山口3』「右田毛利家」	八三

19	弘治元	一五五五	閏一〇	一八	毛利隆元・同右馬頭元就	椙杜右京亮（隆康）殿［周防国玖珂郡］・桑原源太郎（元勝）殿［周防国大島郡カ］	日本国中大小神祇、八幡大菩薩、祇園牛頭天王、**厳嶋両大明神**	『閥閲録』	巻三〇
20	弘治二	一五五六	一一	四	元就	佐波常陸介（隆秀）殿御返報［石見国邑智郡］	日本国中大小神祇	『閥閲録』	巻七一
21	弘治三	一五五七	二	二	毛利右馬頭元就・田総宗左衛門尉元里［備後国甲奴郡］・古志左衛門大夫豊綱［備後国沼隈郡］・楢崎彦左衛門尉信景［備後国芦田郡］・新見能登守元致［備後国甲奴郡］・芥川彦五郎元正・湯浅治部太輔元宗［備後国］・安田少輔十郎元賢［備後国三谿郡・甲奴郡境］・毛利備中守隆元・和智又九郎誠春［備後国三谿郡］・高屋兵部太輔信春・柚谷新三郎元家［備後国三谿郡カ］・杉原越前守隆盛［備後国御調郡］・有地刑部少輔隆信（高信カ）［備後国芦田郡］・上原右衛門大夫豊将［備後国世羅郡］・長大蔵左衛門尉元信［備後国甲奴郡］・里資・三吉式部少輔隆亮［備後国三次郡］、以上傘状		八幡大菩薩、**厳嶋大明神**	『毛利』	二二五

22	弘治三	一五五七	七	一〇	隆元・元就	都野刑部少輔殿御返報［石見国那賀郡］	日本国中大小神祇、八幡大菩薩、**殊厳嶋両大明神**	『山口3』「都野家」	七
23	弘治三	一五五七	一二	二	毛利右馬頭元就・吉川治部少輔元春［山県郡］・阿曾沼少輔十郎広秀［安芸郡］・毛利備中守隆元・宍戸左衛門尉隆家［高田郡］・天野藤次郎元定［賀茂郡］・天野左衛門尉隆誠［賀茂郡］・出羽民部太輔元祐［石見国邑智郡］・天野中務少輔隆重［賀茂郡］・小早川又四郎隆景［豊田郡］・平賀新九郎広相［賀茂郡］・熊谷兵庫頭信直［安北郡］、以上傘状		八幡大菩薩、**厳嶋大明神**	『毛利』	二二六
24	永禄元	一五五八	閏六	二〇	隆元・元就	（裏ウワ書）法泉寺兵部丞殿	八幡大菩薩、祇園牛頭天王、**殊者厳嶋大明神、別而者氷上妙見大菩薩**	『閥閲録』	巻九九
25	永禄四	一五六一	一二	一二	元就	都野刑部少輔殿御宿所［石見国那賀郡］	日本国大小神祇、**殊厳嶋両大明神**、八幡大菩薩	『山口3』「都野家」	八
26	永禄五	一五六二	六	八	隆元・元就	出羽民部大輔（元祐）殿［石見国邑智郡］	日本国大小神祇、八幡大菩薩、祇園牛頭天王、**別而厳嶋両大明神**	『閥閲録』	巻四三
27	永禄五	一五六二	八	二七	毛利隆元・同右馬頭元就	赤穴駿河守（久清）殿・同善兵衛尉（来島清行）殿まいる［いずれも出雲国飯石郡］	日本国大小神祇、八幡大菩薩、**厳嶋両大明神**、天満大自在天神	『閥閲録』	巻三七

28	永禄五	一五六二	九	二七	毛利隆元・同右馬頭元就	湯原右京進（春綱）殿［出雲国嶋根郡］	日本国大小神祇、八幡大菩薩、**別而者厳嶋両大明神**、祇園牛頭天王、天満大自在天神	『閥閲録』	巻一一五
29	永禄六	一五六三	三	二五	毛利右馬頭元就	益田右衛門佐（藤兼）殿［石見国美濃郡］	梵天帝釈、四大天王、惣而日本国六十余州大小神祇、殊八幡大菩薩、祇園牛頭天王、**別厳嶋両大明神**、天満大自在天神	『益田』	三三三
30	永禄七	一五六四	七	二七	小早川左衛門佐隆景［豊田郡］・吉川駿河守元春［山県郡］・毛利陸奥守元就	返上大友左衛門督入道（義鎮）殿［豊後国］	梵天帝釈、四大天王、日本六十余州大小之神祇、賀茂、春日大明神、氏神八幡大菩薩、**厳嶋大明神**	『大友』	一四八四
31	永禄七？	一五六四	一一	五	毛利元就・吉川元春・小早川隆景	牛尾宗次郎（家寿）殿［出雲国大原郡］	日本国大小神祇、八幡大菩薩、**厳島両大明神**、**殊者杵築大明神**	『尼子』	一三〇八
32	永禄九	一五六六	一一	二一	毛利右馬頭元就・小早川又四郎隆景［豊田郡］・吉川治部少輔元春［山県郡］・毛利少輔太郎輝元	尼子三郎四郎（義久）殿・尼子八郎四郎（秀久）殿・尼子九郎四郎（倫久）殿［いずれも出雲国］	梵天帝釈、四大天王、惣而日本国中大小神祇、**殊当国杵築大明神**、**芸州厳嶋両大明神**、八幡大菩薩、氏神祇園牛頭天王、天満大自在天神	『山口2』「佐々木家」	三

33	永禄一〇	一五六七	一	一〇	少輔太郎輝元	桂左衛門大夫（元忠、元就奉行人）殿	日本国中大小神祇、八幡大菩薩、祇園牛頭天皇、**殊厳島両大明神**、**杵築大明神**	『毛利』	二四〇
34	永禄一〇	一五六七	九	四	輝元	（端裏捻封ウワ書）（吉川）元春まいる申給へ［山県郡］	日本国中大小神祇、**殊厳嶋大明神**、八幡大菩薩	『吉川』	一九三
35	永禄一一	一五六八	三	二七	大江輝元	石川肥後守（種吉）殿	日本国中大小神祇、別而者八幡大菩薩、摩利支尊天王	『閥閲録』	巻二一〇
36	永禄一二	一五六九	八	五	右馬頭元就・小早川隆景［豊田郡］・吉川元春［山県郡］・毛利輝元	高橋三河守（鑑種）殿［筑前国］	梵天帝釈、四大天王、惣日本国中大小神祇、殊八幡大菩薩、**厳島両大明神**、氏神祇園牛頭天王、天満大自在天神	『毛利』	二四二
37	永禄一二	一五六九	九	八	毛利輝元・同右馬頭元就	三沢左京亮（為清）殿［出雲国仁多郡］	梵天帝釈、四大天王、想而日本国中大小神祇、**殊者杵築大明神**、**厳島両社大明神**、八幡大菩薩、天満大自在天神	『尼子』	一四七四
38	永禄一二	一五六九	一二	一〇	輝元	元春まいる［山県郡］	梵天帝釈、四大天王、惣而日本国中大小神祇、**殊厳島大明神**、八幡大菩薩、別而者摩利支尊天王、天満大自在天神	『吉川』	一九二

39	永禄一三	一五七〇	六	二〇	輝元・（吉川）元春［山県郡］・（小早川）隆景［豊田郡］	佐波常陸介（隆秀）殿参［石見国邑智郡］	日本国中大小神祇、**殊厳嶋両大明神**、八幡大菩薩、**杵築大明神**、天満大自在天神	『閥閲録』	巻七一
40	永禄一三	一五七〇	九	二五	毛利輝元・小早川隆景［豊田郡］・右馬頭元就	村上掃部頭（武吉）殿［伊予国越智郡］	梵天帝釈、四大天王、**殊厳嶋両大明神**、天満大自在天神	『山口3』「寄組村上家」	七三
41	元亀二	一五七一	五	二〇	輝元	（吉川）元資（元長）まいる［山県郡］	日本国大小神祇、八幡大菩薩、春日大明神、**別而者厳嶋大明神**、天満大自在天神	『吉川』	一一八八
42	元亀三	一五七二	七	二五	毛利輝元	山内新左衛門尉（隆通）殿・山内少輔四郎（元通）殿［いずれも備後国恵蘇郡］	日本国中大小神祇、**別而厳嶋両大明神**、八幡大菩薩、天満大自在天神	『山内』	二四五
43	天正七	一五七九	九	吉	輝元	児玉与七郎（元房）殿［豊田郡］	日本国大小神祇、**別而厳嶋大明神**、天満大自在天神	『閥閲録』	巻一九
44	天正一〇	一五八二	一	二一	毛利輝元	伊賀与三郎（家久）殿［備前国津高郡］	梵天帝釈、四大天王、惣日本国中大小神祇、殊八幡大菩薩、天満大自在天神	『閥閲録』	巻二九
45	天正一〇	一五八二	六	九	毛利輝元・吉川元春［山県郡］・小早川隆景［豊田郡］	伊賀与三郎（家久）殿［備前国津高郡］	梵天帝釈、四大天王、惣日本国中大小神祇、八幡大菩薩、摩利支尊天、**殊厳嶋大明神**、氏神天満大自在天神	『閥閲録』	巻二九

46	天正一一	一五八三	閏一	一二	毛利輝元	伊賀与三郎（家久）殿［備前国津高郡］	日本国中大小神祇、八幡大菩薩、天満大自在天神、摩利支尊天、**殊者厳嶋両大明神**	『閥閲録』	巻二九
47	天正一三	一五八五	一二	吉	輝元	（毛利）元康（元就八男、出雲国月山富田城主）参	日本国中大小神祇、八幡大菩薩、**別而厳嶋大明神、杵築大明神**	『山口2』「毛利家旧蔵・毛利家相伝」	九

※正本、写本（案文）の区別はしていない。
※差出・宛所は史料上の表記とし、連名の場合は端から奥へと列記した。傘状連署の場合は毛利家当主から時計回りに列記した。なお、差出の花押の有無については略した。
※差出・宛所のカッコ［　］内の地名は本領＝本拠の所在を示したもの。安芸国内に本領がある場合、国名は略した。
※本領の比定については、本稿・表中に引用した史料のほか、特に『広島県の地名』（平凡社、一九八二年）、『広島県史　中世』（通史Ⅱ、一九八四年）、『島根県の地名』（平凡社、一九九五年）、山本浩樹『戦争の日本史12　西国の戦国合戦』（吉川弘文館、二〇〇七年）、村井良介『戦国大名権力構造の研究』（思文閣出版、二〇一二年）を参照した。
※安芸国の周辺一・二宮については、**表2**の注記を参照のこと。
※No.21の前書・神文は、**表2**-No.17の前書・神文の案文に国衆の傘連判を誤って貼り継いだものであり、本来はNo.23の前書・神文と同文であるとされる（矢田俊文『日本中世戦国期権力構造の研究』塙書房、一九九八年）。
　また、『中世法制史料集　第四巻　武家家法Ⅱ』（岩波書店、一九九八年）は、No.21の年月日を「弘治三年十二月二日」とするが、表では、『毛利家文書』の記述に従った。

永正末年に毛利興元が備後国「世羅地方の小土豪と一揆契約して彼らを味方に引き入れ」たものである、とされる。神文には安芸国の一宮である「厳嶋大明神」とともに備後国の一宮である「吉備大明神」があげられており、安芸・備後両国にまたがる領主間の契状であることの特質がみてとれる。

しかし、契状が最終的に興元に提出された可能性が高いことからも、『広島県史』のいうように一揆の主導性は興元が握っていたと考えられる。主導性が高い毛利氏と備後国の領主たちとの契状において、神文に「厳嶋大明神」「吉備大明神」の順で神名が列挙されている点に注目しておきたい。

（二） No.20[13]

佐波隆秀は、雲石山間地域において交通の要衝に本拠を構える領主である。[14] No.20の起請文と同年の弘治二年（一五五六）八月二十六日には毛利方に与していた。[15] 起請文の奥書（後筆）から、毛利軍が石見国へ侵攻し、尼子氏との合戦に際して、緊迫した状況下で発給されたものであることがわかる。神名が「日本国中大小神祇」しかあげられていないことや、No.39（「毛利輝元・吉川元春・小早川隆景連署起請文写　佐波隆秀宛　永禄十三年六月二十日」）にみられるように、後に毛利氏から佐波氏へ発給された起請文の神文には厳島社があらわれていることから、No.20の神文に厳島社があらわれないのは、戦時下における火急の状況、ないしは次に述べるNo.44と同様の状況に起因すると考えられる。

（三） No.44[16]

伊賀氏は備前国津高郡（備前国・美作国との境目地域）の虎倉城を本拠とする宇喜多方の土豪であり、宇喜多氏と姻戚関係も形成されていたと考えられる。[17] 備中国まで進出した毛利輝元と備前国の宇喜多直家（織田方）との合戦の最中、毛利氏は天正九年（一五八一）八月には伊賀氏を寝返らせることに成功した。[18] しかし、備前・備中境目地域は依然として混沌としており、毛利方は境目地域の土豪層を介して地下人をも味方にすべく苦慮していた。[19] このような状況の中で毛利輝元が伊賀家久の「一味」を謝して発給された起請文がNo.44である。

伊賀氏の宇喜多方離反に際して発給された「小早川隆景・穂田元清・福原元俊・口羽春良・福原貞俊連署起請文写　伊賀家久宛　天正九年八月十九日」[20]には神文に「厳嶋大明神」がみられる。天正十年六月に織田方（羽柴秀吉）と講和の成立した後に毛利輝元が発給した起請文No.45（「毛利輝元・吉川元春・小早川隆景連署起請文写　伊賀家久宛　天正十年六月九日」）・No.46（「毛利輝元起請文写　伊賀家久宛　天正十一年閏正月十二日」）には厳島社が神文にあらわれる。以上から、毛利輝元はNo.44にはあえて厳島社を載せなかったと考えられる。

先述の「小早川隆景・穂田元清・福原元俊・口羽春良・福原貞俊連署起請文写」には「一　直家重而懇望之時、雖令赦免、家久御事差放申間敷事」とあり、No.44にも「自然於此上岡山（宇喜多氏―筆者註）之儀現形候、御方之事見放申間敷候」とあることから、毛利氏による宇喜多氏攻略と伊賀氏の毛利氏への「一味」が非常に微妙な関係であったことがわかる。[21]

宇喜多方から毛利方へ与するも、宇喜多氏の姻戚であり毛利氏への帰属に不安を抱えていた伊賀氏へ提出した起請文（No.44）の神文に、毛利輝元は厳島社をあげなかったことを確認しておく。

2　神文に厳島社と他国の一宮があらわれる起請文・契状

毛利家当主の差出した起請文・契状の第二の特徴は、神文に厳島社をあげつつも、ほかに一国規模の神名（あるいは仏名）を併出させる事例がみられる点である。具体的には、No.5（先述）、No.24の「氷上妙見大菩薩」、No.31・No.32・No.33・No.37・No.39・No.47の「杵築大明神」である。

（一）No.24[22]

No.24は「今度於山口隆春進退雑説事」という事態につき、毛利隆元・元就が内藤隆春に対して「疎意」無きことを起請文の形式で法泉寺へ申し述べたものである。この起請文で「厳嶋大明神」に次いで「氷上妙見大菩薩」の仏名が掲げられている[23]。宛所の法泉寺（＝土肥氏）は内藤氏と親交が深かったと考えられ[24]、そのため、毛利隆元・元就からの起請文を内藤氏へ取り継いだのであろう。

隆春は内藤庶子家で、毛利氏と陶氏（大内義長）との争いにおいては、宗家に反して毛利方として戦った。弘治三年（一五五七）四月に宗家隆世が長門国勝山城で切腹すると[25]、毛利元就に内藤家の当主となることを許され、同年十二月には毛利隆元に「長門国守護役」を安堵されている[26]。

さて、「雑説」がいかなるものかは不明であるが、No.24にある「於隆春・隆元半、さて〳〵互可有悪心儀候哉」という文言から、内藤隆春と毛利隆元との間で隔心があったことに起因していることがわかる。毛利氏が大内氏の支配機構を踏襲する形で防長両国を支配下におく過程で[27]、従来からの毛利氏家臣と大内氏旧臣との間で軋轢が生じたものと推測される。弘治三年（一五五七）四月に防長を征服したばかりの毛利氏にとって、両国を安定させることが喫緊の課題であり、隆春の帰属は重要な問題であったであろう。このような状況下でNo.24の起請文が発給されたのであった。

（二）No.31[28]・No.32[29]・No.37[30]

No.31は、尼子氏の家臣であった牛尾氏が毛利氏へ「一味」を約したことに対する毛利氏からの起請文である。No.32は、尼子家当主の義久が毛利氏に身柄を預けることで成立した毛利氏と尼子氏との「和談」の際に、毛利氏から尼子氏へ提出されたものである。毛利氏から起請文が提出された後、尼子義久は永禄九年（一五六六）十一月二十八日に月山富田城を下城し[31]、翌月、兄弟とともに安芸国高田郡の円明寺に幽閉された。この時、小早川隆景から家臣の飯田尊継へ出された書状[32]に「第一如斯の大将虜候事は、前代未聞之儀に候、然処に当座の操悪候へ者、他国までの覚不可然候」と記されているように、毛利氏側では「外聞」を意識して尼子義久を丁重にもてなすことに努めていた。また、吉川元春と小早川隆景が連署で、義久等の番にあたった内藤元泰に宛てた永禄九年十二月五日付の書状[33]にも「於其表弥可被添御心事、於我等も可為本望候」と述べられている。

永禄九年の芸雲和談の知らせをうけた聖護院道増が毛利元就に対して「義久幷兄弟衆被召置間之儀者、雲州之逆臣少も不存別心之間、希代之御調儀共候」と述べているように[34]、義久を「虜」として丁重にもてなすことは、出雲国を安定に保つことにもつながると考えられていたのであろう[35]。

No.37は、永禄十二年（一五六九）の尼子氏旧臣の蜂起に際して、尼子方に寝返らなかった三沢為清に対して発給された起請文である。起請文の中で「猶以為清無御別儀預御届候事、更無可申様候、難謝次第候、此時者別而一段可致褒美候、不可有忘却」と、毛利氏は三沢氏に対して深く礼を述べている。

No.31・No.32・No.37ともに、戦争中、ないしは戦争直後という毛利氏側と宛所側をめぐる不安定な情勢下で発給された起請文であることを確認しておく。そして、No.32・No.37では、「杵築大明神」を「厳嶋両大明神」・「厳島両国社大明神」の前に置いている点にも注目しておきたい。次のNo.47において「厳嶋大明神」・「杵築大明神」の順で神名が列挙されているのと対照的である。

(三) №47[36]

毛利元就・輝元から「富田城番」(出雲国・月山富田城)および「彼国三千五百貫[37]」を宛行われていた毛利元秋(元就五男)が、天正十三年(一五八五)五月三日に死去する。[38] その後、毛利元康(元就八男)が輝元から「元秋家督」を安堵される。[39] その際に、元康から輝元に起請文[40]が提出され、その起請文をうけて輝元から元康に提出されたのが№47である。

元康は輝元と主従関係にはあるが、同時に元康は元秋の出雲国内における月山富田城を拠点とした地域支配[41]を継承していた。[42]

(四) №33[43]・№39[44]

毛利輝元の初陣は永禄八年(一五六五)で、尼子氏の拠る月山富田城攻略の大詰めの段階であった。翌九年十一月には尼子氏が投降し、毛利氏の出雲出征は一段落する。[45] 元就、次いで輝元は翌十年二月に本拠の安芸国吉田に戻った。№33は吉田帰城に先立ち発給された起請文である。宛所は桂元忠となっているが、元忠は元就側近であることから、実質的には元就に対し、元就の言葉は他言しないこと、何事においても元就に相談することを誓約したものである。

先述の通り、永禄十二年、尼子氏旧臣等が出雲国で蜂起した。これに対し毛利氏は輝元を主将として応戦し、元亀二年(一五七二)には鎮圧に成功した。この戦いの最中である元亀元年と推測される「吉川元春自筆書状　毛利

輝元宛　二月二十日」[46]には「偏御神力迄候、当国ハ神国候間、杵築へ御心願被立候而可然存候」とあり、吉川元春は、毛利勢が尼子勢との合戦に勝利して情勢が優位に転じた理由を「神力」と評し、特に杵築大社に対する「心願」を説いている。また、この時期、山陰方面の軍事指揮を担っていた吉川元春の起請文には、出雲国を本拠としない相手に対する起請文にも厳島社とともに「杵築大明神」が併出されるようになる[47]。№33・№39（本章第一節（二）参照）の起請文の神文に「杵築大明神」があげられている理由については、以上のような背景が考えられるが、詳細については不明である[48]。

小　結

以上の毛利家当主を差出とする起請文・契状の分析から、次のようにまとめることができよう。

①毛利家当主は、神文には一宮として厳島社を掲げ続けている。これは領国が拡大しようとも本拠は安芸国であるという意識のあらわれと考えられる。

②毛利家当主が安芸国以外を本拠とする領主に差出す起請文において、神文に厳島社を記載しない場合も、厳島社とともに相手国の一宮神名を記載する場合も、相手への配慮を示すことを意味した。

③神文に厳島社を記載しない場合は、連署者同士が対等な関係の一揆契状（№2）にみられたように、いずれの一国規模の神名（一宮）を記載しないことで、毛利氏との対等な一揆的関係にあることが示された。

④次いで、他国の一宮―厳島社、厳島社―他国の一宮の順で相手への配慮が示された。

⑤とすると、毛利家当主が安芸国以外を本拠とする領主に差出す起請文において、神文に一国規模の神社として厳島社のみを記載する場合は、最も配慮を示さない（前書の内容を神々に誓約する以上には、配慮を示さない）方

法といえる。

二　毛利家当主が宛所の起請文・契状

本章では前章と立場を替えて、毛利家当主を宛所とする起請文・契状を分析する。毛利家当主が宛所となる起請文・契状を集めたのが**表2**である。[49]

1　神文に厳島社のみを掲げる起請文・契状

先ず、毛利「家中」が毛利家に提出したNo.8[50]・No.12[51]・No.17[52]についてみていく。

岸田裕之氏は、石見国邑智郡阿須那を本拠地として芸石境目地域の国衆連合の盟主的役割を担ってきた高橋氏が、享禄二年（一五二九）に尼子氏と大内氏（毛利氏）との争いのなかで滅亡し、そして旧高橋氏領域内に所在した旧高橋氏被官がNo.8・No.12・No.17に署名していることを明らかにした。[53]毛利家当主の正月儀礼に参加し、毛利家との人格的結合が強いとされる「家中」は、安芸国と石見国の両国をまたがる地域に展開するが、「家中」連署の起請文では、「家中」の統率者毛利家当主の本拠である安芸国の一宮＝厳島社のみを一国規模の神名として神文に記載した。

2　神文に厳島社を掲げない起請文・契状

次に、厳島社を神文に掲出しない事例をみていこう。

表2　宛所が毛利家当主の起請文・契状

No.	年号 元号	西暦	月	日	差出	宛所	神名	出典	
1	永正四	一五〇七	一二	二六	三田能登守元親［高田郡］	毛利殿（興元）	弓箭八幡、**殊者厳島大明神**	『毛利』	一八九
2	永正八	一五一一	一〇	二八	光家	毛利殿（興元）	日本国中大小神祇、**殊厳島両大明神**、八幡大菩薩	『毛利』	一九五
3	永正八	一五一一	一〇	二八	秋山民部少輔親吉［高田郡］	毛利殿（興元）参人々御中	日本国中大小神祇、**殊厳島両大明神**、八幡大菩薩	『毛利』	一九六
4	永正八	一五一一	一〇	二八	親国	毛利殿（興元）人々御中	日本国中大小神祇、殊者八幡大菩薩、摩利支天	『毛利』	一九八
5	永正八	一五一一	一〇	三〇	井原高次郎元造［高田郡］	毛利殿（興元）	日本国中大小神祇、**殊厳島両大明神**、八幡大菩薩	『毛利』	二〇一
6	永正八	一五一一	一〇	三〇	内藤次郎太郎元廉［高田郡］	毛利殿	日本国中大小神祇、**殊厳嶋両大明神**、八幡大菩薩	『毛利』	二〇三
7	大永五	一五二五	六	二六	天野民部大輔興定［賀茂郡］	毛利殿参	梵天帝釈、四大天王、惣而日本六十余州大小神祇、殊者八幡大菩薩、**厳嶋両大明神**、天満大自在天神部類眷属	『山口3』「右田毛利家」	六三

8	享禄五	一五三二	七	一三	福原左近允広俊以下三二名連署	粟屋孫次郎（元国）殿	梵天帝釈、四大天王、惣日本国中六十余州大小神祇、**別而厳嶋大明神**、祇園牛頭天王、八幡大菩薩、天満大自在天神部類眷属	『毛利』	三九六
9	天文一二	一五四三	六	九	（天野）興定［賀茂郡］	毛利殿(元就)参人々御中	梵天帝釈、四大天王、惣而日本六十余州大小神祇、殊者八幡大菩薩、**厳嶋両大明神**、天満大自在天神部類眷属	『広島Ⅴ』「天野毛利家」	五三
10	天文一六	一五四七	七	一九	吉川治部少輔興経［山県郡］	毛利右馬頭（元就）殿・吉川少輔次郎（元春）殿・毛利少輔太郎（隆元）殿参	梵天帝釈、四大天王、惣而日本国中大小神祇、天満大自在天神、**別厳嶋両大明神**、氏八幡大菩薩、鳥子七社、枝宮七社	『吉川』	四二四
11	天文一六	一五四七	閏七	二三	吉川伊豆守経世・同式部少輔経好・今田孫四郎経高［いずれも山県郡］	元春様	梵天帝釈、四大天王、惣而日本国中六十余州大小神祇、**別而当国厳嶋両大明神**、八幡大菩薩、天満大自在天神部類眷属	『吉川』	四二六
12	天文一九	一五五〇	七	二〇	福原左近丞貞俊以下二三八名連署		梵天帝釈、四大天王、惣日本国中六十余州大小神祇、**別而厳嶋両大明神**、祇園牛頭天王、八幡大菩薩、天満大自在天神部類眷属	『毛利』	四〇一

13	天文二〇	一五五一	一〇	七	平賀新九郎（広相）・入野兵部少輔貞景・平賀尾張守弘保［いずれも賀茂郡］	（毛利）元就・隆元参人々御申給へ	日本国中六十余州大小神祇、**別厳島両大明神**、高屋七社	『毛利』	二二〇
14	天文二二	一五五三	二	一〇	平賀新九郎広相［賀茂郡］	毛利右馬頭（元就）殿	梵天帝釈、四大天王、想日本国中六十余州大小神祇、八幡大菩薩、天満大自在天神、**殊者当国厳嶋両大明神**	『毛利』	二二二
15	天文二二	一五五三	四	三	三吉式部少輔隆亮・三吉安房守致高［備後国三次郡］	毛利右馬守（元就）殿・毛利備中守（隆元）殿参	梵天帝釈、四大天王、惣而日本国中大小神祇、**別而当国一宮吉備津彦大明神**、八幡三所大菩薩、梅宮	『毛利』	二二三
16	天文二三	一五五四	五	二八	（天野）隆綱［賀茂郡］	（毛利）元就様・隆元様参	梵天帝釈、四大天王、**惣而安芸一宮厳嶋両大明神**、八幡大菩薩	『山口3』「右田毛利家」	八九
17	弘治三	一五五七	一二	二	福原左近允（貞俊）以下二四一名連署		八幡大菩薩、**厳嶋大明神**	『毛利』	四〇二
18	永禄三	一五六〇	五	二〇	（聖護院門跡道増）［山城国］	毛利陸奥守（元就）殿・毛利大膳大夫（隆元）殿	日本国中大小神祇、殊熊野三山、大峯八大金剛童子、八幡大菩薩、両部諸天、**当嶋厳嶋大明神**	『毛利』	二三一

19	永禄七	一五六四	七	二五	（大友）左衛門督入道宗麟［豊後国］	小早川左衛門佐（隆景）殿・吉川駿河守（元春）殿・毛利陸奥守（元就）殿	梵天帝釈、四大天王、物而日本国中大小神祇、**殊氏（神）由原八幡大菩薩**、祇園牛頭天王、春日大明神、関六所権現、天満大自在天神	『吉川』	六九
20	永禄七	一五六四	七	二五	戸次伯耆守鑑連・吉弘左近大夫鑑理・臼杵越中守鑑速・吉岡越前守宗歓［いずれも豊後国］	小早川（隆景）殿・吉川（元春）殿・毛利（元就）殿御宿所	梵天帝釈、四大天王、物而日本国中大小神祇、**殊氏神由原八幡大菩薩**、祇園牛頭天王、関六所権現、春日大明神、天満大自在天神	『吉川』	七一
21	永禄一〇	一五六七	九	八	（吉川）治部少輔元春［山県郡］	（端裏ウワ書）輝元まいる人々御申	日本国中大小神祇、**当国厳島両大明神**、殊氏神宮崎八幡大菩薩、祇園牛頭天王	『毛利』	三三二
22	永禄一一	一五六八	二	一六	（和智）元郷［備後国三谿郡］	元就様参人々御中	梵天帝釈、四大天王、物而日本国中六十余州大小神祇、殊氏神明、**当国厳島大明神**、吉舎両社神明、**悉備後国一宮大明神**	『毛利』	二四一
23	永禄一一	一五六八	六	一二	（毛利）少輔十郎元秋（元就五男、月山富田城主）	（毛利）輝元様参	日本国大小神祇、**殊軍天厳島大明神**、各氏神八幡大菩薩、祇園牛頭天王、荒神、南無天満大自在天神	『毛利』	三三三

24	永禄一二	一五六九	一二	一六	（小早川）隆景［豊田郡］	（毛利）輝元様参	梵天帝釈、四大天王、惣而日本国中大小神祇、殊者氏神祇園牛頭天王、**別而厳島両大明神**、八幡大菩薩、摩利支尊天王、天満大自在天神	『毛利』	三三五
25	永禄一二	一五六九	一二	吉	（吉川）駿河守元春［山県郡］	輝元参	梵天帝釈、四大天王、惣而日本国中大小神祇、**殊者厳島両大明神**、八幡大菩薩、別而者摩利支尊天王、天満大自在天神	『毛利』	三三四
26	永禄一三	一五七〇	九	二〇	村上掃部頭源武吉［伊予国越智郡］	毛利少輔太郎（輝元）殿・毛利右馬頭（元就）殿参人々御中	梵天太釈、四大天玉、想日本国中六拾余州大小神祇、**別而三島大明神**、八幡大菩薩、天満大自在天神部類眷属	『毛利』	二四四
27	元亀二？	一五七一	八	五	（小早川）左衛門佐隆景［豊田郡］	（毛利）輝元様	日本国中大小神祇、**殊ニ者当国厳島両大明神**、八幡大菩薩、天満大自在天神、氏神祇園	『毛利』	三三六
28	元亀四	一五七三	四	一〇	三吉太郎広高・三吉安房守隆亮［いずれも備後国三次郡］	毛利少輔太郎（輝元）殿人々御中	梵天帝釈、四大天王、惣而日本国六十余州大小神祇、**別而一宮吉備津宮彦大明神**、八幡大菩薩、天満大自在天神	『毛利』	三三八
29	年未詳		一	一三	（花押）（足利義昭）	毛利少輔太郎（輝元）とのへ	日本国中大小神祇、殊八幡大菩薩、天満大自在天神	『毛利』	三三一

30	天正一〇	一五八二	六	四	羽柴筑前守秀吉	毛利右馬頭（輝元）殿・吉川駿河守（元春）殿・小早川左衛門佐（隆景）殿	日本国中大小之神祇、殊ニ八幡大菩薩、愛宕、白山摩利子尊天、別而氏神	『山口2』「飯田家」	三
31	天正一三	一五八五	一二	三	（毛利）元康（元就八男、出雲国月山富田城主）	上様（毛利輝元）御中之	梵天帝釈、四大天王、惣日本国中大小神祇、別氏八幡大菩薩、祇園、**厳島両大明神**、**杵築大社**、佐渡大明神・天満大自在天神	『毛利』	三五一

※正本、写本（案文）の区別はしていない。
※差出・宛所は史料上の表記とし、連名の場合は端から奥へと列記した。なお、№29を除いて差出の花押の有無については略した。
※差出・宛所のカッコ［　］内の地名は本領＝本拠の所在を示したもの。安芸国内に本領がある場合、国名は略した。
※本領の比定については、本稿・表中に引用した史料のほか、特に『広島県の地名』（平凡社、一九八二年）、『広島県史　中世』（通史Ⅱ、一九八四年）、『島根県の地名』（平凡社、一九九五年）、山本浩樹『戦争の日本史12　西国の戦国合戦』（吉川弘文館、二〇〇七年）、村井良介『戦国大名権力構造の研究』（思文閣出版、二〇一二年）を参照した。
※№8・12・17の差出の連署名は省略した。
※№11は毛利家当主が宛所となっていないが、**表1**-№10と書違であるため表出した。
※安芸国の周辺一・二宮は以下の通り。中世諸国一宮制研究会編『中世諸国一宮制の基礎的研究』（岩田書院、二〇〇〇年）による。

石見国一宮：物部神社（安濃郡）　石見国二宮：多鳩神社（那賀郡）
出雲国一宮：杵築大社（出雲郡）　出雲国二宮：二宮が「正式」には存在しないが、「実質的には佐陀神社が中世出雲国の二宮の地位を占めていた（『二宮』の呼称は存在しない）ことが推測される」（嶋根郡）。
備後国一宮：吉備津神社（品治郡）
備前国一宮：吉備津彦神社（津高郡）
周防国一宮：玉祖神社（佐波郡）　周防国二宮：出雲神社（佐波郡）
伊予国一宮：大山祇神社（越智郡）　祭神は大山祇神であるが、中世には三島明神・三島大明神と称することが多い。
筑前国一宮：住吉神社（那珂郡）
豊後国一宮：由原八幡宮（大分郡）

（一）No.19[54]・No.20[55]

No.19・No.20は、毛利氏と大友氏との和睦に際して、大友氏側から毛利氏側へ提出された起請文である（毛利氏からの起請文は**表1**―No.30）。いずれも豊後国一宮である由原八幡宮があげられている。後述（三）とともに、差出者はそれぞれの本拠を意識した一宮のみを掲げている例といえる。

この和睦が成立するまでの経緯については宮本義己氏の研究[56]に詳述されている。本稿との関連で重要なのは、将軍足利義輝（使者聖護院道増・久我晴通）の仲介により毛利氏と大友氏とが対等の立場で和睦が成立したという点である。No.19の前書部分に「如此令熟談候之趣、元就、隆景、元春御覚悟於無変化者、為宗麟聊不可有相違候」とあり、大友氏家臣が連署したNo.20の前書部分に「元就、隆景、元春御誓紙尤肝要存候」とあるように、大友氏は前書中の毛利元就・小早川隆景・吉川元春に対して敬称を省略しており、毛利・大友両氏の関係性を窺うことができる。

（二）No.29[57]・No.30[58]

No.29は将軍足利義昭が毛利輝元に盟約を誓った起請文である。

No.30は備中高松の陣で毛利方と織田方（羽柴秀吉）との和睦時に発給された起請文である。講和自体は秀吉からもち出されたもので、和睦の内容も秀吉側が大きく譲歩したものであったが[59]、前書で毛利輝元・吉川元春・小早川隆景に対して敬称を略している点、秀吉が織田方を「公儀」として称している点から、秀吉は毛利氏に対して対等ないしはそれ以上の立場で臨んでいると考えられる[60]。

（三）No.15[61]・No.26[62]・No.28[63]

№15・№28（三吉氏［備後国］）、№26（村上氏［伊予国］）は毛利氏への「馳走」や「無隔心」を誓った起請文である。

№26と**表1**―№40[64]の起請文は対になっており、「書違」といわれる領主間相互で起請文を交換する形態である[65]。史料中の村上武吉は、いわゆる海賊であり、伊予国越智郡能島を本拠とした（以下、能島村上氏とする）。能島村上氏は永禄四年（一五六一）に毛利氏と大友氏が争った豊前簑島合戦において毛利方に与して以来、毛利氏と軍事行動をともにしている[66]。

表1―№40・**表2**№26のそれぞれの第一条をみると、能島村上氏が毛利氏へ帰属するという立場であることがわかる。しかし、同第二条の隔心の疑いがある場合の規定や、№26の第一条において、武吉は毛利元就・輝元に対して敬称をつけていないことから、毛利氏への帰属性は非常に弱いものであること、どちらかといえば対等に近い関係（能島村上氏の自立性の高さ）を看取することができる。現に、起請文を交換してほどなくの元亀二年（一五七一）に、能島村上氏は毛利氏に背いて大友方に転じている[67]。

三吉氏（№15・№28）については、致高女が毛利元就の室となっており、毛利氏への帰属性は高いと考えられるが詳細は不明である。ただし、№28の前書から、三吉氏から起請文が提出されるのに先行して毛利輝元の方から起請文が提出されていることは注目される。

3　神文に厳島社と他国の一宮を併出させる起請文・契状

最後に、安芸国以外の領主からの起請文・契状に、差出者はそれぞれの本拠を意識した一宮等の神名を掲げる一方で厳島社の神名も掲げられている事例について考察を加える。

（一）№22[68]

「房顕覚書」第三八[69]によれば、和智兄弟（和智誠春・柚谷元家）は、「無本意」（謀叛意）があったため毛利氏によって永禄十一年（一五六八）の「与州ヨリ開陳ノ砌」に厳島に拘留される。№22の起請文は、この拘留に先立って誠春の嫡子元郷から毛利元就に提出されたものである[70]。

元郷は起請文の提出により、和智家の断絶をまぬがれ近世へと家名を存続させることとなる。「我等於身上者、元就様ならてハ奉頼方無御座候之間、御厚恩之段、到子孫申伝、存忘間敷候」という前書から窺われるように、元郷は毛利氏に対して非常に弱い立場にあったことがわかる。さらに、№22の神文をみると、「厳島大明神」があげられているのみならず、「備後国一宮大明神」の前に置かれていることが注目される。

（二）№31[71]

同様のことは№31の毛利元康起請文にもいえよう。

起請文が作成された経緯は前章で述べたので省略し、和智元郷起請文（№22）との類似点を述べると、毛利輝元を「上様」（第一条）、「御上意」（第二条）と称し、第三条には「我等式事者、取分　上様ならてハ奉憑方無御座候之条、骨之髄《（髄）》迄、一筋ニ御奉公可仕候之間、別而被成御引立候て可被下事」とあり、毛利輝元に対する非常に深い忠誠心が読みとれる。そして、「厳島両大明神」を「杵築大社」に前出させている。

（三）№18[72]

№18は毛利氏（芸州）と尼子氏（雲州）の「和談」のために足利義輝の使者として下向した聖護院道増が、芸雲の和談を進めること以外に他意は無きこと（「た〻無事正路を存計候」）を誓ったものである。道増は、毛利氏と主従関係にはなく、足利義輝の叔父であり、その使者であることを考慮すれば、「厳嶋大明神」を掲げる理由は、毛利氏への配慮としか考えられない(73)。

ここで注目されるのが、「当国厳嶋大明神」ではなく、「当嶋厳嶋大明神」としている点である。毛利元就・隆元に対する誓約を強調するために、安芸国の一宮という表現よりも、「当嶋厳嶋大明神」としたほうが効果的であったためと推測できる(74)。

小結

以上、毛利家当主を宛所とする起請文・契状の分析から次のことがいえよう。

①毛利家当主の支配力が極めて強い「家中」連署の起請文においては、毛利家当主の本拠地である安芸国の一宮＝厳島社を記載する。

②安芸国以外に本拠をおく、自立性の高い領主から毛利氏に起請文が提出される場合には自国の一宮のみを記載する。

③安芸国以外に本拠をおき、毛利氏への帰属性の高い領主から毛利氏に起請文が提出される場合には、厳島社―自国の一宮の順に記載される。

④以上のことは、前章の小結で述べた、毛利家当主から安芸国以外を本拠とする領主へ差出された起請文において、厳島社の記載方法によって毛利家当主の配慮の重軽が示されるとする推測に即応するものである。

⑤また、№18からは、神文に厳島社を記載することは、毛利氏の本拠である安芸国の一宮に誓うというよりも、より直接的に毛利氏に誓うという意義も窺える。

むすび

毛利氏は領国が拡大しても、安芸国を本拠とする意識を持ち続け、起請文の神文に一国規模の神名を記載する場合は安芸国の一宮である厳島社の神名を掲げた。このことは毛利氏に限らず、周辺の領主も同様であり[75]、基本的には本拠とする国の一宮神名を神文に記載した。そのため、毛利氏と安芸国以外を本拠とする領主同士が起請文・契状を結ぶ場合、どの国の一宮をどういった順序で記載するのかということで、相手方との序列や帰属性を示すこともなり得た。このことは同時に、神文に一宮を記載することが、信仰とイコールといえないこと、また、直接に宗教的・イデオロギー的統制につながるわけではないことも示している。戦国期にあって、起請文・契状のなかで厳島社＝一宮は毛利家当主のアイデンティティーの一種として機能していたといえるであろう。

註

（1）二〇〇〇年代前半に井上寛司氏により課題が提示されて以降、研究状況が大きく進展しているとは言い難い。井上寛司「中世諸国一宮制研究の現状と課題」（中世諸国一宮制研究会編『中世諸国一宮制の基礎的研究』岩田書院、二〇〇〇年）、同「中・近世における諸国一宮制の展開」（『季刊悠久』八四、二〇〇一年）、同「コメント　中世諸国一宮制と二十二社・一宮制」（『日本史研究』四七五、二〇〇二年）。

（2）起請文の研究史については、小山聡子「熊野牛玉宝印への信仰」（『古文書研究』六一、二〇〇六年）に簡潔にまとめられている。

（3）松田博光「戦国末期の起請文に関する一考察―『龍造寺家文書』の事例を中心に―」（『黎明館調査研究報告』一五、二〇〇二年）。

（4）佐藤進一『新版　古文書学入門』（法政大学出版局、一九九七年）。

（5）福島金治「戦国島津氏の起請文」（『九州史学』八八・八九・九〇、一九八七年）、同「室町・戦国期の伊東氏と神社」（『宮崎県史研究』二、一九八八年）。

（6）前者について、毛利元就の厳島社への信仰は指摘されているが（松岡久人『安芸厳島社』法藏館、一九八六年）、毛利氏に限らず、起請文の誓約内容が度々破棄されていることからすると、戦国期において起請文の神名と信仰との関係が必ずしも密接とはいえない。特に戦国期以降は起請文の「儀式」化が進行すると指摘されている（千々和到「中世民衆の意識と思想」〈『一揆4　生活・文化・思想』東京大学出版会、一九八一年〉）。「呪詛や神罰・仏罰・神慮への恐怖からの解放」（井原今朝男『中世寺院と民衆』臨川書店、二〇〇四年）という現象が広範にみられるようになる室町後期以降については、「信仰」の質の変遷もあわせて検討する必要があると考えられる。

（7）松田博光氏前掲註（3）論文、堀本一繁「戦国期における肥前河上社と地域権力」（中世諸国一宮制研究会編『中世一宮制の歴史的展開　上：個別研究編』岩田書院、二〇〇四年）。

（8）表中および本文中の出典については、次の通りあらわす。『山口県史　史料編　中世2』→『山口2』、『山口県史　史料編　中世3』→『山口3』、『広島県史　古代中世資料編Ⅲ』→『広島Ⅲ』、『広島県史　古代中世資料編Ⅴ』→『広島Ⅴ』、『萩藩閥閲録』→『閥閲録』、『大日本古文書　家わけ第八　毛利家文書』→『毛利』、『大日本古文書　家わけ第九　吉川家文書』→『吉川』、『大日本古文書　家わけ第十五　山内首藤家文書』→『山内』、『大日本古文書　家わけ第二十二　益田家文書』→『益田』、『出雲尼子史料集　下巻』（広瀬町）→『尼子』、『大分県史料』「大友家文書録」→『大友』

（9）**表1**No.35は輝元の署判が「大江輝元（御判）」となっており、同時期の毛利氏発給の起請文としては稀有である。さらに、『閥閲録』巻一一〇には、No.35に次いで永禄十一年四月十三日付の毛利（穂田）元清（元就四男）起請文が収載されており、神文に「天満大自在天神」が加わるほかは、ほぼNo.35と同文である。この起請文の署判は「元清（御判）」となっているが、村井良介氏（同『戦国大名権力構造の研究』思文閣出版、二〇一二年）によれば、永禄十一年段階での元清は自称として仮名の「四郎」を用いている。両起請文とも、後世に作成された可能性がある。

(10)「天野興次他八名連署契状　永正九年三月三日」。

(11)岸田裕之『大名領国の構成的展開』（吉川弘文館、一九八三年）。

(12)菊池浩幸「戦国期「家中」の歴史的性格」（『歴史学研究』七四八、二〇〇一年）、柴原直樹「毛利家伝来の文化財から見た毛利元就像―毛利元就の祖先崇拝と領国支配―」（岸田裕之編『毛利元就と地域社会』中国新聞社、二〇〇七年）。

(13)「毛利元就起請文写　佐波隆秀宛　弘治二年十一月四日」。

(14)岸田裕之『毛利元就』（ミネルヴァ書房、二〇一四年）。

(15)『閥閲録』巻七一「佐波庄三郎」九。

(16)「毛利輝元起請文写　伊賀家久宛　天正十年正月二十一日」。

(17)『閥閲録』巻二九「井原孫左衛門」一、渡邊大門『宇喜多直家・秀家』（ミネルヴァ書房、二〇一一年）。

(18)『閥閲録』巻二九「井原孫左衛門」、山本浩樹『戦争の日本史一二　西国の戦国合戦』（吉川弘文館、二〇〇七年）。

(19)『閥閲録』巻二九「井原孫左衛門」、山本浩樹「戦国大名領国「境目」地域における合戦と民衆」（『年報中世史研究』一九、一九九四年）。

(20)『閥閲録』巻二九「井原孫左衛門」一。

(21)ひとつには天正九年に入り毛利氏優勢の状況がうまれつつあったことが背景にあげられる（山本浩樹「織田・毛利戦争の地域的展開と政治動向」〈川岡勉・古賀信幸編『西国の権力と争乱』清文堂出版、二〇一〇年〉）。さらに、天正十年初頭に宇喜多家の当主であった直家が没したことにより、備前国・備中国の領主等の帰属が毛利氏と宇喜多氏との間で不安定化したと考えられる。

(22)「毛利隆元・元就連署起請文　（法泉寺宛）　（永禄元年）閏六月二十日」。

(23)大内氏の家臣は、起請文の神文に一国規模の神名（仏名）として大内氏の菩提寺である氷上山興隆寺（本尊妙見菩薩）を記載している例がみられる。「陶弘護起請文　益田貞兼宛　文明四年十月十六日」（『益田』六一〇）、「杉

武明起請文　益田宗兼宛　明応二年六月十九日」（『益田』六三二）、「弘中武長起請文　益田宗兼宛　明応二年六月十九日」（『益田』六三三）。
(24)『閥閲録』巻六二「土肥十兵衛」。
(25)山本浩樹氏前掲註(18)著書。
(26)『閥閲録』巻九九「内藤小源太」、村井良介氏前掲註(9)著書。
(27)毛利氏は、防長を制圧した際に旧大内氏の奉行人を登用し、従来の支配機構（守護代―小守護代・郡代）を踏襲したとされている。松浦義則「戦国大名毛利氏の領国支配機構の進展」（『日本史研究』一六八、一九七六年）、加藤益幹「戦国大名毛利氏の奉行人制について」（藤木久志編『戦国大名論集一四　毛利氏の研究』吉川弘文館、一九八四年）。
(28)「毛利元就・吉川元春・小早川隆景連署起請文写　牛尾家寿宛　（永禄七年カ）十一月五日」。
(29)「毛利元就・小早川隆景・吉川元春・毛利輝元連署起請文写　永禄九年十一月二十一日」。
(30)「毛利輝元・同元就連署起請文　三沢為清宛　永禄十二年九月八日」。
(31)「毛利輝元書状　冷泉元満宛　（永禄九年）十一月二十六日」（『尼子』一四一三）、「小早川隆景書状　冷泉元満宛（永禄九年）十一月二十八日」（『尼子』一四一四）。山本浩樹氏前掲註(18)著書、池享『知将・毛利元就―国人領主から戦国大名へ―』（新日本出版社、二〇〇九年）。
(32)「小早川隆景書状写　飯田尊継宛　（永禄九年）十二月四日」（『尼子』一四一七）。
(33)『閥閲録』巻五八「内藤次郎左衛門」一四。
(34)「聖護院道増書状写　毛利元就宛　（永禄九年）十二月二十五日」（『尼子』一四二二）。
(35)毛利氏による富田地域の支配は、毛利氏譜代家臣と尼子氏旧臣によって開始された（舘鼻誠「戦国期山陰吉川領の成立と構造」〈『史苑』四六（一・二）、一九八七年〉）。
(36)「毛利輝元起請文　毛利元康宛　天正十三年十二月吉日」。
(37)「毛利輝元・同元就連署宛行状写　毛利元秋宛　永禄十一年六月十日」（『閥閲録』巻三「毛利大蔵」一）。なお、これに応じて元秋から輝元に「毛利元秋起請文　毛利輝元宛　永禄十一年六月十二日」（**表2**-№23）が提出されている。

（38）『閥閲録』巻三「毛利大蔵」。
（39）「毛利輝元安堵状　毛利元康宛　（天正十三年）十二月三日」（『閥閲録』巻三「毛利大蔵」三）。
（40）「毛利元康起請文　（毛利輝元宛）　天正十三年十二月三日」（**表2**―№31）。
（41）長谷川博史「毛利氏の出雲国支配と富田城主」（『二〇〇〇～二〇〇二年度科学研究費補助金　基盤研究（c）（2）　研究成果報告集　戦国期大名毛利氏の地域支配に関する研究』二〇〇三年）。
（42）このとき毛利家一門と吉川家との間で確執があったことが指摘されている。村井祐樹「毛利輝元と吉川家―三本の矢その後―」（池享編『室町戦国期の社会構造』吉川弘文館、二〇一〇年）。
（43）「毛利輝元起請文　桂元忠宛　永禄十年正月十日」。
（44）「毛利輝元・吉川元春・小早川隆景連署起請文写　佐波隆秀宛　永禄十三年六月二十日」。
（45）山本浩樹氏前掲註（18）著書、池享氏前掲註（31）著書。
（46）『毛利』七九一。
（47）「吉川元春起請文　益田藤兼宛　永禄八年十二月二十八日」（『益田』三三七）、「吉川元春起請文　益田藤兼宛　永禄九年二月十五日」（『益田』三三八）、「吉川元春起請文　古志信重宛　永禄十三年十一月二日」（『吉川』一四六五）。
（48）吉川元春の「当国八神国候間」という表現を考慮するならば、出雲国については別途考察が必要であると考えられる。なお、**表1**―№39の佐波氏は本拠地の石見国邑智郡のほかに出雲国（飯石郡等）に所領を展開している（『山口3』「林家文書」。『島根県の地名』平凡社、一九九五年）が、そのことが神文に「杵築大明神」が掲げられた原因とは考えにくい。
（49）**表2**―№8・№12・№17は毛利家当主が直接的な宛所となっていないが、実質的な宛所は毛利元就であるため表に含めた。
（50）「福原広俊以下三十二名連署起請文　粟屋元国宛　享禄五年七月十三日」。
（51）「福原貞俊以下二百三十八名連署起請文　天文十九年七月二十日」。
（52）「福原貞俊以下二百四十一名連署起請文　弘治三年十二月二日」。
（53）岸田裕之氏前掲註（11）著書。なお、毛利家当主の「家中」に対する支配力は**表2**―№8・№12・№17において同質ではなく、段階的に進展するとされている（池享『大名領国制の研究』校倉書房、一九九五年、矢田俊文『日本中世戦国期権力構造の研究』塙書房、一九九八年）。
(54)「大友宗麟起請文写　小早川隆景・吉川元春・毛利元就宛　永禄七年七月二十五日」。
(55)「大友氏家臣連署起請文写　小早川隆景・吉川元春・毛利元就宛　永禄七年七月二十五日」。
(56) 宮本義己「足利将軍義輝の芸・豊和平調停（上）」（『政治経済史学』一〇二、一九七四年）、同「足利将軍義輝の芸・豊和平調停（下）」（『政治経済史学』一〇三、一九七四年）。
(57)「足利義昭起請文　毛利輝元宛（年未詳）正月十三日」。
(58)「羽柴秀吉起請文写　毛利輝元・吉川元春・小早川隆景宛　天正十年六月四日」。
(59) 小和田哲男『戦争の日本史一五　秀吉の天下統一戦争』（吉川弘文館、二〇〇六年）。
(60) 秀吉が、神文の一宮の掲載位置によって相手への関係性を示すという共通認識の射程外であった可能性も考慮する必要がある。後掲註(75)。
(61)「三吉隆亮・同致高連署起請文　毛利元就・同隆元宛　天文二十二年四月三日」。
(62)「村上武吉起請文　毛利輝元・同元就宛　永禄十三年（元亀元年）九月二十日」。
(63)「三吉広高・同隆亮起請文　毛利輝元宛　元亀四年四月十日」。
(64)「毛利輝元・小早川隆景・毛利元就起請文　村上武吉宛　永禄十三年九月二十五日」。
(65) 岸田裕之「境目地域の領主連合―盟主・毛利元就の国家づくり―」（『龍谷史壇』一二六、二〇〇七年）。
(66) 山内譲『瀬戸内の海賊』（講談社、二〇〇五年）。
(67) 山内譲氏前掲註(66)著書。山内譲氏は、永禄末年頃（毛利氏と能島村上氏が起請文を交わす以前）から能島村上氏と大友氏とが接近しはじめたことを指摘している。
(68)「和智元郷起請文　毛利元就宛　永禄十一年二月十六日」。
(69)『広島Ⅲ』。
(70) 和智兄弟の謀叛について、『棚守房顕覚書　付解説』（宮島町、一九七九年）は『陰徳太平記』（近世に叙述された軍記物語）を引用して、毛利隆元が唐突な死（永禄六年）の直前に和智氏の饗応をうけていることをあげている。
(71)「毛利元康起請文（毛利輝元宛）天正十三年十二月三日」。

(72) 「(聖護院道増)起請文　毛利元就・隆元宛　永禄三年五月二十日」。
(73) 足利義昭の起請文(**表2**-№29)で神名「日本国中大小神祇、殊八幡大菩薩、天満大自在天神」のみがあげられているのと対照的である。
(74) 井上寛司氏は、戦国期の毛利関係文書に、厳島社―他国の一宮の順で神名が列挙される起請文が「広く一般的に」みられることに言及し、厳島社が安芸国の一宮から「毛利氏領国の一部を構成する一地域神へと転換した」とする(同「中世諸国一宮制の歴史的構造と特質　中世後期・長門国の事例を中心に」〈『国立歴史民俗博物館研究報告』第一四八集、二〇〇八年〉)。複数国にまたがるという「地域神」への転換については慎重な検討が必要であるが、道増の起請文を考慮すれば、起請文の上では厳島社が一宮以上の性格を帯びてくる点は首肯し得る。
(75) ただし、地理的・階層的射程については詳細に検証する必要があり、別稿を期したい。

〔**補註**〕　本稿は、平成二十一年に名古屋大学文学研究科へ提出した修士論文の一部をもとに補訂を加えて成稿した。ご指導くださった稲葉伸道先生をはじめ、諸先生・諸兄姉に改めて深謝申し上げます。

三河本願寺教団の再興過程についての一考察

谷口　央

はじめに

三河本願寺教団をめぐる研究は、その総体を見据えていることもあり、新行紀一氏の研究がその水準を示す(1)。氏の研究は、単に三河本願寺教団のみの視点で考えるのではなく、松平（徳川）氏の在地支配問題も合わせて検討する点にその特徴があり、大きな視野による当該期三河国の実態が示されている。

これに対し、近年、個別事象についての見直し作業が進んでいる。三河本願寺教団が同国から追放される契機となった、三河一向一揆についての見直しを図った村岡幹生氏の研究(2)、同教団の三河国復帰およびその後の本願寺教団の東西分派に至る過程についての実態を、真宗史の視点で深めた安藤弥氏の研究(3)、同教団の三河国復帰後にあった材木京上事件をめぐる豊臣政権と徳川氏の関係をめぐる水野智之氏の研究(4)である。また、同教団復帰に対する徳川氏への礼銭問題と、前記材木京上事件に関わる史料の年次比定の見直しを図ることにより、再興直後段階に、三河国内の本願寺寺院の命令が、本来であればその指揮系統に入るはずの下坊主衆・門徒衆に、貫徹できていなかったことを指摘した拙稿[5]も、主題は異なるが、加えることは可能であろう。

以上のように、近年も三河本願寺教団についての理解は深化しているが、一方で、これらの研究は、三河本願寺教団の追放のきっかけとなった時期および、その再興後の検討が主な分析対象である。そのようなこともあり、その間に位置する追放されていた時期、なかでも再興直前期についての研究は進んでいるわけではない[6]。具体的には、天正十年（一五八二）から翌十一年末にかけての三河国内での本願寺派禁制の解除に関わる理解である。

天正十一年十二月に正式に認められた三河本願寺教団再興の実態は、主要寺院の復帰を除いた、いわゆる三河国内での本願寺派禁制の解除のみが認められたものであり[7]、また、ここに至るまでには、ちょうど一年間の期間を要することになった[8]。この時期について、これまでの研究では、翌十二年に直接対決が見られた徳川・羽柴両氏の対抗関係を前提として、一部本山である本願寺自体の行動も勘案する形で理解されている[9]。しかし、近年、例えば拙稿では、天正十年から十二年にかけての政治動向はめまぐるしく変動していることを指摘しており[10]、三河国での本願寺派禁制解除についても、単純に徳川・羽柴両氏の対抗関係が継続的にあったとするのではなく、詳細な関係変化を理解した上での検討が要請されていると言えよう。

他方、同じく近年の研究により、三河本願寺教団をめぐる新たな課題が持ち上がっている点も指摘できる。すなわち、本山である本願寺と三河国寺院と、その下にあった坊主衆・門徒衆との三者の関係である。先述の拙稿により、三河本願寺教団の完全再興が認められたことに対する徳川氏への礼銭賦課を通じて、これまで材木京上一件が起こった天正十六年（一五八八）とされていた、三河国内の各寺院の命令に対する下坊主衆・門徒衆の反発は、三河本願寺教団の再興が完全な形で果たされて間もない天正十五年（一五八七）には、すでに見られることを指摘した。このことは、三河本願寺教団の主要寺院である三河三か寺もしくは同七か寺の求心性が、はたして再興段階に継続的に保持されていたのか否かといった新たな問題を提示することになる。

近年、太田光俊氏により、近江・伊勢両国において、本願寺—各地域の寺院—その坊主衆・門徒衆の三者間での意思伝達・指示系統面での乖離状況が指摘されているだけに[11]、三河国においても、門徒衆による有力寺院への反発時期が早められたことを受け、このような視点での追究は必要であろう。

そこで本稿では前記二つの課題、すなわち、三河国での天正十年から十一年の本願寺派禁制解除および、そこから完全再興に至るまでの本願寺・有力寺院・門徒衆の関係についての実態を追究していくこととする。

一　天正十年から十一年末にかけての三河本願寺教団と徳川氏

天正十年（一五八二）から翌十一年にあった三河本願寺教団の再興に関わる研究を見ていくと、まず新行紀一氏は、天正十年十二月にあった本願寺顕如から徳川家康への音信がその初めであり、それは家康叔母であり、三河国での本願寺派禁制以降、同派を管理していた妙春尼の尽力があったためとされる。同時に、徳川氏と本願寺との和解は、織田信長の急死の影響のみで見るのは正しくなく、家康と羽柴（豊臣）秀吉との関係、具体的には秀吉の本願寺との親密化と、徳川・羽柴両氏の対決姿勢に注目すべきで、このような背景により、これ以降の両者の交渉を経て、翌十一年の十二月末日に、徳川氏は正式に三河本願寺派禁制を解除し、寺院道場の還住を認めたとされた[12]。

続いて、真宗史の視点で検討された青木馨氏は、同時期の本願寺教如の動向も合わせる形で三河本願寺教団の再興に至る過程を検討している。それによると、天正十年十二月に始まった同教団の再興については、妙春尼の努力を得て、本願寺側から徳川氏に対し禁教赦免要請を開始したとされる[13]。また、天正十年の本願寺顕如から徳川氏への音信があった直後の同年十二月十六日に、三河三か寺の一つである上宮寺に、かつての同寺の僧であった勝祐・信祐両影像二幅が本願寺顕如より与えられたことも指摘される(14)。

安藤弥氏も真宗史の視点で、三河国真宗寺院の東西分派に至る過程を見る中から、当該時期についても触れられている。ここでは、「〝本能寺の変〟後の秀吉と家康の緊張関係、それに伴う家康と本願寺顕如との音信回復(15)」が同教団赦免の前提との見解を示される。

以上から、三河本願寺教団の赦免は天正十年末から十一年末までの一年間の期間を経て達成されており、その背景には、本能寺の変後の徳川・羽柴両氏の競合関係があったためとされる。そして、そのような状況の下で、本願寺側から赦免への働きかけがあったとされている。一方で、解除に至る一年間の詳細については、基本的には新行氏の見解が継承されたままであり、その検証が行われているわけではない。特に、妙春尼の本願寺派再興に向けた行動がなぜこの時期に突如として表れたのかなど、不確定な点もある。

では、その実態はどのようであったのであろうか。赦免への動きが始まる天正十年十一月頃の本願寺と徳川・羽柴両氏の関係について、本願寺顕如の右筆である宇野主水が記した「鷺森日記」から見ていくこととする。本願寺と羽柴氏の関係については、「鷺森日記」天正十年十月十六日の記事から確認できる(16)。ここでは、羽柴秀吉・惟住（丹羽）長秀・堀秀政といった、本能寺の変直後の清須会議に集まった織田信長亡き後に同家を取り仕切る重臣に対し、本願寺顕如・教如父子から音信があったことが知られる。これは「此御使ハ今度御父子之御間御入眼ニ付而ノ御礼也」とあるように、本願寺顕如と教如の関係が「入眼」、つまり対立関係を解消し、元の関係に戻ったこと(17)の礼として、織田家臣団の中心人物一同にその音信を送ったためであった。同時に、この時の教如からの音信は「羽柴へハハシメ也」とも記されるように、教如による秀吉への接触の始まりであった。

次は十月末にあった織田家家督に関わる相談が織田家中であったことを記しており、その次が十一月十六日の記事となる。ここでは本願寺から堺御坊の地子年貢返還についての使いが出され、その結果、秀吉と長秀の連名により堺御坊寺領が返還されたことが記される。そして、このことに対する本願寺からの礼も秀吉と長秀の二人に送られている。(18)

まとめると、本願寺派宗主顕如とその長男教如の仲違いの解消時を始めとして、本願寺は積極的に織田家中、特にその重臣と関係を結ぼうとした。その中で秀吉との関係も深め、中でも教如は初めて音信を送ったということになる。注意すべきは、本願寺の目指す先は秀吉一人ではなく、あくまで織田家中の中心人物全員であったことである。加えて、本願寺は織田家中から堺御坊の寺領返還を取り付けることに成功したが、これも秀吉単独ではなく、あくまで織田家中を通じて行われている。すなわち、この段階で、あえて本願寺が秀吉と個人的な関係を強く持とうとしたことまでは読み取れず、あくまで本願寺が復活を目指して、それまでの対立相手であった織田家中と接近していったということになる。

そしてこのことは、堺御坊の件に対する礼のみではなく、翌年の年頭挨拶・音信でも確認できる。すなわち、本願寺からの年頭御礼が秀吉のみではなく長秀にも同時にあり、またこの時秀吉・長秀等とは敵対関係が表面化していた、同じく織田家中の重臣である柴田勝家にも年頭音信が出されているのである。(19)

そのような中、堺御坊の寺領返還の次に記される箇条が、これまでの研究でも注目される徳川氏への音信が本願寺より送られた際の記事である。(20)

史料1

一三河ノ徳川ヘ為御礼、寺内相模法橋被遣之、近年ハ御儀絶ナレトモ今度入眼ニ付テ御一礼也、惣入目金卅枚計ノ分也、コレハ国ノ門徒中

トシテ被調之者也、安芸後室《(妙春尼)》一身ノ馳走肝煎也、

本記事は、これまで本章にて指摘してきたように、本願寺が信長亡き後の織田家中の中心人物との関係を結んでいる、まさにその最中の記事となる。もちろん、このこと自体、直接は**史料1**にも記され、またこれまでの研究でも指摘されるように、安芸後室、つまり妙春尼の肝煎があったことによるものである。しかし、松平（徳川）氏による本願寺派の追放から十八年もの間途絶えていたにもかかわらず、本能寺の変から約半年後の、本願寺が織田家中との関係を結び始めた最中に、しかも具体的に割注部に「入眼ニ付テ御一礼也」と記されるように、明らかに両者の関係改善が見られるに至っている点は注目される。

加えて、前に記した織田家中への年頭御礼の直後の記事である天正十一年二月の記事に、徳川家康とその家臣酒井忠次・石川数正・石川家成・石川康通に対し音信が出されていることから[21]、ここでの妙春尼の行動および本願寺との「入眼」関係は、家康の認識の下での行動であったことになる。では、この時の家康の本願寺に対する行動は、これまでの研究で指摘されるように、秀吉に対抗する行動と言えるのであろうか。すでに拙稿によって知られる内容ではあるが[22]、以下、関係箇所に限定し、徳川・羽柴両氏のこの時期の関係について要約的に見ていくこととする。

天正十年六月の織田信長亡き後の織田家中は、秀吉・長秀・勝家と池田恒興に、徳川家康を加える、いわゆる「織田体制」がその中心となる体制によって運営されることになった。その中で、旧織田領であった甲斐・信濃両国から上野国に至るまでの対応をゆだねられたのが家康である[23]。これ以降、これらの国々をめぐり、家康は北条氏直との戦いが続いたが、この戦いは、天正十年十月末の両者による和平成立により終結し、これ以降、家康は翌十一年も含め、甲斐・信濃両国の安定化を目指していくことになる[24]。本願寺との関係が見られる天正十年十月から年末にかけての徳川氏の状況は、まさにその戦争を終え、甲斐・信濃両国を含む領国体制を固め始めた矢先の時期と

いうことになる。

これに対し、秀吉の動向を見ていくと、少なくとも天正十年八月頃までは「織田体制」のほころびは表面化してはいなかったものの、同年十月になると、秀吉と織田信孝および勝家との対立が表面化していくことになる。両者は即座に戦闘状態に至ったわけではなかったが、結果的には、翌年四月まで抗争は続いた(25)。ちょうど本願寺との関係が始まることになった天正十年十月から十二月は、秀吉にとっては、この信孝・勝家をはじめとする「織田家中」の反秀吉勢との対立化、後の抗争へと至る時期となる。

では、家康・秀吉はこの時期にどのような関係を有していたのであろうか。これについては、天正十年十月から十一月にあった、秀吉による織田家家督の変更から確認することができる。秀吉は、信長の子であり本能寺の変後は岐阜城を任されることになった信孝が、織田家家督であった三法師を岐阜城から出すことを拒否したことから、その家督変更を目論んだのである。ここでの秀吉は、長秀・恒興との合議を経て(26)、最終的には「織田体制」の一人である家康の認可を受ける形で、この変更を強行した。そして、この家督変更に対する家康への認可要請およびその認可の返状が出される、まさにその最中に、本願寺と徳川氏の間で「入眼」が果たされることになったのである(27)。そしてこれ以降も、少なくとも秀吉の関東諸将への直接介入が確認される天正十一年七月末までは、確かに秀吉の「織田体制」内での地位上昇は見られるものの、少なくとも両者間の緊張化は見られない(28)。

このような状況からは、本願寺禁制の解除に向かう家康にとって、秀吉への対抗という側面を見ることはできない。また、家康がその対抗策として押し進めるため、自ら進んで本願寺との接近を果たしたとも即座に考えることはできない。と言うのも、現実の三河国での本願寺派の禁制解除まではまだ一年もの期間が必要だったからである。

では、どのような背景により、徳川氏と本願寺は「入眼」関係となったのであろうか。これについては、先述したように、本願寺と「織田家中」との関係が結ばれるのと同時進行で徳川氏との関係も結ばれていることに注目すべきと考える。すなわち、本願寺が織田信長の死に伴い、その復活を意図して「織田体制」との接近を図る中で、そのような情勢に即座に対応した妙春尼の行動を受ける形で、徳川氏とも関係を結ぶことを果たしたと考えられるのである。もちろん、この見解は推測に留まるものであり、残念ながら家康がどのような認識を持って本願寺と接することになったのか、その詳細は不明である。しかし、ここまでに確認した動向から、少なくとも、徳川氏が本願寺との間に「入眼」関係を結んだことが、秀吉への対抗策ではなかったことだけは確認されよう。

二　天正十一年末に至るまでの本願寺と徳川氏の関係

次に問題となるのが、家康による三河国内での具体的な本願寺派禁制の解除が一年先となった点である。本章では、ここに至るまでの本願寺と徳川氏との関係および、羽柴秀吉との関係について検討していくこととする。徳川氏としては、「入眼」が成立したことのみで留まり、この問題を全く放置していたわけではなかった。次の**史料2**(29)に知られるように、両者間の交渉は続いていた。

史料2

只今家康（徳川）へ以一翰申候、宜様取成可為喜悦候、仍連々一礼之儀乍存知、菟角遅引失本意候、就其以使節申候、右之趣被得其旨、此已来別而預御入魂様馳走憑入候、随而太刀一腰・馬一疋・縮廿端進之候、祝儀計候、猶下間（頼廉）刑部卿法眼可令伝語候、穴賢、

霜月廿日（天正十一年）　光佐（本願寺顕如）（花押）

榊原小平太《康政》殿

この史料はすでに新行氏により注目される史料であるが[30]、改めて見ていくこととする。本史料は、本願寺顕如が徳川家臣榊原康政に宛てたものであり、その内容は「菟角遅引失本意候」とあるように、本願寺にとって残念ながら遅延することとなったことと、今回本願寺側が「右之趣」、つまり徳川氏からの要求に対する返事と想像される、本史料と同送された「一翰」の内容をご理解いただいた上で、「此已来別而預御入魂様馳走憑入候」とあるように、改めて今後の友好関係を望むという内容となる。また、ここでの記載方法は非常に丁寧であり、「憑み入り」とするように、どうにかお願いする旨を伝えるといった方法を採っているのがその特徴となる。そして、この史料が出された翌月に、家康は、三河国内での本願寺派禁制を十八年ぶりに解除したが、一方で、三河本願寺教団の中心寺院である三河七か寺については、その還住は認めなかったのである。

ここまでに見る**史料2**の内容やその記載方法と、**史料2**の発給から実際の三河国での本願寺派禁制解除に至るまでの時間的経緯および、実際に実行された内容の三点から、**史料2**を受けて、ようやく徳川氏が具体的な同教団の再興に関わる政策として、その禁制解除を実行に移したと考えることができよう。すなわち、これまでも本願寺・徳川氏両者間に交渉はあったが、ここに来て本願寺側の案（これが**史料2**にある「一翰」の内容）が出され、ようやく両者の「入眼」の具体的な実行が果たされたと考えられるのである。特に**史料2**に見られる本願寺顕如の腰の低い態度と、実際にあった不完全な再興内容からは、この案が事実上の妥協案であったことも物語られよう。では、ここまでの本稿での**史料2**に対する解釈は事実と言えようか。これについて、この時その還住が認められなかった三河七か寺をめぐる直後の動向から確認していくこととする。

三河国内での本願寺派禁制解除の半年後であり、ちょうどその際に勃発していた小牧長久手の戦いが始まって三か月が経つ六月に、「御身上之儀当陣之内にも早四度迄家康へ被申候」とあるように、「御身上」つまり、本願寺と徳川氏の間の「入眼」を推し進める妙春尼自身が、三か月の間に四度という明らかに多い回数、しかも戦場である尾張国小牧の家康陣にまで赴き、三河七か寺の国内復活嘆願行動が盛んに行われていたことが知られる[31]。

妙春尼による右に見る積極的な行動は、直接には、常泉坊等の妨害行為に関わっての行動となる。しかし、この妨害行為自体が上宮寺の僧尊祐の帰寺への妙春尼の働きかけに対するものであることから、妙春尼の行動の本質は、三河国での本願寺派の再興がようやく動き始めたこの時期に完全復興を目指したためと考えることができる。逆に、ここでの妙春尼の積極的な行動は、前年の本願寺派禁制解除が不完全な状態であり、この形が定着することが無いよう緊急に改善すべき課題と認識されていたからこその行動ともとらえられる。このように、妙春尼の積極的な嘆願行動からは、一方はこれを契機とする、他方はこれに危機感を持つという、相反する二つの可能性が考えられることになるが、いずれであっても、妙春尼にとって、三河七か寺の復帰こそが完全な形として求められていたことだけは間違いなかろう。

以上から、天正十一年十二月末にあった本願寺派禁制解除は、本願寺にとって不完全な妥協した形であり、家康はこの時本山である本願寺との関係解消のみを目指したことが確認される。そして、そのために家康が採ったのが、本願寺派禁制の解除を行う一方、三河七か寺の復帰は認めないという方法だったのである。

これが仮に秀吉との対抗関係を意識したものであれば、本願寺側にとって妥協となる不完全な形での再興には至らなかったと考える。つまり、この内容は本願寺にとって不満を残す妥協した形であり、合戦中に徳川氏への反発勢力となり得る可能性を残すことになり、それは三河七か寺に対しても同様であるからである。

では、本願寺派禁制解除のみの再興と、その約二か月後に起こった秀吉と家康の直接対決となった小牧長久手の戦いとは、直接的な関係を有していないのであろうか。実際に、同合戦の開始以降の状況について見ていく中から確認していくこととする。

三河国での本願寺派禁制解除は、本願寺にとっては大きな問題であり、当然秀吉の耳にも入っていたであろう。しかし、その約二か月後となる、もう一人の当事者である織田信雄が起こした天正十二年三月六日にあった三家老殺害事件（＝小牧長久手の戦い合戦の勃発）の際には、秀吉は紀州への出陣を眼前に控えていたのである。[32]このことは、秀吉が、家康からの攻撃を想定していなかったことを示す。つまり、家康による本願寺派禁制の解除を、直接的な自身への対抗策と見ていなかったことになる。[33]

対する家康については、この合戦中に本願寺に対して、加賀国の返還等を示したことが、[34]戦時中に確認できる直接的な本願寺との関係として注目される。しかし、これは四月九日にあった長久手の戦いでの勝利を受けての攻勢に転じたことによって出されたものである。このことのみを強調して、家康が合戦開始時もしくはそれ以前まで含めて本願寺の動向を意識していた、もしくは本願寺派禁制の解除により、直接自身へ与することになると認識していたとすることはできない。[35]

確かに、天正十一年末に至ると、秀吉による関東諸将への介入が深められ、徳川・羽柴両者の関係は緊張度を増すことになった。[36]しかし、両者間の具体的な対抗関係は、表面的には、小牧長久手の戦いが実際に起こるまで確認できない。また、この戦いに向けた戦闘準備は、家康のみならず信雄を含めても、その直前まで史料上では確認できない。[37]つまり、家康の本願寺派禁制解除が秀吉への対抗策と直接関わっていることは、同時期の史料上からも確認できないのである。

三　天正十三年前半期の三河三か寺と門徒衆

徳川家康は、本願寺との関係については再興を承諾したものの、領国内本願寺派の有力寺院である三河七か寺については、その復帰を認めることはなかった。家康は三河本願寺教団の元の形への復帰を嫌ったのである。では、ここまで家康に嫌われた三河本願寺教団の実態、特に復帰が認められなかった有力寺院である三河七か寺と、国内にあった坊主衆・門徒衆の関係は、この時どうなっていたのであろう。特に、家康の認識にあるように、同教団は危険な要素を持ち続けていたのであろうか。以下、小牧長久手の戦い終了直後にあった、徳川家臣の本多重次偽書事件を中心に、この関係について見ていくこととする。

まず、三河国での本願寺派禁制が解除された直後の天正十二年（一五八四）の同国内の状況について、先述の安藤氏による分析が見られる。そこでは、門徒武士団が寺跡に留まり、これら正体不明の牢人勢力が不穏な動きを示していたとされる(38)。これについては、例えば本證寺内九郎左衛門の悪行問題(39)に見るように、史料にて具体的に確認できる内容であり、詳細は不明ながらも従うべき見解と考える。

そのような中、勃発したのが本證寺空誓による本多重次偽書から讒言に至る事件であった(40)。この事件は、三河本願寺教団の中心寺院である三河三か寺の一つ、本證寺の僧である空誓をきっかけとして、残る二つの寺院である上宮寺と勝鬘寺の各僧である尊祐・了順が、三河へ帰国しようとしたことがことの発端となる事件であった。

これは家康の許可を得た上での行為ではなかったため、結果的には、改めて家康により七か寺の追放が命ぜられることになった(41)。そして、この時貝塚の本願寺へ駆け込んだ空誓は本願寺に対し、証拠として重次による折紙を提出し、このような事態に至ったのは、妙春尼が三河七か寺を嫌ったためであると弁明した。しかし、この折紙は偽書であり、また空誓が示した妙春尼の行動も全くの誤りで、全てが空誓による讒言であったのである。(42)

上宮寺尊祐と勝鬘寺了順は、本證寺空誓にだまされる、もしくは利用される形で、徳川氏の追っ手を受けるに至った。ところが、天正十三年十月十一日付の尊祐書状を見ると、「何とそ門徒中へも談合申参詣申度念願にて勝万〔鬘〕寺申合、不顧遠慮無明に敵国へ順礼之躰にて罷出少滞留之処、はや守護方へ訴人出、況討手相向候之間、漸遁其場至信州筋へ罷退候」とあるように、(43)自らは追っ手を受けてむなしく信州筋へ帰ったことは記すも、この背景に空誓の讒言が理由であったなどは一切記していない。また、同時期の他の尊祐書状を見ても、空誓に対するこの問題に関わる苦情や恨み言なども確認できない。このことはここに至ってもなお三河本願寺教団の有力寺院内の連帯体制が示されることになろう。(44)

これに対し、在国している坊主衆・門徒衆はどうであろうか。この事件を受け、本願寺に対し三河国内の上宮寺坊主衆より出された、もしくは出される予定であったと考えられる書状が残される。(45)これによると、本證寺空誓の今回の讒言による行動を「末々迄迷惑仕候」と、自分たちは元より、まさに「末々」に至るまではなはだ迷惑な行為であり、またこのような「迷惑」とする見解を「国中自惣坊主衆以目安被申上候」とするように三河国本願寺教団「惣坊主衆」の総意として、直接の上位者となる三河国内の有力寺院を越えて、しかもその行動を完全否定する内容を本山に直接訴えているのである。このことは、少なくとも追放以前にあった三河本願寺教団の統率された状況とは異なり、有力寺院追放後の同国内に残る坊主衆が同寺院の指示系統から離反していた一つの証左となろう。

ここでの「惣坊主衆」が、三河国内の本願寺派寺院全体ではなく、上宮寺末のみを示す可能性も考えられる。しかし、この場合であっても、少なくとも、上宮寺尊祐・勝鬘寺了順と本證寺空誓に見られる一体的な関係とは異なり、その下に位置する在国している坊主衆の間では、有力寺院同士の分裂状況が示されるのである[46]。

徳川氏にとって三河本願寺教団は、例えば先述の安藤氏の指摘にあるように、個別の寺院内の動きを見ていくと、確かに、いまだ徳川氏には制御できていない状況があった。そのような認識が、本願寺自体との関係復元は果たせても、三河国内の本願寺派有力寺院の還住までは認めることはできない要因となっていたのであろう。しかし、本章で見るように、もはや一向一揆時に見られるような有力寺院を中心とした教団全体の連帯状況は、その帰還前にすでにほころびを見せていたのである。

むすび

三河国での本願寺派の禁制解除に至る過程についての先行研究となる新行氏の見解は、「背景」として徳川・羽柴両氏の対抗関係を強調すべきとの指摘である。それに対し、本稿での見解は、基本的には、そこに直接的な関係を認めることはできないとするものである。ただ筆者は、ここで両者の関係の有無に対してゼロか百かの議論をするつもりはなく、その強調度を示したまでである。そもそも、この時の本願寺派禁制解除と、羽柴氏との対決は、共に徳川家康がその主体であり、主体が同一人物である以上、そのことが全く無関係とすることはできないと考える。そういう点では、本稿は新行氏の見解とは直接的な対抗関係にはなっていない面もあり、少し視点自体にズレがある部分もあると言わざるを得ない。とは言え、異なる指摘を行っているのも事実であり、以下、このことを念頭に置きつつ、その内容を簡単にまとめていくこととしたい。

天正十一年十二月、三河国では本願寺派の禁制が解かれることになった。これに対し、これまでは、前年六月にあった本能寺の変に伴う本願寺自体の立ち位置の変化に加え、同時期にあった徳川・羽柴両氏間の抗争が背景となり、その解禁が進められることになったとされてきた。それに対し本稿では、そのきっかけとなった前年十二月にあった本願寺と徳川氏の「入眼」と、実際の解禁となった天正十一年とを分けて検討した。その結果、前者は本願寺と織田家中全体との関係改善と同時にあり、また、その両時期とも、徳川・羽柴間の抗争とは関わらずに、徳川氏と本願寺による本願寺派再興への交渉が進められていたことを示すことになった。

一方で、徳川家康はあくまで本願寺との関係のみの復元を承認したのみで、三河本願寺教団の中心的寺院である三河七か寺の復帰については、天正十一年段階では認めることはなかった。徳川氏と本願寺が、天正十年から十一年の間に、どのような交渉を行っていたのかを具体的に知ることは不明であり、また、どのような復帰姿を目論んでいたのかも不明である。ただ、徳川氏にとって、この段階に至っても三河本願寺教団は危険な存在と認識されており、その結果が三河七か寺の還住不許可という部分的な再興となったのであろう。

ところが、長期間の有力寺院の不在の間に、すでにそれ以前にあったような有力寺院とその坊主衆との連帯体制は薄れ、その復帰以前から、在地に残る坊主衆が、公然と有力寺院の行動を否定する動きがあり、そのことを本山に直接苦情として伝えているのである。どこまで徳川氏がその存在に敏感になっていたのかは不明であるが、すでに、徳川氏とは直接関わりなく、教団自体は変質しつつある状況であったのである。

以上が天正十年から十三年初頭にかけての三河国内の本願寺派寺院の再興過程および、その内部実態に関わる本稿での理解である。ただこの理解は可能性に留まる側面も多く、今後、他の面からも裏付けていく必要がある。同時に、これ以降三河七か寺の還住を含む、三河本願寺教団の完全復帰がどのように果たされたのかという大きな課題が浮かび上がることにもなる。以上のように、多くの課題を残すことになるが、これらについては他日を期すことし、まずはここまでとしたい。

註

（1）新行紀一『一向一揆の基礎構造』（吉川弘文館、一九七五年）・同「天正末年の三河本願寺教団と徳川家康―材木京上一件をめぐって―」（和歌森太郎先生還暦記念『近世封建支配と民衆社会』弘文堂、一九七五年）および、『新編岡崎市史』中世2（岡崎市、一九八九年）。

（2）村岡幹生「永禄三河一揆の展開過程―三河一向一揆を見直す―」（新行紀一編『戦国期の真宗と一向一揆』吉川弘文館、二〇一〇年）。また、村岡氏および後述する安藤弥氏・水野智之氏等によって執筆された『新編安城市史』1通史編原始・古代・中世（安城市、二〇〇七年）も、同書の性格上概説的ではあるが、これまでの理解に対して再検討を図る最新の研究である。

（3）安藤弥「天正年間三河本願寺教団の再興過程―平地御坊体制をめぐって―」（『安城市史研究』第六号、二〇〇五年）。

（4）水野智之「聚楽第行幸と武家権力―三河本願寺教団への材木京上賦課の検討から―」（『安城市史研究』第六号）。

（5）拙稿「徳川氏の三河国支配と五十分一役」（『織豊期研究』第七号、二〇〇五年）、のち、拙著『幕藩制成立期の社会政治史研究―検地と検地帳を中心に―』校倉書房、二〇一四年、第二章所収）。なお、ここでは近年に限る形で研究動向を示したが、これまでにも、本稿に直接関わる研究として、例えば、織田顕信『真宗教団史の基礎的研究』（法藏館、二〇〇八年、ただし、初出は一九七〇年から八〇年代となる）がある。本書では、三河一向一揆に関わる記録史料についての分析や、三河国本願寺教団の代表寺院であり、三河三か寺と称される本證寺・上宮寺・勝鬘寺とその末寺の関係や、一門寺院である本宗寺についてなど、真宗史の視点での分析が見られる。

（6）近年の研究で言えば、安藤氏註（3）論文が、当該期間を含む形で論証を進めている。しかし、この論文の主題は、その後の東西分派に至る動向にあり、この時期の理解については、これまでの研究に従う形で、言わば主題の前提条件として確認しているに留まる。

（7）徳川氏による正式な本願寺派禁制解除は「（天正十一年）十二月三十日付妙春尼宛徳川家康書状」（『愛知県史

資料編12　織豊2』愛知県、二〇〇七年、一九二号）によって認められることになった。ただし、同時に「（天正十一年）極月三十日付下間頼廉宛石川家成等連署状」（『愛知県史　資料編12　織豊2』一九三号）が出され、三河本願寺教団の中心的寺院である三河七か寺の還住については継続して禁止することが伝えられている。なお、三河七か寺とは、本證寺・上宮寺・勝鬘寺・慈光寺・浄妙寺・願照寺・無量寿寺であり、このうち、本證寺・上宮寺・勝鬘寺がこれらの中のさらなる代表的な寺院であり、三河三か寺と呼ばれる。

（8）　後述の**史料1**が、そのきっかけについて記されるものである。詳細は次章にて見ていくこととするが、これは先述の本願寺派禁制解除の一年前の出来事となる。

（9）　新行紀一氏および安藤弥氏以外に、直接この問題に触れる研究として、青木馨「三河本願寺教団の復興と教如の動向―石山合戦終結をめぐって―」（北西弘先生還暦記念『中世仏教と真宗』吉川弘文館、一九八五年）がある。ここでは、三河本願寺教団の再興について、新行氏に見られる徳川・羽柴両氏間の問題を背景としてとらえる見解ではなく、そのことには触れずに、本願寺教如の動向と結びつける形で検討されている。なお、詳細については次章にて触れることとする。

（10）　拙稿「小牧長久手の戦い前の徳川・羽柴氏の関係」（『人文学報』四四五号、二〇一一年）。

（11）　太田光俊「小牧・長久手の戦いにおける本願寺門末―北伊勢の事例から―」（藤田達生編『近世成立期の大規模戦争』（岩田書院、二〇〇六年）、同「石山合戦に敗北しても活動を続ける本願寺門末―近江国湖北の事例から―」（平川新編『通説を見直す―16～19世紀の日本―』（清文堂出版、二〇一五年）。

（12）　新行氏註（1）著書、三一五頁以下。

（13）　青木氏註（9）論文、二〇一頁。

（14）　青木氏註（9）論文、二〇〇頁。

（15）　安藤氏註（3）論文、五四頁。

（16）　真宗典籍刊行会『続真宗大系』第一六巻（一九三九年初版、一九七六年再版）五八頁。なお、本稿では東京大学史料編纂所架蔵写真帳（六一七三―五六八）にて確認した。

（17）　『日本国語大辞典』第二版、第六巻（小学館、二〇〇一年）、「入眼」の項。

（18）　「鷺森日記」天正十一年閏正月二十五・六日の時分の項（真宗典籍刊行会『続真宗大系』第一六巻、五九頁）。

(19)「鷺森日記」天正十一年閏正月二十五・六日の時分の項および、同年三月条（真宗典籍刊行会『続真宗大系』第一六巻、五九・六〇頁）。
(20)「鷺森日記」天正十年十二月四日条（真宗典籍刊行会『続真宗大系』第一六巻、五八〜五九頁）。
(21)「鷺森日記」天正十一年二月条（真宗典籍刊行会『続真宗大系』第一六巻、五九頁）。
(22)註(10)拙稿。
(23)「(天正十年)七月七日付徳川家康宛羽柴秀吉書状」（名古屋市博物館編『豊臣秀吉文書集　一』吉川弘文館、二〇一五年、四五五号）によると、「両三ヶ国之儀、敵方江非可被成御渡候条、御人数被遣、被属御手候之様」とあるように、秀吉は家康の関東での戦闘および、甲斐・信濃・上野国領有を認めていたことが知られる。
(24)註(10)拙稿、第二章。
(25)註(10)拙稿、第一章。
(26)「蓮成院記録」天正十年十月晦日条（『愛知県史　資料編12　織豊2』二〇六号）など。なお、本章で扱う「鷺森日記」にもこの会合は確認できる。
(27)秀吉が家康に家督変更を直接示したのは、(天正十年)十一月一日付石川数正宛羽柴秀吉書状（『愛知県史　資料編12　織豊2』二〇九号）であり、また、そのことを認可した返書は、「(天正十年)十二月廿二日付徳川家康書状」（『愛知県史　資料編12　織豊2』二六九号）となる。
(28)註(10)拙稿、第三章。
(29)「(天正十一年)霜月廿日付榊原康政宛本願寺顕如書状」（『愛知県史　資料編12　織豊2』一九四号）。
(30)新行氏註(1)著書、三一五頁。
(31)「(天正十二年)六月九日付上宮寺尊祐宛山本為次書状」（『愛知県史　資料編12　織豊2』五二四号）。なお、山本為次は、妙春尼と共に平地御坊にて三河本願寺教団を管理しており、三河七か寺追放後に、その留守居として三河坊主衆によっておかれた人物と考えられる。詳細は『新編岡崎市史』中世2、九七一頁および、織田氏註(5)著書、四〇四頁参照。
(32)「貝塚御座所日記」天正十二年二月末から三月八日条（大澤研一「貝塚御座所日記」(二)『寺内町研究』第二号、一九九五年）によると、秀吉は、「三月廿七日」に「根来寺雑賀成敗」の出陣を計画しており、諸国からの軍勢は

「三月廿日」までに大坂へ在陣予定であった。
(33) なお、秀吉は終戦に至る過程で、本願寺に信雄・家康との間の執り成しを要請している(「(天正十二年)十一月四日付下間頼廉等宛羽柴秀吉朱印状写」(『愛知県史　資料編12　織豊2』六七四号)。このことから、秀吉の中では、地域の寺院および坊主衆まで含まれるわけではないが、少なくとも本願寺本山としては、言わば直接には両者のいずれにも与しない中間的な存在として位置づけられていたと考えられる。
(34) 「(天正十二年)四月十日付本願寺宛徳川家康書状」(『愛知県史　資料編12　織豊2』八二九号)。
(35) 家康は、長久手の戦いの翌日となる四月十日に、吉村氏吉・蘆田時直に対し、「上洛不可有程候」などと記すなど、まさに攻勢に転じる書状を複数発給している。それと同日に本願寺に対して出されたのが先の註(34)書状である。家康の自軍への参加要請は、例えば長宗我部氏に対しては戦争勃発直後から見られるが、本願寺に対しての同様の行為は当初には見られない。四月十日に突如としてこのような書状が発給されたことは、家康自身が、長久手での勝利を受け一気に攻勢に転じ勝利が意識される中で、蘆田氏をはじめこれまでこの戦闘に参加していない勢力の参加を促すことも含めて出されたものと考える。そして本願寺に対しても同様に、このような攻勢に転じるという情勢の中で、この書状が出されたと考える。
(36) 註(10)拙稿、第三章。
(37) 信雄も家康も一次史料では共に同年三月三日まで戦闘準備の確認はできない。なお、前者の戦闘準備の初見は「(天正十二年三月)三日付小川長保宛織田信雄書状」(『愛知県史　資料編12　織豊2』二八四号)、後者は「家忠日記」天正十二年三月四日条(『愛知県史　資料編12　織豊2』二八五号)となる。なお、記録史料を含めても、天正十二年二月に家康から信雄へ密使が遣わされたとすることが、その初見となる(「岩田氏覚書」〈『大日本史料』第一一編之五、一九三四年、七一九頁〉など)。
(38) 安藤氏註(3)論文、五五頁。
(39) 「(天正十二年)六月七日付上宮寺尊祐宛山本為次書状」(『愛知県史　資料編12　織豊2』五二一号)。
(40) この事件の詳細は、新行氏註(1)著書三二一頁、註(2)『新編安城市史』七四三頁に詳しい。
(41) 「(天正十三年)三月三十日付下間頼廉宛酒井忠次等連署状写」(『愛知県史　資料編12　織豊2』九四七号)。
(42) 「(天正十三年)七月七日付下間頼廉宛本多重次書状写」(『愛知県史　資料編12　織豊2』九七九号)を見ると、

重次は、本願寺空誓が虚言を申しており、また重次折紙が偽書であるので、空誓を処罰するよう求めている。また、妙春尼の策略が本證寺空誓の虚言であったことは、「(天正十三年)五月十四日付上宮寺尊祐宛山本為次書状」(『愛知県史　資料編12　織豊2』九五三号)に確認できる。

(43)「(天正十三年)十月十一日常楽寺宛尊祐書状」(『愛知県史　資料編12　織豊2』一〇〇〇号)。

(44)新行氏は、本證寺空誓によるこのような行為が行われた理由について、同氏註(1)著書三二三頁において、本願寺による地方末寺支配対策として本願寺顕如の次男興正寺顕尊の三河下向が予定され、三河本願寺教団の完全復帰後には一家衆として、顕尊がその中心的地位におかれる予定であったことを理由としている。つまり、同教団の中心的地位を保持するために、本證寺空誓は、それに先駆けてこのような行動をとったのであり、それは上宮寺尊祐・勝鬘寺了順についても同様であったとされる。筆者も、このような本願寺をめぐる状況こそが、彼らの連帯を維持させた理由の一つと考える。

(45)「(天正十三年)十月十一日(下間頼廉宛)某書状案」(『愛知県史　資料編12　織豊2』九七〇号)。

(46)『新編安城市史』1通史編原始・古代・中世、七四七頁では、本来であればその先頭に立つべき寺院である本證寺が、この直後にあった完全再興以降、その主導権を取っていない理由をこの事件に求めている。筆者も同意見であるが、特に在地側、つまり坊主衆の離反が、そのことに追い打ちをかけることになったと考える。

Ⅲ 寺社の組織と経営

中世北野「社家」考

――「社家」と松梅院・公文所を中心に――

高橋菜月

はじめに

中世において比叡山延暦寺の研究は単に寺院・宗教史の研究のみならず、政治史・経済史・都市史等あらゆる分野において重要であることは、多くの先行研究が指摘する通りである。しかし、織田信長の焼き討ち等によって、延暦寺についての史料が豊富に残されているとは言い難い。それゆえに、比較的多く史料が残されている末社、特に祇園社と北野社の分析が必要となる。しかし祇園社に比べ、北野社の研究が十分に進展しているとは言い難い。

北野社についての研究の先駆的研究として、竹内秀雄氏(1)の研究が挙げられる。氏は創建・組織・社領・信仰等幅広い分野を対象に、北野社についての概説をまとめた。これを受け、中世の西京の麹座神人の活動や「西京」そのものに関する研究が、小野晃嗣氏(2)・網野善彦氏(3)によってなされる一方、境内・膝下領における検断活動についての研究(4)も進められている。また最近では、瀬田勝哉氏を始め諸氏の論稿を集めた『変貌する北野天満宮』(5)が出版され、北野社への関心が高まっている。しかし、同じく延暦寺末社である祇園社と比べると、さらなる研究が待たれる点も少なくない。特に、基礎的研究というべき社内組織については、研究が積み重ねられているが、いまだ検討すべき課題が残されている。

本稿の課題は、北野社の社内組織がいかなるものであったかを明らかにすることである。

社内組織の研究においては、鍋田英水子氏の研究(6)が注目される。従来の研究では、別当である曼殊院門跡と公文職・御殿職等の諸職を兼帯する松梅院の検討が中心であった。しかし北野社では、目代・政所・諸祠官・宮仕（承仕）・被官人等の活動も見られるのであり、特に祠官を除いたままの組織論は成り立たない。そのような問題意識から、氏は特に執行によって統率された祠官組織＝「一社」に強い関心を払った。氏によれば「一社」とは、北野社の祈禱と、祈禱に関連した事件・祠官同士の事件・問題の処理を目的とした自律的な集団であった。しかし同時に「一社」は、松梅院等と特定の院家の「門弟」という縦の繋がりや、私的な関係も内包しており、「自立しきれない面」を持っていたという。氏が祠官層を中心に社内組織論を充実させ、なおかつ松梅院が社内組織において、どのような職務・権限を持っていたかを具体的に示したことは、その後の組織論の展開において非常に重要な意味を持っている。次に佐々木創氏は、松梅院院主とその親族に注目し、神事と御師職相伝の密接な連関と、親族が松梅院院主を支える体制を明らかにした(7)。

また公文所に注目した研究もある。三枝暁子氏は、公文所たる松梅院が、曼殊院門跡―政所―目代からなる「社務」を中心とする一つの勢力に対し、公文所―公文承仕からなる「社家」を中心とする勢力を形成していたと述べる。そして公文所は、公人である宮仕職の補任状発給権を持つと同時に、延暦寺―北野社の本末関係を機能させる「中枢機関」であったと結論づけた(8)。しかし氏の公文所に関わる指摘は、史料の読解においてやや強引さを感じる点が残る。北野社の公文所については、鍋田氏や佐々木氏(9)の成果・指摘を踏まえ、組織論の中で再検討する必要がある。

そこで本稿では、「社家」という語を中心に北野社の社内組織の検討を試みたい。

「社家」という語について鍋田氏は、北野社の祠官が「院号を持つ社僧を指」し、「その他に「社家」ともいう」と「祠官」の語の言い換えであるとした。佐々木氏はこれを「祈祷集団（一社）と事務機関（公文所）との総体」であり、「法人格を有する存在」である可能性を示した。(10) しかし、史料に基づいて明確に定義づけされたわけではない。

「社家」の意味の正確な把握は、北野社祠官の組織の実態を解明するだけでなく、「社家」と並存していた「社務」の意味・実態の把握や、荘園支配・検断権等、北野社の社内組織全体を見渡す一助となると考える。

以後、鎌倉期・室町期の二期に分け、「社家」と松梅院・公文所との関係を中心に、両期の特徴の解明や比較検討を行う。

一　鎌倉期の「社家」

1　「社家」と「北野宮寺政所」

北野社において「社家」という語の初見は、貞永元年（一二三二）四月二十五日付の北野宮寺政所下文(11)である。

北野宮寺政所下　　法橋上人位有禅所
可レ令下早停二止昌宗門葉非論一、永有禅子孫相伝上、能登国菅原庄本常灯事、
右、得二有禅法橋解状一偁、菅原庄者、能登国為二上西門院(統子内親王)御分一之時、祖父永勝執行、如レ旧申二立当社御領一、割二

分年貢京定弐拾斛庄本斗定一、永宛二置常灯用途一、所レ令レ祈二申　聖朝安穏・社頭繁昌一也、爰昌宗云、覚禅共以依レ為二永勝之聟一、致二合力於当庄一、加二助成於彼地一、然間、自二永勝存生之時一、庄務者任二昌宗之進止一、常灯者任二覚禅之奉行一、社家無レ隠、人皆所レ知、但永勝未二処分一而入滅之間、為二後家之支配一、任二永勝存日之常言一、致二後家正等之配分一、覚禅分之内、以二常灯一所レ為レ宗也、而昌宗与二覚禅一成二父子之契約一、多年施二芳心一、仍公輔（菅原）朝臣成二異論於当庄一之時、覚禅為二沙汰之棟梁一、停二止度々之濫妨一畢、然間、昌宗優二奉公一知二深恩一、永譲二与預所職於覚禅一、依レ之、弥存二父子之礼儀一、殊致二沙汰之忠勤一、爰覚禅為二庄務一下二向菅原庄一、在国之間、去建保三年八月廿八日、有二社辺炎上一、住房焼失之間、所有之文書悉以焼失、其中件付属状等、不レ残二一紙一紛失畢、覚禅驚二此事一、馳上洛之処、昌宗聞二文書焼失之子細一、偸廻二譲与変改之秘計一、求二吹毛之咎一、称二儀絶之由一、即悔二返和与之契状一、忽奪二取覚禅之庄務一、沙汰之次第、非二言語之所一レ覃、然而、年来乍レ成二父子礼儀一、敵対相論之条、非二穏便之儀一、仍先可レ被レ免二勘当一之由、令二問答一之最中、依二河北庄（筑後国）地頭事一、俄被レ差二進関東一畢、而昌宗伺二得覚禅遠向之隙一、以二全円法橋一申二入綾小路殿（妙法院尊性）一之間、不レ被レ聞二食披覚禅申状一、頻可レ被レ裁二許昌宗一之由、被レ仰二下別当（承兼）御房一、仍不レ被レ待二覚禅参洛一、被レ成二下社家之御外題於昌宗一畢、其上剰常灯者、可レ為二昌宗進止一之由、雖二訴申一、云二社家之証判一、云二後房之遺状一、無二異論一之間、可レ賜二御宛文一之由、雖レ被二仰下一、不レ被レ待二参洛一、御二成敗昌宗一之条、覚禅殊貽二愁訴一之故、不レ急二申社裁一、渉二年月一之処、覚禅受二重病一、令二逝去一之刻、有禅依レ為二嫡弟一、伝二領彼常灯一畢、爰本領家黄門禅門（持明院家行カ）、有二由緒一、被レ譲二進当庄於綾小路殿一、仍全円法橋得二便宜一、再三雖レ令レ言二上事由一、依レ被レ優二有禅之奉行一、敢以無二御取引一、然而、全円他界之今、円親猶掠二申子細一之由、風聞之間、訴二申事由於長吏（別当承兼）一之処、為レ断二向後之濫訴一、忝被レ申二下彼御所之御避文一畢、以二此令旨一、雖レ可二満足一、当社領之習、以二社家之御宛文一、為二社僧之亀鏡一、就レ中、於二当庄一者、自レ昔于レ今、以二社家之証判一、所二伝領来一也、仍申二給厳重之御下文一、欲レ備二後代之証文一云々者、任二申請一、昌宗之門葉、永停二止自由之非論一、有禅之奉行、宜任二子孫之相伝一、毎年請二取見米京定弐拾石一、恒時不レ可レ退二転本常灯一、且以二此勤一、可レ令レ祈二申聖朝安穏・天下泰平・領家繁昌・御願成就一之状、所レ仰如レ件、以下、

貞永元年四月廿五日　　小寺主法師

（承兼）
別当権少僧都法眼和尚位（花押）

惣目代阿闍梨伝灯大法師位（花押）

執行上座法橋上人位（花押）

権上座法橋上人位（花押）

（以下、権上座二十一名省略）

寺主大法師（花押）

権寺主大法師（花押）

都維那法師（花押）

権都維那法師（花押）

（以下、権都維那七名省略）

（傍線部・括弧内一部は筆者、以下同）

この下文の争点となったのは、能登国菅原荘の荘務と常灯の奉行である。訴訟の経過は次の通りである。下文の宛所である有禅の祖父永勝執行は、聟の昌宗・覚禅にそれぞれ、菅原荘の荘務・常灯を奉行させた。そして永勝が

末処分のまま死去したので、後家の差配で常灯は昌宗に譲られることとなった。その後、昌宗と覚禅は父子の契約をし、昌宗は覚禅に対し預所職を譲与した。しかし建保三年（一二一五）の火災で関係文書がことごとく焼失した際、昌宗は突如覚禅を勘当し、菅原荘預所職を悔い返してしまった。さらに昌宗は覚禅が北野社に不在の間、「社家之御外題」で荘務を安堵された。一方覚禅は、以後常灯を奉行し、覚禅の死後は嫡弟の有禅がこれを伝領した。しかしこれを、円親が常灯を掠め申そうとしているという風聞があり、有禅は向後の濫訴を避けるため、別当に訴え、尊性法親王の「御避文」を獲得した。ここで注目すべきなのは、有禅が後の証拠のため、さらに「社家之御宛文」「厳重之御下文」を求めている点である。政所下文はこれを受けて発給されたのである。

以上から「社家之御宛文」とは、この北野宮寺政所下文を指すものと言える。つまり、「社家」と「北野宮寺政所」は置換可能な言葉であった。本文書の連署によれば、当該期に政所に所属していたのは、別当・惣目代・執行上座・権上座・寺主・権寺主・都維那・権都維那・小寺主の計三十八名である。他の寺社と同様、鎌倉期の北野社には、すでに別当・三綱で構成される政所組織が存在していた。

2　『紅梅殿社記録』に見る「社家」と公文所

次に、鎌倉後期~末期の文書を収めた『紅梅殿社記録』[12]に登場する、「社家」の意味について検討する。

最初に当記録に注目したのは、森茂暁氏[13]である。氏によれば、紅梅殿社はもともと五条坊門北・町尻西に所在した菅原道真の邸宅であり（『拾芥抄』等）、邸内に紅梅があったこと（「北野天神縁起」）から、後の人が紅梅殿と名づけたとされる。森氏の関心は、紅梅殿社の本社と称する北野社と紅梅殿社敷地住人との間の、同地をめぐる訴訟の展開過程であったが、同史料は北野社の社内組織の解明においても重要な意味を持っている。以下、森氏の訴訟経過のまとめを参考に検討する。

当該訴訟は、①嘉元四年（一三〇六）十月日付北野宮寺祠官等申状の提出によって開始された。祠官等は紅梅殿社敷地住人の神役懈怠を訴え、「任二解状之旨一、可レ興二行退転之神事一之由、被レ下二院宣一」るよう嘆願した(14)。①は、②同年十月十三日付公文所法印泰禅の添状（「社家状」）によって「壱岐前司」に挙達された。本来は別当僧正慈順の挙状で、担当奉行（蔵人）に宛てて挙達されるべきものであったが、別当には「依二御禁忌一、不レ致二御挙状一」という事情があり、泰禅が公文所として同申状を挙達した(15)。泰禅はその後、同年の③十一月と④十二月に、二通の書状を同前司に宛てて提出している。④の書状では、泰禅は以下のように述べている。

社家状案

紅梅殿神事勤仕間事、当社執行慶盛法橋至二天福・文暦一、如レ式致二沙汰一候了、其後社家無沙汰焉、神事悉退転候了、（中略）乍下居二住神領一候上（マヽ）、不レ弁二地利一候之条、住人等所行雅意候、以二有限分々之地利一、興二行神事一、奉レ増二神威一候者、御祈禱何事可レ過レ之候哉、当社文書等天福回禄之時、少々紛失候（マヽ）、彼社記録同紛失候之間、不レ能二注進一候、得二此御意一、重可レ有二御　奏聞一之由可下令二申入一給上候、恐々謹言、

同十二月十一日　　法印泰禅

謹上　壱岐前司殿(16)

北野社は、紅梅殿社の本社として自らを位置づけ、北野社執行を介して、末社の支配を続けてきた。しかし鎌倉中期になると、北野社の支配が及ばなくなり、神事がことごとく退転した。加えて、天福年間に北野社が炎上してしまい、紅梅殿社に関わる記録も紛失してしまい注進ができない。これを汲んで、奏聞してほしい。以上のように泰禅は書いている。泰禅はなぜこのような書状を提出したのか。

北野社の訴状は後宇多上皇に奏聞され、翌徳治二年（一三〇七）二月五日、別当に宛てて後宇多上皇の院宣が下された。この院宣の後、同年五月に地主等から申状が提出され、院にこれに対する対処を問われた別当は、公文所に対し、同年七月五日に⑤「早可レ尋二下社家一」と指示した。[17] そして⑤を受けた泰禅は、⑥同三月五日、請文を作成し、別当に対して返答した。[18] 以上のように、泰禅は公文所として「社家」の返答を示したのである。

では具体的に「社家」とは何を指すのか。前節では「北野宮寺政所」＝「社家」であった。しかし当記録では、⑤で別当が「社家」に尋ね下すべしと指示をしており、前節とは異なる意味で「社家」の語が用いられていると考えなければならない。

ここで注目されるのが、⑦延慶三年（一三一〇）七月日付祠官等申状[19]である。これより先同年七月二十一日、伏見上皇院宣が別当に宛てて下されている。[20] 内容は北野社の勝訴を示すものであったが、地主側はこれに容易には従わなかった。「社家」は自らの訴えが道理にかなうものであると主張する一方で、穏便に解決するために、重ねて院宣を下されるように奏聞している。

北野宮祠官等誠惶誠恐謹言、

請三特蒙二　天裁一任二度々　勅裁旨一重被レ下二　院宣一天神御在世霊跡紅梅殿社敷地子細状、

（中略）

勅二子細一経二上訴一之処、社家所レ申依レ為二理訴一、忝蒙二　勅裁一畢、而住人等不レ応二　院宣一、蔑二如社命一之条、云二違　勅一、云二神敵一、罪科難レ遁者哉、先度被二仰下一之上者、雖レ不レ可レ有二子細一、社家存二穏便一所レ及二　奏聞一也、望二請天裁一、任二解状之旨一、重被レ下二　院宣一者、一社奉レ祈二　天長地久・宝祚延長之御願一矣、仍祠官等誠惶誠恐謹言、

延慶三年七月　日　　小寺主法師

（以下、執行上座・権上座・権都維那・都維那・権寺主・寺主の連署あり）

以上から「社家」とは、この申状に連署した執行以下三綱の計八名を指していると言える。ここで執行の役割について、老松社敷地における二つの検断事例から検討したい。

文永五年（一二六八）、同敷地において、荘家預所行証の被官人が違乱を行った。これに関わって、八月二十一日付で西園寺実氏の御教書・行証の奉書が発給されている。(21) 行証は今後、「庄家被官之輩」が北野社内において違乱をすることや、「散在神人」が「居㆓置庄家㆒」ことを禁じた。そして執行に対し、犯科人の身柄を召し渡すように指示している。

また同十年、「老松敷地居住神人」（「不断香神人」）の検断のため、同敷地に「庄家使入部」している。この時北野社は、先例に任せて入部を停止するように訴えを出しており、裁決の結果、北野社の主張が認められている。そして執行に対し、十一月十二日付で右馬権頭入道奉書（三善為衡）・沙弥親澄の奉書が発給されている。(22) 以上のことから考えて、北野社領における検断の主導権は、執行が握っていたと考えてよいだろう。

ここまで、鎌倉期の北野社の「社家」について検討してきた。本章第1節・2節を通して、鎌倉期の「社家」には、別当以下の北野宮寺政所の場合と、執行上座以下三綱の場合の二つの意味があることが分かった。北野宮寺政所の発給文書の数は限られているが、政所が社領相論の裁許と祠官領の安堵を担っていたことは間違いない。政所発給文書の署判者は、①別当・惣目代、②執行上座以下三綱であるが、検断や祠官領の伝領についての文書(23)が執行のもとに集まっていることから、執行が「社家」の実務の中枢にあったものとみなすことができる。そして公文所は、後者の意味の「社家」の意を受け、相論において陳状や申状・請文等を作成する役割を担っていたと考えられる。

二　室町期の「社家」と松梅院

1　「社家」と公文所

以上のように、鎌倉期の「社家」について検討してきた。続いて史料・先行研究ともに豊富な室町期における「社家」について、特に検断事例から検討を試みたい。

戦国期の社辺住人に対する北野社の検断に関しては、すでに清水克行氏[24]が闕所屋処分について明らかにし、三枝氏[25]が闕所の方法として、「破却」ではなく「沽却」が用いられていたことを明らかにしている。また前述のように三枝氏は、公文所と公人の関係にも注目している[26]。公文所については、すでに「文書の管理」「神領の管理」「御教書の仲介」「副状の発行[27]」「北野社内の規定の管理」を機能として持ち、独立性が高く、社内における権限が強いという特徴を持つ[28]ことが明らかにされている。

三枝氏は祇園社・北野社の公人を取り上げ、闕所を始めとする検断活動を公文所が直接統括し、検断活動に従事する寺社公人はここに所属していたとした。そして公人の「公」は、直接には「公文所」に由来するとした。しかし、佐々木氏が指摘するように[29]、北野社の公人が全て公文所に所属していたという事実はない。また、「社家闕所屋在レ之時者、政所承仕与二公文承仕一立並検二断之一[30]」という規定が存在するように、検断において「社家」がいかなる存在であるかは、無視できない問題である。公文所については、「社家」との関係から読み解く必要がある。これに加え、北野社の公人が他の公人と同一視できるか疑問である。公文所の実態や権限の解明のためにも、公人自体を検討しなければならない。

以後二節に分けて、①公文所と「社家」の関係、および②公人の活動から見た公文所の実態と権限について検討していきたい。

永正六年（一五〇九）十月、足利義稙邸に夜盗が入り、開闔飯尾貞運はその犯人である谷小次郎の家を検封した。松梅院がこの件を別当に注進したところ、別当は幕府へ守護不入の原則を伝えるよう松梅院に指示した(31)。しかし幕府はそれをはねのけ、十一月二日、家を毀ち取ってしまった。このため別当は、闕所が往古より「社家として」行うべきものと光勝院に申し入れた。光勝院は開闔に使いを立て、「北野闕所の事ハ御社務として御せいはゐ《（成敗）》まきれなく」と指示し、開闔も闕所屋について、「社務・社家被二仰合一候て如二先規一御せいはゐ」することに合意した(32)。しかし六日、松梅院の御内者である西田与七が闕所屋に出入りしていることが発覚し、別当の指示で松梅院が尋問にあたることとなった。

奉行《（公文所）》より西田をめし御尋候処ニ、彼西田申事ニハ此家の事ハかいかう《（開闔）》江御礼を申候ていんこん《（一献）》にて我ら申請候、然間彼方ヨリ家之事われ〳〵渡給候、殊更請取をわれら方ニもち候よし申され候(33)、

同日、目代が西田の主張を別当に注進したところ、別当は奏者を通して次のように答えた。

彼家之事松梅院の御内者かいかふ《（開闔）》へ礼を申候てかいとり候よし申候、近比曲事にて候、其子細者社家のしやうふん《（上聞）》にたつし、闕所ニ仕候処ニを《（マヽ）》、此間松梅院もゑんてゐ《（淵底）》存知候間、又内者も可レ存候を、かいとり候事、たゐ《（第）》一の曲事にて候、

別当の言動から、別当は明らかに松梅院と「社家」を区別しており、松梅院が「社家のしやうふんにたつし」た上で、闕所を実行すべきであるという闕所前の手続きが存在したことが明らかになる。

ここでいう「社家」の実態を考える上で参考になるのが、『北野社家日記』（以下、『社家日記』とする）延徳二年

（一四九〇）四月条に見える、社頭炎上と死体の処分についての記事である。

但限二雨垂外一者、為二社家一申付云々、其外其地主（沙汰承仕）又取捨事、近年例云々、此条申付処、所詮為二当坊一直成敗在者、可二取捨一由申間、以二公人一可二申付一由能椿申者也、此下知可レ及二末代一間、成二一社集会一雖レ可二相談一、為二近年例一上者、不レ及二是非一先申付者也、[34]

沙汰承仕能椿は「社家無主地」に存在する死体の処分について、公人を動員するように申している。一方松梅院は、死体の処理を公人にさせるという下知は、末代に及ぶべきものであるので、「一社集会」をなして相談するべきであるとし、一社集会を開き、この内容を「披露」している。つまり別当が言う「社家」とは、「一社」を指していると考えられる。

「はじめに」でも述べたように、三枝氏は北野社の検断権の行使について考察する際、戦国期の北野社に、「社務」を中心とする勢力と、「社家」を中心する勢力との、二つの勢力が存在していたという点が特に重要であるとする。[35]しかし以上のように、「社家」とは公文所松梅院―公文承仕から成るのではなく、祠官の集団である「一社」を指す。そして、「しやうふん（上聞）」「披露」はともに上位者に対する報告の意味を持つことから、鎌倉期の公文所と同様、松梅院も「社家」という上位者の意思決定を「公文所」として実行に移していたと考えるべきである。

鍋田氏によれば、「一社」とは松梅院を除く祠官で構成される集団であり、仏神事や祈禱を担うと同時に、「集会」という形をとって、事件・問題の処理を行っていた。[36]「一社」を統率する執行や執行経験者は、「一社宿老」として言上状を出すなど、独自の動きが見られるようである。しかし延徳二年四月、「霊神帰座」について、社家奉行松田長秀に宛てて提出した言上状では、「此間連判内、執行幸祐・蓮浄房禅杲判形難渋之条、除二両人一為二七人一被レ申也」[37]と、衆議の結果に合意しなかった執行は連署に加わっていないが、社家として言上している。鎌倉期、執行以下三綱の連署で言上していたことを考えれば、室町期の執行以下三綱の権限は、鎌倉期と比べて強いものではない。鎌倉期まで執行以下三綱が担っていた役割が、松梅院が所持する諸職に吸収されていく中で、ある程度の形骸化は避けられなかったのだろう。

一方で、「社家」に対し「当坊」としての立場を明確にしはじめたのが、松梅院である。前述の「霊神帰座」に関わって、大館治部大輔方から「為二社家一調二申状一可レ進候」という指示が出されたが、松梅院はこれについて、「如レ此為二社家一申、同為二当坊一如レ此書状相副也」[38]と『社家日記』に記述し、「社家」に並立するがごとき松梅院の立場を押し出している。

次節では、②公人の活動から、室町期の公文所の権限と実態について検討したい。

2　公人の活動から見る公文所

中世の寺院組織研究において、初めて本格的に公人の検討を行ったのは稲葉伸道氏[39]である。稲葉氏によると、東大寺においては、公文所によって補任される「堂童子職」が、本来の堂童子としての職務を逸脱し、年貢未進の譴責や寺領内の検断、代官職の請負を担うようになる過程で、「公人」と称されるようになったとする。また興福寺においては、興福寺の大和一国支配権の確立・拡大によって、公文所に所属する中綱・仕丁が検断の際に「公人」と呼称されるようになったとする。

まず、諸先行研究によって北野社の公人とされているのは、政所承仕と公文承仕である[40]。これに加え、沙汰承仕も史料中で公人とされている[41]。このうち沙汰承仕と政所承仕は、現存する補任状等[42]から、政所によって補任される職であると確認できる。

一方公文承仕は、従来公文所によって補任される職とされてきたが、松梅院の多数の記録の中に補任状の存在が確認できず疑問が残る。これについて考える上で重要な史料が、東京大学史料編纂所所蔵『北野光乗坊文書』の天正九年（一五八一）閏正月一日付宮仕起請文である。

奉行より役者の儀たのう〔まヵ〕れ候といふとも、各用心申間敷事、（後略）[43]

ここでいう役者は公文承仕の異称である。[44]起請文では、「諸祠官より坊人」と神事「奉行より役者」以下の文がほぼ同一であることから、坊人と役者は同じような役割を担う存在であったと考えられる。役者については、時期が下った『社家日記』に以下のように記述されている。慶長三年（一五九八）十二月、松梅院は役者が不在となっていたため、宮仕の能作・能松に対し役者になるよう申し遣わした。しかし翌年になっても二人は役者になることを承知せず、松梅院は二人に対し早々に承知するように指示した。これに対し二人は、扶持の未進分を含め「如レ昔十二石被レ下」るならば役者を「持可レ申」と返答した。この十二石とは「松梅院知行」から「扶持」として下されていた分であった。[45]結局、役者について能作・能松・松梅院は、伏見の前田玄以に以下のように指示されることとなった。

禅興・禅永代ノ役者給残御座候間、是を被レ下候様ニと申、禅興ハ幸被レ居候間、禅興召遣候時之ハ禅興へ申候へと被二仰付一、禅永時之ハ残米我等（松梅院）ニ遣候へと被レ仰（前田玄以）候間、残米遣、来元日より召遣候へと役者被二仰付一候、衆中（宮仕衆中）に誓紙仕置、[46]又竹門様（竹内門跡）へ一紙仕置候由申候へ共、徳善院（前田玄以）申付候上者、誰も異儀可レ在レ之候哉、急度持候へと被二仰付一候、則今日松梅院扶持人ニ能作・能松成申、来年ゟ五石を両人に遣候へと被二仰付一、（後略）[47]

このように、役者（公文承仕）とは「松梅院知行」から「扶持」「給」を受け、「松梅院扶持人」と呼ばれる存在であった。また、前述のごとく諸祠官―坊人（私的に従属）と、神事奉行―役者とが並置されている点からも、従来「職」とされてきた公文承仕は、実際は社内組織上の「職」ではなく、松梅院院主と被官関係で結ばれた存在であったと言える。このような公文所と公人の関係は、管見の限り他の寺社では見られない。

こうした公文所と公人の関係の特殊性に加え、公文所と他の社内組織の構成員との関係においても、大きな特徴が見られる。例えば祇園社では、三綱・権大別当・少別当が公文として公文所に奉仕しており(48)、また興福寺においては、三綱から選ばれる公文目代と下所司たる権専当・大知事・知事や中綱・仕丁が公文所に所属している(49)。寺社内組織の構成員が、所司として所属している組織としての公文所と異なり、北野社の場合、公文が「北野宮寺政所補任（転任）状」に署判する事例や、公文所発給文書に他の構成員が署判した事例は、少なくとも室町時代においては存在しない。北野社の公文所は「社家」と構成員を共有せず、独立して存在しており、その運営は別当によって公文職に補任された松梅院院主と、その被官人である公文承仕によってなされていたと評価できよう。ただし諸寺では、特定の家が世襲的に公文を相伝する場合が少なくない。

以上のように、二節に分けて「社家」と公文所について検討してきた。室町期の北野社においても、鎌倉期と同様に「社家」の意を受け、公文所が公人を動員するという形態が維持されていた。諸先行研究で公文所の独立性が評価されるのも、このように「社家」から独立した存在形態を持っていたためであると結論づけられる。

おわりに　中世前後期の「社家」——もう一つの「社家」への視覚——

ここまで、鎌倉期から室町期の北野社の「社家」と公文所・松梅院について検討してきた。鎌倉期の「社家」は、広義には北野宮寺政所を指し、その構成員は別当・惣目代・三綱であった。政所下文の分析から、少なくとも広義の「社家」が祠官領の相伝において、重要な役割を担っていたことは間違いない。

そして狭義には、執行上座以下三綱を指した。狭義の「社家」の実務の中心は執行が担っており、執行は検断や祠官領の伝領に関わる文書を集積していた。また「社家」は荘園の年貢催促の書状を発給していたようであり、[50]鎌倉期の北野社はこの狭義の「社家」を中心に運営されていたと考えられる。そして狭義の「社家」の意を受けて、検断実務や訴訟事務を担っていたのが公文所であった。

一方、室町期の「社家」は具体的には「一社」を指した。「一社」は公文所松梅院を除く祠官の集団であり、祈禱や事件・問題の処理等「義務と権利」を平等に持っていたとされる。[51]「一社」内では、執行とその経験者が「宿老」として連署状を発給する場合もあったが、鎌倉期と比べ、「社家」における三綱の権限・権威は低下している。

この「社家」に対し、強力な権限・権威を有し始めたのが公文所である。北野社の公文所は高い独立性と強い権限を特徴とする。これは他の寺社と異なり、三綱等の社内組織の構成員を所司とせず、公文職に補任された松梅院主が、自らの被官人と公文所を運営していたことに由来すると考えられる。公文所は鎌倉期と同様「社家」の判断を仰ぎ、検断実務を担っていたが、時に「当坊」として「社家」の権威を相対化し、「社家」の活動に対し影響を及ぼすこともあった。

以上が本稿の結論である。以下、今後の展望を述べたい。

松梅院の「当坊」としての活動は、荘園支配や幕府との関係において顕著である。従来指摘されているように、松梅院は将軍家御師職に補任され、室町幕府から膨大な荘園の寄進を受けた。松梅院は幕府から補任される「宮寺領奉行職」として、これらを管理していた。しかし「当坊」としての活動の範囲は、寄進された荘園のみに留まるものではなかった。例えば、平安期からの由緒を持つ筑後国河北荘をめぐる訴訟処理においては、松梅院は以下のように活動している。

長享二年（一四八八）、当荘は祠官青松院の所領であったが、大友氏被官人の草野氏の押領を受けていた。青松院は押領に対し、「北野宮寺祠官解」による訴えを求めず、松梅院の吹挙状をもって直接、幕府に押領停止を訴え出ることを選択した[52]。そして松梅院は同年十月二十二日に、河北荘地頭池田三郎兵衛尉に対し、「社家一行」で神用の運送を命じている。本来の意味での「社家一行」は三綱連署の書状である。しかしここでは、松梅院が「社家」として神用の催促を行った[53]。

同様のことは、延徳二年三月に発生した土一揆による社頭閉籠と、それに関わる松梅院の幕府との交渉の場においても見られる。貝英幸氏は、この事件における松梅院の交渉が、『北野天満宮史料　目代日記』の中で批判的に受け止められていることから、「必ずしも北野社全体を代表するものではなかった」と評価する[54]。しかし「社家」の語に注目すると、異なる評価ができる。十八日、松梅院は北野社に土一揆が閉籠したので、松梅院は「為二当坊一」て社家奉行へ注進し、幕府から土一揆退治の軍勢が発向されることになった[55]。しかし松梅院は、北野社内の諸施設の破壊を危惧し[56]、幕府の軍勢の延引を求め、「為二社家一」て注進している[57]。

松梅院の行動は、御師職という幕府との私的な結びつきに基づくものである。しかし、従来の「社家」に代わり、こうした私的な結びつきを駆使し、北野社領の維持や社頭の保全に奔走しており、その活動は北野社自体を支えるための活動と評価できる。「当坊」としての活動は、単に松梅院の個人的な活動ではなく、時に「社家」としての活動でもあったのであったと考えることができよう。

「社家」と松梅院との関係については、諸氏の研究に学びながら、門弟衆や三綱等の様々な要素を含め、今後さらなる検討が求められるだろう。他寺社、特に祇園社との比較を含め、今後の課題としたい。

註

（1）竹内秀雄『天満宮』（『日本歴史叢書』一九、吉川弘文館、一九二九年）。
（2）小野晃嗣「北野麹座に就きて」（同氏『日本中世商業史の研究』法政大学出版局、一九八九年、初出は『国史学』一一号、一九三二年）。
（3）網野善彦「西の京と北野社」（比較都市史研究会編『都市と共同体』上、名著出版、一九九一年、初出は『学習院史学』二八、一九九〇年）。
（4）清水克行「室町後期における都市領主の住宅検断」（同氏『室町時代の騒擾と秩序』吉川弘文館、二〇〇四年、増補）。三枝暁子「戦国期北野社の闕所」（同氏『比叡山と室町幕府―寺社と武家の京都支配―』東京大学出版会、二〇一一年、初出は勝俣鎮夫編『寺院・検断・徳政―戦国時代の寺院史料を読む―』山川出版社、二〇〇四年）。「権門領主による強制執行の形態―室町京都の闕所屋処分の一側面―」（『民衆史研究』第五二号、一九九六年）を
（5）瀬田勝哉編『変貌する北野天満宮―中世後期の神仏の世界―』（平凡社、二〇一五年）。
（6）鍋田英水子「中世後期「北野社」神社組織における「一社」」（『武蔵大学人文学会雑誌』二九―一・二、一九九七年）。
（7）佐々木創「中世北野社松梅院史の「空白」―松梅院伝来史料群の批判的研究に向けて―」（『武蔵大学人文学雑誌』三九―二、二〇〇七年）、同氏「「北野社家引付」を記す人々―なぜ二つの「社家引付」の内容は重複したのか―」（『武蔵大学総合研究所紀要』一八、二〇〇九年）。
（8）三枝暁子「中世寺社の公人について」（同氏『比叡山と室町幕府―寺社と武家の京都支配―』、東京大学出版会、二〇一一年、初出は『部落問題研究』第一八一号、二〇〇七年）。
（9）野地秀俊・佐々木創・瀬田勝哉　書評、三枝暁子『比叡山と室町幕府―寺社と武家の京都支配―』（『史学雑誌』一二二（七）、二〇一三年）。
（10）佐々木創「補論―北野社における「奉行」の再定義―」（瀬田勝哉編『変貌する北野天満宮―中世後期の神仏の世界―』平凡社、二〇一五年）。
（11）『鎌倉遺文　古文書編』補遺第二巻、補一〇六二号（以下、『鎌補』〇、補〇〇号とする）。
（12）『北野天満宮史料　古記録』（『鎌補』二・四収録）。

(13) 森茂暁「北野天満宮所蔵「紅梅殿社記録」にみる訴訟と公武交渉」(『史学雑誌』九九(一〇)、一九九〇年)。
(14) 『鎌補』四、補一八四〇号。
(15) 『鎌補』四、補一八三九号。
(16) 『鎌補』四、補一八四二号。
(17) 『鎌補』四、補一八四六号。
(18) 『鎌補』四、補一八四八号。
(19) 『鎌補』四、補一八九四号。
(20) 『鎌補』四、補一八九三号。
(21) 『神社』一〇「前太政大臣西園寺実氏御教書」、一一「沙弥行証奉書」。
(22) 『神社』一五「散位某行宗書状写」、一六「沙弥親澄奉書写」。
(23) 『神社』八「天台座主尊助法親王令旨」他。
(24) 清水氏前掲註(4)。
(25) 三枝氏前掲註(4)。
(26) 三枝氏前掲註(8)。
(27) 鍋田氏前掲註(6)。
(28) 佐々木創「北野宮寺法花堂供僧の設置―法螺を喜ぶ北野天神のために―」(瀬田勝哉編『変貌する北野天満宮―中世後期の神仏の世界―』平凡社、二〇一五年)。
(29) 佐々木氏前掲註(9)。
(30) 『北野社家日記』第一(以下、『社』第〇とする)三九頁。
(31) 『北野天満宮史料　目代日記』(以下、『目』とする)永正六年十月二十七日条。
(32) 『目』永正六年十一月二日条。
(33) 『目』永正六年十一月六日条。
(34) 『社』第二、延徳二年四月十三日条。
(35) 三枝氏前掲註(8)。

(36)　鍋田氏前掲註(6)。
(37)　『社』第二、延徳二年四月五日条。
(38)　『社』第二、延徳二年四月四日条。
(39)　稲葉伸道「中世の公人に関する一考察—寺院の公人を中心として—」（同氏『中世寺院の権力構造』岩波書店、一九九七年、初出は『史学雑誌』八九（一〇）、一九八〇年）。
(40)　清水氏前掲註(4)他。
(41)　『京都橘大学所蔵　北野社宮仕沙汰承仕家資料目録』（『京都橘大学大学院研究論集　文学研究科』第一二号、二〇〇四年、以下、『橘』とする）B一　文安六年（一四四九）二月日付「北野社沙汰承仕能勝水饗膳数等注進状」。
(42)　沙汰承仕職の補任状は、細川涼一氏の論文参照（「『北野天神縁起』と鎌倉時代の北野社—宮仕と大座神人を中心に—」『日本中世の社会と寺社』思文閣出版、二〇一三年、初出は鎌倉遺文研究会編『鎌倉遺文研究Ⅲ　鎌倉期社会と史料論』東京堂出版、二〇〇二年）。政所承仕職については、『橘』Ⅰ二『能勝古記』文明元年（一四六九）七月十八日条。
(43)　『北野光乗坊文書』貴四〇—一—二二「預能弁以下三十三名連署起請文」。
(44)　『社』第四、明応八年（一四九九）十一日二十二日条。公文承仕成孝が「為二役者徳分一三分一被レ下」と主張したことから分かる。松梅院が日記中で「役者」と記述するのは、公文承仕・政所承仕・沙汰承仕のみであり、「神事奉行」との関係からも、ここでいう「役者」＝公文承仕であると考えられる。
(45)　『社』第五、慶長四年十二月十八日条。沙汰承仕が、仏神事に際して西京から貢納される御供の管理等の職分を果たすことで、その一部を得分としていたのに対し、公文承仕は一年ごとに松梅院から定額を得ている。
(46)　『橘』B一一　慶長四年十二月二十日「北野社能作・能松連署言上状」。
(47)　『社』第五、慶長四年十二月二十三日条。
(48)　三枝暁子「南北朝期における山門・祇園社の本末関係と京都支配」（同氏『比叡山と室町幕府—寺社と武家の京都支配—』東京大学出版会、二〇一一年、初出は『史学雑誌』一一〇（一）、二〇〇一年）。
(49)　稲葉伸道「鎌倉期の興福寺寺僧集団について」（『中世寺院の権力構造』、初出は『年報中世史研究』第一二号、一九八八年）。

(50) 佐々木氏前掲註(10)。
(51) 佐々木氏前掲註(28)。
(52) 『社』第一、長享二年十月十六日条。
(53) 『社』第一、長享二年十月二十二日条。
(54) 貝英幸「松梅院禅予と宮寺領の回復―所領注文作成を例にして―」(日次紀事研究会編『年中行事論叢―『日次紀事』からの出発―』岩田書院、二〇一〇年)。
(55) 『社』第二、延徳二年三月十九日条。
(56) 『社』第二、延徳二年三月二十日条。
(57) 『社』第二、延徳二年三月二十一日条。

中世東寺長者の拝堂費用に関する覚書

――大覚寺義昭の事例を中心に――

古田功治

はじめに

東寺には真言宗僧団の長である東寺長者が存在した。彼らは東寺に止住せず、出身門跡寺院に居住していた。長者が担うものに天皇の身体護持を祈願する後七日御修法の大阿闍梨役奉仕、空海と宗祖を供養する東寺灌頂院御影供供養法導師の勤仕などの宗教儀礼がある。その一方で、長者宣下後、拝堂儀礼を求められていた。拝堂とは、長者が東寺に来寺し、諸堂を廻る儀礼のことである。

さて、中世東寺長者については、真木隆之氏の専論があり、十二世紀前半で真言宗の基幹儀礼の挙行や東寺領荘園・末寺の支配などにおいて、長者がその影響力を強めた過程が明らかにされ、長者の地位が栄達や経済的利益獲得のためのポストと化した長者像を提示した(1)。しかし、東寺長者、特に一長者の具体的な様相については未解明の部分が存在する。この中で、拝堂儀礼については、それを扱った論考はなく、当然その費用に言及したものはない(2)。儀礼を実行するには、財政的な裏付けがなければ実現しない。東寺に置き換えると、長者側と東寺側の双方に財政負担が必要とされた。費用面の分析をすることで、儀礼の意義と組織間の関係性を見通すことが可能となろう。

中世東寺の財政基盤は、各地の荘園や洛中の土地がベースで、[3]これらは法会挙行などの目的が付与されて寺院に寄進された。だが、この年貢・公事などを何に支出するかの細部までは規定されておらず、寺領を経営する寺院側に一任されていた、と考えられよう。寺院は、宗教装置であると同時に年貢・公事を集積する経営体でもある。集積された年貢・公事を寺院側がどのように管理支出し、寺院経営を行ってきたかの輪郭は、現在解明されつつある。それは東大寺を素材に分析した永村眞氏の著書である。[4]中世東寺の支出構造に言及したのは佐々木銀弥氏で、五方算用状を分析し、荘園年貢を資金母体とした組織である「五方」の存在を指摘した。[5]岡田智行氏は、「五方」の確立期を十四世紀末から十五世紀前半とし、その目的を武家、特に室町幕府との接触維持のための礼銭確保と仏事関係の費用負担を借銭の形態で行うものとし、[6]荘園年貢を一組織に集約して、寺家組織の経営に必要な事業へ資金融通する金融組織とした。東寺の寺家財政を解明した阿諏訪青美氏は、十分一方算用状を題材に、新たな財源調達手段を指摘し、寺家財政の担い手および寺内金融について検討した。[7]その結果、算用状に記される内容は「東寺寺家の収入と寺家からの下行という収支双方向の銭の出入り」ということを突き止め、その導入時期を永享二年の将軍義教の東寺御成における借金返済を目的として設置された組織と指摘し、東寺「五方」の確立時期を永享十二年前後と結論付け、「五方」成立時期を絞り込んだ。氏が東寺財政の転換と捉える将軍御成とその収支状況については、金子拓氏の論考があり、[8]その政治的意義と受け入れ側の寺院内部の変化について明らかにした。氏は、御成方算用状の分析で、御成の費用は、全額土倉からの借入であることを示した。これに関連して伊藤俊一氏は、応永二十五年の足利義持の東寺御成の際、寺家が金融業者の土倉から借入が見られることを指摘し、「寺家の財政運営に金融業者が関与するようになったことは、重要な構造的変化として注目しなければならない」と論じている。[9]

本稿は以上の研究成果に基づき、長者の代替わりに行われた拝堂儀礼の費用負担を分析し、その費用がどのように賄われ、支出されていたかなどの拝堂儀礼に関する費用面に視点を置きながら、拝堂儀礼とその支出を検討することで東寺の支出構造の一端を提示したい。時代は関連史料が伝存する室町期を中心とし、素材として、応永二十八年の大覚寺義昭の長者拝堂に際して作成された「寺務義昭拝堂用途算用状」を取り上げる。

一　応永二十八年の「寺務義昭拝堂用途算用状」について

東寺においては、古代から長者や定額僧などは東寺の役職就任時に拝堂儀礼を行っており[10]、中世でもそれは継続していた。拝堂を挙行した長者には「拝堂記」が記録され、個々の長者の拝堂儀礼の詳細を確認できる。拝堂儀礼では長者に従い、様々なことを長者に対して奉仕する執行や三綱、そして下部などが参列し、儀礼の挙行を支えていた。当然、彼らには下行という形で酬いるために金品が配分された。受け入れる東寺も準備を整える必要があり、支出が行われたと思われるが、長者拝堂とその費用負担や支出先については未解明である。

『教王護国寺文書』には解明の手掛かりを与えてくれる史料が含まれている。それは、応永二十八年（一四二一）十一月に書き始められた袋綴の史料で、五紙で構成される[11]。表紙には「寺務大覚寺殿　□拝堂方帳」と記され、寺務大覚寺義昭の拝堂用途に関する史料であることは一目瞭然である。『東寺百合文書』には費用支出に伴って現地荘官や東寺の公文が作成した算用状が多数含まれている。東寺において、算用状は形態的に一紙か続紙を通例とし、作成は公文が行い、その監査を複数の供僧が行っている。この算用状に作成上の差異は認められないが、冊子形態はやや異質と思われる。多少長くなるが、全文を以下に引用する。

史料1　「寺務義昭拝堂用途算用状」

（表紙）
「寺務大覚寺〔義昭〕殿
□〔御〕拝堂方帳　応永廿八年十一月　日」

（本文）
御拝堂方住〔注〕文　応永廿八年十一月

料足在足
六百六十文　土肥方　十五石残分 六斗代　（①）
十貫九百八十八文　植松方　宮野方ヨリ請取分 十一月十五日　（②）
五貫文　五方　ヤル　（③）
五貫文　五方　（④）
以上二十一貫〔九六〕百五十一文（A　①～④の合計）
久世方　十石内
五貫文（⑤）
以上二十六貫五百五十一文（B　①～⑤の合計）

仕足

浮
弐貫五百文　十一月十一日四五木代五百五十文 ⑥
小榑〔代数〕四百七十五〔文支〕代一貫九百文
榧ノ樽加定　車力五十文

浮
四百六十文　十一月十二日ヒロシキ二間分、僧坊イヌフセキノ料 ⑦
三貫八百五十文内十一月十四日　三百五十文榧代作手間・木代 ⑧
此〔内〕□一貫浮
器具料足以下代一貫文
材木代一貫五百文
番匠手間一貫文
以上

弐百文　柳原人夫気助十一月十四日 ⑨
弐百文　十一月十五日蠟燭代 ⑩
九十文　同日大巷所人夫気助下行 ⑪
五百文　御門せキ器具代十一月十六日下行 ⑫
三百四十文　蠟燭十延〔挺〕代　三百文　皮子〔籠〕代四十文十一月十九日 ⑬
弐百文　十一月廿一日人夫　院町下行 ⑭
三十文　人夫三人気助十一月十八日 ⑮
三百文　茶一斤十一月十九日 ⑯

二百廿五文　器具・こうは。〔い〕かミ同日（⑰）

つ壱貫文　番匠桂〔柱〕シスケ（⑱）

弐貫文　十一月廿四日　納所へ　渡之造作方（⑲）

壱貫五百文　同日町買物　納所へ（⑳）

三貫文　十一月廿五日御雑掌方料　納所へ（㉑）

一貫三百□□〔三十〕二文　同日納所へ（㉒）

五十文　同日植松人夫八人（㉓）

四百文　同廿六日御兵士薪代（㉔）

十文　こうはいかミ（㉕）

四十文　西院油　敬法方へ廿六日下行（㉖）

三百文　散所廿八日御兵士酒肴（㉗）

久世米五貫文　西院僧坊修理要脚　納所へ　十一月十二日久世方十石内也（㉘）

八百四十八文　御拝堂兵士酒肴久世上下植松方　十一月廿九日折かミ（㉙）

以上十八貫三百七十六文（C　⑨～㉙の合計）

以上廿三貫七十六文（D）

ノコリ三貫四百七十二文（E）

応永廿八年十二月十五日勘定了　杲淳（花押）

宝清（花押）

宗源（花押）

※史料中の丸数字と英字は説明の上で便宜的に筆者が付した。

本注文は、最初に「料足在足」と「仕足」という収入の部を挙げ、その後に支出の部を書き出して、収入と支出の計算、最後に監査日とその担当者の氏名という構成である。**史料1**から東寺は、長者の拝堂準備のために各所から料足＝要脚を集めた中に「土肥方」「植松方」「五方」「久世方」があり、費用調達先と考えられる。「植松方」「久世方」は東寺領荘園からの年貢収入を指し、「五方」は前述したように荘園年貢の一部をプールした資金を扱う組織で、それからの繰り入れを意味すると推定される。一方、「土肥方[12]」は何を意味するのだろうか。応永二十八年頃の東寺関係史料には「土肥方」がしばしば見受けられる[13]。また永享十一年（一四三九）の将軍義教の東寺御成に関する算用状[14]に、「勝蔵坊」「永泉坊」と共に「土肥方」が費用の調達先として記されている。この算用状の「土肥方」は土倉であることが指摘されているので[15]、**史料1**の「土肥方」は土倉で、その実名は土肥元益と推測される。彼は東寺が頻繁に借入を行った土倉と言われ、金子氏は「いわば〝御用達〟とも称すべき土倉の一人[16]」と述べられている。つまり、この拝堂に関する費用を東寺は、荘園からの収益の他に外部金融業者の資金を充てていたことが窺える。これは東寺御成における費用調達に通じるものと考えられる。だが、この拝堂では、永享十一年の義教御成のように五五〇貫文もの巨費全額を土倉からの借入で賄ったのではなく、土倉の資金を活用しながらも大部分の費用調達は荘園年貢や「五方」からの資金を充当していた。

史料2　「廿一口方評定引付」応永二十八年十一月四日条[17]

一　寺務（大覚寺義昭）御拝堂一献事

為彼一献之要脚以下、久世庄年貢之内、拾石、植松庄之年貢之内、五石、可除之由、評議了、

史料2は、荘園年貢を充当することを廿一口方供僧評定の場で議論していることが確認できる記録である。実際、この記述を裏付けるように**史料1**には、久世庄と植松庄の年貢からそれぞれ十石と五石が充当されている。加えて、「五方」から二度にわたり十貫文を組み入れている。「五方」は礼銭や礼物といった経済的負担を賄うための金融組織であるので[18]、東寺奉行や御成といった幕府関係の案件だけでなく、長者拝堂という宗務の儀礼関連へも費用を融通していたことが分かる。

次に、支出を検討する。同年十一月十一日から二十九日の間に二十四項目が支出され、品物購入・人夫賃・修繕料に分けられる。修繕料の内、㉘の「西院僧坊修理要脚」には「久世米」と項目の右上に付されており、評定で議論した内容が、西院僧坊の修理に関するもので、それが実際に充てられたのである。なお、西院僧坊は御成で御座所となる建物である。踏み込んだ見方をすると、十一月四日の評定は、表向き拝堂費用に掛かる評議と記録されたが、実際は供僧自身が使用する西院僧坊を拝堂という機会を捉えて修理することを目的とし、費用の裏付けを取り付けたのではないだろうか。この修理は実際に行われ、「西僧坊修理入足注文[19]」なる文書が作成された。**史料1**で署名した杲淳（廿一口方奉行＝年預）・宝清（鎮守八幡宮方奉行）・宗源の三名の名があり、供僧主導で僧坊の整備が実施されたのである。この三名は応永二十八年当時、供僧組織の要職にあり、供僧全体で推進した事業であることを示していよう。

最後に、この**史料1**については気になる点がある。数万点におよぶ東寺文書群の中で、長者拝堂の費用に関して個別具体的に記された唯一の史料であることである。同種の文書が他に存在しない理由は分からない。だが、この史料は、長者拝堂において寺院自治の主体である供僧の関与を示す貴重な事例を記録しているのである。

次の史料で、長者義昭の拝堂がどのような性格を帯びたものかを考える。

史料3「廿一口方評定引付」応永二十八年十月十三日条[20]

一　大覚寺殿（寺務義昭）御拝堂時三条殿（日野栄子）可有渡御歟之間事

先日今月十日、三宝院（満済）御参御所之時、彼御拝堂為御見物、御成当寺候者、先々御座之在所、可取繕之由、寺僧申之趣、門主（満済）、有御申御所様（足利義持）、御返事之様、御成之有無、不被仰定、大不定覚之由、門跡（満済）被仰、雖然、内々可有用意歟之間、令披露了、

廿一口方供僧の十月十三日の評定で、拝堂に将軍義持の正室三条殿（日野栄子）が見物目的に御成を行うとの意向があることが三宝院満済を通じて供僧側に伝達され、「門跡被仰、雖然、内々可有用意歟」ということを衆議の席で披露した記録である。つまり、義昭拝堂に将軍正室の訪問と共に将軍義持の御成の可能性があるかもしれないという、特殊な拝堂になる状況があったため、将軍御成並の境内整備など事前準備の必要に迫られていたのである。

ここで、大覚寺義昭について触れておくことにする。彼は、三代将軍足利義満の子で、『教言卿記』の記事[21]から応永十一年（一四〇四）生まれであることが推測される。兄弟は将軍義持、天台座主義円（後の将軍義教）などがいる。十一歳で得度し[22]、僧正には応永二十七年（一四二〇）に任ぜられた[23]。彼が大覚寺門主に就任した年は不明だが、十一歳で「大覚寺門主」とあるので、少年期には大覚寺門主だったと考えられる。大覚寺との関係については、大田壮一郎氏の研究に詳しい。氏によれば、義昭の師は金剛乗院俊尊で、義満の執奏により東寺一長者に就任するなど、義満の信任が厚い人物とされる[24]。義昭と東寺との関係は、あまり記録がないが、応永二十八年三月二十一日には東寺長者妙法院光超による灌頂院御影供に参勤し、長者補佐役の執事を勤めている。長者宣下は、『東寺長者補任』（以下、『補任』とする）によると、応永二十九年（一四二二）八月とされるが、**史料1**の存在と**史料3**の応永二

十八年十月十三日条にあるように応永二十八年十月時点で「大覚寺殿御拝堂」のことが供僧評定の席で議論されている点から、『補任』の記事は誤りで、応永二十八年八月が東寺長者に就任した時期と思われる。そして、同年十一月二十八日には拝堂儀礼を挙行している。その後、翌年十二月八日に辞するまでの約一年数か月[25]、長者であった。その後、応永三十四年（一四二七）三月二十日に東寺長者に還補され[26]、退任する正長元年（一四二八）五月で東寺との関係は途絶える。

以上のように、「寺務義昭拝堂用途算用状」は、室町殿義持の正室が見物に訪れる可能性があるという情報を得た中で、御成並の対応をする必要性が生じ、東寺供僧主導で準備を進めた結果、この史料が生み出された。御成を視野に入れた供僧が主導して、東寺長者に就任した義昭の拝堂儀礼のために必要な東寺境内の環境整備を行った際の会計帳簿であると考えられる。

二　東寺長者拝堂および拝堂費用の調達と支出

ここでは、東寺長者の拝堂とその費用に関する点について見ていくこととする。前述のように、東寺長者に就任すると東寺境内を廻る拝堂儀礼を行うことが求められていた。未拝堂は灌頂院御影供勤仕に支障を生じるためであるとされ、拝堂を行っていない長者は「未拝堂長者」と称された[27]。

中世後期に就任した一長者の拝堂儀礼が、就任後いつ行われたのかを分かり易くするためにまとめたのが**表1**である。貞治元年（一三六二）以降から文正元年（一四六六）までの期間で一長者に就任した人数は三十人で[28]、再任者は含めていない。そのうち、拝堂を挙行した一長者は二十七人で、二人は『補任』などに記録がなく未拝堂であったと推定される。拝堂日時は就任とほぼ同時に挙行する長者がいる一方で、就任後数か月の後に挙行する長者に二分でき、応永二年（一三九五）十二月三十日に就任した金剛乗院俊尊以後は拝堂日が一定化していく傾向が見られ、その日は三月二十一日である。この日は、宗祖弘法大師空海を供養する灌頂院御影供を執り行う重要な行事日であり、それに合わせることが通例化していく。おそらく、常住しない長者にとって何度も東寺へ出かけて行くことの煩雑さに加え、宗教的に重要な法会である灌頂院御影供に就任時の責務である拝堂儀礼を同時に行った方が効率的と判断した上での措置とも推察される。

拝堂を挙行した長者は、儀礼の様子や内容を「拝堂記」で記録しているが、大覚寺義昭の「拝堂記」は確認できなかった。(29) 拝堂の内容については、『東長儀』(30) という仁和寺御室で編まれた東寺長者の行う儀式の次第を記した書物に、「東寺拝堂次第」という項目があり、拝堂の流れを知ることができる。実際に拝堂した様子を書き記した「拝堂記」は個々の長者ごとに相違する部分があるが、時間経過を追って長者を軸に、宿所出立から帰還までの間で、長者が行う作法や持ち物、奉仕する人々の人数や動き方、下行物の種類や数量が書き留められている。特に境内の諸堂を廻る順序、方角や入堂する位置まで事細かに記され、堂内での作法の詳細も遺漏なく収められている場合もあり、当日の様子が再現できる。建長元年（一二四九）の二長者宣厳の「拝堂記」(31) には、堂内の物の配置が図示され、建長元年の一長者実賢の「拝堂記」(32) には行列の配列図まで含まれている。個々の「拝堂記」の記載内容の比較は今後の課題ではあるが、必ずしも同内容になっていない点がある。一例を挙げるとすれば、鎌倉期の二長者宣厳の「拝堂記」に書かれた儀式内容と室町期のそれとは、奉仕する人数や長者宿所から東寺への移動方法が牛車から手輿に改変しているなど、省略したり、簡略化したりと、時代に応じた変化が窺える。これは拝堂儀礼に係るコスト負担や煩雑な部分を簡略化した結果と指摘できよう。

表1　中世後期における東寺一長者拝堂儀礼一覧

	僧名	出身寺院	年（西暦）	任月日	初度拝堂年月日	拝堂費用（長者側負担）	拝堂費用（東寺側負担）	出典等
1	三宝院光済	醍醐寺	貞治元（一三六二）	一二・二九	一三六二・一二・二九以降	四四貫五五〇文		醍醐寺文書八七五号
2	妙法院定憲	醍醐寺	貞治六（一三六七）	一・一四	一三六七・	四八貫三〇文		醍醐寺文書八七五号
3	地蔵院道快	醍醐寺	至徳元（一三八四）	一二・二五	一三八五・一・七	四二貫六三〇文		醍醐寺文書八七五号
4	金剛乗院俊尊	大覚寺	応永二（一三九五）	一二・三〇	一三九六・三・二一	四〇貫三三七文		醍醐寺文書八七五号
5	三宝院満済	醍醐寺	応永一六（一四〇九）	七・二六	一四一〇・三・二一	四二貫文		三宝院文書
6	報恩院隆源	醍醐寺	応永一九（一四一二）	二・八	一四一三・三・二一			
7	菩提院守融	仁和寺	応永二〇（一四一三）	六・一一	一四一四・三・二一			二度目の就任
8	真光院禅守	仁和寺	応永二一（一四一四）	五・一一	一四一四・一〇・二〇			
9	随心院祐厳	随心院	応永二二（一四一五）	二・一〇	一四一五・三・二一			
10	妙法院光超	醍醐寺	応永二八（一四二一）	一・五	一四二一・三・二一			
11	大覚寺義昭	大覚寺	応永二八（一四二一）	八・	一四二一・一一・二九	二〇貫文	二六貫五五一文	『阿刀』室町四六号、『教王』一〇六六号
12	真乗院房教	仁和寺	応永三一（一四二四）	六・二	一四二四・九・五			二度目の就任
13	宝池院義賢	醍醐寺	応永三二（一四二五）	一二・五	一四二六・三・二一			
14	大慈院成基	醍醐寺	永享二（一四三〇）	一二・一七	一四三一・三・二一			
15	理性院宗観	醍醐寺	永享三（一四三一）	一二・八	一四三二・三・二一	五四貫五三〇文		『阿刀』室町五九号
16	地蔵院持円	醍醐寺	永享四（一四三二）	一二・一八	一四三三・三・二一	五〇貫七九〇文		『阿刀』室町六一号
17	慈尊院弘継	勧修寺	永享六（一四三四）	一二・一一	一四三五・三・二一	五一貫八八〇文		註3

18	金剛王院房仲	醍醐寺	永享九（一四三七）	一二・一一	一四三八・三・二一	五五貫四三〇文		永享一〇年東寺執行日記
19	中性院成淳	醍醐寺	永享一〇（一四三八）	一一・一二	一四三九・三・二一			
20	金剛乗院定意	大覚寺	嘉吉元（一四四一）	一〇・一一	一四四二・三・二一	五七貫五三〇文		嘉吉二年東寺執行日記
21	菩提院守遍	仁和寺	文安五（一四四八）	一二・一八	一四四九・三・二一	五三貫四八二文		文安六年東寺執行日記
22	覚勝院了助	大覚寺	宝徳二（一四五〇）	一二・一八	一四五一・三・二一			
23	観心院賢性	醍醐寺	享徳二（一四五三）	八・九	一四五四・三・二二	五四貫八三四文		『阿刀』室町一一五号
24	真光院禅信	仁和寺	長禄元（一四五七）	一〇・一六	一四五七・一一・一三			二度目の就任
25	理性院宗済	醍醐寺	寛正元（一四六〇）	七・八	一四六一・三・二一	五三貫五〇〇文		醍醐寺文書一七二二号
26	慈尊院定昭	勧修寺	寛正六（一四六五）	八・二八	一四六六・一〇・一七	五二貫三六文		註4
27	随心院厳宝	随心院	文正元（一四六六）	四・一一	一四六七・三・二一	五二貫五三三文		『阿刀』室町一四八号

註1：本表は西尾知己「中世後期の真言宗僧団における三宝院門跡」（『仏教史学研究』五五―二）の表1「鎌倉後期～室町期の東寺長者数・東寺一長者・後七日法大阿闍梨一覧」を活用し、「東寺長者補任」（『続々群書類従』史伝部）・『満済准后日記』で加筆した。

註2：拝堂費用の情報は、「至徳二年道快僧正拝堂下行物記」（『続群書類従』釈家部所収）、『阿刀文書』（『阿刀』と略す、文書番号は「東寺文書検索システム」〈二〇〇一年三月〉参照）、『東寺執行日記』（内閣文庫本）、『醍醐寺文書』（『大日本古文書』家わけ第一九）、「三宝院文書」（『大日本史料』七編一三）、『教王護国寺文書』（『教王』と略）によった。

註3：№17の「拝堂費用（長者側負担額）」は随心院所蔵永享七年「凡僧別当私引付」によった。（歴史資料課「史料紹介　東寺凡僧別当私引付（随心院文書）（二）」『資料館紀要』二四　一九九六年）

註4：№26の「拝堂費用（長者側負担額）」は下坂守「『東寺執行日記』寛正六年・同七年分　栄増筆」（『京都国立博物館学叢』一八　一九九六年）によった。

それでは、拝堂の挙行にあたり、どの程度の費用負担が必要で、誰が準備し、またどこへ支払われ、何に支出されていたのかなど、支出構造について考察することとする。

大覚寺義昭の拝堂については「拝堂記」がなく、詳細は不明であるが、儀式の時間はかなりずれ込んだようである。[33] 費用については、「長者御拝堂執行方下行物注文」が『阿刀文書』に伝わっている。[34]

史料4　「長者御拝堂執行方下行物注文」

長者御拝堂執行方

　下行物

八幡宮御幣膝突　四百五十文（①）
同御捧物　壱貫文（②）
西院御捧物　壱貫文（③）
執行分　壱貫文（④）
造寺専当　壱貫文（⑤）
官符役　壱貫文（⑥）
勾当　壱貫文（⑦）
大堂供　壱貫弐百五十文（⑧）
吉書禄　壱貫文（⑨）
饗料執行・造寺・勾当以上三人　三百文（⑩）
　以上　九貫文（①～⑩の合計）

別禄
一方分　　壱貫文（⑪）
五貫七百二十五文（⑫）
弁公御坊
一方分　　四貫二百七十五文（⑬）
応永廿八
十一月廿七日　　目代（花押）

（裏書）
「大覚寺時《（義昭）》」

※史料中の丸数字は説明の上で便宜的に筆者が付した。

この注文は、大覚寺義昭側から送られた拝堂費用を下行として配分するために「目代」の名前で作成された文書である。注文には、下行項目と金額が書き上げられており、便宜的に付けた①〜⑬の合計は二〇貫文である。富田正弘氏の研究によると、「目代」は、寺務・寺官組織系列の諸職であり、三綱に代わって寺務の実務を行う「在庁（勾当）を指揮するために寺務（長者）から派遣された代官であるが、この文書の差出の「目代」には職名のみで実名がなく、現時点では特定できない[35]。したがって**史料4**は、長者が執行以下へ拝堂に必要な資金を下し与えるために作成した注文で、寺務＝長者に代わって下行の差配を行った際の文書と思われる。次に、費用の送付について、参考となる史料を掲げる。

史料5「僧長盛料足送状案」

送進　東寺長者(義演)用途之事

合五拾壱貫三百四十二文者、

右所送進如件、

文禄三年七月廿日　治卩(部)卿(長盛)

執行(栄清)御房まいる

史料5は、文禄三年（一五九四）七月二十日付の「僧長盛料足送状案」[36]であるが、長者三宝院義演の拝堂の際に、醍醐寺の治部卿長盛から東寺執行栄清へ拝堂用途として五一貫三四二文を拝堂前日の七月二十日に東寺側へ送っていることを示す史料である。長者側（目代）から東寺側（執行）に費用が送られ、受領した東寺側は下行のため、**史料4**のような下行物注文を作成した。**表2**は下行物注文の内容を義昭と他長者とを比較するために作成した表である。**史料4**の大覚寺義昭拝堂時の下行物注文は十三項目に分けて書かれているのみで、他の長者下行物注文とは額や項目数に差が見られる。この差は、拝堂の内容と、この時期に拝堂を灌頂院御影供の日と重ねることが行われていたことに起因していると考えられる。**表2**から、費用は拝堂と灌頂院御影供の儀礼二本立てとなっていることが判明するので、費用増の原因はこの点にあろう。拝堂費用は文書の伝来状況からみて、就任した長者側が負担ないし準備したことは明らかである。

次に、拝堂に支出された費用の額について考察する。**表1**や**表2**に示した通り、額は長者により幅があったのが実態であるが、義昭の例を除けば、四〇～五七貫文が灌頂院御影供を兼ねた拝堂に必要な全コストであろう。貞治から応永期は、**表1**のNo.1の三宝院光済での四四貫五五〇文からNo.5の三宝院満済の四二貫文と四〇貫文代が続き、

表2　拝堂儀礼に伴う下行物比較表

単位：文

費目		地蔵院道快	大覚寺義昭	地蔵院持円	随心院厳宝
長者名		地蔵院道快	大覚寺義昭	地蔵院持円	随心院厳宝
発給年月日		至徳二・三・二〇	応永二八・一一・二七	永享五・三・二〇	応仁元・三・一九
典拠		『続群書類従』二七釈家部下	『阿刀文書』室町四六号	『阿刀文書』室町六一号	『阿刀文書』室町一四八号
史料記載上の総額		四一貫六三〇文	二〇貫文	五〇貫七九〇文	五二貫五三〇文
拝堂方分	諸堂仏供・灯明	四五〇			四〇〇
	八幡宮御幣・膝突	四五〇	四五〇		四五〇
	同御捧物	一、〇〇〇	一、〇〇〇		一、〇〇〇
	八嶋宮御神供	六〇〇			一五〇
	誦経物代	六〇〇			五〇〇
	案　一部	五〇			五〇
	幄　木具代	一〇〇			一〇〇
	西院御捧物（西院大師御捧物）	一、〇〇〇	一、〇〇〇		一、〇〇〇
	執行分	一、〇〇〇	一、〇〇〇		一、〇〇〇
	造寺専当	一、〇〇〇	一、〇〇〇		一、〇〇〇
	官符役		一、〇〇〇		
	勾当		一、〇〇〇		
	大堂供（米一〇石）	五、〇〇〇	一、二五〇		五、〇〇〇

拝堂方分	吉書役	一、〇〇〇			一、〇〇〇
	饗料（執行・造寺・勾当）		三〇〇		
	別禄		一、〇〇〇		
	一方分		五、七二五		
	弁公御坊　一方分		四、二七五		
	灌頂院大師捧物	一、〇〇〇		一、〇〇〇	一、〇〇〇
	大堂供四分一			一、二五〇	
	呪願布施			一、〇〇〇	一、〇〇〇
	呪願絹裹	一、〇〇〇		五五〇	
	中籠弐分中紙十帖	一〇〇			
	別当分（＝凡僧別当）	一、〇〇〇		一、〇〇〇	一、〇〇〇
	饗膳			一〇〇	
	布施禄物等（導師・官符読等以下）	一四、三〇〇		七〇〇	二四、九〇〇
	本供	七、七八〇			七、三八〇
	饗膳（導師・呪願・執行・講代等以下）	一、六〇〇		一〇〇	二、七〇〇
	下部六十五人	一、九〇〇			一、九〇〇
	執行別禄	一、〇〇〇			一、〇〇〇
	呪願分	一、〇〇〇			
御影供方分	寺務御分・供僧分など以下			一一、〇〇〇	
残分				三四、〇九〇	
総計		四二、九三〇	二〇、〇〇〇	五〇、七九〇	五二、五三〇

金剛乗院俊尊の四〇貫三三七文が最低額である。この時期は四〇貫文代で運営するのが通例であった。永享期以降は、**表1**の№15の理性院宗観の五四貫五三〇文など五〇貫文代に増額している傾向が指摘できる。原因は判然としないが、灌頂院御影供の日時に合わせて拝堂することが定例化することとの関連は無視できないであろう。

本章から、拝堂費用は長者側が準備し、東寺側（執行）に送られたことが分かる。同時に目代（長者側）から下行物注文が東寺側に送付され、当日の準備費用に充当された。そして拝堂当日の下行物等に支出された。文書の収受からみて、拝堂の管理は東寺の境内を管理する執行側の専権事項と思われ、供僧側は拝堂本体の支出には関与しなかった。室町期の拝堂事例を見ていくと、拝堂を契機に建物の修理などの整備を行うことはほとんどなかった。整備を行った唯一の例が、大覚寺義昭の拝堂に供僧側が対応したケースのみである。つまり、大覚寺義昭の拝堂に対する供僧の対応は、彼が大覚寺門主であり、かつ三宝院満済と知己の人物で、しかも事前に将軍義持の正室三条殿の訪問と将軍御成に発展する可能性が絡んだことに対する異例の措置だった。

おわりに

ここまで、「寺務義昭拝堂用途算用状」の分析検討を手掛かりに、室町期の東寺長者拝堂儀礼に関係する支出構造と拝堂費用の推移を素描しながら明らかにすることを試みた。

第一章では、大覚寺義昭拝堂儀礼に際して東寺供僧側で作成された「寺務義昭拝堂用途算用状」の分析を、当該期の廿一口供僧評定の議論の過程を踏まえて検討した結果、この「算用状」は、将軍義持家の来寺が想定された特殊な状況下で、御成並の対応を進めるために、作成された会計帳簿であった。第二章では、長者拝堂儀礼の内容と費用について、「拝堂記」などの検討から、時代とともに移動手段など儀礼の細部で簡略化している部分があることを指摘した。また拝堂日が灌頂院御影供と重複することが室町期以降通例化し、御影供と兼ねて拝堂を行う形態が一般化してきたことを明らかにした。拝堂費用は四〇貫文代から五〇貫文代に増加するが、これは灌頂院御影供と同時に行う形態への移行が影響していると考えられる。また、五〇貫文超にも及ぶ拝堂費用は長者側が用意し、東寺側（執行）に送付し、目代（長者側）から下行物注文が東寺側に提出されるという、拝堂儀礼に伴う費用の支出過程を指摘した。

次に、大覚寺義昭が東寺長者に就任した意義について触れておくこととする。後宇多院の密教興隆に視点を据えた横内裕人氏は、大覚寺は後宇多院による新しい真言密教興隆政策によって生み出された宗教権門と意義付けられた[37]。また大覚寺＝南朝という図式を批判した大田壮一郎氏は、室町期の大覚寺について、南朝の拠点ではなく、室町幕府の確立期から室町殿と親密な門跡寺院であったとされ[38]、親武家寺院である大覚寺像を示された。大覚寺門主の彼が東寺長者に就任するまで、中世において長者の出身は仁和寺・醍醐寺・勧修寺などの有力門跡が大多数であった。大覚寺の門跡からは応永二年（一三九五）の義昭の師金剛乗院俊尊が初例であった。真言密教寺院としては仁和寺や醍醐寺などよりは新興寺院であったためか、東寺長者への就任者が他の門跡寺院に比して、就任数や初任就任年次が遅れていたと言えよう。真言宗門跡の中にあって東寺長者を輩出する門跡としては後発であった。だが、義持期の大覚寺は武家主催の祈禱を真言系門跡の一角として奉仕する存在となっていた[39]。その中での義昭が大覚寺出身者として二例目の就任となったのである。師の俊尊との相違は、彼が将軍家の親族であることと室町殿から絶大の信頼を得ていた満済と関係があったことである[40]。年齢差はあったが、しばしば祈禱で東寺グループの一員として同席し、知己の間柄であった可能性が高いことを森茂暁氏が指摘している[41]。以上の点から推察すると、義満の息子で新宗教権門となった大覚寺門主の義昭を送り込んだことは、満済においては、宗教界における自身の政治力を示す出来事であったと思われる。また東寺側においては、大覚寺門主を長者として迎えることは、前例のない就任事例として扱う必要があったと思われる。いずれにしても将軍家につながる人物が東寺長者に就任したことは前例がなく、義満の子息が天台座主や青蓮院門跡、仁和寺御室に送り込まれていることと同様に、顕密寺院に対する幕府の宗教政策の中に位置付けて考える必要があると言えよう。

最後に、室町期における東寺長者に関する私見と今後の検討課題を提示して、擱筆することとする。中世後期の東寺長者の補任状況は西尾氏が中央政治と連動させた研究に詳しい[42]。東寺長者は一から四の長者まであり、一長者が寺務で、欠員はその都度加任された。だが、室町期後半以降欠員は補充がなくなり、ついには一長者でさえ、「未補」の状態に陥った。満済は日記の中で、長者の補任は「門下繁栄[43]」と記した地位であったものが、なぜこのような事態に陥ったのか。西尾氏によると、長者に就任する有力門主僧は「一長者に就任する僧」と「長者を忌避する僧」に分かれるとされる。後者の忌避する僧の存在が長者数の減少をもたらしたと指摘した。つまり人材不足が原因の一端とされた。その他に、一長者を取り巻く経済状況の変化があるのではないかと考える。灌頂院御影供の日に拝堂を重ねることが通例化していくことに、そのことが現れていると思われる。今回検討した拝堂では長者側が五〇貫文に及ぶ費用を負担したことを示したが、長者ポストにあることでの経済的負担は無視できないと考える。拝堂における五〇貫文以上の負担は軽いものではなかったであろう。鎌倉期において東寺で供僧が設置されて以降、彼らによる自治獲得過程で長者が保有する丹波国大山庄などの荘園所領が供僧方＝寺家へ移行し、長者渡領は皆無になったことが指摘されている[44]ことを想起すれば、十分考え得ることであろう。応永三十四年（一四二七）に真光院禅信は一長者であったが、未拝堂だったため大覚寺義昭と交代した例では、「困窮間、廿一日以前拝堂事難遂」し、[45]ということが理由として挙げられている。このことは中世後期の東寺長者の置かれた経済事情を示唆していると考えられ、費用工面が負担になっていた姿が窺える。経済面を手掛かりに上記の課題を解明することができれば、中世前期に利権化したとされる東寺長者という真言宗教団の長の意義と役割を見直し、新たに中世東寺史の中に位置付けることができるであろう。

註

（1）真木隆之「中世東寺長者の成立―真言宗僧団の構造転換―」（『ヒストリア』一七四号、二〇〇〇年）。
（2）橋本初子『中世東寺と弘法大師信仰』（思文閣出版、一九九〇年）の「灌頂院御影供と僧綱の勅役」に拝堂に関する記述がある。また同氏「『醍醐寺文書』のなかの東寺関係史料」（『東寺文書にみる中世社会』東京堂出版、一九九九年）では、醍醐寺文書に東寺長者拝堂記や拝堂関連の文書が存在することを述べている。東大寺別当の代替わりにおける拝堂儀礼について、稲葉伸道氏は『中世寺院の権力構造』の中で、拝堂儀礼は政所系列の三職以下の諸職が参集し、補任され承認される場であると指摘されている。東寺長者の拝堂儀礼について、そのような目的があったかは今後の課題である。
（3）竹内理三『寺領荘園の研究』（畝傍書房、一九四二年）、網野善彦『中世東寺と東寺領荘園』（東大出版会、一九七八年）が代表的な著作である。また、東寺領荘園を網羅した東寺宝物館編『東寺とその庄園』（一九九三年）がある。
（4）永村眞『中世東大寺の組織と経営』（塙書房、一九八九年）。
（5）佐々木銀弥「荘園解体期における寺院経済の転換形態」（『中世商品流通史の研究』法政大学出版会、一九七二年）。
（6）岡田智行「東寺五方について」（『年報中世史研究』七号、一九八一年）。
（7）阿諏訪青美「東寺十分一方算用状の分析」（『中世庶民信仰経済の研究』校倉書房、二〇〇四年）。
（8）金子拓「室町殿東寺御成のパースペクティブ―永享十一年義教御成を中心に―」（『中世武家政権の政治秩序』吉

川弘文館、一九九八年）。
(9) 伊藤俊一「「有徳人」明済法眼の半生―室町前期における寺院経済転換の一断面―」（大山喬平教授退官記念会編『日本社会の史的構造　古代・中世』思文閣出版、一九九七年）。
(10) 『東寺長者補任』（『続々群書類従』史伝部）、「建久二年正月十三日　太政官牒」（『東寺百合文書』マ函四の八。以下、『東百』とする）、「正安三年三月日　東寺供僧幷定額僧拝堂用途注文案」（『東百』甲号外一八の五）など。
(11) 「応永二十八年十二月十五日寺務義昭拝堂用途算用状」（『教王護国寺文書』三巻、一〇六六号）。
(12) 『教王護国寺文書』の編者は「土肥荘」と頭注を付しているが、誤りと思われる。『東寺とその庄園』（東寺宝物館、一九九三年）にも「土肥荘」はない。
(13) 例えば、「廿一口方評定引付」応永二十八年二月九月条（『東百』ち函四、伊藤俊一・富田正弘・本多俊彦編『東寺廿一口供僧方評定引付』第二巻、二〇〇三年）がある。当該条には「土肥方会尺事」の記事の頭注に「土肥元益」が記されている。
(14) 「永享十一年八月廿一日上様御成方仕足散用状」（『東百』タ函一一五）。
(15) 註(9)参照。
(16) 註(8)参照。
(17) 『東百』ち函四（『東寺廿一口供僧方評定引付』第二巻）。
(18) 田中浩司「中世後期における「礼銭」「礼物」の授受について―室町幕府・別奉行・東寺五方などをめぐって―」（『経済学論纂』第三五巻四号、一九九四年）。
(19) 「応永二十八年十二月十五日　西僧坊修理入足注文」（『東百』ム函六一）。
(20) 註(17)参照。
(21) 『教言卿記』（『史料纂集』古記録編）応永十三年十一月廿一日条。
(22) 『満済准后日記』（『続群書類従』補遺）応永二十一年五月一日条。
(23) 『満済准后日記』応永二十八年二月六日条に「大覚寺門主御所様□御弟。当年十八。去年被任僧正」とある。
(24) 大田壮一郎「大覚寺門跡と室町幕府」（『室町幕府の政治と宗教』塙書房、二〇一四年）。
(25) 『満済准后日記』応永二十九年十二月廿五日条、『東寺長者補任』（『続々群書類従』史伝部）応永三十年条。

(26)『満済准后日記』応永三十四年三月十八日・廿日・廿一日条。
(27)橋本初子「灌頂院御影供と僧綱の勤役」(『中世東寺と弘法大師信仰』思文閣出版、一九九〇年)。
(28)西尾知己「中世後期の真言宗僧団における三宝院門跡―東寺長者の検討を通じて―」(『仏教史学研究』五五―二、二〇一三年)の表1参照。
(29)義昭による拝堂の様子は、『満済准后日記』によれば、「盛儀□条々依申子細、時刻遅引□寅刻□事終云々」とある。拝堂は盛大に執り行われたが、時間が予定よりも遅れ、寅刻(午前四時)頃に終了したようである。
(30)『続群書類従』二六下　釈家部。
(31)「東寺長者拝堂記」(『大日本史料』五編二九、一九六頁)。
(32)「拝堂記」(『大日本史料』五編二九、二九八頁)。
(33)本来、早旦(早朝)から始まる拝堂は酉刻(午後六時頃)に終了となる(『東長儀』)が、『満済准后日記』応永二十八年十一月廿八日条によれば、「時刻遅引□寅刻□事終云々」とあり、午前四時頃に終了したようである。
(34)『阿刀文書』室町四六号。文書番号は東寺文書データベース作成委員会「東寺文書検索システム」によった。
(35)富田氏の作成された「東寺目代職表」にこの時の目代職にあった人物が記されておらず不明である。
(36)『醍醐寺文書』一四七一(一)号(『大日本古文書』家わけ第十九　醍醐寺文書之七)。
(37)横内裕人「仁和寺と大覚寺―御流の継承と後宇多院―」(『日本中世社会と寺院』清文堂出版、二〇〇八年)。
(38)註(24)参照。
(39)註(24)参照。
(40)西尾氏によれば、「満済の時期には公武協調体制の成立と軌を一にして、長者の推挙を託されるようになり、半ば御室に並ぶ地位を確立」(註(28)参照)したとされ、これに従えば、大覚寺門主を長者に就任させたのは満済の力が関与していたことも想定できる。
(41)森茂暁『満済』(ミネルヴァ書房、二〇〇四年)。
(42)註(28)参照。
(43)『満済准后日記』応永二十八年一月五日条。
(44)註(3)の網野善彦氏の著書の第一部第二章。

（45）『満済准后日記』応永三十四年三月十八日条。

戦国期大坂本願寺における「斎」をめぐって

安藤　弥

はじめに

本稿の課題は、戦国期の大坂本願寺における「斎」行事をめぐって、その歴史的実態と意味を解明することである。とくに『天文日記』『私心記』(1)の関係記事を中心に検討する。

「斎」とは、「さい」と読んで本来は身心の清浄を保つこととされたが、仏教における八斎戒の一つ、正午以降に食事をしないということから、僧家において正午以前に食することを指して「斎《とき》」と言われるようになったという(2)。これに対して、午後に食事をすることを、時ならぬ食事として「非時《ひじ》」と表現されるようになった。肉食をしない精進料理を指して「斎」と言うこともある。「おとき」と言えば、仏教において檀家や信者が寺僧に供養する食事、または法要の時などに檀家で僧侶・参会者に出す食事の名称として、民俗学的にも注目され、現代社会においても伝存している表現・認識であろう。

この斎、そして非時が戦国期の本願寺においても行われ、それが教団の儀式と組織という点からも重要な行事であることが指摘された。『天文日記』等によれば、大坂本願寺のもっとも日常的な法要儀式の一つとして斎の執行が見出される。佐々木孝正氏は民俗学的に「共同飲食」の場として評価される斎が大坂本願寺の重要な仏事となっていたことを指摘した(3)。早島有毅氏は室町戦国期の諸史料に散見される頭・頭人という語が戦国期本願寺の諸記録にも見られるとし、それが斎を中心とした仏事に特定集団の坊主・坊主分を上番させる体制として整備されていたことを論じた(4)。草野顕之氏は戦国期本願寺教団において、こうした頭人役（斎頭役）を勤めることが、一か月ごとに上山して諸役を勤めた番役（三十日番衆）と並ぶ宗教役勤仕として教団組織の形成・維持に重要な役割を果たしたと論じ、儀式執行と教団組織の密接な関係を指摘した(5)。

以上の先行研究はいずれも示唆に富み、本質的な議論を展開しているが、戦国期本願寺における斎をめぐってはなお検討すべき点がある。

『天文日記』『私心記』(6)の斎関係記事の全容を見て気づくことは、斎が年中法要において行われるもののみならず、各地の僧侶・門徒らからの申請によって行われるものがあることである。その申請理由は、家族・親類もしくは関係者の死去や年忌の志として、というものである。一般に故人供養にあたるものと言えばわかりやすいであろう。ただし、「供養」や「追善」などの語については『天文日記』に限っても一切用いられていないことには留意が必要である。

とはいえ、これは教団法要における宗教役勤仕としての斎調進とはやや異なり、縁者の死去・年忌を契機とした申請者の自発的な宗教的行為である。これが生じる背景の一つとしては戦国時代の地域社会における血縁・地縁関係の成熟と故人供養の意識と行動の高まりが想定されよう。そして、そうした門徒の宗教的意識と行動を、本願寺が申斎の設定というかたちで受けとめていることが重要な問題になりうるのである。

あらためてそうした信仰史的な観点と実態から捉え直そうとしてみれば、先行研究が主に注目した教団の各法要における斎・非時の頭役勤仕も、教団と門徒の組織的な紐帯という性格のみならず、信仰行動としての本質的な面も再検討してみる必要性が浮かび上がる。

以上の問題関心に従い、第一章では、先行研究の成果を踏まえつつ、教団の各法要における斎調進の歴史的実態について確認し、第二章では僧侶・門徒民衆からの申請による斎（申斎）の実施について検討し、本願寺における斎の歴史的実態と意義を考えていくことにしたい。

一　教団法要における斎・非時

まず、『天文日記』と『私心記』の史料としての性格・価値について述べる。

『天文日記』は本願寺十代証如（一五一六〜一五五四）の日記である。天文五年（一五三六）から同二十三年（一五五四）までの自筆原本が現存し（天文十四・十七年を欠く）、戦国時代に教団がもっとも隆盛をみた大坂本願寺時代の歴史的実態を知ることができる史料である。本願寺と諸方（武家・公家・寺社など）との音信関係が多く記録されると同時に、本稿で注目する「斎」など儀式に関する記事もよく見出される。

『私心記』は本願寺の一家衆（本願寺住職の親族集団からなる教団内身分）である順興寺実従（一四九八〜一五六四）の日記である。天文元年（一五三二）から永禄四年（一五六一）までが現存し（ただし自筆原本は永禄三・四年分のみ）、やはり大坂本願寺とその教団の歴史的動向をよく知ることができる史料である。とくに実従は本願寺の儀式に深く関わる位置にあり、その日記において『天文日記』よりも儀式に関する記事の分量は多い。

次に、『天文日記』『私心記』から読み取れる当該期の本願寺教団の法要儀式と斎・非時、またそれを担当する頭人集団（地域門徒衆）について、早島氏の研究を参照しつつあらためて図表にして示す（次頁以下）。なお、本願寺における斎調進は蓮如（一四一五～一四九九）期以前から行われていた可能性が指摘されているが、ここでは史料の確かな証如期に焦点をしぼっている。

本願寺教団の年中行事の中で最大・中心法要は、十一月二十一日～二十八日の報恩講（親鸞命日を正忌とする一七《いちしち》日《にち》法要）である。それに次ぐのが前住正忌で、証如期の場合、父の円如は歴代に数えられず、前住職は祖父の実如になるから、その命日である二月二日に法要と斎が行われた。さらに本願寺歴代と聖徳太子、法然の正忌についてはやはり法要日となり、毎月二日には前住（実如）の月命日、毎月二十八日には親鸞の月命日法要も行われる。ちなみに、この毎月二十八日の法要において、前月と次月の本願寺御堂に地方から上番して役勤仕する三十日番衆が交代する。加えて、年中行事としては彼岸や盆、また年によっては歴代の周忌法要があり、その際にも斎が行われることがあった。

斎は法要儀式後に行われ、証如とともに相伴衆が出て一緒に飲食する。相伴衆には斎頭人のほか、一家衆や定衆・常住坊主衆、また、その時に寺内にいた坊主衆を呼ぶこともある。たとえば天文五年二月二日の実如正忌法要の斎においては、一家衆十四人、坊主衆二十八人が斎相伴をしている。斎の献立について詳しい内容は『天文日記』等では知られないが、おおよそ汁二～三、菜三～十一、菓子三～七種といった構成であった。斎の執行にあたってはその費用を頭人集団が負担し、各種の準備を担当した。また、斎に焼風呂が用意されることもあり、この費用も負担したものと思われる。なお、報恩講においては斎・非時の頭人勤行の場も設定されているが、その他の法要において頭人にそうした役割が与えられている徴証はない。

図表　大坂本願寺の法要と斎・非時　（出典：『天文日記』『私心記』）

日程	事項	頭人勤仕集団	出典・備考
正月四日	如信正忌	—	本願寺二代
正月十九日	覚如正忌	近江（湯次・石畠・日野本誓寺・瓜生津・法蔵寺）	本願寺三代
正月二十五日	法然正忌	—	
正月二十八日	親鸞月命日	定専坊・富田光照寺	
二月二日	実如正忌	（一家衆）	前住（本願寺九代）正忌
二月二十二日	聖徳太子正忌	—	
二月二十八日	親鸞月命日	金森両人	
二月二十九日	善如正忌	—	本願寺四代。『天文日記』天文六年条のみ
三月二日	実如月命日	箕浦誓願寺→箕浦誓願寺・奈良衆	
三月二十五日	蓮如正忌	大坂本願寺寺内六町	本願寺八代
三月二十八日	親鸞月命日	大和衆（百済・曾禰・吉野）→百済衆・二条衆	
四月二日	実如月命日	明照寺（・正崇寺）→明照寺・善照寺・若州	
四月二十四日	綽如命日	河内小山衆	本願寺五代
四月二十八日	親鸞月命日	堺三坊主	
五月二日	実如月命日	尾州十六日講→尾州十六日講・仏照寺	

五月二十八日	親鸞月命日	奈良衆→美濃衆	
六月二日	実如月命日	小林光明寺・足近満福寺	
六月十八日	存如正忌	—	本願寺七代。『天文日記』天文七年条、『私心記』永禄三年条
六月二十八日	親鸞月命日	若江光蓮寺→加州四郡坊主衆	
七月二日	実如月命日	（無）→若江光蓮寺・高野衆・若州	
七月二十八日	親鸞月命日	摂津坊主衆（善源寺・滓上江・辻・放出・中嶋野田）	
八月二日	実如月命日	舟橋願誓寺→舟橋願誓寺・報土寺	
八月二十日	円如正忌	（証如）	証如実父。『私心記』には毎月二十日斎の記載もある
八月二十八日	親鸞月命日	慈願寺（天文五年臨時）→興正寺門徒	
九月二日	実如月命日	美濃衆	
九月二十八日	親鸞月命日	西ノ浦・古市・大井衆	
十月二日	実如月命日	美濃・尾張河野衆→河野衆・奈良衆	
十月十四日	巧如正忌	河内丹下衆	本願寺六代
十月二十八日	親鸞月命日	近江高野衆→三河衆	

十一月二日	実如月命日	福勝寺→福勝寺・百済衆	
十一月二十二日	報恩講（十一月二十一日〜二十八日）	斎：北郡三ケ寺　非時：光応寺・顕証寺・超刑部卿	『私心記』天文四年当該条にまとまった記載
十一月二十三日		斎：大坂六人坊主衆　非時：大坂講衆	
十一月二十四日		斎：堺ノ三坊主　非時：是ヨリ御坊ヨリ	
十一月二十五日		斎：所々坊主衆　非時：ミナミノ善源寺	
十一月二十六日		斎：越前衆　非時：美濃・尾張衆	
十一月二十七日		斎：慈願寺　非時：石畠	
十二月二日	実如月命日	（無）→加州	
十二月二十二日	実如月命日	福田寺→名称寺	正月二日を引上
十二月二十八日	親鸞月命日	河内八里衆→河内八里衆・吉野衆など	

＊閏月においては定衆（水谷・福勝寺）が勤める。

注目すべきは、これらの法要における斎の頭人役を勤める地域門徒集団は、途中で変更になる場合もあるものの、ほぼ固定されており、それ自体が門徒集団のアイデンティティになっている点である。たとえば、十月二日の実如月命日法要における斎頭役は美濃・尾張河野衆が担い続けた（なお、報恩講二十六日の非時も美濃・尾張衆が担当している）。

次に『天文日記』の関係主要条を掲げて示す。

史料1　『天文日記』天文五年（一五三六）十月二日条

一、斎、自河野両国之頭候間、可相勲由、先日番衆上候時、掃部方へ言伝ニ申上候由申候処ニ、今日人をのほせ申事には、国錯乱ニ付而、皆々山きはへのきて候間、つとめましきやうに申候へ共、早道具共買そろへ誘候間、於事不成者、借銭をしてなりとも、つとめられ候へと申候よし、上野申候、然者、頭つとむる分也、法円又衛門も祗候候間、喚候、

史料2　『天文日記』天文六年（一五三七）十月二日条

◬一、今日之斎、自河野勤候、相伴ニ両人出候、仍汁二ツ、菜八ツ、菓子七種也、相伴ニ当番唐川了西ニ加候、

史料3　『天文日記』天文七年（一五三八）十月二日条

◬一、斎、如先々、従河野勤之、相伴ニ両人来候、即両国坊主衆也、

◬一、日昼過、百疋、為志出之、

史料4　『天文日記』天文十年（一五四一）十月二日条

◬一、斎相伴ニ自河野幷奈良七人来、奈良よりハ昨日五貫来候し、

◬一、為志自河野百疋来、

史料5　『天文日記』天文二十年（一五五一）十月二日条

一、斎、頭人雖為河野、一人も不上、又頭銭も不運上、絶言語次第也、依之、国へ其趣申下也、

史料6　『天文日記』天文二十一年（一五五二）十月二日条

一、斎相伴自頭人河野五人来、又寺内玄誓来是ハ毎年呼度之由、去々年若州衆ニ申たるニ依也、

一、両川野依水損、餓死之輩多之由候、

一、毎年灯明料七月五百疋雖上之候、依餓死并乱世、唯今四百疋ミノ川ノ二百疋 尾わり河野二百疋上之、

一、頭銭毎年八百疋、御明十疋、志百疋雖出之、依不相調候、六百五十疋自尾張二貫五百 自美濃三貫五百出之、御明并志不出之、「天文廿二年十月三日頭銭之次ニ尋候ヘハ、六百疋ハ自両河野上之、五十疋者空念尾州河野、祐道同、慶誓同、別而為冥加令持参、相伴ニ来之由候、」（追筆）

史料7　『天文日記』天文二十二年（一五五三）十月二日条

一、斎、相伴自頭人河野四人来若州衆不来、

一、不来玄誓者勤番之間、是又別ニ（以下文章無）

掲げていないが、他年の十月二日条にも同様に斎が行われた記事はある。これらによると、木曾三川流域を基盤に美濃・尾張両国にまたがる河野衆が他の美濃衆、尾張衆とは別に、独自に頭人役勤仕をしていることが知られる。戦乱や災害で役勤仕に支障をきたしている年もあるが、それでも態勢を整え直し次第、また勤めるようになっている。とくに天文二十一年の状況を見れば、水害により餓死者を多数出す中で、頭銭等については例年通りの額を納めることはできず、調えられるだけの分を納めているのであり、河野門徒にとっては、そうした危機的状況を押しても斎頭人役は勤仕すべきものだったのである。それはおそらく、本願寺からの負荷や、役勤仕による直参身分の獲得といった議論だけではない問題としても考える必要がある。

なお、天文十・十一年には奈良衆の出仕も見られるが、奈良衆はその後、三月二日に付け替えられたようで継続していない。天文二十一・二十二年には若州衆・寺内玄誓の出仕についての言及があるが、これも継続はされていない。こうした試行錯誤があることもまた確かではあるが、とくに天文十年以降、斎頭人役を勤める地域門徒集団

の増加、年中行事体系への組み込みがよく見出される。前掲**図表**からもうかがえるように、時に編成替えが行われながら、大坂本願寺の教団法要において、門徒集団が頭役を勤める斎は行われ続けた。

その意味をあらためて考えてみると、門徒集団が積極的に教団法要の重要な一部分を担い続けているという点において、彼らの信仰活動の具体的実践としての評価が必要である。今のところ報恩講にのみ執行が知られる頭人勤行についても、そこで読誦される和讃の讃頭を、証如が確かに記録として残していることから[7]、それが報恩講儀式の正式な構成要素の一部であることは明らかである。こうした斎とその頭人を確かな構成要素として法要儀式を成立させているところに、戦国社会を生きる人びとの信仰活動の次元を含みこんで存立する戦国期本願寺教団の歴史的特徴があると言えよう。

以上は先行研究の成果から、若干の概要を示し、歴史的意味を確認したものである。さらに詳細な検討もすでにあり、その他の論点も指摘されているが、ここでは続いて「中斎」の問題に焦点をしぼり検討を進めていきたい。

二　「中斎」の歴史的実態

斎は戦国期本願寺教団において、本願寺と門徒を宗教的に結ぶ重要な儀式の一つであった。『天文日記』を見渡してみると、現存している条全体において「斎」記事は六八〇条ほど見出される。そのうち、教団法要における斎ではなく、申請による斎に関する記事は一七〇条ほどである。一家衆ら本願寺親族や下間一族などが調進する斎もあるが、全国各地から大坂本願寺まで門徒が上山して調進する斎もある。

まず、門徒の調進する斎について、いくつかの事例を見てみよう。

史料8　『天文日記』天文五年（一五三六）正月二十九日条

有斎也、其子細者、濃州之国人宮河云者、去年打死候、為其志、斎つとめたきよし申間、今日之斎ニ相調候、斎之相伴者、光応寺親子三人、左衛門督、教行寺兄弟両人、堅田、刑部卿（超勝寺）、興正寺、一家此分、坊主衆、当所六人之衆、慶誓、御堂番衆、脇田江（是ハ近郷ニ居住之、間、喚度之由申）、頭人女姓（ママ）二人これなり、布施、愚ニ壱貫文、光応寺ニ五百文、此外一家衆皆三百文つゝ、坊主衆へハ如常百文つゝ、又其時、愚身ニ為志拾五貫文到来也、斎之菜十一、汁三ツ、菓子七種、此宮河と申者ハ、長井新九郎与力にて候、其故ハ新九郎内者と内縁ニ成候而与力分候、

これによれば、宮河という美濃の国人が昨年討ち死にしたが、その志として斎を勤めたいと頭人の女性二人がわざわざ美濃から大坂本願寺まで来て、斎を調進している。証如以下一家衆・坊主衆が相伴し、相伴した証如らにそれぞれ布施が納められている。こうした斎調進、斎への僧侶の相伴、その僧侶への布施行という実態には、仏教における「衆僧供養」の実践という意味合いを見出すことも可能であろう。布施は、証如に一貫文、光応寺蓮淳に五百文、八人の一家衆に各三百文ずつ、坊主衆らへも各百疋ずつ、さらに証如へ別途十五貫文であるから、かなりの額である。これはもちろん本願寺側が求めたものではなく、宮河母の志によるものである。なお、この宮河は長井新九郎（斎藤道三）の与力であったという。地域社会の相当な有力者層である。

さらに興味深いのは、続いてその翌年、また天文八年（一五三九）にも同人物の斎が行われている点である。

史料9　『天文日記』天文六年（一五三七）二月十五日条

一、斎、濃州宮河母、為志し候、汁三ツ、菜十一、菓子七種也、一堂の斎也、相伴兼誉、兼智、兼澄（虫気にて不出候、勤計ニハ被出候）、

兼盛、長島也、聖徳寺、福勝寺、顕祐あやまちしたるとて不出候、御堂番衆真宗寺、慶誓、福田寺、定専坊四人、正教、恵光寺歓楽にて不出候、明誓、浄恵是も歓楽、乗賢、専勝寺《ミノフルハシノ》、西円寺子、性顕寺、永寿寺《フルハシ》、聚楽寺《ミノ》、宝光寺《ヲサ》就子歓楽之儀、昨日下向候由候、頭人尼公計也、布施愚二百疋、兼誉ニ五十疋、其外三人にハ卅疋つゝ、坊主衆にハいつものことく十疋つゝ也、

一、宮川母田地寄進候、

史料10　『天文日記』天文八年（一五三九）三月十九日条

△一、斎、濃州宮河孫九郎母在名若森妙祐調之、仍汁三、菜十一、菓子七種也、一堂食之、（後略）

天文六年の斎記事において、頭人の女性は討ち死にした宮河の母親であることが示され、「尼公」とあるから法体になっていることも判明する。さらに彼女は本願寺へ田地まで寄進した。また、斎相伴には西美濃の有力寺院坊主衆がほぼ勢ぞろいで出ている（天文五年の斎では脇田江西願寺のみ）。さらに天文八年の斎記事に至ると、故人の名が孫九郎であること、頭人であるその母の法名（妙祐）まで明記されるようになる。

宮河母の場合、息子に先立たれたわけであるが、やはり一番多いのは「親年忌之志」「親之志」と示されるものである。

史料11　『天文日記』天文八年（一五三九）四月十八日条

△一、斎を堺慈光寺門下木津屋了宗為親之志、調之候、仍汁三、菜十、菓子七種也、代物者千疋出之由候、相伴には兼誉、兼智、兼盛、堂之番衆、常住衆計也、又慈光寺、了宗、同弟、同子来候、布施は弐百疋、兼誉に五十疋、両人ニ卅疋ツヽ也、

史料12　『天文日記』天文八年（一五三九）八月五日条

△一、斎を南町屋厨屋次郎左衛門、為親之志、調之、白米一石、三貫、樽二荷出之、仍汁三、菜八、菓子七種也、相伴ニ兼誉、兼智、兼盛、福勝寺、当番、願人より両人来、布施百疋、兼誉へ卅疋、残両人へ廿疋つゝ也、

事例として二点のみ掲げたが、坊主や地域門徒ではなく、屋号を持つ寺内町人もしばしば縁者の年忌などのために斎を調進した。大坂本願寺寺内町の住民のみならず近郷の屋号持ち商人や、堺の有力商人門徒の斎調進もよく見出される。彼らの信仰と財力は大きなものであっただろう。実際に堺慈光寺門下の木津屋了宗は斎調進にあたってかなりの額を出している（**史料11**）。とはいえ、斎記事全体を見れば内容の規模や布施の額面などはおおよそ慣例があったようではある。

父・母の他には、祖母（天文十一年七月十九日条）、伯母（天文五年八月十八日条）、夫（天文七年二月九日条ほか）、兄（天文十五年八月四日条）、息子（前掲宮河母の事例）、娘（天文五年九月十二日条）などを志の対象とした斎もあり、頭人にしても親子（天文十二年八月五日条ほか）や兄弟（天文十三年四月十二日条ほか）など複数で勤める斎もあった。次の事例のみ条文を掲げて内容を確かめてみよう。

史料13　『天文日記』天文十五年（一五四六）八月四日条

一、為斎於檜物屋五郎兵衛女《ムスメ》、為六人兄之志、調備之、仍六百疋出之云々、抑汁三、菜八、茶子七種也、人数者兼智、兼澄、坊主衆如常、浄教《アマ》依為坊主也、五郎兵衛、同智両人来、

一、布施者百疋、兼智、兼澄へ廿疋宛、惣者如常、又日中後、小児へ廿疋有之、

檜物屋五郎兵衛の娘が何と六人の兄の志として斎を調進している。費用として六百疋を出し、斎相伴衆の中には、五郎兵衛と娘婿もいる。浄教は五郎兵衛家のいわゆる手次坊主と見られ相伴に呼ばれているのであろう。この場合、頭人を父である五郎兵衛でも婿でもなく、五郎兵衛の娘が勤めている点も注目されよう。

斎調進には全国から門徒が上山したが、もっとも遠くから来たのが日向国慶西門徒西了であった（『天文日記』天文十一年〈一五四二〉十一月五日条・一周忌か）。この西了はその後、帰国しなかったようで、天文二十二年（一五五三）五月二十六日には大坂本願寺寺内町に居住しており、再び斎を調進している（『天文日記』同日条・十三回忌か）。摂津・河内を除くと美濃からの斎調進が多いことも注目される。地域差の問題は、各地域の宗教状況が背景にあるかもしれない。

斎頭人役を勤める個人のみの志ではなく、こうした斎調進を集団でしていく事例も見られる。

史料14　**『天文日記』天文十三年（一五四四）二月十九日条**

一、為斎於恵光寺下河内西郡十人計衆之志、調備之、仍汁三、菜九、茶子七種也、相伴者、兼智、延深、常住衆、卅日番、自頭人方八人出之、

一、布施者、百疋、兼智へ卅疋、延深廿疋、坊主衆如常、

恵光寺（延深）の門下集団である河内西郡の十人ばかりの衆が志として斎を調進した。斎調進の理由は記されておらず、『天文日記』天文十六年二月五日条の美濃門徒の事例にあるような門徒が合同で行う斎であったという可能性、もしくは集団の結束を高めるために大坂本願寺に上山して斎調進を共同で行ったという可能性がある。

集団結束の意味合いで言えば、次の事例も注目される。

史料15　『天文日記』天文六年（一五三七）十月二十四日条

△一、尾張国小林浄了逝去之為志、子先日令上洛候于時五歳、斎したきよし申候間、今日ニ定候、仍汁三ツ、菜八ツ、菓子七種也、相伴ニ兼誉、兼盛、又定祇候之衆三人、番衆四人、小林門徒、坊主分衆六人来候也、布施、愚身ニ三百疋、兼誉ニ五十疋、兼盛ニ卅疋、坊主衆如常也、

尾張国知多に所在する小林光明寺の住職浄了が逝去した志として、その子息が上洛し、斎調進を申し出てきたので、この日に行うことが定められた。汁三、菜八、菓子七種の斎がふるまわれ、相伴には証如と一家衆、常住衆、番衆に加えて小林光明寺門徒の坊主分の六人が来たと記録される。数え五歳の子息が単独で斎調進を申請できるはずはなく、実際に小林光明寺を支える六人の坊主分衆に伴われての大坂本願寺上山、そして斎調進であった。

光明寺についてはその後、五歳の子息が長じて住職を継承していくことになり、それをまた六人坊主衆が支えることになるのであるが、その起点として、まず本山である大坂本願寺において、先代住職逝去の志として関係者集団によって調進する斎が位置づけられるのである。

以上、いくつかの事例を挙げながら、とくに本願寺門徒が縁者の死を契機に自らの意思で斎の調進を希望し、実行していく実態の一端を示した。門徒による「中斎」の実行は、大坂本願寺における日常風景だったのであり、重要な事項であったからこそ、証如は諸勢力との音信関係をはじめ、さまざまな記事を『天文日記』に残す中で、斎についても多くの記事を残しているのである[8]。

おわりに

天文二十三年（一五五四）八月十三日に証如が逝去し、その息子である顕如が本願寺を継職すると、年中法要の編成替えが行われることになる。すなわち、前住正忌は八月十三日となり、毎月十三日に月命日の法要が設定された。二月二日の実如正忌は歴代並となり、毎月二日の月命日は行われなくなる。そうなると、これまで実如月命日の斎頭人を担当していた門徒集団はどうなるのであろうか。

顕如は父証如の『天文日記』のような日記を残さなかったようで、教団法要全体の日常実態は明らかにならない。しかし、永禄四年（一五六一）まで現存する実従の『私心記』によれば、毎月十三日の証如月命日の斎頭人については、大坂寺内の講衆が毎月担当している。講衆は三十人ほどであり（『私心記』永禄三年六月十三日条）、その中から二、三人が交替で頭人を勤めた（『私心記』毎月十三日条）。その一方で、実如月命日の斎頭人集団が他に付け替えられた徴証ははっきりと見出すことはできない。

こうした体制転換の実態解明と意味については今後の検討課題となるが、いずれにしても、その後の石山合戦の勃発と本願寺の大坂退去により、さらに大きな体制転換が生じたものと想定され、教団組織の近世的再編の問題まで見据えて考察していく必要がある。

本稿では、戦国期の大坂本願寺において行われていた「斎」行事の実態解明とその歴史的意味の考察を試みた。門徒が調進し、住職ならびにその親族集団である一家衆、さらに坊主衆が相伴して共同飲食する「斎」行事は、戦国期本願寺教団において重要な儀式であった。多くの場合、本願寺住職と門徒が直接対面して行われ、両者をつなど宗教的結節点となる場であった。組織論としては、斎・非時を調進する頭人制度は、「番衆」制度と並び戦国期の教団体制を支えるものであった。信仰論としては、斎とその調進は、門徒の信仰の具体的な発露として、同じように法要儀式において信仰告白を行う「改悔」と並び、特徴的な場であり実践となった(9)。ただし、経済的な問題として、「申斎」を行える門徒は、その社会的身分に相応して限られていたとも見られる。そうした個人の志で行う斎が難しければなおさら、地域門徒集団で頭人役を勤める斎の実施を重視する門徒のすがたも想定できよう。

いずれにしても、本願寺は戦国時代に広範な民衆的基盤を得て教団を形成し勢力を伸長していったと考えられているが、本稿で注目した「申斎」は、まさに戦国社会を生きる人びとの浄土信仰の高まりを前提に成立していると言える。民衆の信仰意識と実践を含みこんで教団法要を成立させるところに、戦国期宗教勢力としての本願寺教団の歴史的特徴がある(10)。

なお、本願寺証如が記す『天文日記』の記述上、「追善」「供養」といった表現が出てこないことも、真宗信仰の歴史的特徴と言える。ただし、それが斎を行う門徒の意識を反映したものであるかどうかはさらに論じなくてはならない課題である。先に述べた地域差などの問題にも留意しつつ、戦国社会における浄土信仰の実態を広範に捉えながら、その中に位置づけていく必要がある。

註

（1）『真宗史料集成』第三巻（同朋舎、一九七九年）。『天文日記』天文五〜十年については『大系真宗史料　文書記録編8　天文日記Ⅰ』（法藏館、二〇一五年）。ちなみに『天文日記』天文五年（一五三六）の記事全体を見渡してみると、閏月の入った全十三か月で条数は全九九八箇条あり、そのうち「斎」記事は三七箇条を数える。

（2）「斎」の辞書的理解については『日本国語大辞典』「斎」項を参照。

（3）佐々木孝正「本願寺教団の年中行事」（日本仏教学会編『仏教儀礼―その理念と実践―』平楽寺書店、一九七八年。のち同『仏教民俗史の研究』〈名著出版、一九八七年〉所収）。
（4）早島有毅「戦国期本願寺における「頭」考」（『真宗研究』第二六輯、一九八二年）。
（5）草野顕之『戦国期本願寺教団史の研究』（法藏館、二〇〇四年）。
（6）門徒とはこの場合、本願寺教団に所属する信者を指して言う。僧・俗を包括して用いられるが、とくに在俗信者を指して言う場合もある。なお、浄土真宗の場合、在家仏教の理念もあって出家・在家の区別が明確でない実態もあるため注意が必要である。
（7）青木忠夫「史料紹介　本願寺証如筆、報恩講等年中行事関係文書」（『同朋大学仏教文化研究所紀要』第一八号、一九九八年）。
（8）『私心記』にも「斎」記事はあるが、『天文日記』ほどではなく、また記録態度も異なる。斎は証如が相伴することに意味があり、証如が記録することに重要な意味があったと考えられる。
（9）「改悔」については、青木忠夫『本願寺教団の展開―戦国期から近世へ―』（法藏館、二〇〇三年）。また拙稿「戦国期本願寺「報恩講」の歴史的確立」（『同朋大学論叢』第九七号、二〇〇三年）参照。
（10）拙稿「戦国期宗教勢力論」（中世後期研究会編『室町・戦国期研究を読みなおす』思文閣出版、二〇〇七年）。

中近世移行期における法会・祈禱の支払手段

――『舜旧記』の分析を中心に――

川戸貴史

はじめに

本稿は、十六世紀末期から十七世紀前期にかけての法会や祈禱に対する布施などの財の喜捨について、どの貨幣を用いてなされているかを具体的に検討することによって、当該期における貨幣流通の実像の一端を明らかにすることを目的とする。

周知の通り、十六世紀後半は、それまでの銭のみを貨幣として用いる秩序から金・銀そして米も貨幣として用いる多元的な貨幣流通秩序が形成されたことで知られている(1)。そのメカニズムをめぐっては近年活発な議論がされており、おおむねその実態が明らかになりつつある。一方、そのような多元的な流通秩序が形成されるなかで、実際にどのような場面でどの貨幣が選択されたかについての具体的様相についてはまだ不明な点が多く、その解明が課題となっている。

なかでも当該期における法会や布施などの宗教行事において選択される貨幣の実相については、これまで全く検討されたことがないと言っても過言ではない。実際に様々な貨幣が社会で浸透していく世相にあって、宗教行事においてもその影響を受けたのか、あるいはそうでないのかを解明することは、貨幣流通の実態を明らかにするのみならず、移行期社会における宗教行事の在り方を評価する上でも一つの手がかりになるのではないだろうか。

以上の課題に応えるために、本稿では『舜旧記』[2]を主な分析対象として検討を行う。当該記録は当該期の研究では著名な史料であるが、豊臣政権末期に建立された豊国社神宮寺別当となった神龍院梵舜の日記であり、豊国社に関する行事を中心として法会や祈禱に関する記事が豊富に確認される。[3]これらの記事を中心に分析を行いたい。また、比較対象として、『鹿苑日録』における法会や祈禱などの記事も検討したい。当該史料については、売買や貸借などの記事についてかつて検討したことはあるが、[4]法会等の宗教行事に関する記事についてはいまだ検討を行っていない。あわせて検討を行いたい。

ところで、『舜旧記』を用いた豊国社の行事に関わる有力者の参詣や行事への参加の実態から当時の権力構造を解明しようとする研究も最近ではなされており、[5]当該期における豊国社をめぐる様々な動向が注目を浴びつつある。むろん『舜旧記』において見られる貨幣の選択は当該期社会の一般的動向を必ずしも示すものとは言えないし、あくまでも京都での事例であるという点も忘れてはならないが、まずは実態の一例として具体的に分析することにより、今後の総合的分析の可能性を拓く試みとして論を進めたい。

一　法会・祈禱の支払手段における全体的な傾向

まずは『舜旧記』に記された様々な法会や祈禱において支出[6]された用途や布施などが何でもってなされているか

について、全体的な傾向を見ておきたい。そこで比較のためとして、同時代の『鹿苑日録』に見られる法会や祈禱などの用途についても検討したい。

十六世紀末から十七世紀前半にかけての全体的な傾向を見るために、便宜上年ごとに区分した上で、金・銀・銭・米がそれぞれ確認される回数を**表1**に整理した。これは大まかに法会・祈禱と筆者が判断したものを摘出したものであり、それぞれの法会等の性格や規模については考慮に入れていない。それゆえ数値の比較検討を細密に行

表1　金・銀・銭・米の年別奉納事例数

西暦	『舜旧記』				『鹿苑日録』			
	金	銀	銭	米	金	銀	銭	米
1583				1				
1585			5	5				
1589							5	1
1591						1	5	
1592							3	3
1593							1	2
1594					1	6	4	1
1596		2	2	4			1	1
1597	1	1	7	4		10	9	
1598			5	4		2	8	
1599			5	3		1	4	
1600	3	11	9				1	
1601	3	4	12	5		1		
1602	1	2	9	2		1	3	
1603	1	3	3	4			1	
1604			5	3				
1605	1	1	5					
1606		2	3	2		1	1	
1607			2	3		4	2	
1608			2	1				
1609							1	
1610	1		3	3				
1611								
1612	1	3	7	3		2	3	
1613			1	3		3	2	
1614		2	5	2		1		
1615			5	1		5		
1616		4	2	1		5	2	
1617						1	2	
1618		5	5	5		2		
1619		3	8	1		2	2	
1620		2	5	1		1	1	
1621						5	2	
1622	1	10	4	3		4	2	
1623		5	5	1		1	5	
1624	1	1	6			6	4	
1625						2	2	
1626	4	4	3			4		
1627		3	4			2		
1628	3	7	4	2		3		
1629	1	5	6	2		2	4	
1630	1	4	5			3	2	
1631		2	5	2		4	1	
1632		3	2	2	1	3	2	
1633						3		
1634						1	1	
1635						2	1	
1636					1	3	1	
1637						1	2	
1638					1	3	4	
1639						2	2	
1640					1	2	2	
1641					2	1	1	
1642					1	1	1	

うことはむしろ傾向を見誤るおそれもあるので、ここでは大まかな傾向を看取するに留めたい。

その上で**表1**から看取される傾向について筆者の見解を示すと次の通りである。まず全体的な頻度を見ると、銀の頻度が最も高く、次いで銭、米となっており、金の頻度は比較的低いことがわかる。京都では一五九〇年代に入ると金の使用事例が減少傾向にあることはすでに明らかになっており、**表1**で見られる事例もほぼ京都における事柄であることを踏まえれば、金の頻度の低いことはおおむね想定の範囲内の結果であったと言えよう。

『舜旧記』に見られる金の事例については、具体的に見ても特徴がある。たとえば慶長二年（一五九七）五月十一日には足利義輝三十三回忌の仏事についての記事があり、足利義昭から金一枚の下行があったことが記されている。また慶長五年（一六〇〇）七月二十三日は、徳川家康との対決を控えた宇喜多秀家が参詣して金一枚を奉納している。ほかには北政所の奉納事例が多く（詳しくは後述）、政権中枢やそれに類する人物からの奉納事例が多い様子を窺えよう。

一方『鹿苑日録』はさらに瞭然であり、金の事例は元和以前では一例のみしか確認できない。その一例は文禄三年（一五九四）正月十日の、「池清左方北堂葬礼、（中略）葬礼・中陰之費用金子一枚来云々」というものである。この事例のみがなぜ金であったかについては不明であるが、『鹿苑日録』は売買等も含めて一五九〇年代以降になると全体的に金の使用事例は少なくなることがわかっている(7)。法会についてもその傾向を窺えることが明らかとなった。

次に『舜旧記』の記事から銀の事例について見ると、慶長五年以降に比較的事例が増加する傾向があるように窺える。これについては、記主である梵舜の境遇が変化したことと関係している。

先行研究で明らかにされているように、豊国社が造営されると梵舜はその神宮寺別当となったが、それに伴って行われるようになった神事・法会に関わるようになり、それらの行事に銀が充てられることが多くなったのである。特に湯立神事用途としての銀の事例が目立っており、たとえば慶長五年七月二十六日には、毛利輝元の女房衆から湯立神事用途として銀二一六匁が奉納されていることなどが確認される。湯立神事用途には金が充てられる事例もあり、一例を挙げると、慶長十五年（一六一〇）八月二十一日に「金子三枚湯立奉納来也」という記事が確認される。豊国社の湯立神事は多額の奉納を要する重要な神事として位置づけられていたようであり、そのため高額の支払手段である金・銀が選好される傾向にあったと考えられる(8)。湯立神事以外の事例を見ても、慶長期においては銀は権力上層からの奉納事例が多く、一回の額も比較的高くなっている。慶長期においては、金・銀の奉納事例は基本的に高額の支払手段として選択されていたものと考えられる。

それに対し、慶長期においても銭の奉納事例が見られる点が留意されよう。これまでの研究において指摘されているように、売買等では一五九〇年代後半になると銭の使用事例は逓減傾向にあり、代わって少額決済においても銀が用いられる傾向の強いことがわかっている(9)。しかしながら、『舜旧記』に見える奉納記事においては、そうはなっていないのである。銭の事例について見ると、慶長期までで銭の高額な奉納事例は慶長六年（一六〇一）四月十八日に行われた湯立神事において豊臣秀頼名代の片桐且元が一〇〇貫文を奉納したものなど、秀頼や北政所など秀吉の身内が関わった奉納事例が中心となっている。ほかには、神楽銭として集めた銭を一括して計上した際に高額になっているが（たとえば慶長七年〈一六〇二〉四月二十一日に「宝殿之奉納神楽銭」として一九六貫六〇〇文を吉田兼見の蔵へ入れた事例が特に高額な事例として目立つ）、それを除く事例は一貫文以下が多い。事例では年忌の布施としての事例が目立っており、その場合には毎年の金額もほぼ固定されている。銭が選択される事例は、少額の奉納事例や、例年の行事であるために慣習的に固定して支出される場合が多いことが指摘できよう。

最後に米の事例であるが、米についてはやや慎重に評価する必要がある。なぜならば、米は食料としての性格を有するため、貨幣として用いたかどうかが曖昧な場合も多いからである。『舜旧記』において米の事例として目立つのは、「斎料」とされる場合である。この場合には食料としての意味合いも強く、米を食料とする意識があった可能性もある。しかし一方では銭などの明らかに貨幣を斎料として記載する場合もあることから、ここでは斎料に用いられる斎料はさしあたり貨幣として用いられたものと位置づけた。

その上で米の事例について見ると、『舜旧記』の記事から見れば、時期的な差異はそれほど大きくはないように見られる。一方で『鹿苑日録』と比較すると、その差異は明瞭であろう。なぜならば、『鹿苑日録』では慶長期以降は全く事例が見られなくなるからである。

この両者の違いがなぜであるかは断言しがたいが、『舜旧記』で見られる米の事例は銭と同様に年忌等の布施の場合が多く、その額（量）は比較的小さい。このような法会や祈禱の性格の差異が影響したことが考えられる。

もっともこの事実において重要な点は、やはり記主の立場や環境などによって行き交う貨幣がそれぞれ異なる場合があるという、いわば自明とも言える事実がやはり明確に位置づけられたことである。それゆえ、より多くかつ様々な事例を蓄積しながら貨幣の使用実態について分析を進めることによってこそ、より正確な歴史的事実を明らかにすることができるのである。この点を改めて確認しつつ、次に具体的な事例に則して実態の分析を進めたい。

二　年忌の布施に選択される貨幣

『舜旧記』には、例年行われる年忌の祈禱がいくつか確認されることから、年次の変化を見るためにこれらの行事について個別に検討したい。主に記主である梵舜の父祖・親類に関わる祈禱・法会記事を対象とする。

1　吉田兼右への祈禱・法会の布施

まずは吉田兼右（唯神院）に対して行われる祈禱・法会の記事について検討したい。兼右は吉田神道を再興して後の発展に繋げた人物として篤く祀られており、[10]『舜旧記』においてもほぼ毎年祈禱・法会を行っている様子が窺える。記事を**表2**にまとめた。なお、祥月命日は正月十日である。

記事を一覧すると、祥月命日のほか、月命日にもしばしば祈禱・法会を行っており、布施が供されている。ここでは何を布施としているかに注目すると、全体的な傾向としては、慶長十年（一六〇五）頃までは銭・米が混在しており、それ以後はほぼ銭の事例で占められていることがわかる。額について見ると、大規模化している慶長九年（一六〇四）の三十三回忌を除けば、祥月命日の年忌では、米ならば一斗の事例が多いことがわかる。銭については、慶長四年（一五九九）までは一〇〇文（一〇疋）、それ以降元和六年（一六二〇）までは二〇〇文（二〇疋）、それ以降は再び一〇〇文となる傾向にあったことがわかる。一六三〇年頃になると、銀が選択される場合も見られる。このような変化が起こった要因を探ることは難しいが、梵舜の境遇の変化も無関係ではないと考えられる。すなわち、慶長四年の画期は当然ながら豊国社の創立が影響した可能性があり、[11]一方元和六年の画期については、その前年に豊国社が事実上廃絶し、梵舜の拠った神宮寺も屋敷が破却された。[12]このような事態が影響したことが考えられる。

さて、兼右への祈禱・法会記事からわかることは、記事を確認できる一五八〇年代以降はおおむね銭と米が選択されており、とりわけ十七世紀に入ると大半が銭で占められるようになったことである。このような傾向が生じた

表2　唯神院年忌記事一覧

和暦	記事	支払手段	備考
天正一一・一・一〇	唯神院（吉田兼右）年忌、本所（吉田兼見）ヨリ米一斗斎料来也、	米	
天正一三・一・九	従本所、唯神院殿十三年忌、米壱石・料足壱貫文下行也、	米・銭	
天正一三・一・一〇	唯神院殿斎也、請僧紹俊布施十疋遣之、	銭	
文禄五・一・九	唯神院殿御斎料、八木壱斗、	米	
慶長一・一二・二	唯神院殿廿五年忌、今月ニ取越之仏事料、米弐石・銀子壱枚、自新造渡也、	米・銀	
慶長二・一・四	唯神院殿御供料五升、	米	
慶長二・七・一〇	唯神院殿月忌斎、堂坊主恵珎布施十疋遣、	銭	
慶長四・七・一〇	唯神院殿周忌、斎僧恵珎、十疋布施、	銭	
慶長五・一・一〇	唯神院殿依正忌斎之義宗喜申付、神恩院・妙心院・智福院・由甫、請僧福勝寺為布施二十疋遣之、	銭	
慶長六・一・六	唯神院殿明日七日御供料五升、紀州所持遣了、	米	
慶長六・一・一〇	唯神院殿御年忌、斎僧布施二十疋遣、次斎料米壱斗来、次焼香二位卿・女房衆・予、五十疋、	銭・米	
慶長七・一・一〇	唯神院殿御年忌、（中略）請僧布施二十疋、	銭	
慶長九・一二・八	唯神院殿斎、（中略）神恩院西堂二十疋、（中略）豊後二十疋・錫双□□、（中略）民少（吉田定継）二十疋、（中略）円空二十疋、	銭	
慶長九・一二・一一	今度唯神院殿卅三回忌、下行料米八石也、但し惣入月十石五斗也、予二石五斗斎也、	米	
慶長一〇・一・一〇	唯神院殿卅三年忌、（中略）斎僧二十疋、（中略）次二位・同女房衆焼香入来、五十疋樽代也、	銭	
慶長一二・一・六	唯神院殿明日七日神供料八木五升、筑後所へ令下行也、	米	
慶長一二・一・一〇	唯神院殿御年忌、斎僧二十疋、	銭	
慶長一七・一・一〇	唯神院殿御年忌、斎僧来、二十疋為施物遣了、	銭	
慶長一九・一・一〇	唯心（神）院正忌之斎僧二十疋遣也、	銭	
慶長二〇・一・一〇	唯神院殿御年忌、斎僧来、（中略）為施物二十疋遣之也、	銭	

和暦	記事	支払手段	備考
元和二・一・一〇	唯神院殿御年忌、斎僧両人来、布施二十疋遣也、	銭	
元和四・一・一〇	斎僧来、為嚫金二十疋遣也、	銭	関連記事と推定。
元和五・一・一〇	唯神院殿正忌、斎僧両人、為布施二十疋送之、	銭	
元和六・一・一〇	忌日唯神院殿、斎僧布施二十疋、	銭	
元和六・七・一〇	忌日唯神院殿、斎僧東首座、二十疋施物也、	銭	
元和八・七・一〇	忌日唯神院殿、斎僧来、十疋布施、	銭	
元和九・一・一〇	唯神院殿五十年忌也、（中略）宗久為布施十疋、	銭	
元和九・七・一〇	忌日唯神院殿、（中略）施物廿銭遣也、	銭	
元和一〇・一・一〇	唯神院殿忌日、御年忌、斎僧宗徳十疋、	銭	
寛永一・七・一〇	忌日唯神院殿、斎僧来、布施十疋遣也、	銭	
寛永三・一・一〇	唯神院殿御年忌、斎僧布施十疋遣也、	銭	
寛永三・七・一〇	唯神院殿忌日、斎僧来、布施十疋遣也、	銭	
寛永四・一・一〇	唯神院殿正忌、斎僧来、十疋施物也、	銭	
寛永四・七・一〇	忌日、唯神院殿、斎僧玄智艮一文目布施、	銀	
寛永五・一・六	唯神院殿御供料五升、右近所へ遣也、	米	
寛永五・一・一〇	唯神院殿年忌、（中略）十六銭、	銭	
寛永六・一・五	唯神院殿御供料米五升、	米	
寛永六・一・七	唯神院殿神供奉備、（中略）米二升遣也、	米	
寛永六・二・一〇	忌日、唯神院殿、（中略）銀一分布施遣也、	銀	
寛永六・七・一〇	忌日、唯神院殿、斎僧来、布施十疋遣也、	銭	
寛永七・一・一〇	唯神院殿正忌、（中略）艮一分布施也、	銀	
寛永七・七・一〇	忌日、唯神院殿、（中略）五十銭遣也、	銭	
寛永八・一・一〇	唯神院在（殿）御年忌、斎僧慶繁銭五十、	銭	
寛永八・七・一〇	忌日、唯神院殿、（中略）三十銭遣之也、	銭	
寛永九・一・一〇	唯神院殿御年忌、（中略）施物艮一歩（分）壱ツ也、	銀	
寛永九・七・一〇	唯神院殿忌日、（中略）斎僧・殿原来、五十銭施物遣也、	銭	

【注】（　）は引用者による注記を示す（以下同じ）。

最も大きな理由は、やはり一度当たりの額が小さいため、銭が選択されやすい傾向にあったことが考えられる。とはいえ十六世紀末には銀の切り遣いによる少額支払も見られるようになっていることから、[13]単に「小銭」として銭が選択されたとも言い切れない。このような法会・祈禱においては、恒例行事化すると選択される貨幣やその額が固定化する傾向があったためではないだろうか。もっともそれを支えるための潤沢な流通量が必要であり、少なくとも十七世紀前半の京都において銭が特に稀少化した傾向は窺えない。

2　梵舜身内への祈禱・法会の布施

梵舜の身内や関係者と見られる人物に対する祈禱・法会の記事について検討したい。

まずは、梵舜母の無量院（妙蓮大姉）に対する祈禱関連記事について、**表3**にまとめた。慶長四年（一五九九）以降の記事になるが、選択されているのは銭と米に限られており、年代的な特徴はなく、両者が混在していることがわかる。米であれば五升から一斗の範囲となっており、額（量）はそれほど多くはない。一方で銭は、慶長四年の「卅銭」をはじめ、すべての記事で「銭」という単位を用いているのが特徴的である。おそらくは「文」と同義であったと思われるが、梵舜は一部を除いて「文」の単位は用いていない。一〇疋（一〇〇文）を超える単位は「疋」あるいは「貫」と表記しており、理由は明確ではないものの、「文」の語句は意図的に避けていた様子が窺える。そうであれば、銭の布施は一回当たりおおよそ一五文前後となっている。金や銀が選択されないのは、一回当たりの額が小さいためであったと推察される。

梵舜の身内や関係者と思われる人物への祈禱のうち、米が奉納された事例が多い人物は、この無量院のほかには、慶長十七年（一六一二）で記事が見られなくなる尊覚法印（二月一日が忌日か）が確認される。この人物への奉納はすべて米でなされており、額（量）は一、二斗であった。それを除けば、ほかの身内・関係者に対する事例では、米が選択された事例は少ない。たとえば慈心院（妙春）という人物（女性か。十二月二十一日が忌日）の祈禱では、慶長十七年の十七回忌で米一斗が念仏衆に遣わされているほかは銭でほぼ占められており[14]、その額も一〇〇文を下回る。

その他では、吉田兼見や兼治の祈禱では、七回忌、十三回忌や十七回忌などの記念的な年忌においては、大規模に挙行されたと見られ金や銀が選択される場合があったが、その他の年忌では大半において銭が選択されており、

表3　無量院年忌記事一覧

和暦	記事	支払手段
慶長四・二・二六	無量院殿（妙蓮）依年忌、斎僧布施卅銭遣、	銭
慶長七・二・二六	無量院殿御年忌、神恩院へ斎料米壱斗・茶一袋遣了、	米
慶長一九・二・二六	妙蓮大姉年忌、神恩院へ斎料八木一斗持遣、	米
元和四・二・二五	無量院殿年忌、斎料五升幷豆腐十丁、神恩院へ持遣也、	米
元和四・二・二六	無量院殿年忌、斎僧慶順来、布施銭十六遣也、	銭
元和五・二・二六	妙蓮大姉年忌、斎僧来、布施十二銭遣也、	銭
元和六・二・二六	無量院殿年忌、神恩院へ斎料米五斗（升ヵ）・唐腐七・牛房一・錫双遣也、	米
元和八・二・二六	忌日無量院殿御年忌、神恩院へ米五升・豆腐・御茶引・御茶湯進上、	米
元和九・二・二六	忌日無量院殿年忌、（中略）斎料遣也、米五斗（升ヵ）・豆腐六・茶引［棗入］上也、	米
寛永四・二・二六	無量院年忌、斎僧清源来、布施十五銭、玄聖来、	銭
寛永五・二・二六	無量院殿御年忌也、神恩院へ斎料五升・御茶・唐腐五丁持進上了、	米
寛永六・閏二・二六	忌日、無量院殿、（中略）銭十五遣也、	銭
寛永七・二・二六	無量院殿年忌、斎僧十五銭遣也、	銭
寛永八・二・二六	無量院忌日、斎僧来、銭十二遣也、	銭
寛永九・二・二五	明日無量院殿御年忌、少斎、八木五升・唐腐・極上引棗入令進上、御茶湯之義也、	米

【注】［　］は割注を示す。

まれに米が選択されることがある。やはりその額も一〇〇文に満たない事例が多い。

以上のことから、梵舜の身内や関係者に対する祈禱・法会に支出される布施は、区切りの年忌を除けばその規模が大きくはないことから、奉納される額（量）も少額であり、それゆえ銭や米が選択される場合が多くを占めていることがわかった。すなわち、金・銀・銭・米のうち、年忌に関わる法会・祈禱で奉納対象として選択される際には、その額（量）の多寡によって決まる場合が多かったと見られる。そして高額な場合には金・銀、少額な場合には銭・米が選択されていた。そして米が選択される場合も、おそらくは食料としての役割は意識されていなかった（すなわち銭に代替することが可能であった）と考えられる。

三　秀吉関係者による豊国社奉納と貨幣

続いて、豊国社に関わることで特徴的に表れる、豊臣秀吉の関係者による奉納記事を見ることによって、選択される貨幣の傾向を検出して検討したい。

1　北政所の奉納事例

関係者のなかで最も参詣・奉納記事が多いのは、北政所（高台院）である。関連記事を**表4**にまとめた。慶長期の参詣は例年年始・四月十七日（祭礼の前日）・八月十七日（秀吉祥月命日の前日）が多く、歳暮やその他不定期に参詣することもあったようである[15]。

それぞれの奉納について見ると、正月の参詣では、慶長五年に銭である後は銀が大勢を占めており、同時に奉納

表4　北政所奉納記事一覧

和暦	記事	支払手段	備考
慶長五・一・一	政所早朝御参詣、奉納千疋、（中略）神官万（百ヵ）疋、（中略）被遣了、	銭	
慶長五・八・一八	早朝政所社参、奉納金子一枚、二位卿［艮子五枚］、慶鶴丸三枚、兼治三枚、祝七人艮子一枚ツヽ、禰宜・神人［鳥目一人宛弐貫］被下畢、	金・銀・銭	
慶長五・一二・二二	政所社参、艮子百目神納、	銀	
慶長五・一二・二二	政所社参、奉納艮子百目、	銀	
慶長六・一・四	豊国社へ政所社参、奉納百五十、	銀ヵ	額により銀に推定。
慶長六・四・一七	予豊国越了、政所社参、艮子五枚奉納、神楽銭艮子二枚、	銀	
慶長六・八・一七	政所御社参［金子一枚奉納、］、十弐貫神楽銭［鳥目ニテ来］、	金・銭	
慶長七・一・一	政所社参［辰刻］、奉納艮子三枚、	銀	
慶長七・三・一八	政所社参、肥後殿（木下家定）ヨリ予ニ百疋之礼、於社中給也、	銭	銭は木下家定の礼として。
慶長七・四・一七	自今日豊国神事、次政所早朝社参、奉納艮子五枚、御内衆ヨリ奉納、神楽銭廿二貫也、	銀	銭は御内衆より。
慶長七・八・一	政所様奉納艮子三枚、	銀	
慶長七・八・一七	所巳刻社参、湯立、大原巫女勤之、政所御覧［金子一枚奉納、］、	金	
慶長八・一・九	政所社参、奉納艮子弐枚、湯立料艮子七枚、	銀	
慶長八・四・一一	政所俄ニ御社参、奉納艮子三枚、御内衆十五貫也、	銀	銭は御内衆より。
慶長八・八・一八	政所山上之廟所御参、同社へハ御名代カウ蔵主奉納艮子十枚、	銀	

和暦	記事	支払手段	備考
慶長九・八・二	政所御社参、（中略）次奉納金子一枚、（中略）次奉納神楽、カケテ此八貫八百文也、	金・銭	
慶長九・九・一八	政所御参詣、奉納艮子三枚、	銀	
慶長九・一二・一九	政所御参詣、奉納十二貫、銀子ニテ参、御内衆奉納神楽銭十二貫、	銀	銭の代銀。銭は御内衆より。
慶長一〇・一・三	政所御参詣、（中略）奉納艮子五枚、	銀・銭	
慶長一〇・八・一七	早朝政所参詣、奉納艮子十枚、康蔵主一枚、御内衆ヨリ鳥目十二貫、都合如此、	銀	銭は御内衆より。
慶長一〇・九・一八	政所御参詣、奉納艮子百廿目・鳥目二貫七百文、	銀・銭	
慶長一〇・一二・一八	政所御社参、（中略）奉納八貫文之内、神前艮子三枚御奉納、	銀	銭の代銀？
慶長一一・一・三	巳刻攻改（政所）御参詣、（中略）奉納艮子五枚、	銀	
慶長一一・四・一三	当月神事御祭ニ政所御社参、俄之儀也、奉納銀子五枚、内衆女中より四貫六百文奉納也、	銀	銭は御内衆より。
慶長一一・五・一八	政所早朝御参詣、奉納銀子三枚、ハイフキ、御内衆ヨリ五貫七百文、	銀	銭は御内衆より。「ハイフキ」
慶長一一・八・一七	政所御参詣、奉納銀子五枚、御内衆散銭十六貫、	銀	銭は御内衆より。
慶長一一・一二・二一	政所御社参、奉納銀子三枚、	銀	
慶長一二・一・三	政所御社参、奉納艮子五枚、	銀	
慶長一二・四・一七	政所参詣、奉納銀五枚、御内衆八貫五百文、奉納神楽殿迄ニ、	銀	銭は御内衆より。
慶長一二・五・一八	辰刻政所殿参詣、銀子百五十目奉納、（中略）次政所御内衆へ奉納五貫四百文、	銀	銭は御内衆より。
慶長一二・八・一七	巳刻政所御参詣、（中略）奉納艮子五枚、御内衆十六貫五百文、	銀	銭は御内衆より。
慶長一二・一二・一八	政所社参、（中略）奉納艮子三枚、散銭五貫二百文也、	銀・銭	

和暦	記事	支払手段	備考
慶長一三・一・五	政所御参詣、（中略）奉納艮子五枚、	銀	
慶長一三・三・一八	政所御参詣、奉納艮子五枚、	銀	
慶長一三・六・一八	早天政所様参詣、（中略）奉納艮子百枚・鳥目三貫三百文、	銀・銭	
慶長一五・一・一	早朝政所御参詣、奉納艮子五枚、	銀	
慶長一五・四・一七	巳刻政所御参詣、（中略）奉納艮子五枚・鳥目七貫七百文、	銀・銭	
慶長一五・八・一六	政所ヨリ金子一枚湯立料、艮子三枚御内衆湯立料、	金	銀は御内衆より。
慶長一五・八・一七	政所御参詣、御奉納金子一枚、御内衆奉納神楽銭廿三貫五百文也、[艮子四十四匁]、	金	銭（代銀）は御内衆より。
慶長一七・一・一	政所様不暁参詣、奉納艮子五枚、御内衆散銭六貫六百文、	銀	銭は御内衆より。
慶長一七・四・一七	政所様巳刻参詣、（中略）奉納艮子五枚・散銭三貫五百文、	銀・銭	
慶長一七・五・五	早朝政所様御参詣、奉納艮子二枚、	銀	
慶長一七・八・一七	巳刻政所様御参詣、（中略）奉納金子小判三ツ・散銭三貫四百文、	金・銭	小判
慶長一七・一二・一八	大政所様御参詣、奉納艮子二枚、神楽銭一貫二百文、	銀・銭	
慶長一八・一・一	政所様御参詣、奉納銀子五枚・散銭九貫文、	銀・銭	
慶長一八・一二・一八	政所様御参詣、奉納銀子三枚・散銭二貫文、	銀・銭	
慶長一九・一・一	政所様参詣、巳刻、奉納銀子五枚・散銭五貫斗、	銀・銭	
慶長一九・四・一六	政所様夜入当社へ御参詣、御忍之体也、奉納艮子五枚・散銭二貫斗也、	銀・銭	「御忍之体」
慶長一九・八・一七	政所様御参詣、奉納百石・散銭十四貫、	銭・米	

和暦	記事	支払手段	備考
元和二・一二・一五	高台院様御内衆四人、つる・なか・せいしゆ・こふ、此衆ヨリ豊国大明神へ御灯火料トシテ銀子四十四文目、萩原局ヨリ給ル、	銀	御内衆より。
元和四・一・六	高台院様ヨリ豊国社へ祈念料トシテ鳥目二貫文来、	銭	
元和四・二・一八	高台院様為洗米料、米二石持被下候、	米	
元和四・三・一九	豊国大明神御灯料良子六十目之通、御内衆ヨリ請取也、	銀	御内衆より。
元和四・三・二二	政所様御内衆（中略）、大明神御灯料ニ銀子六十目来之内、卅目之分、尾張ニ相渡也、一ヶ月分ニ艮六文目、算用ニテ五ヶ月分渡也、此内正月ヲ入テ六月迄之分相渡也、	銀	御内衆より。
元和四・閏三・四	高台院様ヨリ大明神へ為御灯料、艮子一枚来也、	銀	
元和四・七・二八	御灯之尾張ニ高台院様ヨリ艮一枚之通渡也、次政所様御内衆四人（中略）、此衆艮子六十目之内卅目、今日悉相渡也、	銀	
元和五・二・六	高台院様御内衆、十一人衆ヨリ豊国大明神灯明料、銀子八十目五分来之内、且四十三文目灯明料、役者尾張召寄相渡也、当年正月ヨリ七月迄且渡也、一ヶ月艮子六文目ツヽ、下行算用也、	銀	御内衆より。
元和五・五・五	豊国社へ参詣、（中略）於下陣御供令頂戴也、次高台院様へ進上、一段仕合、艮子一枚令祈念料被下也、	銀	
元和五・五・一四	御灯尾張呼寄、高台院様ヨリ来祈禱料艮一枚、小板替遣也、灰吹良ニテ［　］一枚之内十文目減也、	銀	「灰吹」
元和五・五・一九	尾張、政所様ヨリ百疋持来也、	銭	
元和五・八・一八	高台院様へ神宮（供）一膳進上、（中略）為御初尾弐百疋被下也、	銭	
元和五・八・一九	御灯尾張、高台院様之初尾弐百疋持来之間、為使分三十疋遣、	銭	

和暦	記事	支払手段	備考
元和五・一〇・四	政所様ヨリ豊国社御神供料艮子一枚之内、残テ廿三文目在之、又御内衆・女中衆ヨリ灯明料八十目之内、廿五文目残テ在之、	銀	豊国社破却により返納。
元和六・八・一八	神供、高台院様へ以久次令進上、御返事御祝着令思召之由仰也、為御祝儀一分判一被下也、	金	一分判
元和六・閏一二・三〇	高台院様ヨリ為初尾、銀子百枚・鳥目百疋、御祈禱料・御神供・御灯明料也、	銀・銭	
元和八・五・一八	当院御社へ備神供、高台院様へ進上也、初尾百疋被下也、	銭	
元和八・七・四	高台院様ヨリ御祈念之事申来也、（中略）於予御祈禱可申入トテ艮子一枚被持下也、	銀	
元和八・八・一五	高台院様ヨリ十八日之御神供料、銀子一枚御下行也、	銀	
元和九・一・七	高台院様御返礼一分判二ツ、	金	
元和一〇・一・七	高台院様へ御礼、（中略）為返礼一分判二下也、	金	
元和一〇・一・一八	神供奉備、高台院様江進上申也、為初尾一分判一ツ被下也、	金	
寛永一・八・一八	豊国大明神へ備御神供、（中略）則高台院様進上申也、為初尾百疋被下也、	銭	

【注】［　］は割注を示す（以下同じ）。

する散銭や同行した御内衆の奉納は銭であることが多い。額は徐々に増加し、銀五枚で固定化したようである。額が固定化している傾向があることから、恒例行事としての参詣という性格が強かったものと考えられる。

次に四月の参詣について見ると、正月とほぼ同じ傾向を示しており、銀五枚と散銭というセットが比較的目立つ。慶長七年（一六〇二）の記事にあるように、この銭は神楽銭として奉納されたようである。

そして最も盛大であるのが、秀吉の祥月命日による八月の参詣である。また、この際に奉納される貨幣は銀が目立つものの、金が選択される事例も多い。当然ながら身内にとっては最も重要な日であることから、奉納額も最も高額であることがふさわしかったためであろう。慶長期では、金を奉納するのがこの時のみであることも特徴的である。一方、理由は不明ながら慶長十九年（一六一四）には米一〇〇石を奉納している事例があることも特徴的である。慶長期では、米を奉納した事例はこれのみである。銭は御内衆を通して奉納されているが、その額はおよそ一五貫文前後であるものの、一定はしていない。これは随行した人数によるものとも考えられるが、詳細は明確にしえない。これも神楽銭や散銭としての性格を有する奉納であるが、銭としてはかなりまとまった額であり、あえて銭を選択して奉納する意図があったようである。慶長十五年（一六一〇）では神楽銭二三貫五〇〇文の代わりに銀四四匁を納めたという記事に示される通り、基本的には銭を奉納することが慣例となっているものの、用意できない場合は代わりの媒体（ここでは銀）で奉納したのである。

最後に、十二月の参詣事例を見ると、他とは異なる傾向がある。すなわち、慶長九年（一六〇四）や同十年にあるように、銭の代わりに銀を奉納したと記されていることである。年末の奉納は儀礼的なものよりも何らかの祭礼に関わるものであった可能性があるが、そこで奉納される貨幣は銭が通例だと認識されていたことが窺える。ただし慶長十一年以後は銀に固定化しており（別途神楽銭が奉納されている）、額も二、三枚で固定化している。この点を重視するならば、慶長十年頃を境として北政所や梵舜周辺にとっては銭から銀を一般的な貨幣とする〝認識〟が定着したのではないかとも推察される(16)。

2　豊臣秀頼の奉納事例

次に豊臣秀頼の奉納事例を検討したい。参詣はすべて本人ではなく名代によってなされている点が特徴的である。やはり参詣時期には法則性があり、正月・四月・八月に集中していることは北政所と同様であるが、歳暮の参詣は見られない。事例を**表5**にまとめたが、北政所の奉納とは明らかに様相が異なっていることがわかる。一目してわかることは、明らかに金と銭に集中しており、銀の事例は比較的少ない。銀が多数を占める北政所とは大きく異なっていることが明瞭であろう。ただし金はほぼ一回当たり一枚で固定化しており、極端に高額だったとは言えない。背景を明確にしえないものの、金を選択することに何らかの政治的意図がこめられていた可能性もある。銭についても断言しえないものの、武家の贈答では比較的銭を好む傾向があったと見られることから[17]、かかる意識が作用した可能性が考えられる。

まずは正月の奉納事例について見ると、多くの事例で金一枚が奉納されていることがわかる。またほぼすべてにおいて銭が奉納されており、その額は一〇〇貫文で固定されていることがわかる。またこの銭は馬代の名目だったようである。

四月の参詣・奉納事例も正月と同じ傾向にあったようである。やはり金一枚を奉納する事例が多く、また同時に銭一〇〇貫文も奉納している。八月の事例でもほぼ同じであり、北政所とは異なり秀吉の祥月命日における奉納がとりわけ特別視されていたわけではない様子が窺える。本稿ではその意味についての分析はしえないものの、このことが大坂における豊国社を通じた秀吉に対する意識においてどのような意味を有するのか検討する余地もあるだろう。

以上のように、秀頼による奉納事例は金一枚と銭一〇〇貫文にほぼ固定化しており、ほぼ儀礼化していたことが窺える。ただし豊国社造営直後からほぼ金と銭に限られ、銀を選択する事例が少ない点は特徴的である。必ずしも

表5　豊臣秀頼奉納記事一覧

和暦	記事	支払手段	備考
慶長五・一・三	秀頼為御名代、若狭少将（木下勝俊）参詣、太刀一腰・青銅百疋、	銭	
慶長五・八・三	秀頼ヨリ御祈禱ニ五釜湯立［大原巫女］申付、五釜之内一ツメ釜破、又取替居之ニ一度破了、寄特云々、湯料金子一枚来、巫女下行艮子百廿五文目、	金・銀	
慶長六・一・四	大坂ヨリ秀頼様為御名代羽柴侍従（福島正則カ）、豊国ニ社参、奉納百貫文	銭	
慶長六・四・一八	秀頼為御名代、堅切市正（片桐且元）奉納百貫、	銭	
慶長六・八・一八	秀頼為御名代、小出播磨守（秀政）衣冠［奉納百貫］、（中略）次湯立［二釜、大原上野弟、巫女勤之］、大坂ヨリ秀頼為祈禱也、金子一枚也、	金・銭	
慶長七・一・三	秀頼為御名代小出播磨守装束・太刀・折紙馬代万疋、（中略）被下、	銭	
慶長七・四・一八	大坂秀頼公為御名代片桐主膳正（貞隆）、奉納金子一枚・太刀折紙代百廿貫文也、	金・銭	
慶長七・八・一八	自大坂秀頼為御名代小出播磨守社参、奉納百貫、	銭	
慶長八・一・二	大坂ヨリ秀頼様名代小出播磨守［装束］、奉納百貫文、十二貫神楽斗（料カ）、	銭	
慶長八・四・一八	大坂之御名代、巳刻片桐主膳正［装束］、奉納金子一枚・馬代百貫、	金・銭	
慶長八・八・一八	秀頼為御名代片桐市正［装束］、奉納金子一枚、次鳥目百貫文奉納馬代、	金・銭	
慶長九・一・三	大坂秀頼様御名代小出播磨守［装束］、未刻参勤也、（中略）金子一枚、	金	
慶長九・四・一八	大坂為御名代片桐主膳正辰刻社参、（中略）奉納金子一枚・馬代百貫文、	金・銭	

和暦	記事	支払手段	備考
慶長九・八・一四	臨時之御祭、（中略）大坂ヨリ八百貫被下也、	銭	
慶長九・八・一八	大坂御名代片桐主膳御奉納金子一枚・馬代百廿貫文・太刀折紙、	金・銭	
慶長一〇・一・五	大坂御名代片桐市正奉納百廿貫、	銭	
慶長一〇・四・一八	早朝大坂御名代片桐市正［装束］、太刀・馬代万疋、	銭	
慶長一一・一・四	大坂御名代片桐市正［装束］、奉納金子一枚・百疋（貫ヵ）、	金・銭	
慶長一一・三・二五	男山下遷宮、（中略）遷宮料入目已下秀頼公ヨリ被仰付云々、千石下行、	米	石清水遷宮。
慶長一一・七・一一	大坂秀頼為御祓禱、（中略）各へ鳥目、祝へ百卅文、禰宜百廿文出之、大坂ヨリ来ハ銀子二枚、御祈禱料ニ来也、	銀	銭は豊国社内部の支出か。
慶長一一・八・一八	大坂御名代片桐主膳正［装束］、辰刻参向、（中略）次大坂ヨリ奉納百廿貫・金子一枚、	金・銭	
慶長一二・一・四	大坂御名代片桐市正殿参詣、奉納百疋（貫ヵ）、	銭	
慶長一二・四・一八	辰刻大坂御名代大野修理（治長）装束、養源院ヨリ奉納金子一枚百貫、	金	
慶長一二・八・一八	大坂御名代片桐主膳正金子一枚百貫、	金	
慶長一三・一・四	大坂ヨリ奉納金子一枚・百貫、	金・銭	
慶長一三・三・五	於神宮寺大般若経六百巻転読御祈祷、大坂右大臣様疱瘡之御祈念申付、（中略）同施物一貫遣也、	銭	疱瘡の治癒祈念。
慶長一三・四・一八	辰刻大坂御名代大野修理参詣、奉納金子一枚、権少備神前、百貫文同備了、	金・銭	
慶長一五・一・四	巳刻大坂御名代片桐市正殿奉納金子一枚・馬代百貫、	金・銭	
慶長一五・四・一八	早朝大坂御名代片桐主膳正奉納金子一枚・鳥目百貫、	金・銭	
慶長一五・八・一六	大坂ヨリ良子［　　　］鳥目百四拾貫、馬野瀬猪右衛門持来、	銀・銭	
慶長一五・八・一八	御名代大坂片桐市正殿［装束］、奉納金子一枚・鳥目百廿貫、	金・銭	

和暦	記事	支払手段	備考
慶長一七・一・四	巳刻大坂御名代片桐市正殿如例年奉納金子一枚・百疋（貫カ）、	金・銭	
慶長一七・二・二	於当社一七日御祈禱、大坂秀頼様御祈禱也、艮子十枚来也、	銀	
慶長一七・四・一八	早朝大坂御名代片桐主膳正参詣、奉納金子一枚・百貫、	金・銭	
慶長一七・八・一八	辰刻大坂之御名代赤座内膳正、奉納金子一枚・百貫、	金・銭	
慶長一八・一・四	大坂御名代片桐市正殿奉納銀子一枚・百貫文也、	銀・銭	
慶長一八・二・二七	大坂豊国社遷宮、（中略）次秀頼御参詣之由、予市正殿へ申入、（中略）次於御前銀子廿枚・小袖二ツ、	銀	「大坂豊国社遷宮」
慶長一八・四・一八	大坂之御名代片桐市正殿奉納、如例年金子一枚・万疋、	金・銭	
慶長一八・八・一八	早朝大坂御名代石川肥後守（康勝）参詣、（中略）奉納金子一枚・百貫、	金・銭	
慶長一九・四・一八	早朝大坂御名代大野修理奉納金子一枚・鳥目百貫文、	金・銭	
慶長一九・八・一八	早天大坂之御名代片桐主膳正奉納百貫文、次例年金子不来、	銭	例年の金は来ず。
慶長二〇・一・三〇	大坂御名代細川讃岐守殿（興秋）奉納銀子廿枚也、	銀	

大坂が銀よりも金が〝優勢〟になったとは考えられないので、このような選択には何らかの豊国社をめぐる政治的意図が働いたことが考えられる。ただしその背景の検討は今後の課題である。

3　淀殿の奉納事例

最後に、事例は少ないが淀殿（および秀頼女房衆）の奉納事例について検討したい。**表6**によると、ほぼ金一枚の奉納で占められていることがわかる。また奉納も例年決まって行われているわけではなく、大まかにはやはり正月・四月・八月に奉納を行う傾向があったようである。

ところで、淀殿の奉納事例を秀頼の事例と比較すると、その意味が浮かび上がる。正月の奉納事例を見ると、淀殿から金一枚が奉納された慶長六年・同七年・同十二年は、いずれも秀頼からの奉納が銭のみであった年である(**表5**参照)。すなわち正月になされる秀頼の奉納は、淀殿と合わせて行われるのが一般的であり、上記の年については金についてのみ淀殿からの奉納として処理されていたのである。これは慶長十年四月の奉納においても同様であり、このような事例が見られる理由ははっきりしないが、淀殿の奉納事例は秀頼と一体のものとして理解すべきであろう。すなわち、淀殿の事例として単独で見ると金の事例が圧倒しているが、秀頼と一体化した奉納事例としてそれらを除外すると、単独で祈禱のために貨幣を奉納した事例は少ない。たとえば慶長十八年(一六一三)九月十九日の「不食」のために吉田社へ祈禱を依頼した事例(梵舜が取り次いだか)など、むしろ突発的な奉納事例の

表6　淀殿・秀頼女房衆奉納記事一覧

和暦	記事	支払手段	備考
慶長六・一・四	秀頼御母ヨリ金子壱枚奉納也、	金	
慶長六・八・一七	及暮大坂大蔵卿為社参、二位卿(吉田兼見)[良子五枚]、慶鶴丸[五枚、小袖一重]、絹帷一ツ、左兵衛督[五枚]、秀頼御袋ヨリ、	銀	兼見らへの贈答。
慶長七・一・三	御母ヨリ金子壱枚奉納、	金	
慶長七・八・二一	大坂秀頼御母義ヨリ奉納黄金一枚、	金	
慶長一〇・四・一八	御母儀ヨリ金子一枚、	金	
慶長一〇・一一・一二	大坂秀頼御女房衆一七日於豊国神前御祈禱、(中略)金子一枚之下行也、	金	
慶長一二・一・四	御母様ヨリ金子一枚、	金	
慶長一八・九・一九	大坂ヨリ御母様依不食、於吉田社七ヶ日御祈禱之由被仰出、(中略)為御祈禱料金子二枚来、	金	「不食」の祈禱料。
慶長一九・八・一七	大坂ヨリ大蔵卿殿参詣、奉納艮二枚、	銀	

みが見られると評価しうる。(18)

おわりに

『舜旧記』を中心として、法会や祈禱において奉納される貨幣の傾向について、縷々検討を行ってきた。本稿ではあくまで具体的事実の発掘と、それによる傾向の把握に努めるものとなっており、その主旨は本稿で述べた通りである。その上で、看取される傾向について簡単な総括をしておきたい。

第一章で『鹿苑日録』と比較して示した通り、記録類に表れる貨幣の使用実態は、当該期における貨幣流通一般の実態をそのまま反映したものではなく、あくまで記主の環境に依存して相応の差異が生じることを注意しておかねばならない。それゆえ、本稿で明らかにした事実は、当該期の貨幣流通の実態の一端を明らかにするものではあっても、当該期の京都の流通実態を直接示すと断言しうるものではない。

それを踏まえつつまとめると、他の記録類にあるように一五九〇年代から銀の〝優勢〟が明確化する一方、『舜旧記』に見られる祈禱や奉納事例では銀のみが明確に〝優勢〟とは言えず、銭の事例も多かったことがわかる。これは法会や祈禱の規模に応じた額（量）の多寡に基づいて選択される傾向が強かったと考えられるが、単純にそれだけとは言えない。奉納事例は贈答と同様かそれ以上に儀礼化する傾向が強いものと考えられるので、銭を奉納する何らかの慣習が当初は作用していた可能性があるだろう。それでもなお、銀が社会への浸透を背景に豊国社にも徐々に「普及」していった。

豊臣秀頼の奉納事例に見られるように、銀ではなくむしろ金と銭をあえて選択して奉納する事例もあった。とりわけ金を選択したことには何らかの（政治的）意図があったものと考えられる。神仏への奉納は当然ながら純粋な経済活動とは一線を画するのであり、奉納する貨幣をどのように選択したかについては、奉納者の意図、あるいは彼らの貨幣に対する認識について、その背景を探ることが求められる。しかしその分析は当然ながら容易ではなく、本稿でもほとんど明らかにしえなかった。追究の可能性を今後探っていきたい。

註

（1）関係する先行研究は厖大であるが、主要なものを掲げる。嚆矢となる研究として、小葉田淳『日本貨幣流通史』（刀江書院、一九六九年、初出一九三〇年）があり、近年の研究の基礎をなすものとして、盛本昌広「豊臣期における金銀遣いの浸透過程」（『国立歴史民俗博物館研究報告』八三、二〇〇〇年）、浦長瀬隆『中近世日本貨幣流通史―取引手段の変化と要因―』（勁草書房、二〇〇一年）がある。最近の研究は、拙稿「一六世紀後半京都における貨幣の使用状況―『兼見卿記』の分析から―」（『東京大学史料編纂所研究紀要』二〇、二〇一〇年、以下「拙稿A」とする）、拙稿「銀貨普及期京都における貨幣使用―『鹿苑日録』の分析を中心に―」（天野忠幸・片山正彦・古野貢・渡邊大門編『戦国織豊期の西国社会』日本史史料研究会、二〇一二年、以下「拙稿B」とする）、高木久史『日本中世貨幣史論』（校倉書房、二〇一〇年）、同「一六世紀後半～一七世紀初頭近江の金・銀使用状況」（『国語国文論集』四五、二〇一五年）、千枝大志『中近世伊勢神宮地域の貨幣と商業組織』（岩田書院、二〇一一年、本多博之「戦国豊臣期の政治経済構造と東アジア」（『史学研究』二七七、二〇一二年）、桐山浩一「一六世紀後半の京都における銀の貨幣化」（『ヒストリア』二三九、二〇一三年）、藤井譲治「近世貨幣論」（『岩波講座日本歴史』一一、岩波書店、二〇一四年）などがある。

（2）本稿では史料纂集の刊本を使用した。

（3）豊国社の造営や同社をめぐる様々な政治情勢については、当該期の権力構造とりわけ豊臣秀吉死後における徳川家康の位置づけを評価する上で注目されてきた。本稿では政治的動向そのものについては深く追究しないものの、法会や祈禱を分析する上では政治と不可分なものであることは当然である。そのため、後に北政所や豊臣秀頼らの奉納記事について特に取り上げることとしたい。なお、主な先行研究は次の通りである。宮地直一「豊太閤と豊国大明神」（同『神祇と国史』古今書院、一九二六年）、千葉栄「豊国社成立の意義」（『東洋大学紀要』七、一九五五年）、三鬼清一郎「豊国社の造営に関する一考察」（同『織豊期の国家と秩序』青史出版、二〇一二年、初出一九八七年、同書所収補注も参照）、西山克「豊臣『始祖』神話の風景」（『思想』八二九、一九九三年）、河内将芳「豊国社の成立過程について―秀吉神格化をめぐって―」（同『中世京都の都市と宗教』思文閣出版、二〇〇六年、初出一九九九年）、同『秀吉の大仏造立』（法藏館、二〇〇八年）など。また豊国社の神事については、芦原義行「豊国社の祭礼について―豊国社の神事並びに運営を中心に―」（『日本宗教文化史研究』一七―一、二〇一三年）も参照。

（4）拙稿B。

（5）北川弘紀「豊国社成立後の豊臣家と徳川家―『舜旧記』による一試論―」（『織豊期研究』一五、二〇一三年）。

（6）宗教行事における布施などの喜捨・奉納のために神仏に貨幣を供する行為を「支出」ならびに「支払」と呼称することは、本来はふさわしくないであろう。しかしあくまでも便宜上の措置として、本稿においてはかかる語句を使用することを許されたい。

（7）拙稿B。

（8）湯立神事を依頼する人物には政権関係者が多く、彼らが元々金や銀を好んで使う傾向があったことも考えうるが、ここでは可能性の指摘に留めたい。

（9）拙稿B。

（10）井上智勝『吉田神道の四百年―神と葵の近世史―』（講談社、二〇一三年）参照。

（11）豊国社の遷宮儀式が同年四月十八日に挙行されており、これをもって豊国社の完成と位置づけられている。豊国社造営にかかる諸大名等が拠出した遷宮費用や蔵米下行については、三鬼註（3）論文参照。以後、毎年四月十八日には大規模な神事が開催されることとなった。ところで、三鬼氏が参照した「豊国社旧記」（東京大学史料編纂所架蔵写本）に記された算用によると、銀一一八枚半を「百拾八枚弐拾目」と記している。すなわち一枚（一〇両）＝四〇目と換算されていたことになる。銀は品位の格差がありしばしば量制も異なることがあるものの、当時においても金も一枚＝四〇目であり（小葉田註（1）著書参照。ただしこの基準は「田舎目」としている）、銀も同じ量制が採用されていたと考えられる。また別の所では、銀三五枚半＋四〇目＋三つつみ（包）を「三七枚拾八文目」としている。一枚＝四〇目とすれば、三包は五両一八匁＝三八匁に換算される。一包は一定の量を指す単位ではなく、それぞれ包まれていた銀の量が異なっており、計量を経て計上されたものと考えられる。

(12) 『舜旧記』元和五年（一六一九）十一月二十九日条に、「豊国神宮寺屋敷板伊州《（板倉勝重）》ヨリ切々被申付、悉壊、（中略）今度沽脚、堺之タク安《（沢庵）》和尚被取也、護摩堂・客殿・クリ三間之分、艮子二貫八百目遣也、少分之代也、拝殿ハ建仁寺之内常光院へ、銀百廿目被取了」とある。なお、註(2)の各文献参照。

(13) 田中浩司「一六世紀後期の京都大徳寺の帳簿史料からみた金・銀・米・銭の流通と機能」（『国立歴史民俗博物館研究報告』一一三、二〇〇四年）、拙稿A・B参照。

(14) 慶長五年（一六〇〇）十二月二十一日の事例では「斎僧布施廿一枚」とあり、「枚」の単位が正しければ銀の可能性があるものの、銀二一枚はほかの事例に比しても極端に高額であることから、「銭」の誤りである可能性がある。

(15) ただしこれは実質的に慶長期までの状況である。**表4**にもある通り、大坂夏の陣を境として大きく状況が変わっており、元和期以後については同一に検討することはできない。

(16) ただしそれはあくまで奉納の際における彼らにとっての〝認識〟に過ぎず、実際の流通実態や彼らの生活環境における現実と一致しているとは限らないことは、言うまでもない。先行研究の指摘する通り、実際に京都やその周辺において銀が〝優勢〟を確実とするのは一五九〇年代なのであり、それとはズレがある。

(17) 拙稿A参照。たとえば豊臣政権期の八朔贈答では、あえて銭を選んでいた様子が窺える。

(18) ただしこれは貨幣の奉納に限定した議論であり、モノの奉納を通じた豊国社との関係があったことを否定するものではない。

Ⅳ 史料と思想

関東御教書と得宗書状

渡邊正男

はじめに

「吉田家本追加」と呼ばれる室町時代成立の追加法集に「傍例」として収められたひとつの史料（以下「傍例」）から始めよう(1)。

史料一　「吉田家本追加」(2)　佐藤進一・池内義資編『中世法制史料集　第一巻　鎌倉幕府法』参考資料九九

一雖為執事御方御下知、依無仰詞、被棄置法事、奉行矢野兵庫允、越後国沼河郷内白山寺供僧与地頭備前司(マヽ)殿御代官相論、当寺為公方御祈禱所之条、北条殿(時政)幷右京大夫殿(北条義時)御下知炳焉之由、供僧等雖申之、依無仰之詞、不被准公方御下知、被棄置供僧訴訟畢、

鎌倉時代後期のものとされるこの「傍例」(3)は、越後国沼河郷にある白山寺の供僧が、地頭との相論において、「北条殿幷右京大夫殿御下知」を根拠に、「公方御祈禱所」であることを主張したところ、「仰之詞」がないため、「公方御下知」には准じられないとして却下されたことを伝えている。「公方」が何を意味するかについては議論の

残るところであるが、この時期に「公方御下知」と「執事御方御下知」とが混同される傾向にあったのに対し、「仰之詞」、すなわち「依仰」に代表される奉書文言の有無によって、両者を区別しようとする動きがあったことは確かであろう(4)。では、この「傍例」に記されたのは具体的にどのような事態なのか、「公方御下知」と「執事御方御下知」とは、具体的にどのような文書なのだろうか(5)。

一

史料二　「万寿寺文書」　『鎌倉遺文』一四八〇〇号

三聖寺（山城）事、可為関東御祈禱所之由、被聞食畢者、依仰執達如件、

弘安六年（一二八三）二月卅日　相模守（北条時宗）（花押）

慈一御房（東山湛照）

史料三　「田中繁三氏所蔵文書」　『鎌倉遺文』一六九〇三号

三聖寺かまくらの御祈禱のところにて候へきよしの御教書、ならひに法光寺（北条時宗）の状見候ぬ、この様をこゝろえ候へく候、あなかしく、

「正応二年（一二八九）」（別筆）

二月廿八日　さた時（北条貞時）□□□（在御判）

申させ給へ

「北条貞時」（貼紙）

史料二は、山城三聖寺を関東祈禱所に認定した文書であり、一方、史料三は、三聖寺に対して関東祈禱所を安堵した文書である。『鎌倉遺文』は、両者をともに関東御教書とする。史料二には「依仰」とあり、執権北条時宗単署ではあるが、それは建治三年（一二七七）四月四日の北条義政出家以後、弘安六年四月十六日の北条業時就任以前の連署不在期間のためであり、関東御教書で間違いない(6)。しかし、史料三には、奉書文言がなく、執権北条貞時・連署北条宣時の在職期間であるにもかかわらず、貞時の単署である。『三重県史』のように、北条貞時の書状とするのが正しいだろう(7)。

また、同寺の所領安堵は北条貞時・高時の書状によって行われている。貞時の例を挙げよう(8)。

史料四　「三聖寺文書」　『鎌倉遺文』未収

当寺領等以下事、吉田殿・潮音院殿（覚山志道、北条時宗室安達氏）書状等、委披見候訖、任彼状、不可有相違、可被存其旨候也、謹言、

二月六日　　沙弥（北条貞時）（花押）

三聖寺長老

（付箋）「北条相模守平貞時 時宗子、鎌倉執権、従四位下、応長元年十月卒、号最勝園寺、」

年未詳の文書であるが、奉書文言がなく、貞時出家後であることからも、関東御教書ではなく、貞時書状なのは明らかである。

右のように、関東祈禱所の認定は関東御教書によって行われ、祈禱所の安堵および祈禱所所領の安堵は得宗書状によって行われている。鎌倉時代後期、関東祈禱所をめぐって、「公方御下知」＝関東御教書と混同される、奉書文言のない「執事御方御下知」とは、史料三・四のような、鎌倉殿の仰を奉ずることなく、執権・得宗が自らの意

志で発給する書札様の文書（以下、得宗書状）なのではないだろうか。

二

関東御教書と得宗書状とが混同されるのは、鎌倉時代後期の関東祈禱所に関する場合以外にも、両者が類似する機能を有していたからであろう。いくつかの事例を見てみよう。

1　禅宗寺院住持補任

史料五　「**秋元興朝氏所蔵文書**」　『鎌倉遺文』二九三八三号

東昌寺（陸奥）住持職事、可被執務候、謹言、

十二月一日　相模守（北条高時）（花押）

聡一（喝岩）書記禅師

史料六　「**永保寺文書**」　『鎌倉遺文』三〇三八九号

万寿寺（相模）住持職事、可被執務之状、依仰執達如件、

嘉暦三年（一三二八）九月十六日　相模守（赤橋守時）（花押）「北条守時也」（別筆）

元首座（元翁本元）禅師

禅宗寺院の住持職補任において、関東御教書と得宗書状とがともに用いられ、補任の対象となる寺院によって使い分けられていたことは、玉村竹二氏・斎藤夏来氏によって指摘されている。[9] 史料五は、奉書文言がなく、北条高

時の執権在職期間を通して連署には金沢貞顕が在職しており、高時単署の理由もないので、高時書状であるが、史料六は、「依仰」とあり、嘉暦二年九月七日の大仏維貞死後、元徳二年（一三三〇）七月九日の北条茂時就任以前の連署不在期間であるから、執権赤橋守時単署とはいえ、関東御教書である。しかし、室町幕府公帖の文言との類似を重視する玉村竹二氏は、史料五を「執権北条高時の書下」とし、史料六をこれと「全く同一様式である」としてしまっている。[10] 玉村氏と同様の混同が、鎌倉時代後期から存した可能性もあるだろう。

2　醍醐寺報恩院流の関東護持祈禱勤仕・法流相承

醍醐寺報恩院院主は代々鎌倉に下向し関東護持の祈禱を勤めたことが知られている。[11]「武家祈禱証験幷代々関東返状等」（『醍醐寺文書』二函八九、『大日本古文書　家わけ第十九　醍醐寺文書之二』二三七）と題する一巻には、その院家・法流の相承および祈禱勤仕に関わる一連の史料九点がまとめられている。覚雅から憲淳への相承を認めた（永仁元年）九月三十日「北条貞時書状」（『醍醐寺文書』二函八九―一、『鎌倉遺文』一八三七七号）[12]、憲淳の求めに応じて隆勝の祈禱勤仕を承認した（徳治三年）五月二十二日「崇演（北条貞時）書状」（『同』二函八九―三、『鎌倉遺文』二三二六四号）、憲淳から隆勝への相承を認めた（延慶二年）六月十八日「崇演（北条貞時）書状」（『同』二函八九―五、『鎌倉遺文』二三七〇七号）はいずれも書状様式である。

続いて、隆勝から隆舜への相承に関するのが次の史料である。

史料七　「**醍醐寺文書**」**二函八九―六**　『鎌倉遺文』二五二七三号

（押紙）「隆勝僧正譲補隆舜状」

長日御祈事、就法流相承、以隆舜已講、令勤仕候、被召加御祈人数、被下御教書候者、可畏存候、以此旨、

内々申御沙汰候哉、恐々謹言、

「正和三」（押紙）（一三一四）十月廿四日　　僧正隆勝（花押）

謹上　諏方左衛門入道（直性）殿

史料八　「醍醐寺文書」二一函八九―七　『鎌倉遺文』二五五一七号

法流相承幷祈禱事、承候了、恐々謹言、

「正和四」（押紙）五月廿二日　　高時（北条）（花押）

按察（隆舜）律師御房御返事

史料八は、連署不在の時期であるが、執権は北条煕時で、正和五年七月十日の高時執権就任以前であり、奉書文言もなく、高時書状としてよい[13]。史料七は、法流相承に基づいて、隆舜の関東護持祈禱への参加承認を要請する隆勝の書状である。留意すべきは、隆勝書状で求められている「御教書」で、これは史料八の高時書状を指すと考えてよいであろう。充所の諏訪直性も得宗被官であり[14]、関東御教書を求めて、結果的に得宗書状が発給されたのではなく、元々得宗に対する要請であったことは間違いない[15]。

3　醍醐寺座主職補任

醍醐寺地蔵院親玄は、鎌倉に下向して幕府の祈禱を勤め、鎌倉滞在中の日記を残したことで有名である[16]。彼は二度にわたって醍醐寺座主職に補任されている[17]。永仁六年（一二九八）、第一回目の補任は、「関東挙」を受け、口宣案・太政官牒によって行われた[18]。その際、親玄の座主職補任推挙要求に対して[19]、幕府は関東御教書で返答した。

史料九　「大通寺文書」　『鎌倉遺文　補遺編・東寺文書』補三九二号(20)

醍醐寺座主職事、御理運之上者、定被経御沙汰歟之由所候也、仍執啓如件、

「同六年」(永仁)(付箋カ)
八月十九日　　　陸奥守(北条貞時)（花押）
　　　　　　　　相模守(北条宣時)（花押）

謹上　太政僧正(親玄)御房御返事(21)

嘉元元年（一三〇三）、第二回目の補任は、院宣および太政官牒によって行われたが(22)、四月の院宣による宣下から十一月の太政官牒発給までの間に、得宗書状によって安堵がなされている。

史料一〇　「大通寺文書」　『鎌倉遺文』一五一八一号(23)

醍醐寺座主職事、御拝任之由、謹承候了、恐惶謹言、

閏四月十九日(嘉元元年)　　沙弥崇演(北条貞時)
（花押）

嘉元三年、親玄から聖雲への座主職譲与に対しても、得宗書状による承認がなされている。

史料一一　「大通寺文書」　『鎌倉遺文』二二四二三号(24)

(端書)「正文者付二条中納言頼藤卿(葉室)、経　奏聞之由、自宮被申之、」

醍醐座主職可被譲進遍智院宮(聖雲)御方□事、承了、御拝堂遅々、誠歎入候、然而以御上洛之次、御沙汰可宜候歟、

恐惶謹言、

「嘉元三」(別筆カ)
十二月廿一日　　崇演(北条貞時)

端書の通り奏聞されたのであれば、得宗書状による承認は単なる私的書簡ではなく、公家の座主職補任手続においてなにがしかの公的機能を持ったと考えてよい[25]。

右に掲げたように、鎌倉時代後期、関東祈禱所や関東護持祈禱勤仕、あるいは関東在住護持僧の補任や安堵に関わって、得宗書状は公的性格を獲得し、関東御教書と類似した機能を有するようになり、ともに関連する手続の中で用いられながら、使い分けられていたと言ってよかろう[26]。

三

さらに、鎌倉時代後期、所領の安堵に関係して、得宗書状が「関東」の発給文書とされている事例を見てみよう[27]。

史料一二　「洞院家廿巻部類紙背文書」　『鎌倉遺文』未収

関東安堵状案
　遺跡御相伝事、承候了、恐々謹言、
　　正安三（一三〇一）
　　九月五日　　　　　沙弥崇暁（北条貞時）判

史料一三　「洞院家廿巻部類紙背文書」　『鎌倉遺文』未収

関東安堵案
　就　勅裁成之、御領等無相違事、承候畢、恐々謹言、
　　嘉元二
　　三月十七日　　　　沙弥崇演（北条貞時）判

右の二点は、正安二年正月十七日に死去した村上源氏中院流堀川為定の遺領を相続するに際し、息守忠に対して

与えられた安堵状である。いずれも奉書文言は見られず、執権北条師時・連署北条時村在職期間であるにもかかわらず貞時単署であり、かつ貞時出家後であることから、関東御教書ではなく、得宗書状であることは明らかである。公家の所領相続に当たって、得宗書状によって安堵が行われることがあった。

これらの得宗書状は、守忠が為定晩年の子であったため、先に猶子となっていた定行等との間で相論となった際、公家の法廷でいったん敗訴となった定行が起こした越訴に対し、延慶三年（一三一〇）四月二十七日に守忠が提出した陳状に副進されたもので、[28] 守忠自身によってそれぞれ「関東安堵状案」「関東安堵案」と註記されている。また、同じく守忠の陳状に副進された院宣等でも「関東返事」「関東返報」などと呼ばれ、相論の過程で院の元へ提出されており、[29] 公家の法廷でも「関東」の発給文書として機能したと考えられる。[30]

このように、当事者によって混同されるにもかかわらず、幕府の発給文書と得宗書状との間には、単なる奉書文言の有無に留まらない、明確な違いがあった。史料一二・一三が副進された先述の延慶三年四月二十七日「守忠陳状」によれば、「関東安堵状事」として、得宗書状による安堵に関する訴陳が交わされている。長くなるが、当該箇所を掲げる。

史料一四　「洞院家廿巻部類紙背文書」　『鎌倉遺文』未収

一関東安堵状事
如定行（堀川）申状者、関東聞披両方所存、成給安堵之旨、令言上之処、為虚誕之由、定行載申状之上者、関東安堵有無、尤可被尋究、守忠（堀川）所申入為虚誕者、可為　奏事不実之科歟云々、又云、関東成賜安堵之由掠申之条、都以不可有其儀、无（マヽ）非関東領何可及安堵之沙汰哉、如承及者、貞永元年（一二三二）関東式目、不成先々安堵之地、今更不可有其儀云々、然者依守忠之望非可被破件式目云々、又云、於執事平左衛門尉宗綱之前、被尋究淵底、与給安堵状於守忠代官云々、此条於安堵奉行者、執事之仁不致沙汰云々、以上取詮載之、此条、定行依為胤外、不帯関東安堵之条、既以分明也、先就彼状之所帯、尤可有用捨之沙汰哉、曩祖中院大納言定房卿、与北条遠江入道時政依成慇懃契約、関東代々不見放当家事、遺跡附属之毎度、示置彼方、其子細必所注載于附属状也、仍為家督○《之》者、莫不帯彼状等、所謂定忠《(堀川)》・家定《(堀川)》・為定等附属状幷関東自義時《(北条)》・泰時《(北条)》至相州禅門《(北条貞時)》六代状等、皆以守忠帯之、為散御不審、抜少々備進之、是皆家督相続安堵之支証、或又異他申通之所見也、加之定忠守忠曽祖父、具祖父家定卿、家定卿又伴下亡父為定朝臣、各直申置附属事、具載状畢、如此不浅申通相互所及数代也、依之為定朝臣相伝遺跡於守忠之時、任代々例可示合彼方之由、載于附属状了、然間正安三年九月廿五《(マヽ)》日・嘉元三年三月十七日、両度成給安堵之上、就　当御代　勅裁、去年二月十一日、重又賜安堵畢、粗見旧例、大泉庄《(能登羽咋郡)》先年不虚牢籠之時、義時朝臣示遣六波羅、于時泰時、伺申子細之刻、則被返付了、彼書状等慇懃之至分明也、為其後胤之人、雖向《〔何〕》度不可見放之条勿論哉、定行不顧此等之次第、関東不可成給安堵状、守忠所申虚誕之由、暗令論中之条、不足言之至極也、任定行申請之旨、不日可被行　奏事不実之科者哉、将又貞永関東式目、不成先々安堵之地、今更不可有其儀由事、是又極僻事□、□載彼式目者、限于諸国地頭御家人之所帯者歟、全非諸家事、仍其以後至当時、加口入之例、不可勝計、就中於○《当》家事者、有別子細、給安堵、致口入之条、具于右也、次執事平左衛門尉宗綱非安堵奉行由事、彼宗綱先祖盛綱《(平)》之時致奉行、書状等同分明也上、代々就執事令申沙汰之間、令奉行了、謂安堵奉行者、同限地頭御家○《人》事歟、凡関東之法、就文書所帯□□《致其》沙汰、曽不叙用胸臆之濫訴者也、定行不弁此儀、差下使者、雖支申守忠安堵、彼者本自不帯一紙証文、所称只家定卿状、為定・定行父子敵対之所見也、守忠代官者、捧代々附属状幷関東累代状正文等之間、忽棄置定行之非訴、成与安堵状於守忠畢、此上無左右難及御沙汰者歟、爰定行失治術之余、立帰掠申入　公家、擬礼《〔乱〕》

朝議、剰関東安堵状、無其儀之由偽申之状、希代之狼藉、偏如論面墨、若猶及御不審者、任両方申請、尤可被尋究真偽於関東矣、

定行は、「不成先々安堵之地、今更不可有其儀」と規定する「貞永元年関東式目」を引いて、「関東領」でない所領を「関東」が安堵することはない、また、「執事之仁」(得宗家執事)が安堵奉行になることはない、として、守忠の受けた安堵を虚偽であると主張した。これに対して守忠は、「関東代々」すなわち「関東自義時・泰時至相州禅門(貞時)六代」の安堵状等を証拠とし、「貞永元年関東式目」は「諸国地頭御家人之所帯」について定めたものであって、「諸家」に関する規定ではない、また、安堵奉行も「地頭御家人」の安堵のみを扱うのであって、堀川家所領の安堵に関しては、平盛綱から宗綱に至る「代々執事」が奉行してきた、と反論した。

この訴陳において、定行の「関東」が専ら幕府を指して、得宗と区別されているのに対して、守忠の「関東」は幕府のみを指すのではなく、得宗をも含むものである。(31) その一方、守忠の主張によれば、安堵奉行によって担われる幕府の安堵は地頭御家人領を対象とし、得宗家執事によって担われる得宗の安堵はそれ以外の諸家領を対象とするのであり、両者には役割分担が存在した。そして、得宗の安堵状は、「於執事平左衛門尉宗綱之前、被尋究淵底」という手続を経て発給された、というのである。関東御教書を含む幕府発給文書と得宗書状とでは、発給主体とともに発給手続も全く異なるのである。

四

以上見てきたように、鎌倉時代後期、関東御教書と得宗書状とは明らかに異なるものでありながら、混同される

ことが多かった。しかし、古文書学研究において、両者が区別されるべきことは明白であろう。にもかかわらず、鎌倉幕府関係の書札様文書に関しては、現在でも同様の混同が見られるようである。

史料一五　「久我家文書」二八（八）号　『鎌倉遺文』一四六九五号

池宣旨局の御ゆつりの事、うけたまはり候ぬ、このよしを申すへきむね候なり、あなかしく、

弘安五年
九月六日　　　　ときむね（北条時宗）在御判

史料一六　「久我家文書」二八（一〇）号　『鎌倉遺文』九二八九号

みまさかの国ゆけの庄・ひせんの国さえきの庄・おはりの国かいとう上中庄のあつかり所しきの事、三条局の譲にまかせて、御ちきやうさうゐあるへからす候、りやうけ職も同御沙汰あるへく候、京のやちの事、関東の御口入におよはさるよし、申へきむね候、あなかしく、

文永二年（一二六五）
閏四月廿九日　　　　相模守（北条時宗）在御判
　　　　　　　　　　左京権大夫（北条政村）在御判

史料一七　「久我家文書」二八（一一）号　『鎌倉遺文』九四〇二号

御領あむとの事、かしこまり候て、うけたまはり候ぬ、返々よろこひ申候よし、申させ給へく候、あなかしく、

文永二年
十一月十四日　　　　ときむね

史料一五は、安嘉門院宣旨局（池大納言平頼盛嫡子平光盛の嫡女）から五条局（未詳）・久我通忠後室（光盛六女カ）への池大納言家領譲与を安堵した文書であるが、従来「北条時宗書状案」とされてきた。[32] しかし、「申すへきむね

候なり」という奉書文言があり、仰を承ったことは明確であるのだから、関東御教書とすべきであろう。執権時宗単独署判なのは、史料二と同様に連署が不在だったためである。仮名書きで、書止が「あなかしく」となっているのは、安堵の対象となった譲与[33]が五条局・久我通忠後室という女性に対するものだったからであろうか。光盛四女三条局から通忠後室への譲与[34]を安堵した史料一六「関東御教書」と同じ性格のものであり、奉書文言を持たない史料一七「北条時宗書状[35]」とは区別すべきであろう[36]。

さらに、同様の事例を挙げよう。

史料一八　**「春日神社文書」**　『鎌倉遺文』一二四二九号

（端裏書）
「関東」

興福寺訴申宗兼・宗政事、重　院宣謹下給候了、宗兼関東家人役事、於去年四月十四日状者、召返候了、至其事者、宜在　聖断之旨、鎌倉二位中将殿（維康）可申之由候、以此旨、可令披露給候、恐惶謹言、

「建治三年」（別筆）
七月廿六日　　相模守時宗（北条）（裏花押）

進上　右馬権頭入道殿

史料一九　**「雨森善四郎氏所蔵文書」**　『鎌倉遺文』一二八六七号

興福寺訴申宗兼・宗政可被配伊豆国事、　院宣謹下給候畢、可召下之由、被下知時国之旨、可申之由候、以此趣、可令披露給候、恐惶謹言、

「建治参年」（別筆）
九月廿日　　相模守時宗（北条）
（花押）

史料二〇「鰐淵寺文書」『鎌倉遺文』一三〇九〇号

出雲国漆治郷（出雲郡）地頭非法事、申含雑掌之旨、可申之由候、以此旨、可令披露給候、恐惶謹言、

六月廿五日　　　　　　　　　　　相模守時宗（北条）（裏花押）

史料一九・二〇は、ともに「北条時宗請文」とされてきた[37]。しかし、いずれも「可申之由候」という奉書文言があり、史料一八と同様に関東御教書（ないしは関東請文）とすべきである。史料二〇は年未詳であるが、これら三点が時宗単署なのは、史料二と同様、連署不在のためであろう。得宗の単署で、書止文言が「恐惶謹言」等である場合、奉書文言の有無という明確な差異にもかかわらず、関東御教書と得宗書状とが混同される傾向にあると言わねばならない[38]。

おわりに

鎌倉時代後期、得宗書状の一部は公的な性格を持つようになり、同じ書札様文書で、機能の面でも類似する関東御教書との間で区別が曖昧になった。その結果、当事者によってともに「関東」の文書と認識され、混同されるという事態が生じた。これが、冒頭に掲げた「傍例」に記された事態であろう[39]。

しかし、両者は発給主体・発給手続が異なり、区別されるべきものであって、「傍例」に示されるように、当時もそのことは意識されていた。少なくとも、古文書学研究上はその区別に留意していく必要がある。また、得宗権力の検討にあたっては、関東御教書や関東下知状等の幕府発給文書、得宗家公文所奉書といった得宗家家政機関発給文書だけでなく、得宗書状を公的文書の一つとして採り上げる必要もあるだろう。

最後に、得宗書状が有した機能は、室町幕府においてどのような文書によって引き継がれたのか、簡単に検討しておきたい。室町幕府の禅宗寺院住持補任文書である公帖に御判御教書が用いられたことは周知の事実である(40)。先に掲げた醍醐寺報恩院の法流相承関係史料をまとめた「武家祈禱証験幷代々関東返状等」には、得宗書状に続いて足利義持・義教の御判御教書が貼り継がれている(41)。

史料二一　「醍醐寺文書」二函八九―八

法流幷坊舎等事、相続之上者、任先例、可被致祈禱精誠状如件、

応永卅二年《(一四二五)》十一月廿一日　「義持《(足利)》」(押紙)(花押)

水本《(隆覚)》僧正御房

また、上島有氏は、書状様式や御判御教書と同様式の「足利直義院宣施行状」について、その先駆的文書として、執権北条守時の書札様文書を挙げている(42)。執権・得宗の書札様文書の機能は室町幕府の御判御教書によって引き継がれたのではないだろうか。

註

(1) この「傍例」については、網野善彦「「関東公方御教書」について」(『信濃』第二四巻第一号、一九七二年)・五味文彦「執事・執権・得宗―安堵と理非―」(石井進編『中世の人と政治』吉川弘文館、一九八八年)・古澤直人「「公方」の成立に関する研究―史料に探る「中世国家」の展開―」(同『鎌倉幕府と中世国家』校倉書房、一九九一年)・湯之上隆「関東祈禱寺の成立と分布」(同『日本中世の政治権力と仏教』思文閣出版、二〇〇一年)等。

(2) 東京大学史料編纂所影写本「建武以来追加」(架番号三〇五六―二九)によった。

(3) 註(1)前掲網野・五味・湯之上氏論考は、そろって鎌倉時代後期とするが、その根拠は必ずしも明らかではない。

細川重男氏の「鎌倉政権上級職員表（基礎表）」（同『鎌倉政権得宗専制論』吉川弘文館、二〇〇〇年）によれば、「矢野兵庫允」に比定できるのは矢野倫長で、兵庫允の在職は嘉禎元（一二三五）～同三年である。なお、倫長息倫景・孫倫綱はともに寺社奉行に任じており、倫長自身も寺社奉行の可能性がある。

（4）ここでは、「仰之詞」を、「仰」という文字や「依仰」という文言に限定せず、「可申之由候」や「由所候也」などを含む、鎌倉殿の意志を受けたことを意味する奉書文言全般と解釈する。公家側に出された関東御教書が多様な奉書文言を持つことは、高橋一樹氏が「関東御教書の様式にみる公武関係」（同『中世荘園制と鎌倉幕府』塙書房、二〇〇四年）で挙げた事例からも明らかである。

（5）五味文彦氏は、「執事御方御下知」に該当するものとして、承久二年（一二二〇）から貞応二年（一二二三）までに見られる、「陸奥守殿（義時）御奉行」等という文言を持つ御教書を挙げた（同氏註（1）前掲論考三一八～三一九頁）。しかし、「陸奥守殿御奉行」文言を持つ関東御教書は、「依仰」文言を持つ関東御教書と同時期に併用されながら、充所によって使い分けられ、専ら地頭御家人充に用いられていたことは氏も認めるところである（この点については、相田二郎『日本の古文書　上』〈岩波書店、一九四九年〉四四八～四四九頁・湯山賢一「北条義時執権時代の下知状と御教書」〈『國學院雑誌』第八〇巻第一一号、一九七九年十一月〉・高橋氏註（4）前掲論考二九四～二九六頁も参照）。また、「陸奥守殿御奉行」文言を持つ御教書の事例に、関東祈禱所の認定に関するものはない。

（6）関東祈禱所の認定は、一般的には関東御教書、例外的に関東下知状によって行われるとされている（湯之上氏註（1）前掲論考三三一～三六頁）。

（7）『三重県史　資料編　中世2』（三重県、二〇〇五年）「田中繁三氏旧蔵文書」一五号「北条貞時消息案」。

（8）高時による寺領安堵は（年未詳）十月二十九日「北条高時書状」（「三聖寺文書」、『鎌倉遺文』三二一八〇号）。

（9）玉村竹二「公帖考」（同『日本禅宗史論集　下之二』思文閣出版、一九八一年）・斎藤夏来「初期足利政権の公帖発給―「招聘」と「分与」の相克―」（同『禅宗官寺制度の研究』吉川弘文館、二〇〇三年）。ただし、両者で使い分けの基準は異なる。

（10）玉村氏註（9）前掲論考六一五頁。この点は斎藤氏の見解が妥当である（斎藤氏註（9）前掲論考表2・八八～八九頁等）。

（11）永村眞「醍醐寺報恩院と走湯山密厳院」（『静岡県史研究』第六号、一九九〇年三月）・石田浩子「醍醐寺地蔵院

(12) 親玄の関東下向―鎌倉幕府勤仕僧をめぐる一考察―」(『ヒストリア』第一九〇号、二〇〇四年六月)等。
(13) 念のため、永仁元年九月三十日は北条宣時が連署に在職している。
(14) 『大日本古文書』はこれらを全て「関東返状」とする。
(15) 細川重男「諏訪左衛門入道直性について」(同氏註(3)前掲書)。
(16) 隆勝の祈禱勤仕を要請した(徳治三年)四月十九日「権僧正憲淳挙状」(「醍醐寺文書」二函八九―一一、『鎌倉遺文』二三二三四号)も、諏訪直性充で、「御教書」を求めて、同年五月二十二日「貞時書状」(前出)による承認を受けている。
(17) 親玄については、岩橋小彌太「親玄僧正と其の日記」(『国史学』第二号、一九三〇年二月)・高橋慎一朗「『親玄僧正日記』と得宗被官」(五味文彦編『日記に中世を読む』吉川弘文館、一九九八年)等。
(18) 親玄の醍醐寺座主職補任については、稲葉伸道「鎌倉幕府の寺社政策に関する覚書」(『名古屋大学文学部研究論集』一三四(史学四五)、一九九九年三月)・石田氏註(11)前掲論考等で触れられている。
(19) 永仁六年九月十二日「口宣案案」(「東寺百合文書」丙号外七紙背一九―一二、『鎌倉遺文　補遺編・東寺文書』補三九四)・永仁六年九月十三日「伏見上皇院宣」(「大通寺文書」)。案文は「東寺百合文書」丙号外七紙背一九―一、『鎌倉遺文　補遺編・東寺文書』補三九五)・「醍醐寺新要録」。なお、親玄の天台座主職補任に関しては、「(京都大学国史研究室本)大通寺文書」(東京大学史料編纂所写真帳、六一七一・六二―四七)および「東寺百合文書」丙号外七紙背にまとまった史料が存する。いずれも『鎌倉遺文』未収であったが、後者については鎌倉遺文研究会編『鎌倉遺文　補遺編・東寺文書』に採録された。前者は石田氏註(11)前掲論考で引かれている「正嫡相承秘書」(東京大学史料編纂所謄写本、二〇一六―四七八)所収史料の原本である。
(20) 永仁六年七月二十四日「親玄書状案」(「大通寺文書」、『鎌倉遺文』未収)。寺社奉行矢野倫景に充てられている。
(21) 『鎌倉遺文』は「東寺百合文書」丙号外七紙背六―二の案文による。
(22) 「大通寺文書」には、この文書が、註(19)先掲の「親玄書状案」の後、「就此申状被出潤色之御挙状了、」との記述に続いて写されている。
(23) (乾元二年)四月十八日「後宇多上皇院宣」・嘉元元年十一月二十九日「太政官牒」(「大通寺文書」)。
『鎌倉遺文』は『弘文荘古文書目録』四四(一九七三年一月)による。『鎌倉遺文』は弘安七年とするが、貞時の出家は正安三年八月二十三日なので誤りである。

(24)『鎌倉遺文』は『三都古典連合会創立十周年記念古典籍下見展観大入札会目録』（一九七二年十二月）による。

(25)「二条中納言頼藤卿」については、「公衡公記」永仁六年七月二十二日条にも「二条宰相頼藤」と見え、後宇多院の伝奏を勤めた葉室頼藤としてよいだろう（徳仁親王・木村真美子「西園寺家所蔵『公衡公記』」〈『学習院大学史料館所蔵史料目録　第一五号　西園寺家文書』学習院大学、一九九八年〉）。

(26)ここに挙げた事例のほかに、四天王寺念仏三昧院等の寺領安堵にも用いられている（松岡久人編『広島大学所蔵猪熊文書（一）』〈福武書店、一九八二年〉所収「摂津天王寺文書」）。

(27)以下に掲げる「洞院家廿巻部類紙背文書」は、陽明文庫所蔵「御元服後宴記　建長度」（四一四九〇）紙背文書・同所蔵「天皇元服上寿作法鈔」（四一五〇三）紙背文書、および慶應義塾大学文学部古文書室所蔵「供御院預左衛門少尉磯辺信貞上書」（同古文書室のウェブサイト、小出麻友美「慶應義塾大学文学部古文書室所蔵「中原章房関係文書」」〈『史学』第八五巻第一—三号　文学部創設一二五年記念号（第二分冊）、二〇一五年七月〉）として分散所蔵されているが、全て「洞院家廿巻部類」の紙背文書である。詳細な紹介は拙稿「「洞院家廿巻部類」原写本紙背文書について—鎌倉時代後期の安堵に関する一史料—」（『古文書研究』第八一号、二〇一六年六月）。この事例については、先掲小出氏論考の他に、榎原雅治「本所所蔵「文殿訴訟関係文書写」」（『東京大学史料編纂所研究紀要』第七号、一九九七年三月）・本郷恵子「公家政権の経済的変質」（『中世公家政権の研究』東京大学出版会、一九九八年）・同「公家と武家」（『岩波講座　天皇と王権を考える　第二巻　統治と権力』岩波書店、二〇〇二年）・同『全集　日本の歴史　第六巻　京・鎌倉　ふたつの王権』（小学館、二〇〇八年）・中島圭一「得宗の安堵—慶應義塾大学文学部古文書室所蔵文書から—」（『日本歴史』第七七二号、二〇一二年九月）等参照。

(28)（延慶三年）四月二十七日「堀川守忠陳状」（「洞院家廿巻部類紙背文書」）。

(29)嘉元三年五月二十七日「吉田定房書状案」・嘉元三年七月六日「亀山法皇院宣案」（「洞院家廿巻部類紙背文書」）。

(30)この点については、小出氏註(27)前掲論考五五一頁でも触れられている。

(31)「関東領」に関して、海津一朗氏は「安達泰盛執政期の「関東御領」概念は、料所＝将軍直轄領を意味せず、「京都御領」に対する「関東一門領」「御内領」の意味である。つまり、正確には本所一円地以外の地頭設置所領の総体といっていいであろう」（同『中世の変革と徳政—神領興行法の研究—』〈吉川弘文館、一九九四年〉一八八頁、

第七章註(13))とし、清水亮氏は「「関東御領」という用語は、本来的には「鎌倉殿を本所・領家とする所領」という意味であり、鎌倉中後期以降、御家人所領、鎌倉殿直轄領を含む鎌倉幕府管轄所領の総体をも意味するようになったと考えたい」(同「鎌倉幕府御家人役賦課制度の展開と中世国家」〈『歴史学研究』七六〇、二〇〇二年三月〉一二頁)としている。また、為定遺領の一つである阿蘇社に関連して、筧雅博氏は「阿蘇社預所職は、建久以降、北条嫡流家の人々によって伝領されていく。鎌倉末期に至れば、(中略)北条氏固有の所領に「関東御領」なる表現の冠せられる事例がまま認められるのであって、阿蘇社の場合、たとえ「本家」が幕府ではなかったとしても、肥後一国にひろがる同社領は、関東御領もしくはそれに准ずる存在であったといえるであろう」(同「武家領」〈『講座日本荘園史2　荘園の成立と領有』吉川弘文館、一九九一年〉三二六頁註(5))としている。

(32)『鎌倉遺文』以外に、國學院大學久我家文書編纂委員会編『久我家文書　第一巻』(國學院大學、一九八二年)・國學院大學久我家文書特別展示開催実行委員会編『特別展観　中世の貴族—重要文化財久我家文書修復完成記念—』(國學院大學、一九九六年)一五六頁・川添昭二「北条時宗文書の考察—請文・巻数請取・書状—」(『鎌倉遺文研究』第二号、一九九八年九月)二四頁(ただし、「請文に入れてもよいものである」ともしている)・『愛知県史　資料編8　中世1』(愛知県、二〇〇一年)五(八)号・岡野友彦『中世久我家と久我家領荘園』(続群書類従完成会、二〇〇二年)六三頁表5等。

(33)弘安元年四月二十一日「安嘉門院宣旨局譲状案」(「久我家文書」二八(一五)・(一六)号)。

(34)正嘉元年(一二五七)九月十七日「三条局譲状案」(「久我家文書」二八(九)号)。

(35)念のため、「申させ給へく候」は披露を求める文言(披露文言)であり、奉書文言ではない。

(36)史料一五を関東御教書とすることができれば、平光盛から安嘉門院宣旨局・三条局等への譲与に対する寛喜元年(一二二九)七月十八日「関東御教書案」(「久我家文書」二八(五)号)、五条局・通忠後室から久我通基への譲与に対する正安四年十一月二十一日「関東御教書」(「同」二七号)および史料一六と併せて、鎌倉時代における池大納言家領の譲与安堵は、全て関東御教書によって行われたことになる。久我家領・池大納言家領の伝領については、岡野氏註(32)前掲書「第二編　久我家領荘園の伝領と構造」等参照。

(37)『鎌倉遺文』以外に、川添氏註(32)前掲論考一九頁等。史料二〇については鰐淵寺文書研究会編『出雲鰐淵寺文書』(法藏館、二〇一五年)二六号。

（38）川添氏は、註（32）前掲論考において、「書状形式の書止め文言」を基準として、北条時宗文書から書状を抽出しようとした。しかし、奉書文言には注目せず、結果として、関東御教書と時宗書状とを混同してしまっている。関東御教書も書札様文書であり、差出と充所との関係によっては多様な書止文言が用いられ、「恐々謹言」や「あなかしく」等の場合もある。公家に充てられた関東御教書は、書札礼に基づいて多様な書止文言や署判等が用いられたことは、高橋一樹氏が註（4）前掲「関東御教書の様式にみる公武関係」において指摘するところである。書止文言は関東御教書と得宗書状とを区別する基準にはならない。

なお、高橋氏は、三で採り上げた堀川為定遺領の事例について、右の論考では、「公家側に出された関東御教書が「関東御返事」「関東返報」「関東執奏状」などと表現される機能をはたしたり、（中略）中央貴族の「相伝」「管領」する荘園所職を「安堵」する関東御教書が存在する」（三一四頁）としながら、同書の「重層的領有体系の成立と鎌倉幕府」では、「平頼盛遺領の相続に対する北条氏得宗の「安堵」を明示する史料」としている（二六五頁註（42）。ただし、為定遺領に平頼盛遺領は含まれない）。さらに、「鎌倉幕府における権門間訴訟の奉行人」（『三田中世史研究』一六、二〇〇九年十月）においては、幕府による権門所領安堵の問題を追究するための重要な手がかりとしており（八頁および三一頁註（25））、関東御教書と得宗書状との混乱が見られる。

（39）本稿では、「傍例」において白山寺の供僧が根拠とした、北条時政・義時の文書そのものを事例として挙げることはできなかった。しかし、史料一四で、堀川家が「関東」の安堵を受けるのは、高祖父堀川定房と北条時政との間で「慇懃契約」を成して以来のことであり、義時・泰時から貞時に至る六代の安堵状を所持している、と守忠は主張しており、義時書状による安堵が行われた可能性はあるだろう。あるいは、堀川家が領家職を有する阿蘇社に関して出された（年未詳）四月一日「北条義時書状」（『大日本古文書　家わけ第十三　阿蘇文書之一』二一。充所の「阿蘇大宮司殿」は後筆で、本来は領家堀川家充と推定される）等が該当するかもしれない。同文書については、『阿蘇家文書修復完成記念　阿蘇の文化遺産』（熊本大学・熊本県立美術館、二〇〇六年）参照。

（40）玉村氏註（9）前掲論考等。

（41）義教のものは永享元年十二月二十一日「足利義教御教書」（「醍醐寺文書」二函八九―九）。

（42）（嘉暦三年）十月二十日「北条守時書状」（「東寺百合文書」せ函武家御教書並達―一〇、『鎌倉遺文』三〇四三二号）・嘉暦三年十月二十日「北条守時書状案」（「東寺百合文書」ゐ函三七―四等、『鎌倉遺文』三〇四三三号）。上

島有「室町幕府草創期の権力のあり方について」（『古文書研究』一一、一九七七年十一月）六～九頁・同「荘園文書」（『講座日本荘園史1　荘園入門』吉川弘文館、一九八九年）一一五～一一七頁。

『院秘抄』所載書札礼に関する基礎的考察

小久保嘉紀

はじめに

日本の中世社会は、書札礼、すなわち書状に関する礼式の時代であった。それは、書札礼が書状の授受の際に欠くべからざる知識として、中世社会の人々を絶えず制約していたためである。つまり、中世社会における意志疎通手段としての書状の重要性については言を俟たないが、書札礼が不備の場合、書状の授受は成り立ちえない(1)。そのため人々は、書札礼の知識の具備に努めたり、また書札礼に詳しい故実家に諮問したりし、書状の授受が円滑に行われるように注意を払っていたのである。

そして、中世社会における書札礼の画期として、鎌倉後期に亀山上皇の下で制定された『弘安礼節』が挙げられる(2)。つまり、それまで書札礼の知識は家ごとに、また人ごとに個別に把握され、そして書札礼の基準となる要因にもそれぞれ差異があったが、『弘安礼節』の成立により、朝廷の下に統一的に書札礼が定められ、またその基準は官位秩序に基づくとして、基準が明確化したのである。そして、『弘安礼節』は近世に至るまで、公家社会における書札礼の規範となってゆく。

またその後、武家社会でも書札礼の故実書が作成されるようになり、南北朝期には九州探題の今川了俊による『今川了俊書札礼』が作成され[3]、室町・戦国期には管領家細川氏による『細川家書札抄』[4]や、幕府内談衆の大館常興による『大館常興書札抄』などが作成されている[5]。またその他にも、関東公方や[6]、安東氏・大崎氏・佐竹氏・里見氏・大内氏・大友氏など各地の大名家ごとにも書札礼が作成されるようになる[7]。しかし、中世の武家社会においては、公家社会における『弘安礼節』のような、統一的な書札礼が成立することはなく、家ごとに書札礼が作成されるにとどまっていた[8]。

以上のように、公家社会や武家社会の書札礼については研究の蓄積があるが、それに比して寺院社会の書札礼については研究が乏しく、今後より明らかにしていく必要がある。

そこで本稿では、『院秘抄』所載の書札礼に注目したい。『院秘抄』とは、興福寺大乗院の書札礼や年中行事などについて記した故実書であり、奥書によると弘安八年（一二八五）六月に作成されたもので、現在は国立公文書館の所蔵である[9]。ただし、その補表紙に「応安　院秘抄弘安　大乗院」とあるように、国立公文書館本は室町初期の応安年間（一三六八〜七五）の写本である。この『院秘抄』については、石附敏幸氏による解題と翻刻があるが[10]、欠損部分が多く、文意を把握できない箇所も多い。石附氏によると『院秘抄』の作者は、大乗院の家政を統轄する役職である雑務職〈御後見職〉であった清実とされる[11]。この清実とは、石附氏によると前期福智院（近世の後期福智院とは系譜が異なる）の出身であり、嘉元元年（一三〇三）に没している。そして清実には、大乗院門主から大乗院の故実について諮問を受ける役割があったと指摘されている。つまり、清実には大乗院の故実に詳しい故実家としての側面もあり、それにより大乗院門主を支える存在であった。その清実が、書札礼をはじめとする大乗院の故実について、同時代または後世の参照に資するために書き記したのが、この『院秘抄』であると言える。

それではなぜ、『院秘抄』はその後、応安年間に書写されたのであろうか。その契機について石附氏は、次のように指摘している。[12]鎌倉末期には大乗院門主の地位をめぐる抗争が起こり、[13]また雑務職の人事もそれにともない混乱を来たすことになる。それが南北朝期に至ると、雑務職は成就院出身の顕清が就いて以降、成就院の世襲体制の下で安定するようになる。そして、応安元年（一三六八）に顕清が死去すると、清覚が雑務職に就いた。その雑務職としてまだ経験の浅い清覚が、清実期の大乗院の故実を模範とするために『院秘抄』を書写したのが、この応安年間の写本成立の契機であるとされる。

以上のように『院秘抄』をめぐり、弘安八年の原本の成立契機、また応安年間の写本の成立契機については石附氏により明らかにされているが、その記述内容についてはいまだ充分に分析されていない。そこで本稿では、『院秘抄』の記述内容、とくに大乗院の書札礼についての記述を中心に分析を行う。

この問題意識に基づき、以下、第一章では『院秘抄』所載の書札礼の内容分析を行い、第二章では『院秘抄』の作者である清実が、大乗院の故実や書札礼の知識を得るに至った背景について考察することとする。

一　『院秘抄』所載書札礼の内容分析

大乗院の故実を記す『院秘抄』について、その内容は多岐にわたっており、書札礼や年中行事、また寄人支配についてなど様々である。その内容項目を一覧としたのが**表1**である。その中で書札礼に関する項目は、「一、諸編状案事」、「一、御教書礼事」、「一、房官等僧綱許御教書礼紙事」、「一、両院家共有御房官之時事」である。以下、

表1　『院秘抄』項目一覧

項　目	内　容
諸編状案事	書札礼
院別当参御節供事	年中行事
御教書礼事	書札礼
諸寄人脇事	寄人支配
漆工事	寄人支配
諸寄人召仕事	寄人支配
諸寄人臨時召物事	寄人支配
元三外人参上事	年中行事
千灯会御参事	年中行事
食始事	年中行事
年始御座事	年中行事
年暮替物御引	年中行事
房官等僧綱許御教書礼紙事	書札礼
御桟敷御簾事	年中行事
漆工事	寄人支配
知院事召付事	院家組織
勾当事	院家組織
房官所被仰事	院家組織
両院家共有御房官之時事	書札礼
人々参上座事	座次
問注事	訴訟

それぞれの内容を項目ごとに分析していきたい。

史料一　『院秘抄』（傍線筆者）

一、諸編状案事

大乗院政所

奉加

銭・被物、、沙金等其外物加随其躰

右、、、奉加如件、

年号月　日　別当法眼、、

右ハ院別当法眼、、如此書之歟、清実奉行之時、院家仙洞別当相□□恐□別当ト可書之、但他門等其例□之由、被申処、人々被仰尤可然也、□□仰下了、仍如此書之了、但非別当之仁ハ只法眼トモ法橋トモ可書之、

御成敗状事

被召取状様又只被書裁許□

清実奉行之時、□

被入之御成敗□

之状被継之了、仍□

『院秘抄』本文の冒頭であるこの項目には、「諸編状案事」として、ま

ず大乗院の政所から出す政所下文についての雛型が載せられている。ここではとくに、銭や被物の奉加を内容とする文書が挙げられているが、それ以外の内容の場合でもこの雛型に準じていたと考えられる。この様式を見てみると、署名に「別当法眼、、」とあるように、別当〈院別当〉、すなわち大乗院の家政を統括する大乗院別当（政所別当）職に就き[14]、法眼位にある者の単独署名で発給している[15]。ただし、「非別当之仁ハ只法眼トモ法橋トモ可書之」とあるように、別当ではなく、単に法眼位や法橋位の者でも発給することが可能であったようである。

そして、欠損があり文意を把握できない箇所が多いが、「清実奉行之時」との記述があり、これは『院秘抄』を通して多く見られる。つまり、『院秘抄』の作者である清実が雑務職にあった際の先例をここでは載せているのであるが、どの時期における先例なのか考えてみたい。石附氏によると[16]、雑務職は終身の職であったとされ、そのため清実は嘉元元年（一二〇三）に死去するまで雑務職にあったこととなるが、どの時期から雑務職にあったかについては詳らかでない。先代の雑務職であった顕実は建長二年（一二五〇）に死去しているが、その後、玄経・泰経が雑務職を一時代行していたようである[17]。そしてその後、清実が正式に雑務職に就いたことになるが、基本的に雑務職の継承は先代の没後まもなく行われていることから、清実が雑務職に就いたのも顕実の没後からそれほど時期を下らないと考えられる。ただ、『院秘抄』の「一、諸寄人脇事」の項に、「清実奉行始文永二年有沙汰」とあることから、清実が文永二年時点に雑務職にあったことは確実である。したがって、『院秘抄』中に「清実奉行之時」とあるのは、建長二年をそれほど下らない時期（文永二年以降は確実）から、『院秘抄』が成立した弘安八年（一二八五）までの時期であり、その間の先例がこの『院秘抄』には載せられていると考えられる。

またその次に、「御成敗状事」とあり、この箇所も欠損が多く記述内容の全容は把握し難いが、追補を命じる際や裁許を行う際の発給文書について定められており、当時、実際に大乗院政所に追補などの武力行使を命じる権限や、裁許などの裁判行為を行う機能が備えられていたことが窺える。

史料二　『**院秘抄**』（傍線筆者）

一、御教書礼事

房官奉書

公達僧綱法印以下、至成業等許

謹上　恐々

僧正之許直遣之事、不存知之、

凡人僧綱許

不書上所、　恐々

但雖凡人経探題法印以上事、不存知之、可相違歟、

房官許

謹上　恐々

侍許

不書上所、

社司等許

物官書上所、不然者不書、□□□□□例分明不存、清実奉行之時、如此相□

上啓如件　恐惶　執達如件　恐□□□□謹言

如此相当用之、

侍奉書
公達僧綱事　不存知之、
凡人僧綱許
謹上　　恐々
房官許
謹上　　恐々
院別当補任後
進上　　恐惶

俗家殿中雖為諸大夫、経職事・宮司之司書、進上、恐惶歟、准彼例歟、但近年侍も□（恐）惶、謹上書之輩多有之歟、後菩提山（実尊）御時、後一乗院（実信）御時、□□□□□許、或医師清成・有成等許□□□□□□□以外及沙汰云々、

ここでは、大乗院門主が発給する御教書奉書について定められている。そしてこの部分は、「房官奉書」、すなわち房官が奉者となる場合と、「侍奉書」、すなわち侍が奉者となる場合の二つに分けられる。それぞれの内容について、一覧としたのが**表2**である。これにより、二つの場合を比較してみると、まず公達僧綱を宛所とするときは、房官奉書の場合は書止文言を「恐々謹言」、宛所の上所を「謹上」とする。しかし、侍奉書では文書を送ることができないとする。ここに、房官奉書と侍奉書との格差、すなわち房官と侍との身分差を確認することができる。ただし房官奉書でも、「僧正之許直遣之事、不存知之」と、僧正に奉書を送るのはその例が無いとしていることから、僧正には門主が直接文書を送るか、または房官奉書の場合、僧正の侍僧を直接の宛所として文書を送る規定であっ

表2　大乗院門主の御教書奉書の書札礼

（1）房官奉書の場合

宛所	書止文言	上所	備考
公達僧綱	恐々謹言	謹上	「僧正之許直遣之事、不存知之」
凡人僧綱	恐々謹言	（上所無し）	「但雖凡人経採題法印以上事、不存知之」
房官	恐々謹言	謹上	
侍	（記載無し）	（上所無し）	
社司など	上啓如件など	（記載無し）	「惣官書上所、不然者不書」

（2）侍奉書の場合

宛所	書止文言	上所	備考
公達僧綱	（記載無し）	（記載無し）	「不存知之」
凡人僧綱	恐々謹言	謹上	
房官	恐々謹言	謹上	
房官（院別当補任後）	恐惶謹言	進上	

たと考えられる。

次に、凡人僧綱を宛所とするときは、房官奉書・侍奉書ともに書止文言を「恐々謹言」とするが、房官奉書の場合は上所を書く必要が無いのに対し、侍奉書では上所「謹上」を書く必要があるとする。ただし房官奉書でも、

「但雖凡人経探題法印以上事、不存知之」とあるように、凡人僧綱でも維摩会の探題を経た法印以上の者である場合は、奉書を送る例が無いとしている。房官奉書ですらそのようであるため、侍奉書でもそれと同様であったと考えられる。

そして、房官を宛所とするときは、房官奉書・侍奉書ともに書止文言「恐々謹言」、上所「謹上」である。ただし、房官でも院別当に補任された者に対しては、侍奉書の場合、書止文言「恐惶謹言」、上所「進上」とするとある。これについては、「俗家殿中雖為諸大夫、経職事・宮司之司書、進上、恐惶歟、准彼例歟」とあるように、朝廷において五位相当の諸大夫であっても、職事や宮司を経た者宛ての書状の場合は[18]、書止文言「恐惶謹言」、上所「進上」とする書札礼であるので、その例に準じたものであるとしている。つまりここでは、公家社会の書札礼に準拠して、大乗院の書札礼が定められているのであり、公家社会の書札礼から寺院社会の書札礼への影響を窺うことができる。

またここで、「但近年侍も□(恐)惶、謹上書之輩多有之歟」とあるように、近年は侍を宛所とするときでも、書止文言「恐惶謹言」、上所「謹上」とする者も多くあるとし、侍層の擡頭が見られる。

史料三　『院秘抄』

一、房官等僧綱許御教書礼紙事

代々皆追申ト書之、無差別、但故御所(尊信)御時者、清実有所存伺申之後、高官人々許追言上書之了、

謹上　追言上書之、此事故信遍法印□訓分明也、

ここでは、僧綱を宛所とする場合の、房官などを奉者とする大乗院門主の御教書奉書での礼紙、すなわちその余白についての規定が書かれている。それによると、従来は誰を宛所とする場合でも差別無く、「追申」と代々書か

れてきたが、「故御所」すなわち八代門主である尊信の時期に(19)、清実に思うところがあり、尊信に伺いを立て、僧綱ら「高官人々」を宛所とする場合は、「追言上」とすると文言を改めたとしている。つまり、宛所の身分差により礼紙の文言にも差異を設けることにより、書札礼がより細分化されたと言えるが、そのような書札礼の改変を、門主の尊信に伺いを立てた上でとはいえ、雑務職の清実が可能であったことが分かる。

史料四　**『院秘抄』**

一、両院家共有御房官之時事

仮令自当院家被申　一乗院之時、御教書□当院家御房官可書之了、□□□之只奉行人可書之歟、但付雑務等房官可奉行之題目、尤房官可書之、其題目仮令当院家御領中、一乗院所務等相懸庄々、或損亡、或又不慮相違事有之時者、房官所可奉行歟、又自一乗院被触申事同前歟、如雑訴者相互奉行□直可令問答之、但後一乗院（実信）⌈
一向自彼院家被⌈
有子細歟、但清⌈
大旨付顕実其⌈
必一向被付状事問々不可⌈
官顕実必非可被付状事云々、

この項目は、大乗院と一乗院の間の、文書の授受に関する項目である。それによると、もし大乗院から一乗院へ文書を送るときは、房官を奉者として門主の御教書奉書を出すべきとしている。途中、欠損があり読めない箇所があるが、房官の中でも雑務職などに付属する房官が差配するべきであるとする。そして、中でもとくに奉書の題目はその房官が書くべきとしている。またその題目について、例えば大乗院領において、一乗院の荘園干渉により損亡を来たしたり、または不慮の事態が起きたりした荘園について問題とする場合は、房官所が差配するべきであるとする。また逆に、一乗院領において大乗院の干渉が一乗院の側で問題となった場合も、同様であるかとしている。そして問題事項が訴訟に及んだ際は、大乗院と一乗院、相互に担当者（文意から、おそらく房官）を出し、直接問答するべきであるとする。それ以降の箇所については欠損が多く、文意が判然としない。

以上の点から分かることとして、大乗院門主の御教書奉書は房官が奉者となるものであり、またその中でもとくに雑務職に付属する房官が重要な役割を担っていた。つまり、門主の御教書奉書の題目を決定したり、また大乗院領について一乗院との間で問題が生じた際は、その案件を担当し、そして訴訟の場では一乗院の房官と問答を行うという役割があったのである。

さてここで、実際の文書中での書札礼とも関連させ、若干述べておきたい。

例えば、「東大寺文書」の中に、鎌倉後期と推定される、（年未詳）四月二日付の大乗院門主の御教書奉書がある。[20]礼紙奥書には「院家御教書　窪庄段銭事」と記され、書出が「喜多院二階堂修理事、衆徒・学侶等連々申入候之間」に始まる文書である。書止文言は「恐惶謹言」で、直接の差出として日下に「範□奉」とあり、この人物がこの御教書奉書の奉者である。また、宛所は「蔵人法眼御房」、そして宛所の上所は「進上」である。

奉者の「範□」と宛所の「蔵人法眼」については不詳であるが、ここで『院秘抄』にある大乗院門主の御教書奉書の規定（**表2**）を参照すると、書止文言が「恐惶謹言」で上所が「進上」である書札礼が該当するのは、侍が奉者で、宛所が院別当補任後の房官である場合のみとなる。したがって、奉者の「範□」は侍であり、宛所の「蔵人法眼」は院別当補任後の房官であることが分かる。このように、『院秘抄』所載の書札礼を参照することで、逆に文書での差出や宛所の人物の身分を比定することが可能となるのである。

二　『院秘抄』の作者、清実について

本章では、『院秘抄』の作者である清実が、大乗院の故実や書札礼の知識を得るに至った背景について、清実の活動を通して考察してみたい。

まず、清実の経歴について『三箇院家抄』によると、雑務職の項にその名が載せられており、そこには「清実蔵人法眼、福智院、蒙直仰、室殿・宝峰院・大慈三昧院・後内山四代候人」と記されている。すなわち、清実の通称は蔵人法眼で出身は福智院、そして雑務職への任命は門主からの口頭によるものであった。また清実は雑務職として、円実・尊信・慈信・尋覚の四代の門主に仕えている。

また、清実の血縁関係については石附敏幸氏の指摘があるように[21]、『三綱補任』に「所詮清実法眼依為泰経之親類」との記述が見られる。すなわち、清実は泰経の親類であると記されており、この泰経とは清実の先代の雑務職である顕実が死去した後、一時的に雑務職を代行していたとされる人物である[22]。清実がその後、顕実の後の正式な雑務職に就いた理由も、おそらくは雑務職を代行していた泰経との血縁関係によるものであろう。

その清実の活動の一端を窺いうるものとして、次の史料を挙げたい。次の史料は、清実が雑務職として仕えた、第八代門主の尊信の置文案である。

史料五　「尊信置文案[23]」（傍線筆者）

今云、宝峰院前大僧正御房尊信御定文也、

定置

門跡事

（中略）

右、倩思緇素之守家門、譬猶〇（羽）翼之佐心躰、仍中古以来、此門跡相承之仁、更不離一門、々々中為先親類、々々中非長者子者不継之、爰加祖父禅閤（九条道家）素意者、家門管領事先訖、〈已下清実法眼自筆〉高宮一条関白掌之、其後依為嫡孫、可為九条前右府（忠家）之由、被定置云々、尊信深守其教命之故、以関白息補弟子禅師（慈信）之後、以前右府息可被続門跡也、但不被経長者、非此限、不可有自専、〈見余本儀也、〉永職（若職歟）将来勿違反而已、仍所定置如件、

文永三年十一月　日

前大僧正（尊信）御判

右の史料は、「尊信置文案」の奥書部分であり、大乗院門主の相承について述べられている。すなわち、尊信は一条実経の子（後の第九代門主慈信）を弟子として迎えたものの、門主の地位は尊信の兄、九条忠家の子が相承するべきであると書かれている。さて、ここで注目したいのは、文中に「已下清実法眼自筆」とある点である。つまり、この「尊信置文案」の奥書部分の当該箇所からは、清実の自筆による書写であることが分かる。また、このことは関連史料からも(24)、「端者泰深法眼筆、奥者清実法眼筆也」とあることから、この「尊信置文案」は端部分は泰深、そして奥書部分は清実の自筆による書写であることが確認できる。なお、端部分と奥書部分とで、書写の役割分担がなされていた理由は不詳である。

このように清実は、八代門主尊信の置文の書写という、大乗院の院家維持において重要な文書の書写に従事していた。清実はこのような活動を経て、大乗院の故実や書札礼の知識を蓄積していったと考えられる。

なお、清実の故実が、後世どのように認識されていたかについて、室町期の『安位殿御自記』から窺うことができる[25]。すでに石附敏幸氏も指摘しているが[26]、『安位殿御自記』に「永仁五年十二月廿九日被尋清実法眼条々御返事申称／条々／一御節句手長事、必被用院別当、代々如此候」（／は改行）との記述があり、永仁五年（一二九七）十二月、当時大乗院門主であった尋覚が清実に故実を諮問し、それについて清実が答申した内容が記されている。例えば、御節句の際の給仕は、院別当が手配するべきとしており、代々その通りにしてきたという。このことから、大乗院の故実に精通していた清実が、当時年若い門主であった尋覚を支えていた様子が窺え、またその清実の故実が、室町期にも引用され、踏襲されていたことが分かる。

結　語

最後に、本稿で指摘した点をまとめ、今後の課題について述べて結びとしたい。

『院秘抄』所載の書札礼の内容分析の結果、書札礼の上で、房官と侍の間には厳然とした身分差が存在していた。そして、大乗院の文書作成において、房官が重要な役割を担っていたことが分かる。ただし、それと同時に『院秘抄』には、書札礼の上で、近年は侍層の擡頭が見られるということも記されている。

また、『院秘抄』の作者である雑務職の清実が、大乗院の故実や書札礼の知識を得るに至った背景として、大乗院の重要文書の書写に従事していた点が挙げられる。

本稿で触れえなかった点として、一乗院の書札礼や、興福寺別当の書札礼、また『弘安礼節』の僧中礼が寺院社会に及ぼした影響について考察する必要があるが、今後の課題としていきたい。

註

（1）書札礼が不備の場合、相手からは、書状の受け取りを拒否したり、または書状を受け取っても返事をしない、という対応がとられた。またその他にも、返事はするものの書状での返信ではなく、口頭で返事をすることで書札礼の不備に対する不満を示す、という対応もあった。百瀬今朝雄『弘安書札礼の研究』（東京大学出版会、二〇〇〇年）八～一二頁。
（2）『群書類従』雑部所収。百瀬氏註（1）前掲著書。
（3）『続群書類従』武家部所収。
（4）『群書類従』消息部所収。
（5）『群書類従』消息部所収。
（6）鎌倉公方の書札礼としては、『鎌倉年中行事』（『群書類従』武家部所収）の後半部分に記載がある。拙稿「鎌倉府の書札礼―『鎌倉年中行事』の分析を中心に―」（『年報中世史研究』三五号、二〇一〇年）。
古河公方の書札礼としては、「足利政氏書札礼」、「足利義氏書札礼」（ともに「喜連川文書」）。
（7）『礼法書』、『書札礼雛型』（ともに「湊学氏所蔵秋田湊文書」）、『余目氏旧記』（『続々群書類従』史伝部所収）、『佐竹之書札之次第』、『佐竹書札私』（ともに秋田県公文書館佐竹文庫所蔵）、『里見家永正・元亀中書札留抜書』（内閣文庫所蔵）、『相良武任書札巻』（宮内庁書陵部所蔵）、『御当家御書札認様』（『続編年大友史料』五）。拙稿「書札礼からみた室町・戦国期西国社会の儀礼秩序」（『年報中世史研究』三八号、二〇一三年）。
（8）なお、中世社会における書札礼の成立契機や、書札礼の基準の変遷については、拙稿「日本中世書札礼の成立の契機」（『HERSETEC』Vol.1 No.2 二〇〇七年）。その中で、書札礼の知識は故実家による伝授から、故実書を媒体とした伝授へと推移していく傾向にあると指摘した。
（9）形態としては、縦三二・〇センチメートル、横二五・〇センチメートルで、十九頁の冊子本である。
（10）石附敏幸「国立公文書館所蔵『院秘抄』」（『人文研究』三八号、二〇〇九年）。
（11）雑務職については、石附敏幸「興福寺大乗院の雑務職について」（『鎌倉遺文研究』二二号、二〇〇八年）に詳しい。石附氏は、初代雑務職の信実の下、当時新興の大乗院が一乗院を範として家政組織の導入を図ったこと、そしてその後、雑務職は顕実・清実・玄経・泰経と前期福智院の僧に世襲され、大乗院の家政を統轄していったことを指摘している。また石附氏によると、雑務職の性格として、「(a)門主の秘書官として家政を統轄する吏僚的性格」と「(b)大乗院の被官を統率するリーダーとしての性格」の二面があるとし、坊官出身の雑務職と侍出身の雑務職では差異があるとしている（坊官より下位に位置する侍が、大乗院の被官、とくに坊官を統率することはありえず、侍出身の雑務職には(b)の性格は無いとする）。

また、稲葉伸道『中世寺院の権力構造』（岩波書店、一九九七年）三〇〇・三〇一頁によると、御後見職〈雑務職〉に附属する荘園として、鎌倉末期には神殿荘があり、室町期にはそれに加えて、楊本荘あるいは出雲荘や古河荘があるとする。また稲葉氏は、御後見職は元々門主から口頭で任命されるものであり、補任状は南北朝期まで無かったと指摘している。

(12)　石附氏註(10)前掲論文。

(13)　この経緯については、稲葉伸道「鎌倉末期の興福寺大乗院門主」（初出、『年報中世史研究』二〇号、一九九五年。後に、同氏註(11)前掲著書）に詳しい。稲葉氏によると、鎌倉末期の大乗院門主の地位をめぐる抗争、すなわち九条家と一条家の対立の背景として、第一に「朝廷の介入」、第二に「大乗院門跡が門主の意志だけではなく、武力を持った御坊人〈御房人〉とよばれる者の行動に依存するようになっていったこと」を挙げている。また、門主の地位をめぐる抗争にともない、雑務職の交代も頻繁になるとする。すなわち、前期福智院による雑務職の世襲は終わり、他の院家出身の僧も雑務職に就いたり、また侍出身者も雑務職に就くようになる。しかしその後、先述したように、南北朝期には雑務職は成就院の世襲となり、再度安定を見せる。

(14)　院別当については、稲葉氏註(11)前掲著書、三〇二頁。

(15)　大乗院政所下文の実例を挙げると、例えば次のようなものがある。

「大乗院政所下文案」（「春日神社文書」、『鎌倉遺文』八五五三号）

（端裏書）「大乗院御下知状案」

政所下　龍花院・大乗院・禅定院御領百性〔姓〕等

可早任院宣・長者宣旨、随招提寺知識事、

右、子細于　院宣・長者宣、早任被仰下之旨、随彼知識、可見奉加最前升米之状、依仰下知如件、

文応元年八月廿三日（一二六〇）
院別当法眼和尚位在判

右の文書は、『院秘抄』の大乗院政所下文の雛型と同じく奉加に関するものであるが、その雛型と同様に、書止文言は「如件」で日付は年月日を記し、院別当職にある法眼位の者の署名により発給されている。したがってここから、『院秘抄』所載の書札礼は、実際の文書上の書札礼に、確かに基づいていることが確認できる。

(16) 石附氏註(10)前掲論文。
(17) 『京上人夫帳・大宅寺庄京上人夫賃納帳』（石川武美記念図書館成簣堂文庫所蔵「大乗院文書」）、石附氏註(10)前掲論文。
(18) ここで言う「宮司」とは、「東宮職、中宮職、皇太后職などの職員」（『日本国語大辞典』、小学館）を指すと思われる。
(19) 尊信が大乗院門主であった期間は、弘長元年（一二六一）から弘安六年（一二八三）までである。「大乗院御門主御代々相承次第」（石川武美記念図書館成簣堂文庫所蔵「大乗院文書」）、稲葉氏註(11)前掲著書、二六二・二六三頁。
(20) 『東大寺文書目録』四巻、三五六・三五七頁参照。
(21) 石附氏註(10)前掲論文。
(22) 石附氏註(10)前掲論文。
(23) 「内閣本大乗院文書三箇御願領所等指事」（『鎌倉遺文』九六〇〇号）。
(24) 「某書状」（「内閣本大乗院文書三箇御願領所等指事」、『鎌倉遺文』九六〇一号）。
(25) 『経覚私要抄』、内閣文庫所蔵「大乗院文書」。
(26) 石附氏註(10)前掲論文。

中世寺院における系図史料の存在とその理由

青山幹哉

はじめに

佐藤進一が、「受取者に向って何事かを申し送る他動的な記載」であり「受取者に対してある効力を有」するものを「文書」、「自己の後日の記憶に備えるため手許に書きとめておく自動的な記載」であり「他に効力を及ぼさない」ものを「記録」とし両者を峻別する従来の史料学のあり方に対し、機能面における両者の共通性・連関性を重視するよう提言して、古文書研究の潮流を様式（効力）論から機能論へと変化させたのは、もう四十年ほど前のことであった。(1)この提起に刺激を受け、河音能平は、中世文書群の保管・機能・廃棄（再利用）のあり方について、文書群そのものが「帳簿」としての機能――既発の権利付与文書について照合確認することによって権益を再保証する機能（公証性）――があることに着目した研究を進め、(2)史料学に新たな分野を開拓した。(3)

一方、一九八一年に古文書における様式論以外の研究分野である形態論・機能論・伝来論の研究の立ちおくれを指摘した上島有は、(4)自らの東寺文書や足利将軍家文書等の研究を通して、アーカイブズ学的な史料論の構築を進めていった[5]。

このような研究視角に倣い、本稿では、中世寺院に系図史料が存在したこと（作成・書写・所蔵等）、そのこと自体を問題対象とする。したがって、本稿は、文献史料を題材とするものの、そこから非文字情報であるところの機能的情報を探る試みの一つとなるであろう。

本来、寺院は「出世間」の世界に属するものである。もちろん、伝法灌頂血脈のように師資相承の法脈などを示す（聖界の）系図は古代から作成され保存されてきた。俗人の系図は、本来、寺院に不要であり所蔵の要も無かったはずである。にもかかわらず、中世寺院には俗人の系図が収蔵されていた。その収蔵の理由について、本稿では、資料の現用性の有無、すなわち資料をもつ管理組織が自らの業務を遂行するためにその資料を管理・所有しているか否か、に着目して考察していく。文書・記録はもともとある目的のために作成され、その後、証憑のため保存される。この期間がアーカイブズ学でいう「現用文書」である期間である。その後、文書・記録がこのような業務に用いられなくなると、破棄されるか「非現用文書」として保存されることになる（実際には、その中間段階もあり得るだろうが、理論的にはこのように二分して考察する）。

さて、寺院に系図史料が存在するということは、ある時点以降については「非現用文書」として存在したことは、ほぼ間違いではあるまい。では、はたして俗人系図が「現用文書」として寺院に存在したことはあったのか。

考察のための準備作業として、有力顕密寺院の一つである東寺（教王護国寺）の文書・記録を、上島有の研究[6]に依拠して概観しておこう。中世東寺における寺家文書（御影堂経蔵文書、宝蔵文書、霊宝蔵文書）は「東寺の法会・祈禱を行い、寺院経営を維持するために作成・収集・保管されたもの」、子院文書（観智院金剛蔵文書、観智院宝蔵文書、宝菩提院三密蔵文書）は「各子院の歴代の院主がその必要のため収蔵したもの」であった。

その中で中世東寺に保存されていた系図史料は、①東寺僧侶の法脈を示す「東寺天台大血脈図」等の聖界系図、②東寺組織の運営メンバーに関する「東寺執行系図」「仏師系図」等の歴代名簿、③東寺領荘園の荘務・訴訟に関する「山城国上桂庄相伝系図」等、であった。③は本稿で対象にする俗人系図である。③を中世東寺が所蔵した理由は、荘園を所有・維持していくための証拠資料、すなわち現用文書としてであった。このような系図の現用性は荘園制が崩壊するまで継続したものと考えられる（言うまでもなく、近世以降は非現用文書として保管されたことになる）。

ここに中世寺院が、現用文書として俗人系図を所蔵した第一の理由が見つかった。次章以降では、他の理由を探すことにしよう。(7)

一　寺僧に関する俗人系図

1　園城寺所蔵「円珍俗姓系図」

天台宗寺院園城寺は、九世紀に作成された「円珍俗姓系図」を所蔵している。(8)『日本三代実録』貞観八年（八六六）十月二十七日条によれば、讃岐国の因支首《いなきのおびと》秋主《あきぬし》らが、「和気公《わけのきみ》」姓を賜り改姓したという。円珍も同じ讃岐国の因支首であり、佐伯有清以来の研究では、(9)園城寺に伝わるこの「円珍俗姓系図」は、改姓申請のための資料であったと思われる。すなわち、当該系図は寺院のための現用文書ではなかった。また、この場合、系図正文は太政官に提出されたはずなので、現存する系図は草案か控えということになる。改姓が認められた後にこの系図の現用性は失われることになるが、それが破棄されなかったのはなぜだろうか。

円珍自身が作成した「文書目録[10]」には、入唐・帰国に際しての、自らの僧籍や伝法を証明する公文書のみが記載されている。これらの文書群は、円珍の僧侶・授法者としての資格証明書となるため、この時点では現用文書と言ってよいわけだが、この目録に「円珍俗姓系図」の記載はない。この系図は、円珍にとってすでに現用性を失ったものになっていたのである。

平安中期の作成になる「円珍公験等目録[11]」には、円珍の度牒・戒牒・位記などとともに「大師御家伝」が記載されている。これらの文書記録は、円珍が園城寺を興した寺門派の祖として鑽仰されるようになったため、重要視され、言わば「寺宝」化することによって保存されるようになった。しかし、いまだ「俗姓系図」はこの目録に記載されておらず、おそらくこの時期に破棄されなかったのは、多分に偶然によるものであったのであろう。

当該の系図は、おそらく建武三年（一三三六）の合戦による園城寺焼失の際に寺外に持ち出され、貞和二年（一三四六）に戻ったらしい[12]。寺に戻った時点で作成された「御書等目録注進状[13]」「泉恵重書施入状[14]」には、「大師俗御系図」という記載が見える。この頃までに、円珍自筆の書き込みのある「円珍俗姓系図」は、先述した文書記録と並んで、園城寺のレガリアの一つとして収蔵されるようになったのである。しかし、これは非現用文書としての保存であった。

2　證菩提寺供僧注進「俗性系図」

真言宗の證菩提寺（現、神奈川県横浜市戸塚区）には、北条泰時の娘である小菅谷殿によって建立された新阿弥陀堂があり、鎌倉末期には、北条得宗家によって同堂供僧職は安堵されていた[15]。建武の新政が始まり、鎌倉に新しい権力者として足利直義が赴任すると、建武元年（一三三四）十月、證菩提寺の僧である範賢らは直義に対して同寺供僧職の安堵を申請した。この申請の対象がどの堂の供僧職であったかは不明ながら、「鎌倉證菩提寺年中行事」によると、同年十一月十六日、範賢ら七人は「御所」の侍所において直義の安堵状を受領することができたらしい(16)。

ここで注目すべきは、「鎌倉證菩提寺年中行事」に証拠書類の一つとして「俗性（姓）系図」が提出されたと記載されている点である。この「俗性系図」は安堵申請をした範賢らのものであろう。つまり、供僧職の適格性を判断する要素の一つとして、僧侶の出身・俗縁が重視されたのである。これは、中世寺院が世俗の有力一族・家と密接な関係を築くことによって存続・発展するようになった時代状況に起因する現象であろう。鎌倉・南北朝期の訴訟や官職請求の際には、請求者の適格性を証明する資料として系図が申請書類に添付されることがあったが、この「俗性系図」も同様に証明としての資料という性格をもつものとなる。したがって、前節で述べた円珍の「俗姓系図」とは異なり、證菩提寺の系図は現用文書として作成されたものの、正文は提出され、当座は控えが寺院にあったかもしれないが、いつしか非現用文書として廃棄されたのであろう(17)。

3　寺僧の俗姓系図の背景について

院政期から鎌倉期になると、東大寺などの古代以来の大寺院でも、僧侶が妻帯し子をなして寺僧の地位を継がせるようになった。寺僧の「家」が成立していったのである(18)。とすれば、世襲であることを要件とする石清水八幡宮寺の社僧のように、寺僧であるための資格要件として、寺僧の出自を明らかにする資料が必要になり、そのために系図が作成されたと考えることができるだろう。

二　諸氏・諸家系図集

寺院が開基や外護の一族の俗人系図を所蔵することは多い。しかしながら、本章ではそれらを対象とはせず、氏系図や複数の一族系図をまとめた系図集を所蔵した中世寺院の事例についていくつか検討し、その役割について考えてみよう。

1　称名寺所蔵「諸家系図」

称名寺（現、神奈川県横浜市金沢区）が所蔵する年未詳五月二十七日付の順忍書状[19]には、極楽寺長老の順忍が釼阿に「諸家系図」の借覧または閲覧を求める旨が記されている。同文書は、同寺第二代長老釼阿の所持本『宝寿抄』巻十一の紙背文書の一つであり、前田元重・福島金治によれば[20]、『宝寿抄』紙背文書の上限は正和三年（一三一四）末、下限は元亨元年（一三二一）初め、とされる。

鎌倉後期、金沢北条氏の菩提寺であった称名寺には、「諸家」すなわち俗人の系図集が所蔵されていたらしい。その理由はどこにあるのか。市村高男は、「（永仁二年〈一二九四〉本）結城系図[21]」と結城小峯文書所収「結城系図[22]」の分析から、①幕府（得宗）からの提出命令が系図作成の契機であり、②作成した小山氏・長沼氏・結城氏――両系図ともこの三氏を並び立つ一族としつつ、小山政光子孫としての総系図としての内実をもつ――側からすれば、一族間の嫡庶・序列の確認をして一族間の引き締めを図る目的があり、③提出された系図から幕府（得宗）は、「分限」ある――両系図には無足（所領のない者）や法師の子、女子の記載が除かれている――三氏族の者の名を把握して新たな役の賦課対象とすることができた、とする。[23] 白根靖大は、中条家本「桓武平氏諸流系図」の検討から、この系図集の原本は「幕府もしくは北条氏周辺の主導によって作成」されたもので「時頼政権の確立と親王将軍の幕開けを迎え、御家人たちの出自を明確化し北条氏の荘厳のために作成」された、との推測をおこなった。[24] この推測が正しいとすれば、幕府に集められた諸氏系図は幕府の文庫に保管されたはずである。憶測を重ねることになるが、これらの系図写本を金沢北条氏が自らの文庫である称名寺の金沢文庫に収蔵した可能性もないわけではあるまい。この場合、極楽寺の順忍がどのような目的で称名寺の「諸家系図」の閲覧を求めたのかが問題となるであろう。第一章第2節で推測したように、住僧の適格性判定に俗世の血縁が重視される時代が到来していて順忍の系図閲覧目的もそこにあったとするならば、寺院が所持する系図集に現用性が認められることになる。ただ、現段階でそのような証拠は見つかっていないため、結論は不明とせざるを得ない。

2　妙本寺所蔵「源家系図」「平家系図」

安房国保田（現、千葉県鋸南町）の妙本寺には、「源家系図」（一巻）・「平家系図」（一巻）が伝来している。[25]「平家系図」には、桓武平氏諸流、清盛流、貞盛流、繁盛流（越後城氏など）、良望流（長田・村岡千・秩父・畠山・梶原・三浦氏など）、光孝平氏、北条氏、千葉常胤流、高棟流（公家）の系図が、「源家系図」には、清和源氏諸流、新田氏、里見氏、新田義兼流、大館家氏流、岩松女子流、新田義季流（世良田氏など）、金谷経氏流、田嶋時綱流、新田経義流、足利氏、足利泰氏流（斯波氏）、義綱・義光流（大内・安田・武田氏など）、義綱流（佐竹・平賀氏など）、頼清流（村上氏）、仁明・文徳天皇家（文徳源氏を記載する予定であったか）、清和源氏略系（頼政、新田義兼など）が収められている。両系図集とも、おおむね鎌倉初期まで記載された氏系図を原形とし、特定の一門・家を追補して成立したものと考えられる。

両系図の本奥書は同文であり、それによると、安房の里見義堯所持本を駿河国重須本門寺（現、静岡県富士宮市重須）の日殿が書写し、それを天正七年（一五七九）に日恩が小泉久遠寺（現、同市小泉）で書写したものであるという。なぜ、里見義堯のもとに源氏・平家系図があったかは不明ながら、「源家系図」の里見氏の箇所の分析から、佐藤博信は、天文二～三年（一五三三～三四）の里見氏の内訌により、庶流の義堯が嫡流の義豊（前期里見氏）を倒して後期里見氏の祖となったことが系図作成の背景にあると考察し、簒奪者の血統を嫡流とし正統化することが当該系図作成の目的であったと推論した(26)。なるほど、義堯による系図の改竄・増補の意図はその通りであろう。しかし、その原本となった源氏系図はおそらくもう一つの「平家系図」とともに、里見氏の天文の内訌以前から存在していたはずである。また、それを日蓮宗富士門流の妙本寺・小泉久遠寺・重須本門寺で書写され伝来した理由はなぜだろうか(27)。

妙本寺は、多様な富裕層を有力な支持基盤として創建され、維持されてきた日蓮宗寺院であった。さまざまな経済活動の成果が得られる限り、とくに特定の氏族に外護される必要もない。したがって、保護者となる領主一族の系図をもつこともなかった。しかし、十六世紀に入ると、里見義堯や正木氏など地元領主との関係が次第に無視できなくなってきたらしい(28)。このような時期に、日殿・日恩は当該系図集を書写したことになる。

3　長楽寺所蔵「巻外長楽寺系図」および同系統本である「長楽寺源氏系図(29)」

上野国世良田の長楽寺（現、群馬県太田市）にある「源氏系図」の一本「巻外長楽寺系図」は江戸時代の写本（冊子）ながら、その系図の人物配置が妙本寺所蔵「源家系図」と近い(30)。その識語によれば、原本は天正十八年

（一五九〇）以前から同寺に収蔵されていた。

長楽寺は、釈円栄朝を開山、新田氏庶流の源（得河・世良田）義季を開基として創建され、禅密兼修の道場であったが次第に臨済禅に純化し、南北朝・室町期には関東十刹の一つとなった[31]。「巻外長楽寺系図」「長楽寺源氏系図」には、世良田教氏（義季の孫）の子として「仏宗長楽寺長老」を釣ってあり、『群馬県史』通史編では、これが長楽寺七世の見山崇喜である可能性も挙げているが、ほかに新田・世良田氏出身の住持は確認できず、とくに世良田氏出身者が住持になりやすかったというわけではない[32]。とくに十四世紀以降の同寺への寄進者は多様化し、世良田氏の衰退後、岩松氏が同寺を新田一族の氏寺と主張するも、やはり同寺に対する統制力はみられず、住持は十方住持制によって比較的短い期間で他の寺に転住することが多かった[33]。

新田系図を含む源氏系図を所蔵していたとしても、それは新田氏の氏寺であったからではなかったわけである。

4　仁和寺所蔵「系図」

真言宗の仁和寺（現・京都市右京区）には多くの系図が所蔵されている。法脈・歴代門跡や法脈を示す系図はもちろん、「惣系図」（御経蔵・第九十六箱・俗）のように門跡らに祇候する坊官の一族を表す「仁和寺侯人系図」の類も複数存在する[34]。

しかし、本稿で注目するものは、単に「系図」と題され、室町後期に書写された『尊卑分脈』古写本もしくは異本と思われる系図集である[35]。以下、関口力の研究[36]に多くを依拠しつつ、この「系図」について検討しよう。

包紙には「系図　二帖」とあるが、現在は一帖しか残っていない。現存する一帖も前欠があるものの、藤原氏・橘氏・菅原氏・大江氏・紀氏・三善氏・大中臣氏・小野氏・中原氏・清原氏・小槻氏・賀茂氏・安倍氏・和気氏・

丹波氏の十五氏族と、仁和寺に仕えた成多喜・橋本・高橋・一条家の系図が収められている。大氏族である源氏・平氏の系図が収録されておらず、これらの氏族系図は失われた一帖に収められていたと推定されている。この失われた一帖とほぼ同様の構成内容ではないかと推測されている系図集が、尊経閣文庫本「日本帝皇系図」である。尊経閣文庫本は、帝皇系図・女院次第・臣下起始・藤氏系図・高階氏・平氏・源氏（清和・宇多・醍醐・村上）・伯家・源頼光孫頼国男師光流・小一条院男源基平流・藤原南家武智麻呂男巨勢麻呂流・式家宇合流・京家史麿流・北家房前九男魚名流・魚名男藤成流・日野家、の系図から構成されている。

さて、関口の指摘のうち、本稿の関心からするともっとも重要なものは、異筆での書き込みに「本来の系図作成以降の新しい情報が積極的に取り入れられていること」「『尊卑分脈』と大きく異なる箇所も散見する。特に僧侶に関する情報は、両者に格段の違いがみられる」ことであろう。さらに関口は、紙折りの部分に字がかかっている箇所がまま見受けられるところから、本来、巻子装であったものを折本に仕立て直したものと考え、その上でこの改装は日常の閲覧や校閲の便宜を図るためであったと推察した。

これらの指摘は、この系図が仁和寺にとって現用文書であった時期があったことを示唆している。仁和寺のように貴族社会と深く結ばれている寺院にとって、やはり僧侶の出自は大きな関心事であり、その出身一族に関する情報にも意味があったに違いあるまい。

5　寺院が系図集を所蔵する理由について

文亀二年（一五〇二）、摂関家九条家の家司であった富小路俊通が三位上階を懇請した時、中御門宣胤は日記に憤怒を抑えきれない筆致で「又俊通朝臣上階事申之、……彼朝臣九条殿諸大夫也、父祖無知其名人、始ハ源康俊一条殿諸大夫為猶子、近改姓為藤原氏、是誰子分哉、系図令新作、出於二条殿御流云々、此儀以外事也」（同三月五日条）[37]と記した。どうやら、俊通とその主人である九条政基は、この叙位のために冨小路家を摂関家二条家の庶流とする系図を作成したらしい。実際、江戸時代以降の作成になる『諸家伝』第九に記載された「冨小路」の家系は、摂関家である二条道平の子道直から通則─永職─永則─則氏─通治─俊通、と繋いで記されている。[38]

公家の勢力が衰退していく室町期、変化を怖れる公家たちは逆に貴種性を誇示するためか、家格の固定化に腐心した。そのため、先例のない身分上昇は峻拒されるべきであった。合法的な「下克上」（身分上昇）には、今は零落の身であってもかつては相応の身分の出自であったことを証明する必要が生じていたのである。このため、貴種であったことの証明書としての系図が作成されたのであろう。この事件を詳しく調べた平山敏治郎は、九条尚経（政基の嫡子）の岳父である三条西実隆が自分の所持する二条家系図を親族の江南院龍霄（万里小路春房）に書写させている記事（『実隆公記』明応五年〈一四九六〉二月六日・八日条）をもって、実隆がこの偽系図作りに協力した可能性を示唆している。[39]もっとも、現行の国史大系本『尊卑分脈』においては、冨小路氏は摂関家出自としてではなく、源康俊の子孫として記載されている。室町・江戸時代において「大系図（尊卑分脈）」の管理・増補修正に携わった公家知識人には、この冨小路家の二条家出自説は認めがたかったのであろう。[40]

世襲貴族たちの社会において、系図は身分階層を示すための記録となったはずである。したがって、本来ならば系図集を公的かつ体系的に保管する、アーカイブズ的組織が必要であった。松薗斉は、公家社会における系図アーカイブズとして、太政官の公文書館の役割を代行していた局務家（中原家）・官務家（小槻家）の私文庫（「官庫」）を想定した。[41]妥当な仮説であるように私も思うが、度重なる京都の火災による焼失や、朝廷裁判機能の著しい衰弱による文庫保全の必要性低下のためか、これを立証する史料はまだ見つかっていない。少なくとも、室町後期においてこの役割を果たし得るものは、有職故実の公家（洞院家、持明院基春・三条西実隆など）か、仁和寺のような寺院の文庫であったと言えるだろう。

本章第4節で挙げた仁和寺のように、信憑性の高い諸氏系図集を所蔵する寺院は、出自に関しての「社会的記憶装置」、すなわちアーカイブズとしての役割を果たすことが可能であった。とすれば、本章第1〜3節で挙げた関東の寺院も、東国武士社会において同様の役割を担っていたことも十分に考えられるであろう。

三　俗人が奉納する系図

1　熊野御師の所蔵する武士系図

正応二年（一二八九）、武蔵国の塩谷家時は、児玉党の祖遠峯から始まる家系図を自筆で記し、熊野那智社の神前に奉納した。この系図は、家時・父・祖父・曽祖父四名の熊野参詣の回数を注記したもので、現存する写には「衆徒御尋」により注進したと記されている[42]。塩谷氏は、嘉元三年（一三〇五）にも同様の家系図を奉納している[43]。また、武蔵秩父氏流の小林行重も、貞和二年（一三四六）に「小林一族系図」（原形は二紙を縦に継ぐ竪系図）を那智社に奉納したらしい[44]。

宮家準は、熊野参詣で檀那と先達（熊野御師）との師檀関係が固定化されると、檀那は願文（依頼状・契約状の性格をもつ）と併せて系図を提出したり、逆に御師の側で檀那の系図を作って所持するようになったと言う[45]。檀那職が得分となれば、一族単位で掌握される檀那職を明確化するために、御師の側に檀那の一族系図を現用文書として所蔵する必要性が生じたわけである。先述した「小林一族系図」も、御師は原状を改変し、巻子に仕立て直して保存した。この改装も長期にわたる所蔵のためであり、系図が現用文書であったことの傍証の一つになろう。

那智大社の社家実報院に伝来した「葛西氏系図」（米良文書）の奥書には、

乾元二年（一三〇三）閏四月廿二日　御先達越後律師祐玄　在判

葛西八郎平清基　在判

弘安三年（一二八〇）二月十八日

葛西伯耆四郎左衛門五郎平清氏　在判

藤原氏女

同子息彦五郎重勝　在判

正応五年（一二九二）十一月十三日(46)

とある。ここから、武蔵国の葛西清基が弘安三年に、葛西清氏らが正応五年に、熊野那智社の先達と契約したことも看取できるだろう。ただし、系図正文はあくまでも神前に奉納するものであったと思われるので、形式上は神との契約と言うべきであろう。

2　高野山子院（宿坊）の所蔵する武士系図

中世を通じて高野山へ納骨・納経する慣習は次第に広がっていき、高野山は「天下の菩提所」となっていった。戦国期には、諸国の大名がそれぞれ高野山の子院と師檀関係を結び、経済的後援者となるようになった。そして、子院を参詣時の宿坊にすることは、その大名一族のみにとどまらず、大名配下の武士や領国の民衆にまで及んだ。武田信玄は成慶院を自らの宿坊とすると、永禄三年（一五六〇）、自分の家臣・領民に対しても成慶院を参詣時の宿坊とするよう命じたのは、この好例であろう。[47] このように戦国期の熊野では、前節で挙げた事例のように一族・一門ではなく、領域支配者と結ぶことによって領域の士民までを自己の檀那場とした。そうなると、先述した熊野御師のように檀那の系図を子院が所有する現用性はないことになる。[48] しかし、現実に成慶院はいつの頃からかは不明だが「信玄公御系図之写」を所蔵していた。[49] 子院が檀那の家の供養帳（過去帳）を所蔵することは供養を営むため必要なことであったが、系図もまたその供養のためのアイテムとなったのである。[50]

室町期、系図の記載事項として法名と没年月日が通例化していった。それは禅宗の普及とその影響による位牌の作成、さらにその位牌に法名を記す慣習が武士社会の中で広がっていったことと関連がある（少なくとも系図の作成・追補において、位牌は重要な情報源となったと思われる）。市村高男によると、慶長十二年（一六〇七）に結城晴朝が先祖供養のため高野山の清浄心院に奉納した「結城家過去帳」は、その記載方法や内容から、光明寺（現・茨城県下妻市）旧蔵の「結城系図」（記載の最終年は、晴朝の曽祖父氏広の没年である文明十三年〈一四八一〉）と類似しているとのことである。[51] 死者となった先祖の法名・死亡年月日・享年が記された系図は、一族の過去帳としての役割を果たすことが十分できる。

3　熊谷寺所蔵の「熊谷代々系図」

戦国末期、浄土宗の僧幡随意が、熊谷直実（蓮生）の草庵を中興して熊谷寺と称したという。その武蔵国熊谷の熊谷寺（現、埼玉県熊谷市）には「熊谷代々系図」が所蔵されている。[52] この系図の最末尾には、安芸熊谷氏当主の元直（蓮西）による慶長八年（一六〇三）八月九日付の追記があり、それには、この系図は御影堂（熊谷直実を祀る堂か）の和尚の所望により進上するが「御他見不レ可レ有レ之候」と書かれている。熊谷寺には他に蓮生置文（写）

も所蔵されており、近世初頭に熊谷直実関係の資料が収集されたらしく、この系図の入手も熊谷寺にとっては自らのルーツを明確にし「権威付け」する作業の一環であったのであろう。逆に言うとこの時期にはすでに、直実を祀るためには「熊谷代々系図」というアイテムが必要となっていたのであった。

4　寺社への系図奉納の理由とその始まりについて

これまで見てきたように、鎌倉期では、寺社に系図を奉納（提出）する側に積極的に提出する必要は薄く、もっぱら寺社側に檀那の系図を欲しがる理由があった。それが戦国期には、鎮魂の目的で系図が寺社に奉納されるようになった。氏寺が檀那の一族・家の系図を所蔵している場合、檀那から奉納された事例もあったはずだが、その目的はやはり鎮魂・供養にあったと思われる。

神社への系図奉納としては、慶長十二年（一六〇七）に結城晴朝が下総国総社高橋明神に結城系図を奉納した事例がある(53)。この事例では鎮魂というより祈願――越前に移封された結城家が再び故郷下総国結城の大名に戻れるよう祈願――の意図が強いものの、やはり地元の鎮守神に先祖の名を記した系図を納めることには何かしらの先祖慰霊、神威振起の意図もあったのであろう(54)。

ところで、原初形態の系図の一つは、人名を声に出して次々に読み上げる形式の口唱系図であったとされる。かつて池田彌三郎が「こうした系図（口唱系図：青山による注）は、様々な機会に発唱せられたであろうが、一つは、死者をいたむ誄詞《しのびごと》がそれであった。誄詞は、亡き人をしのぶ、後で言えば追悼哀悼のことばであるが、もともと、系図を口誦して、その末に、位置すべきところにその死者の名をつらねたことを明らかにして、死者の霊魂の鎮定をもとめたのである(55)」と指摘したように、系図にはもともと鎮魂という作用が期待されていたらしい。

文字化された系図の場合、鎮魂・供養を主とする系図は、本章第2・3節で挙げたように確実な史料からすると戦国期までに登場したことになる。しかし、鎮魂系図の濫觴はさらに古いとする説がある。野中哲照は、「出羽山北清原氏系図」（『諸系譜』巻十四、三号）と「吉弥侯部氏系図」（『諸系譜』巻十四、四号）を分析し、記載事項から両系図の成立を平安後期にまで遡り得るものとした[56]。野中は、この両系図が後三年合戦の頃までの人名を記載するにとどまっている点、氏祖を天皇や中央貴族に求めていない点を重視し、「この二系図は、出羽山北清原氏や吉彦氏が自家や子孫のために作成した系図ではない」とした上で、清原氏嫡流は後三年合戦で断絶し、吉彦秀武の一族も寛治六年（一〇九二）の合戦において壊滅したらしいことを指摘した。さらに、この二系図には系図を保持すべき子孫がいないことを強調（このような系図を野中は「断絶系の系図」と命名）し、清原氏と吉彦氏を滅ぼした藤原清衡が、両氏を供養するためにこの二系図を作成、その系図が中尊寺に納められ、書き直されることなく江戸期まで伝来し、その後、明治期に中田憲信が転写した系図が『諸系譜』に収められた、と推測した[57]。

系図が鎮魂のため平安後期から用いられたとする、興味深い仮説である。ただし、最大の難点は、証拠となる史料が江戸時代末以降の写本であることにある。残念だが、仮に清原氏と吉彦氏に関して古態を示す字句を含む文字資料がいずれかの寺院に転写され伝来したとしても、それが平安後期という当初の時代から系図という形式であったとは直ちに言い難い。平安期の何らかの記録が伝存していたとしても、江戸後期という教養の時代（換言すれば「系図作り」がはびこった時代）に歴史を探る学者や好事家の手によって、それが「系図」という形式での歴史叙述に書き換えられた可能性を排除することはできないからである。

おわりに

「はじめに」で述べたように、寺院にとって俗人系図は、本来、無用のはずであった。しかし、聖界であるべき寺院も俗界との関わりを捨てたわけではなく、寺院社会と世俗社会が重なる領域も当然存在し、そこに寺院における系図史料収蔵の理由が生まれていった。

第一章でみたように、宗派という概念が強まるようになると宗祖・派祖への鑽仰の念も高まり、開祖の系図が宗門にとってのレガリアとされるようになった。次いで「一族」「家」の観念が強くなると、僧侶の世俗での出自が重要視されるようになり、寺僧の資格証明のための俗人系図も必要となっていった。

さらに、寺を護持する領主一族の系図を寺が所蔵するようになるとともに、第二章でみたように、地域社会あるいは公家・武家のような階級社会内での出自や縁戚の確認、命名の便宜のためにか、系図集を収集・収蔵する寺院が現れるようになった。もっとも、これは寺院本来の目的ではないので、寺院にとってこの場合の系図史料は非現用文書となる。この意味では、非現用文書を保管する現代のアーカイブズと同様であった。

また、第三章でみたように、鎌倉後期から御師たちによって檀那職が物権化するようになると、檀那の系図も重要な資料となって保存の必要が生じ、さらに戦国期までには鎮魂・先祖供養のための系図が収蔵されるようになった。

以上のように概観してみると、基本的に「氏」「一族」「家」という、ある意味、幻想でもある共同体の情報を保存する役割を中世寺院が果たすようになったことがよくわかるであろう。この実体とも幻想とも言える共同体に大小はあるものの、寺院はこれらの再生産に「記憶装置」として助力したのである。

註

（1）佐藤進一「中世史料論」（初出一九七六年。のち『日本中世史論集』〈岩波書店、一九九〇年、に所収〉）による。むろん、佐藤の機能論重視の主張は、『古文書学入門』（法政大学出版局、一九七一年）においてもなされていた。

（2）河音能平「日本中世前期における官司・権門における文書群の保管と破棄の原則について」（初出一九九〇年、のち『河音能平著作集5　中世文書論と史料論』〈文理閣、二〇一一年〉に所収）。

（3）この分野の研究としては、山陰加春夫による高野山金剛峯寺を対象とした中世文書・帳簿機能論保管システムの研究（「日本中世の寺院における文書・帳簿群の保管と機能」（初出一九九六年。のち『中世高野山史の研究』〈清文堂出版、一九九七年、新編二〇一一年〉に所収）などを挙げることができる。

（4）上島有「文書のかたちとかたまりについて」（『東京大学史料編纂所報』16、一九八一年）。

（5）上島有『中世アーカイブズ学序説』（思文閣出版、二〇一五年）等を参照。

（6）上島有『東寺・東寺文書の研究』（思文閣出版、一九九八年）。

（7）中世寺院の中には、書籍を学問のために蒐集した事例もあったであろう。本稿においては現用性の観点から、教養としての知識のための書籍の一つと考えられる俗人系図・系図集については対象としない。また、中世は神仏習合の時代であり、世襲を基本とする社家には自らの系図が保存された。それは、紀氏（田中氏）の「石清水八幡宮寺祠官系図」（鎌倉末期の写）などの存在によって明らかである。このような宮寺の事例についても、本稿の対象とはしない。

（8）承和年間（八三四～八四八）成立。紙本墨書、一巻。『園城寺文書』第一巻（講談社、一九九八年）1号による。

（9）佐伯有清『円珍』（吉川弘文館、新装版一九九〇年）等から、新しいものでは、鈴木正信「『円珍俗姓系図』の成立過程と系譜意識」（『古文書研究』80、二〇一五年）を参照。

（10）註（8）所掲書52号。

（11）註（8）所掲書53―3号。

(12) 下坂守「中世における『智證大師関係文書典籍』の伝来」(註(10)所掲書の「解題・本論」)。
(13) 註(8)所掲書66号。
(14) 註(8)所掲書69号。
(15) 正応六年(一二九三)七月三十日付北条貞時執事長崎光綱奉書(證菩提寺文書、『改訂新編相州古文書』第五巻〈角川書店、一九七〇年〉一八六六号文書)等を参照。
(16) 『大日本史料』六編之二、三九ページ。
(17) 證菩提寺は、正応から文明年間までの一系の「新阿弥陀堂供僧職系図」(『改訂新編相州古文書』第五巻 一八七六号)も所蔵するが、これは歴代相承を示す系図であり、俗人系図ではない。
(18) 久野修義「中世寺院の僧侶集団」(初出一九八八年。同『日本中世の寺院と社会』塙書房、一九九九年、所収)。
(19) 『金沢文庫資料図録―書状編1―』(神奈川県立金沢文庫、一九九二年)所収の一五五号文書(『金沢文庫文書』一四七九号文書に当たる)。
(20) 註(19)所掲書の「総説」による。
(21) 白河集古苑所蔵(結城錦一旧蔵)。
(22) 東京大学史料編纂所写真帳 請求番号6171.26-7(甲州結城家に伝来したもの。原本不明)。
(23) 市村高男「結城系図について」(『結城市史』第四巻 古代中世通史編〈結城市、一九八〇年〉)および同「鎌倉期成立の『結城系図』二本に関する基礎的考察」(峰岸純夫・入間田宣夫・白根靖大編『中世武家系図の史料論』上巻〈高志書院、二〇〇七年〉所収)。
(24) 白根靖大「中条家文書所収『桓武平氏諸流系図』の基礎的考察」(入間田宣夫編『東北中世史の研究』下巻、高志書院、二〇〇五年、所収)。
(25) 『千葉県の歴史』資料編中世3(千葉県、二〇〇一年)所収。
(26) 佐藤博信「里見義堯と安房妙本寺本『源家系図』」(『鎌倉』90、二〇〇〇年)。
(27) 妙本寺には、このほか歌道の「二条冷泉家系図」や、物語解説のための系図である「源氏物語・伊勢物語之系図」(『千葉県の歴史』資料編中世3 四一三号)があったが、それらについて本稿では触れない。
(28) 佐藤博信「付論 妙本寺における中近世移行期の一動向―安堵主体の変遷を中心として―」(同『中世東国日蓮

宗寺院の研究』東京大学出版会、二〇〇〇年、所収）等参照。

(29)『群馬県史』資料編5中世1（群馬県、一九七八年）所収。

(30)佐々木紀一「長楽寺本『源氏系図』成立試論」（『山形県立米沢女子短期大学附属生活文化研究所報告』33、二〇〇六年）。

(31)『群馬県史』資料編5中世1（前出）の「解説（尾崎喜左雄・峰岸純夫執筆分）」による。なお、同寺は戦国期に衰微し、江戸初期、天海によって天台宗に改宗した。

(32)『群馬県史』通史編3中世（群馬県、一九八九年）第七章第三節（山本世紀執筆分）を参照。ただし、同書では『扶桑禅林僧宝伝』巻七の「東福寺南海洲禅師伝」に「上野世良田人。源姓。積世為二大将軍一」（『大日本仏教全書』仏書刊行会、一九一七年）とあることから、長楽寺二十七世の南海宝洲も世良田氏の出身であった可能性を示唆している。

(33)註(32)所掲書　第七章第三節。

(34)仁和寺紺表紙小双紙研究会編『守覚法親王の儀礼世界―仁和寺蔵紺表紙小双紙の研究』基幹法会解題・付録資料集・論考・索引篇（勉誠社、一九九五年）参照。

(35)「仁和寺黒塗手箱聖教」の黒塗手箱甲下段三の二十二号文書（東京大学史料編纂所影写本　請求番号3071.62–5–14）。

(36)関口力「仁和寺本『系図』の研究・翻刻（一）」（『仁和寺研究』4、二〇〇四年）および同「仁和寺本『系図』の研究・翻刻（二）」（『仁和寺研究』5、二〇〇五年）。

(37)『増補史料大成45　宣胤卿記』（臨川書店、一九六五年）。

(38)『日本古典全集　諸家伝』八―十一（一九三九年、現代思潮社による覆刻は一九七八年）。

(39)平山敏治郎「堂上格冨小路家成立の顚末」（『日本常民文化紀要』第8輯（Ⅱ）、成城大学大学院文学研究科、一九八二年）を参照。

(40)言うまでもなく、権力者（例えば徳川氏）であれば、このような「大系図（尊卑分脈）」の改変も可能であった。

(41)松薗斉「中世公家と系図」（歴史学研究会編『系図が語る世界史』青木書店、二〇〇二年、所収）。

(42)『新編埼玉県史』別編4　年表・系図（埼玉県、一九九一年）系図一七―（一）。

(43) 註(42)所掲書　系図一七—(二)。
(44) 註(42)所掲書　系図一五。
(45) 宮家準『熊野修験』(吉川弘文館、一九九二年)一二八ページ。
(46) 入間田宣夫「鎌倉時代の葛西氏」(同編『葛西氏の研究』名著出版、一九九八年)五〇~五一ページ(この系図は、註(42)所掲書の系図八—(三)「笠井(葛西)系図」と同一のものだが、釈文が若干異なる)。
(47) 新城常三『新稿　社寺参詣の社会経済史的研究』(塙書房、一九八二年)第三章第四節　高野山詣。
(48) 正徳二年(一七一二)、高野山西門院の快伝が越知氏の系図を調査し、かつての檀那であった越知家秀の一族に松平清武がいることを知り、清武に西門院への帰依を願って叶ったという話(「西門院快伝前書」。村上弘子『高野山信仰の成立と展開』〈雄山閣、二〇〇九年〉二二一ページによる)もあるが、これが実話としても、越知系図を西門院が所蔵していたわけではない。
(49) 「成慶院文書」(東京大学史料編纂所写真帳　請求番号6171.66-12)。
(50) 関東の葛西氏が創建したという五大院にも「陸奥国平姓葛西氏之系図(五大院葛西系図)」が伝来されていたようだが、原本は明治期に焼失したという。
(51) 註(23)所掲市村高男論文。
(52) 『熊谷市史』資料編2　古代・中世　本編(熊谷市、二〇一三年)第五章　系図。
(53) 市村高男「結城系図について」(『結城市史』第四巻　古代中世通史編〈結城市、一九八〇年〉)。
(54) 神社への系図奉納の事例としては、「宇佐神社縁起奥書」(稲村坦元編『武蔵史料銘記集』〈東京堂出版、一九六六年〉五〇二号。原本不明)に、明応九年(一五〇〇)正月、村岡重義が宇佐神社(現、東京都世田谷区)に神社の縁起と「村岡氏系図之有増」を書き加え奉納したという記載があることを挙げることができる。ただし、後世の編纂物によるものなので、信憑性には疑念が残る。
(55) 池田彌三郎「民俗文学序説」(初出一九六〇年、のち『日本芸能伝承論』〈中央公論社、一九六二年〉所収)一八ページ。
(56) 『諸系譜』とは、鈴木真年に系図学を学んだ中田憲信(一八三五~一九一〇)が、全国各地に残された系図を書写・収集し、真年の系図稿も含めて、編纂した系図集の稿本である。国立国会図書館所蔵本は全三十三冊。

（57）　野中哲照「出羽山北清原氏の系譜―吉彦氏の系譜も含めて―」（『鹿児島国際大学国際文化学部論集』15―1、二〇一四年）。

（58）　白根靖大は、室町殿の諱の可否検討の際、過去の不吉な例を系図によって調査した事例を紹介している（「中世古系図に見る公家と武家」〈峰岸純夫・入間田宣夫・白根靖大編『中世武家系図の史料論』下巻　高志書院、二〇〇七年、所収〉二六ページ）。これは、系図が命名の参考資料となっている好事例であろう。

転用される由緒「灰火山社記」
——中世出雲国馬来氏の愛宕信仰——

西島太郎

はじめに

本稿で検討しようとする「灰火山社記」は、明治二十九年（一八九六）に帝国大学文科大学史料編纂掛（現、東京大学史料編纂所）が謄写本を作成しており、すでに江湖に知られた史料である。編纂掛は謄写するにあたり、外題・内題のないこの史料に、松江市外中原の荒隈《あらわい》山麓に鎮座する天台宗寺院の灰火山宝照院の什物であったので山号を付したと考えられる。原本は現在、松江歴史館が所蔵し、その形態は縦二二・〇×横一六・八センチメートルの八双を据えた表紙（裏金地）に、縦二一・八センチメートルの紺紙五紙（横は第一紙四五・〇、第二紙四〇・二、第三・四紙各四五・〇、第五紙九・〇センチメートル）を紙継した本紙一八四・二センチメートルの巻子である。紺紙には金界を施し、金字で一行に十二～十四字の文字を配す。奥書は本文と同じ書体で、「文亀二年壬戌秋七日／大江末流陳人漂子／秉翰於渓上堂下」（／は改行）とあり、文亀二年（一五〇二）の秋に大江氏の末流にあたる人物により執筆されたことが分かる。

この「灰火山社記」は、これまで研究されることがなかった。それは、その内容が直接出雲国の政治史に関わるものでないことや、そこに記される地理感が、宝照院がある松江や移転前の能義郡（現、安来市）富田周辺の地理感とは大いに異なること、作者が大江氏の末流にあたる人物とのみしか分からないことによるものと考えられる。しかし「灰火山社記」を詳細に検討すると、この史料がこれまでほとんど不明とされてきた、奥出雲の在地領主馬来氏に関わるものであり、出雲神話や『出雲国風土記』など古代出雲を語る上で欠かせない素材を中世に伝え、活用している状況が明らかになるのである。

本稿では、「灰火山社記」を読み込み、検討することを通じ、作成の背景や中世奥出雲の在地領主である馬来氏とその信仰、奥出雲の人々の空間認識を明らかにし、宝照院の縁起としての意味を考察する。

一　宝照院と愛宕神社の由緒

まず「灰火山社記」が所蔵されていた宝照院について見ておく。江戸時代における宝照院の由緒が分かる史料に、松平家松江藩五代藩主の松平宣維が藩士黒澤長尚に命じて編纂し、享保二年（一七一七）に完成した出雲国の地誌『雲陽誌』(1)がある。同書の島根郡外中原の項に、次のように記している（ルビは原文のまま）。

宝照院天台宗なり、愛宕山といふ本社は愛宕大権現、左の社は役の優婆塞《えんのうばそく》、右の社は太郎坊なり、役の優婆塞は世人是を役の行者といふ山伏の元祖也、太郎坊は人是を大天狗といふ、ある書に梯本の紀僧正真済といふ僧の霊なりといふ、又一の名は栄術太郎といへり、縁起にいはく、権現は伊弉冉尊《いざなみのみこと》の御子火神軻遇突智《かぐつち》の神なり、本地勝軍地蔵なりといふ、此社昔年能義郡古川村灰火山といふ所にあり、灰火山とは軻遇突智は火産霊《ほのむすび》のこと

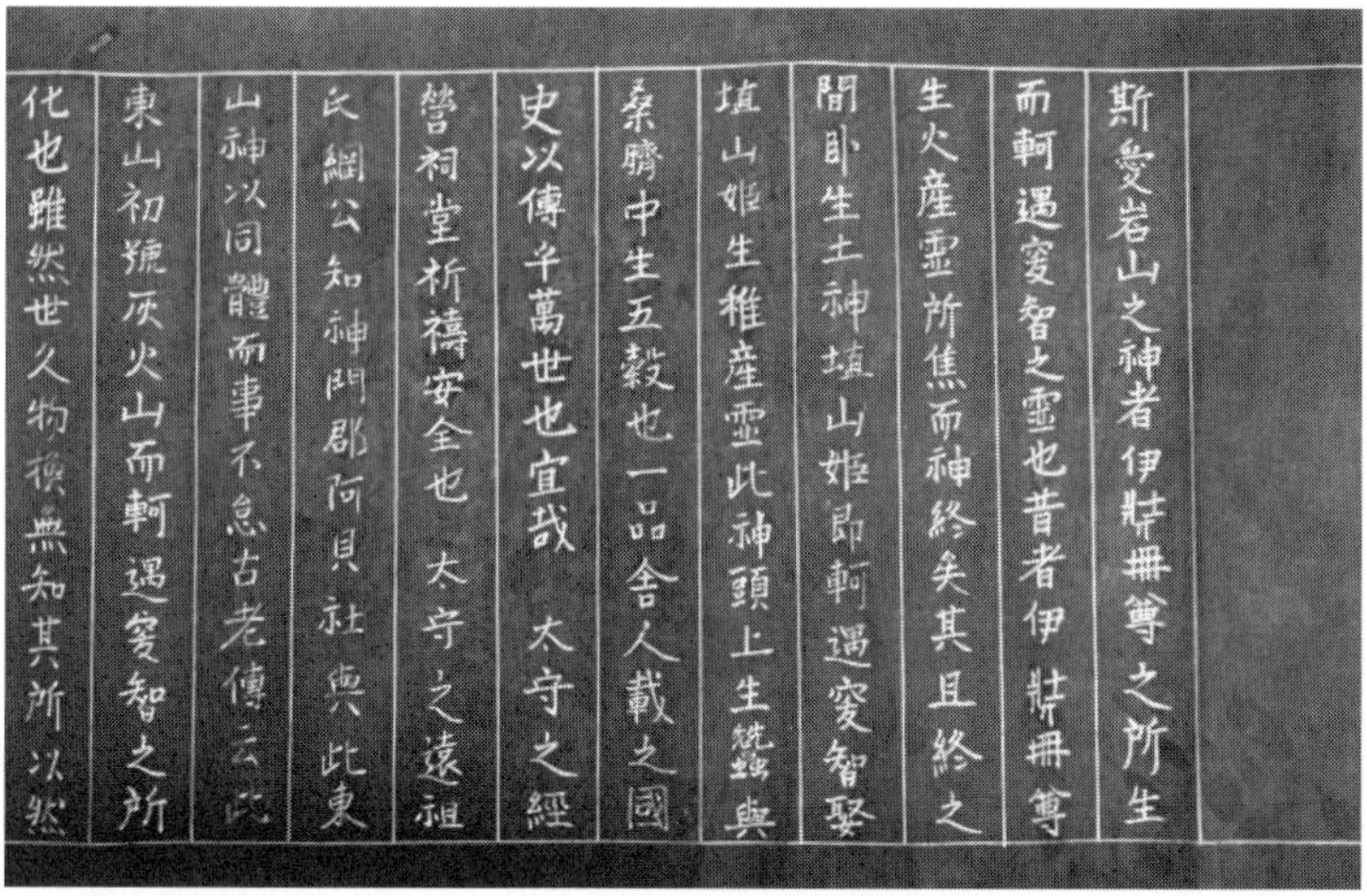

斯受岩山之神者伊弉冊尊之所生
而軻遇突智之霊也昔者伊弉冊尊
生火産霊所焦而神終矣其且終之
間卧生土神埴山姫即軻遇突智娶
埴山姫生稚産霊此神頭上生蠶與
桑臍中生五穀也一品舎人載之國
史以傳千萬世也宜哉 太守之經
營祠堂祈禱安全也 太守之遠祖
氏綱公知神門郡阿貝社與此東
山神以同體而事不怠古老傳云此
東山初號灰火山而軻遇突智之所
化也雖然世久物換無知其所以然

図１　「灰火山社記」冒頭部分

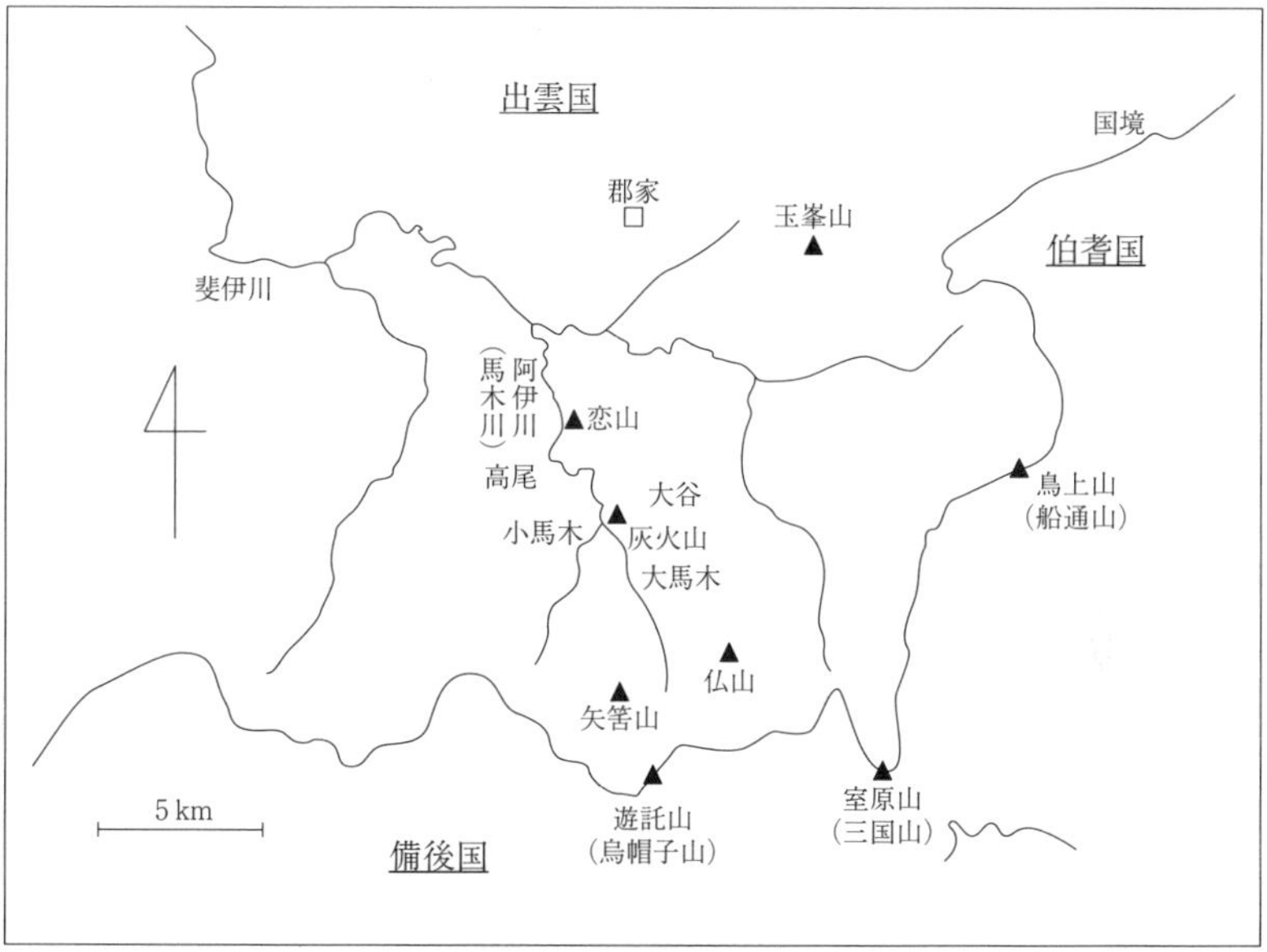

図２　奥出雲上・下馬来周辺図

なり、伊弉冉尊此神を生たまひて焼《やかれ》て神終《かみさり》ます、このゆへに草木土石火を含によりて灰火山といふなり、慶長の比、堀尾帯刀吉晴、能義郡富田の城を島根郡松江へ移たまふ時、此社も今の山に移たまふといふ、鐘楼堂《しょうろうどう》あり、本堂には地蔵菩薩を安置し奉る、恵心僧都の作なり、按《あんじる》に権現は軻遇突智なり、或説には百済国の日羅将軍の霊なり、世人愛宕権現は火難を除く神なり、専《もつぱら》武家崇敬す、軻遇突智は火の神たるを以《もつて》、火難を除《のぞく》なり、又武家崇敬するは日羅は智勇の人なり、本地勝軍地蔵、然らば勝軍は戦に勝といふ文字の心をもつて武家崇敬するなるへし、

十八世紀前期の宝照院には、「愛宕山」と呼ばれる本社・愛宕大権現があった。この愛宕大権現は、「縁起」によれば伊弉冉尊の子の火神・軻遇突智の神のことで、本地仏は勝軍地蔵であるという。また愛宕大権現はかつて「能義郡古川村灰火山」にあったという。「灰火山《はいびやま》」という地名は、伊弉冉尊が火の神である軻遇突智を生んだ時焼け死んだことに因み、「草木土石に火を含む」からだという。そして、慶長年間に松江藩主堀尾吉晴が能義郡富田の月山富田城から島根郡松江の松江城へ移った時に、今の場所に移転したとする。『雲陽誌』の編者・黒澤長尚は、愛宕権現が火難を除く神であり、本地仏である勝軍地蔵は戦いに勝つという文字から武家が崇拝するのだと説く。

宝照院の近世以降は、昭和六年（一九三一）刊行の『松江市誌』[2]に次のように記す（句読点は原文のまま）。

宝照院　外中原愛宕下にあり、天台宗延暦寺末、本尊初は大日如来であつたが、元文元年（一七三六）に勝軍地蔵に改めた、慶長十九年（一六一四）宗賢法印の創建する所である。初め能義郡の民某京都愛宕社を同郡古川村灰火山に勧請し一乗院を創立した。尼子、毛利合戦の時兵禍に罹り零落した（ママ）を社僧宗賢其の維持に力めた、堀尾吉晴富田城に入るに及び、深く之を尊信し次で松江移城の後、社を愛宕山に移し、一乗院を宝照院と改称し愛宕米国中有高百石に付三升宛を常灯明料として宝照院に納むることにした、藩の祈願所であつたが維新後藩の支持を失ひ漸く衰微に帰

> した、其の所蔵文書に堀尾忠晴の禁酒願文がある。棟札は権大僧都法印宗賢の慶長十九年、堀尾忠晴の元和六年、京極忠高の寛永十四年及松平氏時代には直政の寛永二十一年（一六四四）、万治元年（一六五八）以下定安の万延元年（一八六〇）に至る八枚を存す、維新後は大に衰頽したるも尚昔日の慣例により明治の中年まで七月二十四日の愛宕の祭典は白潟天満宮に次ぐの殷賑さであつた

これに拠れば、当初能義郡の民である某が京都の愛宕社を「古川村灰火山」に勧請し、一乗院を創立した。その後、一乗院は、毛利氏の尼子氏を攻め滅ぼした際に兵禍に遭い零落するが、社僧の宗賢法印により維持され、慶長五年に堀尾氏が富田城へ入ると、堀尾氏の信仰を得た。堀尾氏の松江城築城が慶長十六年（一六一一）正月なので、これ以降に富田城下の古川村から松江城下の中原の「愛宕山」へ移り、堀尾氏により寺名を一乗院から宝照院に改称し、愛宕米の常灯明料の寄進を受けた。

慶長十九年の宗賢法印による創建とするのは、慶長十九年銘の権大僧都法印宗賢の棟札を根拠とするものと考えられる。おそらく、この年に外中原へと移ってきたのではないだろうか。江戸時代は藩の祈願所としての地位を得るが、明治維新後、藩の後ろ盾がなくなり衰頽した。裏山にある愛宕神社は、維新後同じ外中原の阿羅波比神社の摂社となった。所蔵文書である堀尾忠晴の禁酒願文は、明治二十七年（一八九四）採集の影写本が東京大学史料編纂所にあり、かつ『松江市誌』に写真が掲載されていることから、昭和六年頃までは同寺に所蔵されていたことは確実であるが、現在その所在は不明である。

『雲陽誌』が宝照院（本社・愛宕大権現）の「縁起」としたのは、その内容から「灰火山社記」であろう。しかし「灰火山社記」に記される地理的・空間的世界は、かつて同社を京都から勧請したと伝わる能義郡古川村とも、移転後の島根郡外中原とも違うのである。

二　「灰火山社記」の翻刻と文意

1　史料翻刻

まず文亀二年（一五〇二）の秋、大江氏の末流にあたる人物により執筆された「灰火山社記」を翻刻する。原文書の改行は／で表記し、適宜、読点を施した（図1参照）。

斯愛宕山之神者、伊弉冉尊之所生／而、軻遇突智之霊也、昔者伊弉冉尊／生火産霊所、焦而神終矣、其且終之／間、臥生土神埴山姫、即軻遇突智娶／埴山姫、生稚産霊、此神頭上生蚕与／桑、臍中生五穀也、一品舎人載之国／史、以伝乎万世也、宜哉、太守之経／営祠堂祈禱安全也、太守之遠祖／氏綱公、知神門郡阿具社与此東／山神、以同体而事不怠、古老伝云、此／東山初号灰火山、而軻遇突智之所／化也、雖然世久物換、無知其所以、然／者今考其事、不得以尽知其説也、況／薄識浅才、生於数百年之下而欲明／於数百年之前、何得不難矣、然而幸／有願書一封而存故依其書推之、不／為無所拠矣、夫伊弉冉尊陰神也、雲／陽坤隅之地也、陰神在之不違其理、／豈伊弉冉尊会於神門郡、生軻遇突／智歟、故号其地謂阿具也、軻遇、阿具／音相近矣、況東山嘗号灰火山、所謂／草木沙石含火之山矣歟、於是／太守祭神於此山歟、蓋有之乎、阿具／載神祇官、灰火見風土記、不為無所／拠者也、按軻遇突智之所化者雷神／也、或放焔焦人家、或洚〔降〕雨湿嘉種、禍／福不一者何乎、嗚呼、神上古清爽其／明明矣哉、人能抱赤心、為土為民敬／之祭之、則一天之耳、雨油然降、九井／之荳苗浡然起也、民得其賜、皆抃其／田含哺鼓腹、雖不労苦而足矣、書云／鬼神無常享享于克誠斯之謂也、／若又以黒心贖之媚之、則昒爽之間、／罹池魚之災、腴田之饒、比屋之麗、忽／為焦土、之昭〔照〕覧何其急也、以之／推之、則犯上、好乱、積悪、謀反、徒蒙／神之罰、失其家、亡其身、於理可知焉、／故請神討罪、則無不捷、随神伐逆、／則無不伏也、世之用兵者、不思之乎／余曽聞、前世有雷火、焼失人家屢／多、今也国富、食足、以無天災矣、敬／神之誠、蓋有応歟否歟、於人事可／見焉、去年太守相旧制之少陋、嘆／息不惜焉、依山腹造祠堂、刻画、尽美、／黝堊尽善、照顔、奪眼、余応祠人之／招、初入社中、憑欄繞廊、逍遥徜徉／日尚也、南山之為節古史、所謂鳥上／峰歟、玉峰之横東南到吉備之境、斐／伊川之清流、過富田之西鄙、恋山之松／風破煙、阿伊川之瀑湲砕月、神之廟／食于茲也、其可厭乎、加之人事繁多、／迎神送神有来集而祭者、相伴而／吟行、神之守土利民於日下而顕然、／豈外思乎、太守亦祭斯神、受其／福、可謂知其所敬也、夫惟日域上天／之神化、作雷神也、降慈雨而随雲霓／之望、生稚産霊也、生蚕桑而防人間／之寒、豈彼如淫祠之行怪邪神之迷／人乎、世無狄梁公雖不知、神之為神／与神之不為神有日本記〔紀〕、則神／之為徳不談而可識焉、何贅于此／矣哉、祠人迎余之次、請記斯事、不／能固辞、依前書之所見、古老之所／伝而筆之、以応于需矣云、

文亀二年壬戌秋七日

大江末流陳人漂子／秉翰於渓上堂下

2 文意

次に「灰火山社記」の文意を示す。なお後述の考証に基づき意味を補った。

この愛宕山の神は伊弉冉《いざなみ》尊が生んだ軻遇突智《かぐつち》の霊である。昔、伊弉冉尊が火産霊を生んだところ焦げて亡くなった。そのまさに終えようとする時、臥して土神の埴山姫《はにやまひめ》を生んだ。軻遇突智は埴山姫を娶り、稚産霊《わかむすびのかみ》を生んだ。この神の頭上に蚕と桑が生じ、臍の中に五穀が生じた。一品の舎人はこれを国史に載せ万世に伝えた

ことはよかった。太守が経営する祠堂は安全を祈禱する。太守の遠祖氏綱は、神門郡の阿具社とこの東山の神が同体であることを知った。古老が伝えて言うには、この東山は初め灰火山と号し、軻遇突智が化したところである。しかし世は久しく物も変わり、その所以を知らない。今そのことを考え全てを知ることはできない。どうして薄識浅才で数百年後に生まれた私が、数百年前のことを明らかにすることができようか。難しい事である。そうしたところ一通の願書があり、この書によって推定するので根拠がないわけではない。伊弉冉尊は陰神で、（神門郡は）出雲国の西南の隅の地である。（その地に）陰神が在るのはその理に違わない。どうして伊弉冉尊が神門郡で軻遇突智を生んだのか。理由はその地を阿具と謂うからである。軻遇と阿具は音が近い。東山がかつて灰火山と号したのは、草木沙石に火を含んだ山であるからだろうか。それで太守は神をこの山に祭ったのだろうか。考えてみればありうることだ。阿具は神祇官に載り、灰火は風土記に見えるので根拠がない訳ではない。

考えるに軻遇突智が変化するところは雷神である。あるいは焰を放って人家を焼き、あるいは雨を降らして嘉種を潤す。禍福が不一なのはどうしてだろうか。ああ神の上古は清爽で明らかであるのか。人はよく赤心を抱いて土《くに》の為、民の為にこれを敬い祭る。それは天のみである。雨は悠然と降り、植物の発芽は突然に起こる。民はその賜物を得て、みなその田を耕し、十分に食べることができ、労苦せずとも足りている。書（願書）には、鬼神は無常であるので誠心にて祀れとある。もしまた黒心でこれをけがし媚びれば、直ぐに池魚は災い罹り、痩せた田の富や、美しく立ち並ぶ家屋は忽ち焦土となる。神の照覧はどうして急なのだろうか。推測するに、上を犯し、乱を好み、悪を積み、反を謀り、いたずらに神の罰を蒙り、家を失い、身を亡ぼす理を知るべきである。そのため神に罪を討つことを請えば勝ち、神が逆（従わない者）を伐するにつれ伏しない者はいなくなる。世の兵を用いる者はこれを思わないではいられない。かつて私が聞いたところでは、前世に雷火にあった者は人家を焼失することが度々ある。いま国が富み、食が足り、天災もない。神の誠を敬い、これに応じるのか応じないのか。人の行いで見るべきである。

去年、太守は古い考えにとらわれず、嘆きを惜しまず、山腹に祠堂を造った。画を刻み、美を尽くし、地をならして黒くし、土塀を白く塗り飾り、善を尽くし、顔を照らし、眼を奪う。私は祠人の招きで初めて社中に入った。欄に憑《よ》り、廊を繞《めぐ》らし、ぶらぶらと歩きまわった。日は高い。南山は古史に刻むところの鳥上の峰だろうか。玉峰の横、東南は吉備国（備後）の境に到る。斐伊川の清流は富田の西鄙を過ぎ、恋山の松風は煙を破る。阿伊川の水の音は月を砕く。神の廟をここに祀る。それを厭うべきだろうか。それだけでなく人の行うべき事は繁多で、神を迎え、神送りに集まり祭る者は、共に詞歌を吟じながら歩く。神が土地を守り、民を利する（豊かにする）のは目下において顕然である。どうして他に思うことがあろうか。太守はまたこの神を祭りその福を受ける。その敬うところを知るというべきである。思うに日本の上天の神化が雷神を作るのである。慈雨を降らし、虹を望み、稚産霊を生む。蚕桑を生み人間の寒さを防ぐ。どうして淫祠の行いをして怪しい邪神のように人を迷わすだろうか。無敵の梁公（中国唐の政治家狄仁傑）は知らないであろうが、神のための神とそうでない神が日本紀には記されている。つまり神の行う徳は語らずして識るべきものである。どうしてこれが贅であろうか、いやそうではない。

祠人は私を迎えたついでに、この事を記すことを請う。固辞することができず、前書の所見によって、古老の所伝で執筆し需めに応じた。

文亀二年（一五〇二）秋七日、大江の末流の陳人は旅人で、渓上の堂下で翰を秉る。

三 「灰火山社記」の内容検討①——軻遇突智を祀る理由——

まず「灰火山社記」が描く世界観を検討する。とくに軻遇突智を祀る理由をみる。

社記は冒頭で愛宕山の神について説明する。この神は伊弉冉尊が生んだ軻遇突智の霊で、伊弉冉尊は火産霊を生むと同時に焼かれて亡くなった。亡くなる直前、伊弉冉尊は土神の埴山姫《はにやまひめ》を生み、軻遇突智はこの埴山姫を娶り、稚産霊《わかむすびのかみ》を生んだ。そしてこの神の「頭上に蚕と桑が生じ、臍の中に五穀が生じた」とする。これは『日本書紀』『古事記』に載る出雲神話の一節である(3)。「稚産霊」は『日本書紀』の表現で、『古事記』は「和久産巣日神」と表記するので、一品である舎人親王らが編纂した「国史」、すなわち『日本書紀』を基に、火の神である軻遇突智の誕生を作者は記したと考えられる。

次に、愛宕山の神を祀る祠堂について記す。この祠堂は、「太守」が経営し、領内の安全を祈禱するものであった。この「太守」の遠祖「氏綱」は、出雲国「神門郡」の阿具社とこの「東山」の神が同体であることを知った。古老の伝聞では、「東山」はかつて「灰火山」と呼んだ山で、火の神である軻遇突智が化したところだという。しかし社記の作者は、数百年前のことを明らかにすることはできないものの、一通の「願書」を手掛かりに、軻遇突智とこの祠堂が祀られる理由を考察していく。

社記作者は次のように考える。伊弉冉尊は陰神であり、阿具社がある神門郡は出雲国の西南の隅の地であるから理にかなう場所であるとする。ではなぜ伊弉冉尊が「神門郡」で軻遇突智を生んだのかについては、その地名が「軻遇」と音が近い「阿具」だからとみる。また祠堂の建つ「東山」を、かつて「灰火山」と呼んだのは、草木沙石に火を含んだ山であるからだろうかと考える。作者は火の神である軻遇突智と草木沙石に火を含んだ山である点を、古老のいう軻遇突智が化した山が灰火山とし、阿具社と東山＝灰火山が同体であると知った「太守」が、東山にこの神を祀ったのではないか、ありうることだと推定する。『延喜式』神名帳（九二七年成立）に「阿具」（実際には「阿吾神社」と載り、『出雲国風土記』には「阿具社」と載る）、『出雲国風土記』（仁多郡条）に「灰火（山）」が登場するため、根拠のない話ではないと考えるのである。

次に愛宕山の神の神威を説き、領土が安穏となる理由を説く。軻遇突智は雷神にも変化し、雷で家を焼くこともあれば、雨を降らし大地を潤すこともある。作者はどちらかに偏らないのはなぜかと問いつつも、人が真心で国・民のために神を敬い祀れば、雨が降り、苗が生え、田を耕し、食料は十分に得られ、苦労せずとも暮らしていけると説く。さらに願書に、神を汚すことがあればすぐに天変地異が起こり、田や家屋は焼け焦土となるとあることから、作者はいたずらに神の罰を蒙る行為は家を失い、身を亡ぼすことにつながると説く。そのため罪を討つことを神に請えば勝ち、神の誅伐により服従しないものはいなくなる。このことを世間の兵を用いる者はよく思い起こすようにと記す。つまり神を疎んじる行為は身を亡ぼす行為であり、罪の誅伐を祈れば叶うので、不服従の者はいなくなるというのである。「世の兵を用いる者」すなわち領地を治める武士は、神を敬うことで自らの領土が無事に治まるのだと作者は考えている。

社記を作成した頃は領内が富み、食が足り、天災もなかったという。これに対し、神への崇敬を行動に示したのが、古い考えにとらわれないで祠堂を再建した「太守」であり、愛宕の神を祀ったことで、その福を受けることができるのだと考えていた。つまり「灰火山社記」の作者は、神を敬う心が今の平安をもたらしていることを強調するのである。

四　「灰火山社記」の内容検討②――「太守」は誰か――

ではこの祠堂を経営する「太守」は誰なのか。社記には、「太守」の「遠祖」は「氏綱」だとする。「太守」は通常、一国の領主を意味する。出雲国の場合、守護京極氏を指す。この社記が記された文亀二年時の守護は京極政経である。この頃、政経は出雲国に拠点を置き、子の材宗を差し向け、対立する近江国の京極高清を攻めていた[4]。同時代の「太守」用例に、大永三年十月に東福寺門下の禅僧で河内国に住む李庵光通が、出雲国の仁多の温泉に知人二、三人で出かけた時、住民から聞いた伝説を記した「天淵八叉大蛇記」が挙げられる[5]。同記には「永正初、当国（出雲国）太守京極源光禄政経」とあって、守護京極政経が「太守」と認識されていた。「灰火山社記」には「遠祖氏綱」とあるので、「遠祖」すなわち文亀二年時当主の曽祖父もしくは元祖に「氏綱」がいることになる[6]。しかし『尊卑分脈』ほか京極氏系譜類および同時代史料からは、京極氏に「氏綱」はいない。そのため、ここでの「太守」は別の人物を想定しなければならない。

「灰火山社記」が記す「太守」の手掛かりとなるのは、そこに描かれる地理である。「南山之為節古史、所謂鳥上峰歟、玉峰之横東南到吉備之境、斐伊川之清流、過富田之西鄙、恋山之松風破煙、阿伊川之潺湲砕月」とあり、奥出雲から流れ出る「斐伊川」、そして「鳥上峰」「玉峰」「恋山」「阿伊川」といった地名は全て奥出雲（出雲国南部）にある。奥出雲に関わる氏族で「氏綱」を「遠祖」に持つのは馬来《まき》氏である。

馬来氏については、高橋一郎氏の研究が詳細を極めている[7]。高橋氏は、『島根県仁多郡誌』（一九一九年刊）や『島根県史』（一九二一～三〇年刊）の誤りを、一次史料および直系の子孫の系図、菩提寺の過去帳等から明らかにし、馬来氏の事蹟および系図の復元を行った。それに拠れば、馬来氏は山名氏から分かれた家で、初代氏綱は山名師義（師氏）の五男で初め山名又三郎氏綱といった。その後、摂津国馬来郷（所在地不明）に住んだので馬来を名字とし、氏綱の代に将軍足利義満から出雲国仁多郡阿井村（現在の仁多郡奥出雲町大馬木・小馬木）を与えられ、神目山（寒峰・矢筈山）に築城（夕景城）し居住した。氏綱は将軍義満から一字を拝領し満綱と名を改め、山名満幸・氏清らが幕府へ反旗を翻した明徳の乱（一三九一年）で、氏清が出雲国月山富田城を攻めた時に吉田村（現、島根県安来市）で討死したと伝わる。この氏綱の頃は、山名氏が摂津・出雲を含む十一か国の守護となり、「六分一殿」といわれた時期で、山名氏が出雲国守護であったのは、永徳元年～明徳二年（一三八一～九一）であるので、この間に馬来氏綱は出雲国へと移住したことになる。氏綱（満綱）の後、満綱、行綱、氏綱、道綱、乗綱、久綱、孝綱と八代が奥出雲の地に住み、天正十七年（一五八九）に孝綱の子元貞と外祖父氏俊が毛利氏の配下となり、安芸、次いで長門萩へと移住した。馬来氏の領地は、「東阿井」（仁多郡奥出雲町大馬木）・「西阿井」（同町小馬木）・「大谷」（同町大谷）・「高尾」（同町高尾）で、奥出雲の最奥部（最南端）に位置する。[8]

「灰火山社記」が執筆された文亀二年時の馬来氏当主は、三代氏綱か四代道綱に当たる。三代氏綱についての事蹟は不明である。馬来氏末裔の諸系譜中には、氏綱に男子無く、実の娘が嫁いだ北隣の在地領主・三沢為在の息子道綱を養子としたとする。[9]三沢為在は康正二年（一四五六）時に「尼子殿御代官」と見える。[10]三沢氏は応仁・文明の乱時、反京極方国人一揆の中核的役割を担う存在で、本貫地三沢郷（仁多郡奥出雲町）および皇室料所横田荘（同町）を中心に、仁多郡・大原郡（現、雲南市）南部・能義郡南部だけでなく、出雲国の平野部にまで所領や権益を保持していた。[11]道綱の初見は、天文五年（一五三六）に仁多郡横田荘にある岩屋寺の仁王堂再興にあたり、「馬来出羽守（道綱）同息宗三郎（乗綱）」の父子が二貫文の勧進を行った記事で、[12]その後道綱は、天正八年（一五八〇）に「感目城」

（夕景城）から小馬来へ下城し、九年過ごし没したとされる。[13] 馬来氏関係史料は少なく、文亀二年時の馬来氏当主を確定することは難しい。「遠祖」を文字通り曽祖父以前と解釈するならば五代道綱となるし、馬来氏の元祖と見るならば四代氏綱もありうる。

「灰火山社記」の作者は、なぜ出雲国守護でない奥出雲の国人馬来氏を「太守」と表記したのか。おそらく作者は社記を執筆するにあたり、完成したばかりの祠堂に初めて旅人である作者を招き入れられた人物であった点、社記を紺紙金字の巻子に仕立てて後世に残そうとの意気込みに感じ、作者が周辺を山々に囲まれた、奥出雲の最も奥まった空間を治める領主として、また祠堂を建てた人物として、依頼者を持ち上げた表現として「太守」を使ったものと考えられる。

五　「灰火山社記」の内容検討③——祠堂はどこにあったのか——

では馬来氏が建てた祠堂はどこにあったのか。「灰火山社記」文中の地名からおよその位置が明らかとなる（**図2**参照）。まず、「南山之為節古史、所謂鳥上峰歟（南に見える山が古史に載る鳥上峰だろうか）」にある「古史」とは『日本書紀』のことで、素戔嗚尊による八岐大蛇退治の前段に「到出雲国簸川上所在鳥上之峯」とあるのを指すと考えられる。[14]「鳥上峰」は、現在の仁多郡奥出雲町東堺に位置する船通山[15]（標高一一四二メートル）で、「灰火山社記」では「所謂鳥上峰歟」と疑問形としていて作者も正確には分かっていない。

「玉峰之横東南到吉備之境」とある「玉峰」は、現在の仁多郡奥出雲町北堺の玉峯山（標高八二〇メートル）で、その東南は吉備国（備前・備中・備後・美作国）との境だとする。玉峯山の東南には、出雲・伯耆・備後の三国の境界となる三国山（標高一〇〇四メートル）があるから、備後国との境を指すと考えられる。

「斐伊川之清流、過富田之西鄙」とある部分は、奥出雲の山々のいくつもの水源が一つになり出雲平野へと流れ出る斐伊川が、出雲平野部の肥沃な水田（「富田」）の西側を流れることを指すと考えられる。なぜならば、出雲平野部までの斐伊川上・中流域では広く肥沃な水田はない。この「過富田之西鄙」という表現は、斐伊川が十六世紀初頭において出雲平野で西流し、日本海へ流れ出ていたことを示すものとして貴重である。八世紀成立の『出雲国風土記』には、斐伊川が出雲平野で西に折れ日本海へと注いだと記されている。しかし現在の斐伊川は出雲平野で東流し宍道湖へと流入している。いつの時点で、斐伊川が出雲平野で東流するようになったのかは長らく不明であった。近年、美多実氏は、天正期（一五七三～九二）の斐伊川が西だけでなく東へも流れていた史料を提示し、「古来東西両流」していたことを明らかにした。[16] この「灰火山社記」の記事は、十六世紀初頭の段階で斐伊川が西流していたことを示す。「灰火山社記」の作者は、『出雲国風土記』を読み込んでいた（「灰火見風土記」）から、『出雲国風土記』の記事を引用した可能性もある。しかし、社殿再建時の環境を語ったのが「灰火山社記」であるため、執筆時における実際の斐伊川の流路と、あまりにもかけ離れた表現はしないのではないか。

「恋山《したいやま》」は仁多郡奥出雲町の鬼舌震《おにのしたぶるい》の山、「阿伊川」は烏帽子山から北流し斐伊川に流れ入る現在の馬木川である。[17] 恋山の松風を感じ、阿伊川（馬木川）の水の音が聞こえる場所が祠堂のあった場所となる。

「灰火山」は「東山初号灰火山」とあるように、文亀二年時は「東山」と呼んでいて、「東山」の古名が「灰火山」であった。この「灰火山」の山腹に祠堂を建立したのである（「山腹造祠堂」）。この山については、地誌『雲陽誌』（一七一七年成立）仁多郡小馬来（木）の項に「灰火山大谷と小馬来（木）との中間の山なり、風土記に載る所なり」とある。

灰火山は現在の仁多郡奥出雲町の大谷と小馬木の間の山で、『出雲国風土記』に載る灰火山もここだというのである。「灰火山社記」作者も「灰火見風土記」とあるように、『出雲国風土記』に載る「灰火（山）」を現地に同定している。

現在、大谷と小馬木の間の山に名称はない。山の西側には馬木川が北流する。小馬木には馬木氏の菩提寺である安養寺があり、馬来氏も同地に居住したという。[18] 確かに小馬木の集落から灰火山は東方にあり、集落からみれば「東山」と呼ぶにふさわしい位置にある。馬来氏は自らの居宅地と菩提寺の近くに地域の安穏を願う祠堂を祀ったと考えられる。

従来の『出雲国風土記』研究では、灰火山を大馬木の仏山（標高一〇一二メートル）に比定していた。この「灰火山」＝仏山説を唱えたのは、一九五七年刊行の加藤義成氏の『出雲国風土記参究』（至文堂）である。加藤氏は「灰火山」について、「風土記抄に「大谷と小馬木との中路の山名なり」とあるが、方角里程から見て馬木の仏山（標高一〇一二米）であろうと思われる」と仏山を当てる。加藤氏が引用する「風土記抄」は、最初の『出雲国風土記』研究書で、天和三年（一六八三）に成った岸崎左久次著「出雲国風土記抄」である（島根県立図書館複写本）。『雲陽誌』の説明は、岸崎の研究を受けてのものと考えられる。次いで弘化三年（一八四六）頃、もしくは嘉永（一八四八～五四）頃成立の横山永幅著「出雲国風土記考」（島根県立図書館複写本）の「灰火山」の注釈では、「三津郷大谷村と小馬木村との間の山なり、四方山々重りてあれハ、名のある山のミ出されたり、世里ハ今の四里に少余れり今名をばんぢやうといふ大山なり」とあり、大谷村と小馬木村の間の山であることは変わらないが、江戸時代末期の呼称が「ばんぢやう」という「大山」であったという。大正十五年（一九二六）に刊行された後藤蔵四郎『出雲国風土記考証』（大岡山書店）は、「灰火山」の注釈として「仏山の頂上より東南へ七町の処に標高一千〇四十六・四メートルの山がある。これを金川奥といふ、それであらう」とする。加藤説は仏山近隣とする後藤説に引きずられた見解と推察される。また加藤著書の翌年刊行された秋本吉郎校注『日本古典文学大系2　風土記』（岩波書店）は「灰火山」頭注として、「所在明らかでない。八川村と馬木村の境にある仏山（一〇一二米）またはその南の峰（一〇四六米）か」とする。なお仏山の古名は不明である。加藤説登場直後は解釈が一定しなかったが、その後の『出雲国風土記』研究では仏山を灰火山と比定するようになる。

唯一、異説を唱えたのが関和彦氏である。二〇〇六年刊行の『出雲国風土記』註論』（明石書店）では、江戸時代の『出雲国風土記』研究が灰火山を大谷村と小馬木村の間の山としている点に注目し、加藤説の仏山を比定するのではなく、大谷・小馬木両村の間にある「「ばんじょう（ママ）といふ大山」、すなわち「川平山」を「灰火山」に比定する。標高五三三メートル峰の山に「川平《かわひら》」と呼ばれる地番があることを根拠に、「かいひ」とも読める「灰火」が「川平」に変化したとみる。注目すべき見解である。ただ、「ばんぢやうといふ大山」を「灰火山」に当てたのは横山永幅による江戸時代末期の見解である点、および「ばんぢやうといふ大山」が本当に標高五三三メートル峰の山を指すのか疑問が残る。関氏が「ばんぢやうといふ大山」を標高五三三メートル峰の山に比定したのは、この山の南東に「万才峠《ばんじょうたわ》」という峠があることを根拠とする。しかし「万才峠」は、標高五三三メートル峰の山とその南にある六二五メートル峰の山との境の峠である。さらに馬来氏の拠点および菩提寺（小字小林）からみて「東山」と呼べるのは、標高六二五メートル峰の山である。標高五三三メートル峰の山が居館から北北東に位置する急峻な岩山であるのに対し、六二五メートル峰の山は、裾野が広くその北面は緩やかな斜面が続く。またこの山は、白い真砂土が所々に露出しており、白い真砂土が燃えた後の灰に見立てられ灰火山と呼ばれた可能性がある。白い真砂土のため、土地は痩せており赤松が多く自生する。関氏が「川平」を「灰火」の訛りとするのも可能性の一つでしかない。

十九世紀中頃の見解からではなく、十六世紀初頭の「灰火山社記」に描かれた認識に随えば、かつて灰火山と呼ばれた東山の山腹に白い土塀のある祠堂を建立できるのは、緩やかな裾野を持つ標高六二五メートル峰の山の北面の裾野の一角と推定されるのである。(19)

転用される由緒「灰火山社記」——おわりに——

十六世紀初頭、「灰火山」は「東山」と呼ばれていた。この時すでに「灰火山」は古老の記憶の中でしか存在していなかった（「古老伝云、此東山初号灰火山」）。十四世紀、将軍足利義満期に山名師義（師氏）五男の馬来氏綱は、出雲国仁多郡阿井村（大馬木・小馬木）を得ると阿井（馬木）の地を拠点とする。その時、氏綱は領内の「東山」（すなわち灰火山）の神が、出雲郡（社記では「神門郡」）阿具にある阿具社の神と「同体」であることを知って「東山」山腹に火の神の祠堂を建立した。それは領地の守護（領内の安全）を頼むものであった（「太守之経営祠堂祈禱安全也」）。百数十年後の文亀二年、馬来氏は祠堂を再建し、大江氏の末流という旅人を祠堂に招き社記執筆を依頼し、社記を紺紙金字の巻子にして後世に残した。馬来氏の愛宕山の神を敬う姿勢が、天災もなく食べる物にも不自由のない状況を創り出したと考えられていた（「今也国富、食足、以無天災矣」）。

「灰火山社記」には、室町時代に足利将軍家が深く信仰した勝軍地蔵尊との関連を見ることができない。愛宕の本地仏としての勝軍地蔵信仰は室町時代以降盛んとなり、戦勝を与える存在（「勝軍」）として信仰されるのが戦国時代であった。(20)馬来氏の場合、戦勝の神としてではなく、領地守護として火の神（「愛宕山」）を祀っていたのである。宝照院の本尊が大日如来から勝軍地蔵尊に替わったのが、江戸時代前期であることの寺伝（『松江市誌』）も、このことを裏付けている。

奥出雲の灰火山にあった祠堂は、領主馬来氏が経営する社殿であったため、馬来氏が毛利氏家臣として長門国萩へと移住したことで衰頽もしくは廃絶したと考えられる。そしてその祠堂の存在した場所も、山の名前すらも忘れ去られていくのである。

能義郡の民が、戦国大名尼子氏の居城月山富田城下の古川村へ、京都の愛宕社を勧請した時期は不明である。毛利氏の尼子攻め時の兵禍で零落したというから、それ以前と考えられる。勧請した場所を『松江市誌』は「古川村灰火山」とするが、『出雲国風土記』や『雲陽誌』に古川村の「灰火山」は記されていない。そのため、当初から「灰火山」地名があったのではなく、愛宕社が勧請されて以降、その由緒として「灰火山社記」を所持していたために、勧請された場所を「灰火山」と呼んだものと考えられる。奥出雲の灰火山にあった「灰火山社記」は、能義郡古川村の社の新たな由緒として機能していくのである。奥出雲の地理空間を記した「灰火山社記」ではあるが、火の神と同体である灰火山の由緒を持つことで、中世、さらには『出雲国風土記』の時代にまで連なる社殿（一乗院）であることが主張されたと見ることができる。社僧の宗賢法印により維持された一乗院も、松江藩主堀尾氏の月山富田から松江への城下町移転に際し、松江へと移る。社名も宝照院と改め、本尊を愛宕信仰と関わりが深く、武士の崇拝の篤い勝軍地蔵に替えていく。

藩主の崇拝が篤かったことは、藩主堀尾忠晴が寛永二年（一六二五）八月に「本地地蔵菩薩・愛宕山大権現幷摩利支尊天地水火風空之御威光」を頼り、自らの禁酒を祈る紺紙金字で作成した願文を宝照院へ納めた点にも見ることができる。(21)

「灰火山」を山号に残す宝照院は、「灰火山社記」を所持し由緒とすることで、古代の『出雲国風土記』の時代にまで遡る由緒を持つ、領内の安全を祈禱する存在である藩の祈願所として崇拝されていったのである。
　最後に、『出雲国風土記』研究史上における「灰火山社記」を位置づけておく。天平五年（七三三）に成立した『出雲国風土記』の原本は失われ、現存する最古の写本は慶長二年（一五九七）の奥書を持つ細川家本（永青文庫所蔵『出雲国風土記』）である。以降、国内に約一五〇本余の写本が生まれるのであるが、これまでその成立以降、十六世紀末まで『出雲国風土記』がどのように読まれ、継承されていったのかは不明であった。本稿で検討した「灰火山社記」は、文亀二年（一五〇二）という時点に『出雲国風土記』が読まれ、寺社の由緒として語られるという継承の実態の一端を窺う稀有の史料であることを指摘しておきたい。今後の『出雲国風土記』研究の進展を俟ちたい。

註

（1）『雲陽誌』（歴史図書社、一九七六年）。
（2）上野富太郎・野津静一郎編『松江市誌』（松江市庁、一九四一年）一四四七頁。
（3）『日本書紀』は坂本太郎・家永三郎・井上光貞・大野晋校注（一九九四年）を、『古事記』は倉野憲司校注（一九六三年）の岩波文庫本を本稿では参照した。
（4）西島太郎「京極氏領国における出雲国と尼子氏」（同『松江藩の基礎的研究』岩田書院、二〇一五年収載、初出二〇一三年）。
（5）岡宏三「内神社所蔵「天淵八叉大蛇記」について―中世出雲の八岐大蛇退治神話―」（島根県古代文化センター調査報告書『神々のすがた・かたちをめぐる多面的研究』島根県古代文化センター編・刊、二〇一一年）。
（6）『日本国語大辞典』（第二巻〔縮刷第一版〕、一九七九年、小学館）遠祖の項。
（7）高橋一郎「尼子経久の母真木氏への疑問（一・二）」（『山陰史談』一二・一三、一九七七年）。
（8）以上、高橋、註(7)論文。馬来氏歴代については、あくまでも高橋氏の推定復元による。なお二代馬来満綱は文明二年（一四七〇）まで存在が確認され（文明二年五月十二日付馬来満綱契約状『大日本古文書　家わけ第十五山内家首藤家文書』一一八号)、文明四年には三代行綱となっている(高橋、註(7)論文、史料No.20、および『横田町史』〈島根県仁多郡横田町、一九六八年〉第二章第二節五馬来郷と馬来氏と杠氏〈高橋一郎筆〉)。

(9) 高橋、註(7)論文、「④氏綱、⑤道綱」の項参照。

(10) 康正二年七月二日付出雲守護京極氏奉行人連署奉書(『大社町史』史料編〈古代・中世〉上巻、大社町、一九九七年、七四七・七四八号)。

(11) 長谷川博史「戦国期出雲国における大名領国の形成過程」(同『戦国大名尼子氏の研究』吉川弘文館、二〇〇〇年、第一章、初出一九九三年)。

(12) 高橋、註(7)論文、史料No.13・17・18。

(13) 高橋、註(7)論文、史料No.15・18。

(14) 『新訂増補国史大系　日本書紀』前篇、巻第一第八段一書第四。『出雲国風土記』には「鳥上山」、『古事記』には「鳥髪地」と記され、『日本書紀』のみ「鳥上之峯」と記す。

(15) 坂本太郎・家永三郎・井上光貞・大野晋校注『日本書紀』(一)、一〇一頁注二。

(16) 美多実「斐伊川の転流と洪水」(同『風土記・斐伊川・大社』島根県古代文化センター、二〇〇一年に所収、初出一九五七年)。池橋達雄「出雲国絵図」(島根大学附属図書館編『島根の国絵図』今井出版、二〇一二年)ほか。

(17) 加藤義成『修訂出雲国風土記参究』(松江今井書店、一九八七年)仁多郡の項。

(18) 高橋、註(7)論文および『雲陽誌』仁多郡小馬来の項。

(19) 祠堂があった可能性の高い場所がある。標高六二五メートル峰の山は北へ舌状に延び、その最北端に南北約一二、東西約七メートルの平坦地がある。現在そこには愛宕神社の小さな祠がある。この愛宕神社は、その所在する小字杭木の村の社で、昭和二十八年銘の棟札には、明治初年にこの地に祀ったとの口伝を載せる。その平坦地には、南から愛宕神社の祠、「大日如来」と刻まれた石、近年、一九九六年に近在の中林家から移された屋敷神・春日大明神社の祠と明治十七年銘の「足王大神」と刻まれた石がある。「大日如来」と刻まれた石の由来は不明であるが、ここに仏教系の施設があったことを窺わせる。松江の宝照院の本尊が、近世初頭に勝軍地蔵へ替わるまで大日如来であったことは、気になる共通点である。この場所は、北流する馬木川が東へ大きく屈曲する位置にあり、この地に立つと馬来川のせせらぎがよく聞こえ、北の恋山方面からの風も緩やかに感じることができる。そのため、中世、東山に祀られた愛宕山の神の祠堂は、標高六二五メートル峰の山の最北端にあった可能性が高い。また東山が大谷と小馬来の間の山に比定されたことで、『出雲国風土記』に載る「灰火小川」も「出雲国風土記抄」の比定と同じ、現在の大谷川に比定することができる。なお、現地調査では小馬木の阿部等、田中克彦氏にはお世話になった。記して謝意を表する。調査で使用した地図は、国土地理院二万五千分の一地形図・下横田である。

(20)　森末義彰「勝軍地蔵考」(『美術研究』九一、一九三九年)。首藤善樹「勝軍地蔵信仰の成立と展開」(『龍谷大学大学院紀要』一、一九七九年)。小林美穂「中世における武士の愛宕信仰」(『三重大史学』四、二〇〇四年)ほか。

(21)　『松江市誌』五〇頁写真。同写真によれば、白黒掲載ではあるが、「灰火山社記」と同じ紺紙金字の巻子であったことが分かる。また同願文は、東京大学史料編纂所影写本(一八九四年影写)にも採録されている。

顕如譲状考

金龍　静

はじめに

二〇一三年は、本願寺の教如上人（以下敬称略）の没後四百年の年であった。それを記念して『教如と東西本願寺』（法藏館）が刊行され、私も「教如史料論」と題した一文を載せていただいた。その原稿作成過程で、大きな課題として浮上したのが、天正十五年（一五八七）十二月の顕如譲状（西本願寺蔵）の扱いに関してであった。この譲状は、以後四百年もの長きにわたり、真偽が論じられ、決着がついていないままである。

西本願寺側は、当初から真本と見ており、真宗史の大先達である谷下一夢氏の『顕如上人伝』を例にとると、譲状の本文を掲載し、次行で「本願寺第十二世の法統は爰に決つた[1]」の一行で済ませている。この例のように、なぜ真本なのかの論究は、いまだ誰も行なっていない。その一方、東本願寺側は、当初より偽作説の立場で一貫している。直近の例として、安藤弥氏の一文を見ると、豊臣政権は「准如への譲り状を偽作と知りながら（後略）」と述べ、教如の略年表にも譲状の存在を記載していない[2]。これまたなぜ偽作なのかの論究を欠いている。

そもそも論文を記述する際に、用いる史料の真偽を確定するのは、必須の前提作業であり、これを欠いたままでは、論述自体が意味をなさなくなる。しかし譲状そのものを分析した論文は、驚くべきことに皆無というのが現状である。なぜそのような状況で、今日に至っているのだろうか。その大きな原因をなしたと思われるのが、日本仏教史の大家である故辻善之助氏の『日本仏教史』近世篇之一である。辻氏は同本の一九〇頁から二五二頁までという大部を割いて、両本願寺側の近世におけるさまざまな史書に見られる真偽説を整理し、さらに譲状自体の様式や使用文言に不自然さがあり、書風も硬渋で生気なく、文禄二年（一五九三）の豊臣秀吉の有馬湯治前後に作られたものと結論づけた(3)。以後の研究者は、この辻説に依拠するか、それを無視するかだけであった。

一　譲状の筆跡・様式・文言

まずは何よりも、この譲状（**写真1**）が顕如筆か否かという点である。辻氏は、この筆跡を「生気なく（中略）模倣の跡殆ど蔽ふべからざるものあり(4)」と評する。だが、具体的にはどの字体をもって、生気なしで模倣なのかは、述べていない。全体的な印象というだけでは、なかなか諸人の納得が得られないであろう。真偽の是非を確認するためには、顕如特有の字体の癖が、この譲状中にも見られるか否かの検討が不可欠である。そのためには、譲状の年月に近似する他の顕如関係の史料を列記し、対比する必要がある。

ところが、この前後の史料はあまり多くない。その理由は、天正十四年（一五八六）十一月ごろから病にかかり、翌十五年正月ごろには「御腹中以之外被成御煩候」とまで報じられ、六月に至ってようやく回復した、長期間に及ぶ病気のためと推測できる(5)。この間は、文書類はもとより法物裏書の例も見受けられない。おそらくは、筆を取る

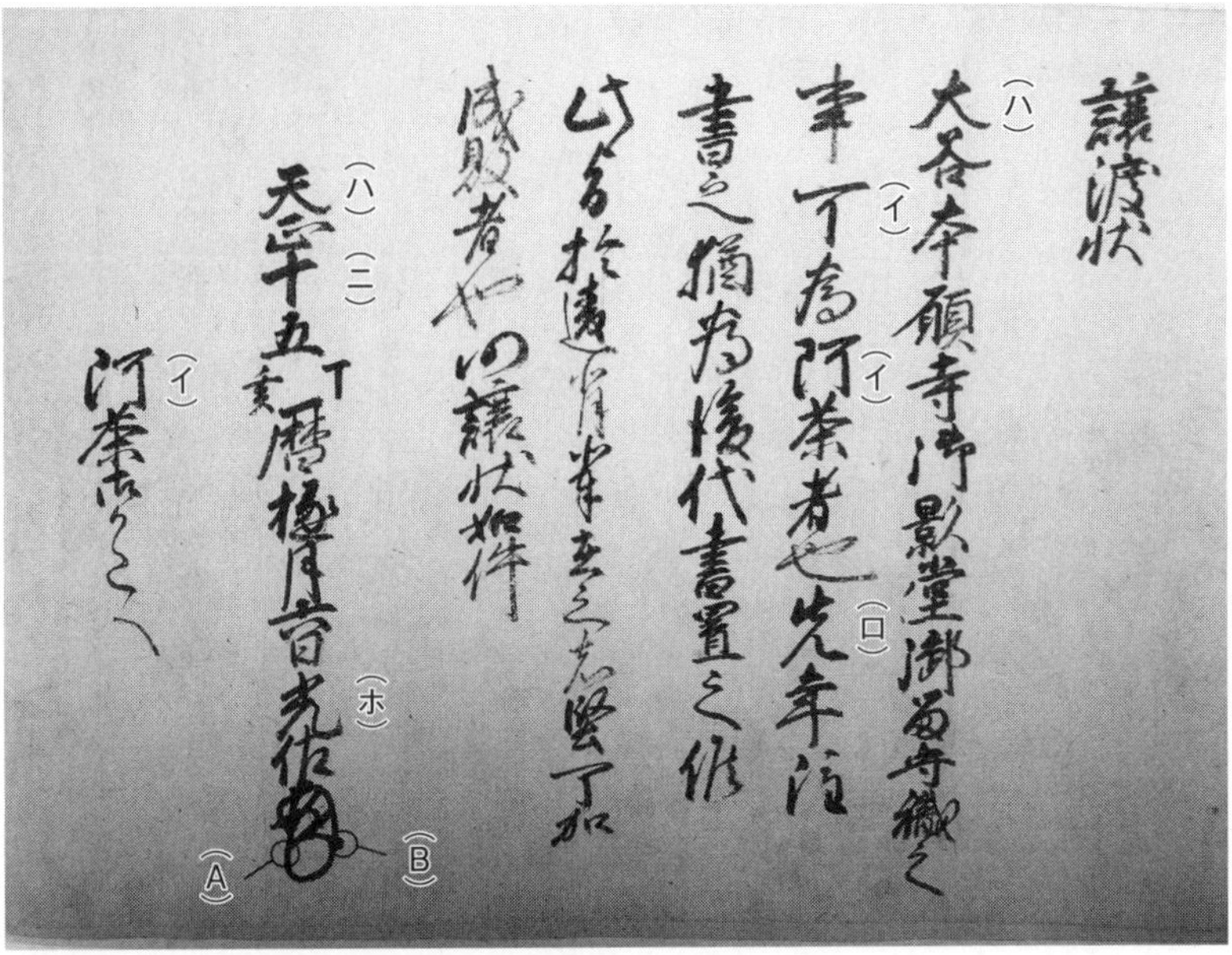

写真１　顕如譲状（西本願寺蔵）

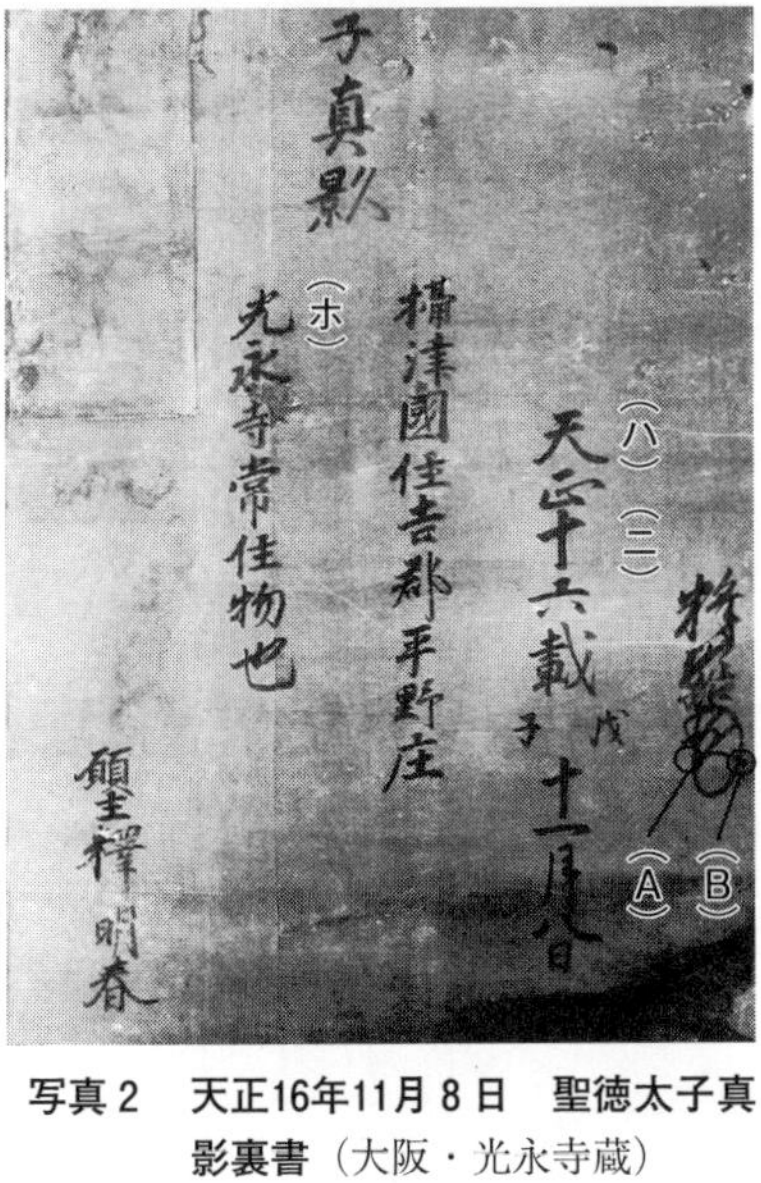

写真２　天正16年11月８日　聖徳太子真影裏書（大阪・光永寺蔵）

こともままならない状態だった可能性がある。仮に辻氏の言うがごとく、筆致に生気がないとするならば、病み上がりの状態だったと想像することもできよう。

　この病気の期間に年月が近似しているものは、大阪市平野区光永寺蔵の天正十六年十一月八日聖徳太子真影裏書と天正十七年（一五八九）五月廿三日親鸞御影修複識語である（**写真２**、**写真３**）[6]。ただし裏書・識語類なので、対校可能な文字数の少ないのが欠点である。そこで文字数が多く、年代も確定できる金沢市照円寺

写真3　天正17年5月23日　親鸞御影修複識語（大阪・光永寺蔵）

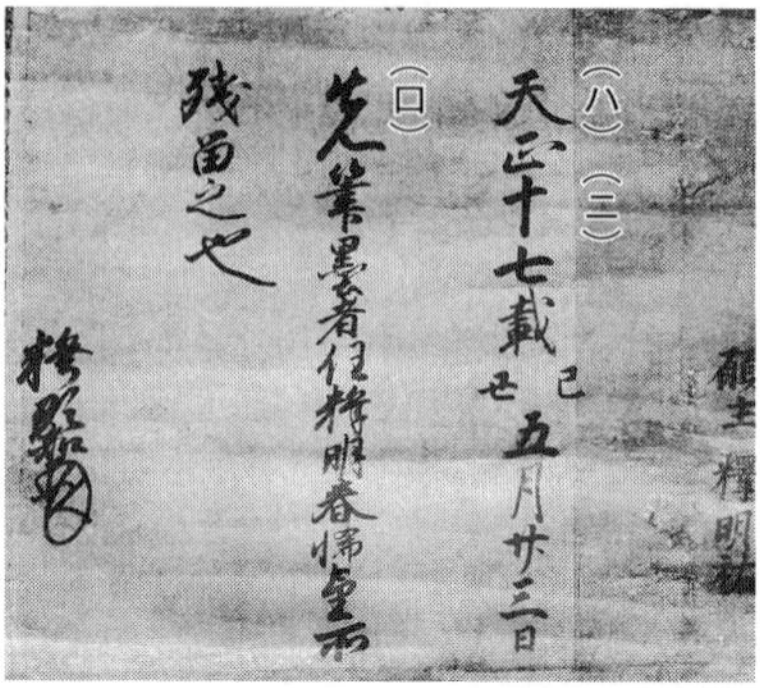

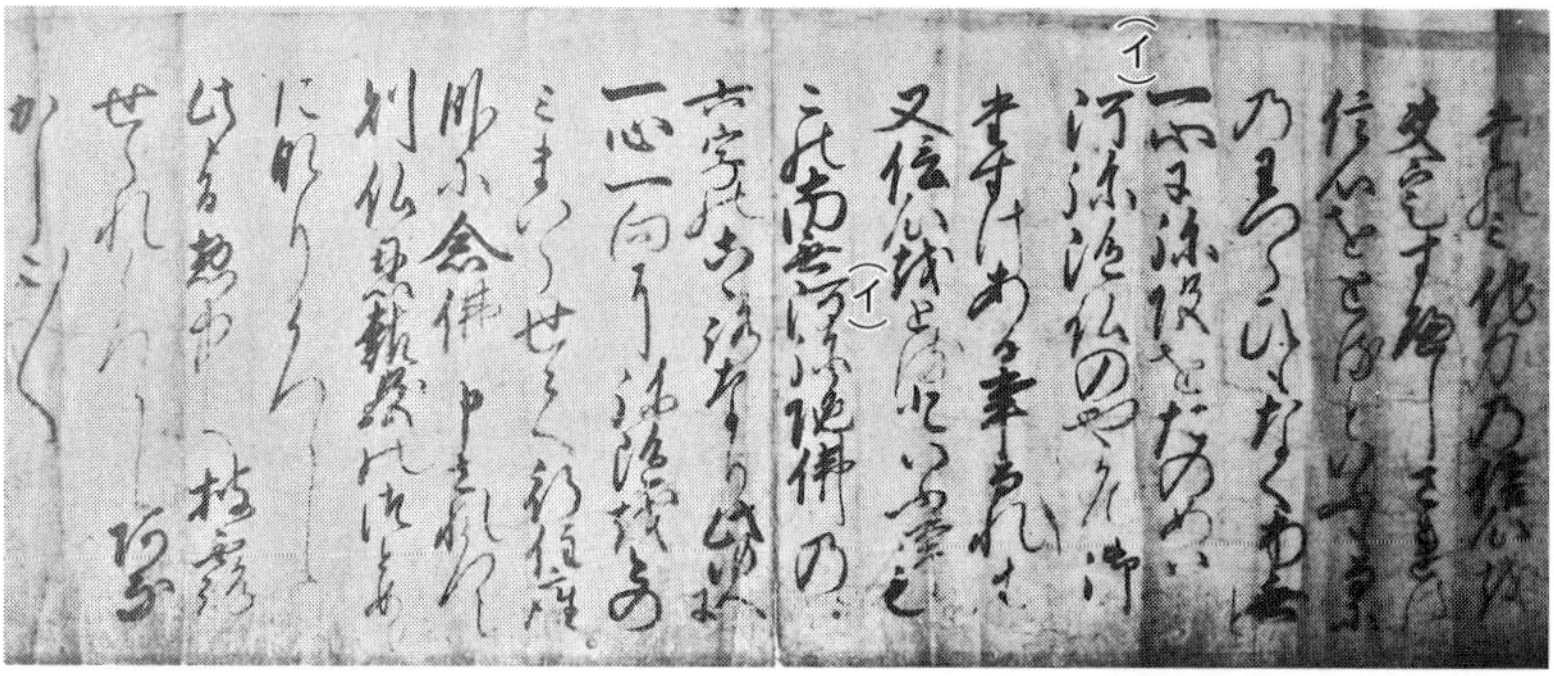

写真4　（天正10年）7月6日消息（石川・照円寺蔵）

蔵（天正十年）七月六日消息を、補充の対校用として掲げてみた（**写真4**）[7]。

これらの各写真版に対校の印を（イ）〜（ホ）と付してみた。特に（イ）の「可」の崩しは、了という形になっていて、注目を引く。また（ロ）の「先」や（ホ）の「光」も、特徴のある走り方をしている。（ハ）の「大」と「天」のアシも同じ撥ね方である。（ニ）の「十」は、横線が若干右肩上がりで、縦線は横線の左から五分の三のところを下ろしている。これらの一致する字体の癖を示す譲状を偽物と見なすならば、では逆に、歴史史料において、果たして真本は存在するのかという深刻な問題が生ずることとなろう。

次は花押型である。譲状の花押は、婉曲に膨らんだ横線が、縦形の卵型の丸みの中央部に引かれている。左縦線の中央より若干下の位置（A）から発せられるのが、天正後期の花押型の通例である。ただし、右縦線との交点（B）は、（A）の位置より下部の例が多々見受けられもする。[8]しかし譲状の花押型と同じく（A）と（B）の交点がほぼ平行なものも、先に例示した**写真2**のほかに、上越市本誓寺蔵天正十三年八月十九日法名状・滋賀県湖南市慶円寺蔵天正十七年八月十四日法名状などに見受けられる。[9]従って花押型に関しても、同年前後に置くことに違和感はない。

次に辻氏が問題視している使用文言について、検討してみよう。同氏は「天正十五暦」の暦が異例、「阿茶御かたへ」も異例、文中の「阿茶」は重複表現、「先年雖書之」は耳ざわりで不自然、「可加成敗者也」もあるべき語でなし[10]と指摘する。まず暦の文言であるが、顕如文書中に「暦首之祝儀」などの使用例が三例ある。

次に慶長十三年（一六〇八）五月廿八日光昭譲状[11]を参照してみる。その冒頭に「譲渡状」、本文に「阿茶丸」、あて先に「阿茶御方へ」と記されている。阿茶丸は慶長九年に誕生し、慶長十三年七月に没した幼児で、同年六月、准如は江戸へ赴いている。[12]万一の場合に備え、譲状を作成したのであろう。それはともかく、この慶長十三年譲状は明らかに天正十五年譲状を真本と認識し、それを元本にして作成したものであることは間違いない。この時期の准如の手元には歴代譲状があり、文禄二年段階の如春尼（教如・准如の母）の手元にも歴代譲状があったと想像できる。もし文禄二年段階で天正十五年譲状を作成するのならば、歴代譲状の様式に添ったものにしてもよいはずである。にもかかわらず、旧例によらない形であるということは、顕如みずから記したものであるからなのだろう。筆跡だけは何度も顕如の筆癖を真似して、精巧度を高め、しかし肝心の様式に関しては、旧例に従わなかったというのでは、整合性がとれないと判断せざるを得ない。

とすると、「先年雖書之」とは何を語っているのであろうか。これまた今まで誰も指摘してこなかった点である。教如は天正八年（一五八〇）の大坂本願寺退去から天正十年の父子和解までの間、顕如より義絶されていたことは、おおかたの研究者が認めている。[13]しかしそれ以上の論究はない。義絶とは親子の縁を切ることであるが、単に義絶の表明だけで終るわけでなく、替わりの後継予定者の選定は不可欠となる。第一回目の阿茶あての譲状は、この期間中に作成されたと見て、良いのではなかろうか。なお「可加成敗者也」であるが、如春尼は、文意である顕如の意に従って、教如に成敗を加えたということになろう。

二　文禄二年教如詰問状

天正二十年＝文禄元年（一五九二）十一月、顕如は歿した。葬儀は教如が執り行ない、如春尼は教如の手で髪をおろし、教如が第十二代宗主となった。[14]ところが文禄二年閏九月、九州から戻り有馬湯治中の豊臣秀吉の元に、如春尼が出向き、会談を行ない、続いて、当事者・関係者が大坂城に呼ばれ、詰問状が出され、教如の隠居と准如継職が決まった。[15]

秀吉は当時の最高権力者であるが、ただやみくもに介入した訳ではない。本願寺は永禄二年（一五五九）に門跡となり、以後、朝廷側からの関与度が高くなっていた。天正八年の石山合戦の終結と顕如・教如の退去、天正十年の顕如・教如和解は、前関白近衛前久による勅命をもっての関与であり、天正二十年の教如継職、翌文禄二年の教如隠居は、武家の最高権力者としてではなく、朝廷の関白・太閤としての関与である。[16]

『増補駒井日記』文禄二年閏九月十六日条に記される「詰問十一カ条」の概要は、大きく分けると（1）石山合戦、（2）不行儀、（3）譲状の存在、（4）先門跡折檻の者を召し出した事、（5）教如の妻女の事となる。（1）は事実としてその通りであるが、だからと言って教如派が石山合戦を主導し、顕如派がそうでなかった訳ではない。

石山合戦を主導したのは、顕如の元に結集した雑賀衆を中心とした勢力で、大坂本願寺を退去して紀州鷺森に居を移した本願寺を、信長勢の無言の圧力から守り続けたのも、直接的には彼らの数千丁の鉄砲であった。[17]

（2）の不行儀とは何か。（文禄元年）極月十二日秀吉朱印状は、教如に対して「興門（顕如二男興正寺顕尊）・理門（同三男准如）をも引廻、母（如春尼）儀へも孝行ニ候て尤候」と記してある。さすれば、教如は「惣領」としての責務を果たしていないということなのだろう。（3）は譲状であるが、その存在が隠退原因の全てでなく、その一つということである。そもそも秀吉側にとって、譲状はあってもなくても構わず、ないよりもあった方が良いという程度だった可能性も考えられる。秀吉側には、あえて偽作してまで譲状が不可欠との認識があったとは思われない。（4）は、顕如方の家臣が罷り出ても用いず、顕如に折檻された教如方の家臣を召し出したという意味である。（文禄元年）極月十三日木下吉隆奉書写に、「家来等之義も、不散在（中略）如本門様時（中略）可被申付候」とあり、[18]（2）と同じく（4）とも齟齬をきたす事態となっていた。（2）は家内統率にかかわる、（4）は家中統率にかかわる事項である。

最後の（5）は少々複雑である。天正後期以来、教如の正室は久我通堅の娘で、東之督と称されていた。本願寺の正室は、他の教団や公家・武家社会と違って、おおやけの重要行事には夫婦揃って参会する決まりになっていた。例えば、天正十四年（一五八六）正月の阿弥陀堂完成の祝賀には「ひかしのかみ」が、如春尼や顕尊室や一門室と共に登場しており、天正二十年七月にも「ひかしのかみ」の名が、同年十一月の顕如葬儀時にも「東上様」の名が記されている。[19]このように、本願寺関係者の正室は、周囲の目に写る公開性のある存在なのである。

ところがその一方、教如には内室の教寿院お福がいた。一説には天正十一〜二年の和泉貝塚本願寺時代から内室になっていたといわれる。[20]観如が慶長二年（一五九七）生まれで、その前に二男四女があり、仮に二年ごとの誕生とみると、第一子の誕生は天正十三年（一五八五）ということになる。教寿院にはこのように多数の子供があり、正室の東之督には子供が授からなかった。教如側近の「宇野新蔵覚書」は、「北之督様是を御そねみにて、御むほんの第一に候」と記している[21]。この種の嫁と姑の確執という問題はさておき、周囲の厳しい目は、一家の女性たちを統率する如春尼に対し、かなり長期にわたって向けられ続けたことだろう。

秀吉はこの詰問状を提示し、教如は今後十年間、宗主の地位に就き、以後は准如に譲ることを命じた。ところがこの時、下間頼廉らの重臣は「むかしのゆつり状ハ、門下おとなへ、かのものニ披露候て、其上ヲ以ゆつり状ニ而候」と抗弁したため、秀吉は激怒し、即刻の退任となった[22]。頼廉らは、譲状は披露の習慣があると主張したのであるが、これは「いさみ足」であった。すなわち九代実如の譲状は、異例な私的消息様式のものであり、十代証如は譲状自体を作成しておらず、従って最後のものは延徳二年（一四九〇）十月の蓮如譲状で、その間、百年以上の空白があるからである。ちなみに教如は詰問の席で、譲状を実見したはずであり、当の本人は、一度も譲状を偽物とは述べていない。

三　天正後期の本願寺の動向

さて、天正十五年十二月に譲状が作成され、文禄二年閏九月に、如春尼が秀吉に対して、教如隠退・准如継職を訴え、秀吉がそれを是としたのは、果たして突発的・恣意的なことだったのだろうか。その是非を論ずるために、天正後期の本願寺（顕如・教如）の動向を追ってみたい。この期間の検討に関しても、いまだ誰も行なっていない。天正十年六月の父子和解から一気に飛ばし、天正二十年の顕如逝去と文禄二年閏九月教如隠居に話を持っていく論文ばかりだからである。

父子和解以後の教如は、確かに後継予定者の第一席の地位に戻った。しかし天正八年から十年までの間、行動を共にした家臣は「いたずら者」として退けられ、本願寺に復帰した者はいない(23)。『貝塚御座所日記』天正十二年(一五八四)十月条に、「新門様少々存分ありて、御不会之様也」という一文が記されている。この時の顕如・教如の対立は興正寺顕尊が仲介したという。

同日記天正十三年七月三日条に「新門様御上洛(中略)六月廿七日歟、大坂秀吉へ御礼(中略)秀吉ハ御出ナシ」とあり、教如と秀吉の対面はならなかった。同年八月・閏八月一日条には、秀吉の越中佐々成政攻めの音問に教如が「突然北国御陣下向」とあり、本願寺の正式の使者である下間頼廉は、その後塵を拝して下向している。一方の秀吉は、越前・加賀の門徒に教如への馳走をさせぬよう異見している。天正十四年(一五八六)九月の証如三十三回忌法要時には「大坂関白様之衆(の接待に)、新様御煩ニ対而、御座敷之無御座候(24)」と記されている。このように、教如と顕如・秀吉の間柄が良好な状態であり続けたとは思えない。

旧教如派家臣や坊主衆に対しては、まず天正十一年正月、福田寺良海・粟津乗珍が前非を悔い改め、顕如側に帰依する誓詞を提出し、続いて、天正十四年三月、堺真宗寺顕珍ら十六名が同様の誓詞を提出している(25)。このような状況下、顕如は天正十四年十一月から八カ月に及ぶ重病に陥ったのである。

天正十五年(一五八七)二月、教如は病中の顕如の名代として、島津攻めの秀吉陣への音問の準備に入り、三月に出発(五月島津氏降伏)、七月に天満本願寺へ戻った。単に音問で済ますならば、顕如病中なので、短期間で戻る選択肢もあったはずである。でもこの間、中国・九州各地(の有力坊主衆のところ)を巡回していたという(26)。

さらに戻ってまもなく、八月からは草津湯治と宗祖旧跡巡りに出発した。この東国下向の途中、三河に入ったが、天正十二年に復興なった平地御坊（土呂本宗寺の跡を継ぐ）へは入らず、三河三カ寺の有力寺院である上宮寺に入ったという。平地御坊入りは、興正寺顕尊と三河の禁制解除に尽力した石川妙春尼に約束していたのであったが、それが反故にされ、両人は面目を失したという。[27]顕尊は、天正十年の父子和解に尽力したが、文禄二年時には、教如と如春尼の間に立って尽力した形跡は見受けられない。おそらくこの天正十五年の三河での出来事が、大きな影響を与えた可能性がある。

このような状況下、天正十五年十一月、十一歳の阿茶は「御歯黒々有之。衣冠衣文取之。則祝儀一盞有之。次殿下へ御出也。入夜云々」と、御歯黒の儀式を行ない、秀吉へ報告に出向いている。[28]翌月が譲状の記された月である。天正十八年（一五九〇）五月の後北条氏攻めの音問も、教如と頼廉は別々に出向いている可能性がある。教如の音問とは、本願寺としての音問でなく、個人としての音問であった。

この種の一連の行動を改めて概観すると、天正後期以降の顕如も教如も、時の権力に競ってすり寄り続けていたことがわかる。むろん、その種の音問を欠礼したら、大きな処分が待ち受けているに違いない。でも、どちらが秀吉に近いか、どちらが家康に近いかを競い続ける時、石山合戦を戦った人々、一揆百年の歴史を担ってきた人々は、どのような感慨でもって、両人の行動を見つめたのだろうか。あるいは、ひとり静かに本願寺と教団から身を引いた者もいたのではなかろうか。

天正十九年二月、十五歳の阿茶は得度した。各種得度記類には、法名と諱の記載が欠けているが、同年八月十三日の「斎相伴衆書付」と題したものの中に「光寿・佐超・光昭・佐順（中略）光遍寺不参也」と記されている。[29]本願寺では、九代実如の時より、後継予定者に限って、諱に光を冠する決まりとなっていた。とすると、極めて異例ではあるが、この段階で光寿・光昭の二人の後継予定者が設定されたと見てよいものと思われる。ただしこの時に同時に准如という法名が与えられたか否かは、史料的に判然としない。しかし得度は法名を授与する儀式であり、何らかの名が与えられたのは間違いない。

おわりに

以上、顕如譲状に関して、史料としての真偽の検討を行ない、天正後期の本願寺（顕如・教如）に関する動向を検討してみた。結論として、この譲状は真本であり、教如の後継者としての立場は、盤石なものでなかった、ということとなる。

従来の研究において、長い間、辻説を認めるか認めないかだけの表明で済まされてきた。これは全く、研究者の怠慢と言えよう。特に東西両宗派関係の研究者にとって、本物ならば、教如の教団創設を、もう一度根本的に考察し直さなければならなくなり、偽物ならば、准如による再出発が、その種のあやしげな物を根拠にしたままでの再出発ということとなる。本稿は、あくまで史料を史料として吟味したものであるが、しかし現在の身分が、本願寺派の住職であるため、本稿の論旨に対して、なかなか客観的な評価は得られない可能性もある。それを承知の上での立論であるが、できうれば、史学の基本に添った批判・反論をお願い致したく思っている。

註

（1）谷下一夢『増補真宗史の諸研究』（同朋舎、一九七七年）一九一頁。なおこれは『顕如上人伝』（浄土真宗本願寺派文書部編纂課、一九四一年）を再録したもの。譲状は西本願寺蔵、**写真1**参照。

（2）安藤弥「総論　本願寺教如」（『教如と東西本願寺』）一七・四〇頁。以下『教如論集』とする。
（3）辻善之助『日本仏教史』近世篇之一（岩波書店、一九五二年）二四一・二五一頁等。以下『辻本』とする。
（4）『辻本』二四一頁。
（5）富山県井波町照円寺蔵（天正十五年）正月七日瑞泉寺顕秀書状（『井波町史』上、三七〇頁）。『貝塚御座所日記』（『真宗史料集成』第三巻）天正十四年十一月廿三日条。上越市本覚坊蔵（天正十五年）六月廿二日下間頼廉印判奉書（『新潟県史』資料編四、五八七頁）。なお『貝塚御座所日記』の天正十四年四月条には、養生のため大和十津川に湯治へ出向いた事が、同年九月末から十月中旬にかけての条には、有馬に湯治へ出向いた事が記されている。
（6）『大阪市内所在の真宗関係史料』一、平野区所在史料一（大阪市教育委員会事務局社会教育部文化財保護課、一九九七年）図版四・五・一七。なお当時の光永寺明春は、『西光寺古記』（同朋舎出版、一九八八年）所収「天正廿年顕如上人送終記」によると、「御堂衆一老」の地位にあった。なお撮影を許された同寺に感謝する。
（7）『加能古文書』（金沢文化協会、一九四四年）一五五六号。なお同書では、天正二年に置くが、文中の「今度天下不慮」の文言と花押型により、天正十年に推定した。なお写真掲載を許された同寺に感謝する。
（8）岡崎市勝鬘寺蔵天正十四年八月四日法名状（『特別展　三河一向一揆』三河武士のやかた家康館、一九九〇年、二二頁写真版）。大阪市浄照坊蔵天正十七年七月晦日法名状（本願寺史料研究所架蔵写真帳）等。
（9）『図録　顕如上人余芳』（本願寺史料研究所、一九九〇年）一九七頁図版。武田勝蔵『下田村社寺史』増補再版（日枝神社拝殿改築奉賛会、一九六九年）二二三頁写真版。
（10）『辻本』二四二頁。
（11）西本願寺蔵。「本願寺通記　別本」（千葉乗隆『真宗教団の組織と制度』同朋舎、一九七八年、三六一頁）。
（12）西本願寺蔵「慶長十三年六月十三日江戸下向ニ付免物留書」（『本願寺教団史料　京都・滋賀編』本願寺出版社、二〇一〇年、二一一頁）。この危機意識の背景として、下間頼廉の娘は端坊明勝室で、明勝等は安国寺恵瓊を匿って処刑され、下間頼亮の妻は、大谷吉継の妹であり、下間仲之の子の仲世は、慶長五年九月十五日、大垣陣で石田方として討死している事などが想起される。准如・顕尊の筆頭坊官クラスが、西軍方に積極的に加担していたのは間違いない。『増補改訂本願寺史』第二巻（本願寺出版社、二〇一五年）第一章参照。
（13）大桑斉『教如』（法藏館、二〇一三年）一六・三二頁等。

(14)『増補駒井日記』(文献出版、一九九二年)三一五頁。西本願寺蔵(文禄元年)十二月十二日秀吉朱印状写(伊藤義賢『准如上人苦難史』中外出版、一九二九年、二七頁)。東本願寺蔵(文禄元年)極月十二日秀吉朱印状(『本願寺文書』柏書房、一九七六年、六二号)。
(15)『時慶記』第一巻(臨川書店、二〇〇一年)文禄二年閏九月十五日条。西本願寺蔵文禄二年閏九月十七日光寿請文(小泉義博『本願寺教如の研究』上、法藏館、二〇〇四年、二八五頁写真版)。
(16)岡村喜史「准如の継職から見た教如」(『教如論集』)一一三頁。
(17)武内善信「雑賀一向衆列名史料について」(『本願寺史料研究所報』二五号、二〇〇〇年)。
(18)『思文閣古書資料目録』一六一号、ナンバー一〇写真版。
(19)龍谷大学大宮図書館蔵「天正十三年阿弥陀堂御石礎其他記」。同蔵「天正十九年京都七条へ御影堂移徙記」。『西光寺古記』五一頁。なおこの種の史料は、龍谷大学図書館「貴重書データベース」上で、全文公開されている。
(20)安藤弥前掲註(2)論文、一三・四四頁。
(21)谷下一夢「本願寺教如上人内室考」(『真宗史の諸研究』)二九六頁。
(22)『増補駒井日記』文禄二年閏九月十六日木下吉隆書状写。
(23)拙稿「教如史料論」(『教如論集』)一六四頁。
(24)龍谷大学大宮図書館蔵「証如宗主御葬礼幷諸年忌全」。
(25)『本派本願寺名古屋別院誌』(名古屋別院、一九二四年)七一頁。『准如上人芳蹟考』(准如上人三百回忌臨時法要事務所、一九二九年)五三頁等。
(26)遠藤一「教如と豊臣政権」(『教如論集』)九〇頁。
(27)岡崎市上宮寺蔵(天正十五年)八月十九日山本為次書状(『よみがえる上宮寺の法宝物』自照社出版、二〇〇四年、八九頁写真版)等。
(28)『言経卿記』天正十五年十一月十五日条。
(29)西本願寺蔵。

〔補記〕原稿提出後、小山正文氏により、本證寺蔵天正十五年七月十七日識語付の五帖御文を見せていただいたが、本文中に利用できなかった。

中世後期五山派の栄西認識

斎藤夏来

はじめに

戒律重視により在来の顕密主義全体の立て直しを志した禅律僧栄西[1]と、中世禅宗の主流をなした五山派[2]とは、同じく「禅」を標榜しているのであるから、互いに先駆者と後継者の関係にあるとみて差し支えないのだろうか[3]。あるいは、栄西を禅宗の始祖とする見方は、同著『興禅護国論』や同付録の「未来記」に着目した無住道暁『沙石集』や虎関師錬『元亨釈書』の解釈ないし作為が先駆けだと考えられてきた[4]。しかしながら、『興禅護国論』を「無視した」とまでいわれる五山派[5]の栄西認識が、同書に基づく無住や虎関の栄西認識を果たしてひきついでいるといえるのか、必ずしも自明ではない。

「弘安以後新渡之僧、来朝之各(客)、是皆宋土之異類、蒙古之伴党也[6]」とは、五山派に対する敵意をことさらに煽り立てようとした応安元年(一三六八)閏六月の山門による排撃論である。栄西自身も「異国様の大袈裟」が物議をかもしたと伝えられるが[7]、『興禅護国論』の執筆動機とみられる叡山と栄西との緊張関係は、明雲に対する慈円の批判など叡山内部の党派的な対立に由来し、天台宗と禅宗との対立によるとはいえない可能性も示唆されている。[8]これに対し、上記のような南北朝期山門の五山派に対する排撃は、在来の顕密主義に対し愛着も危機感ももっていなかったであろう蘭溪道隆や無学祖元ら渡来僧の影響力[9]や、その前後から進展する宋学との融合傾向など、栄西段階とは異質な展開を遂げつつあった五山派の側面をそれなりに捉えているように思われる。

すでに玉村竹二は、禅の法脈自体は栄西以前から日本に入っているにもかかわらず、栄西が日本臨済宗の祖といわれる理由について、現在までその法脈が残っていること、その開山寺院が残っていることによる、と指摘している。[10]では中世という段階で、栄西の法脈をひく黄龍派や、栄西開山の建仁寺等をひきうけていた五山派は、栄西をどのような存在と認識していたのだろうか。以下、栄西に対する五山派の認識を示す史料の収集と分析[11]を中心に、とくに「仏心宗」という考え方に着目して、検討を進めたい。

一　栄西は禅律僧か

室町・戦国期の五山派は、いつ、どのように、栄西という存在を意識したのだろうか。

第一に、京都五山建仁寺、鎌倉五山寿福寺、筑前十刹聖福寺の住持に知己が就任したことを祝う入寺疏や、自身が住持に就任した際に述べる入院《じゅえん》・住院法語において、開山である栄西に触れる場合である。第二に、画像賛の類である。このうち栄西像賛は、おおむね建仁・寿福・聖福の三所開山の事蹟に触れている。栄西以外の像賛の場合は、ほぼ栄西の系譜をひく黄龍派禅僧を像主としており、その派祖として栄西に言及している事例である。第三に、詩文会や壮行など私的な交流にかかわる文章作品である。これらは、作品の作者か受給者が黄龍派であるため、その派祖である栄西の存在に触れた事例が多く、そのほかは栄西の「祖塔」に触れているなど、建仁寺関連の可能性を認め得る。このほか、記・銘・叙・題などの公式的な文章作品や、勧縁疏、仏事法語、字説などもあるが、栄西の流れをくむ黄龍派を除く大多数の五山派の禅僧は、栄西を建仁・寿福・聖福の三所開山と意識していたのである。

こうした五山派の栄西認識について、さらに呼称の分類に踏み込んで分析してみると、単に建仁寺等の「開山」と述べる事例もあるが、「千光大士甘棠古道場」[12]など「千光」を用いる事例が一般的である。さらに「千光」に尊称をつける場合であるが、「私見」[13]では、「祖師」あるいは「祖」を付する事例が多く、ついで、相互重複もあるが、「古仏」「大士」「禅師」「法師」「(大)和尚」などの事例が続く。

注目したいのは、五山派は、おそらく叡山の栄西住房に由来し[14]、虚庵懐敞の印可状や宋元明人の文筆にひきつがれ、栄西のいわば国際的な呼称となった[15]「千光」を多用したが、同じく宋元明人が用いた「禅師」の尊称は、五山派では必ずしも主流の用例ではなかったことである。近世日本では「千光国師」と並び「栄西禅師」という呼称が普及するが、これとは対照的な栄西に対する「禅師」尊称の忌避傾向は、五山派の顕著な特徴といえる。

五山派は、栄西の師である虚庵懐敞など宋元期の禅宗高僧については「禅師」の尊称を用いたが、栄西についてはなぜ「禅師」の尊称を必ずしも用いなかったのか。「禅師」といえば、蘭溪に対する「大覚禅師」号付与の事例や、大乗院・一乗院など顕密寺院で僧綱に昇る以前の若年の貴種門跡が用いた事例[16]などが想起される。しかし、「遁世の身ながら、僧正になり給ひける」[17]といわれるように、栄西が禅律という実践面を重視し、遁世僧と見下されることも厭わず顕密主義の立て直しに尽力したと認識されていたとすれば、五山派は、実践により験力を現す人々という「禅師」の原義[18]を意識したのではないか。すなわち、宋元僧と日本僧とでは「禅師」のもつ意味が異なり、日本僧では顕密僧よりも一段劣った遁世僧ないし禅律僧だという意味が付随するために、五山派は栄西の尊称として用いることを憚り、「禅師」以外の様々な尊称を模索したのではないか。その現れが、「祖師」「古仏」「大士」など、五山派による様々な尊称の使用だったとみておきたい。

二　栄西は密教僧か

五山派が栄西を意識したのは、主として建仁寺、寿福寺、聖福寺など、五山派の重要拠点であった諸禅院の開山であったからだとすれば、五山派とこれら諸禅院、とりわけ建仁寺とはどのようにして結びついたのだろうか。『扶桑五山記』(19)で建仁寺の歴代住持を調べてみると、開山栄西ののち、八世までは「嗣葉上」とあり、九世も栄西弟子退耕行勇の嗣法であったらしく、いずれも栄西の密教上の法脈に連なっている。また、六世厳琳は第七代、七世円琳は第四代、九世了心は第八代の、それぞれ東大寺大勧進職であった(20)。重源の後継者であることを強く意識した書状の新発見(21)も記憶に新しい開山栄西以下歴世の建仁寺住持は、資財流用等を「互用の罪」とみる厳しい戒律意識を信頼され、諸寺社の復興事業に幅広く登用された禅律僧(22)であった。十世円爾も、「嗣葉上」の注記はないが、間接的に栄西の血脈をうけていたとされ(23)、第十代の東大寺大勧進職でもあった。

こうした「葉上」の法脈や禅律僧の系譜を断ち切るかのように建仁寺に入ったのが、おそらく弘長元年(一二六一)(24)に十一世となった蘭溪である。その入院法語をみると、蘭溪は檀越香で「東州の信心の檀越、最明寺禅門」、嗣法香で「前住平江府尊相禅寺無明大和尚」を挙げている(25)。蘭溪は円爾と親しく交流していたが、ここでは檀越北条時頼の命により、南宋の無明慧性の弟子として、建仁寺住持に就任する、と宣言したのである。虎関師錬は東福寺開山円爾以来の聖一派を誇るなかで、「建久之間、西公導㆓黄龍之一派㆒、只濫觴而已、建長之中、隆師諭㆓唱東壌一、尚薄二于帝郷一(26)」と述べたが、実際には、蘭溪は栄西の遺跡を襲うことで、「帝郷の濫觴」にその「論唱」を及ぼしたのである。

その後の建仁寺住持を『扶桑五山記』でみると、「宋国西蜀人」と注記された十二世義翁紹仁(27)は蘭溪道隆と、十六世鏡堂覚円(28)は無学祖元と、それぞれ同行渡来したことで知られている。さらに「大宋台州人」と注記された二十二世石梁仁恭は、「正安元年(一二九九)、従二一山(一寧)一東渡、出住二信之慈雲一、檀越創二慈寿寺一延レ之、遷二筑之聖福、洛之建仁一、所レ至秉二向上鉗鎚一」という経歴の持ち主であった(29)。信濃の檀越すなわち在地勢力に迎えられた石梁は、元徳元年(一三二九)のころ博多聖福寺住持に転じており(30)、さらに建仁寺住持に招かれたらしい。かつて鎌倉幕府は、蘭溪を蒙古の間諜と疑い甲斐へ流罪に処したが、現地の「胥吏氓黎」がこれを「幸」とする情勢をうけ招喚した、という逸話(31)を思い起こさせる経歴である。ちなみに『聖一国師年譜』によると、博多の貿易商たちに影響力を有した東福寺開山の円爾も、正嘉二年(一二五八)五月に元帥すなわち北条時頼の「敬信」により、蘭溪に先立ち将軍宗尊親王の命で建仁寺十世に補任されたという(32)。

栄西、円爾、蘭溪の間に、単純な連続や断絶は指摘しがたいが、建仁寺住持の前者から後者への推移は、同寺の支持基盤の中央権門勢力から地方在地勢力への推移を象徴するのではないか。早い段階では、『台記』康治二年(一一四三)三月八日条に、熊野那智で「唐声」をもって論語孝経を誦した宋僧の記事がある(33)。信濃浅間宮では正応期に「唐僧円空」による納経(34)があり、応安期に相模大森氏が乗光寺開山に迎えた瞭庵明聴は、中央の記録に現れない渡来禅僧の事例である(35)。果たして在地勢力が、どれほど渡来禅僧らの教義を理解できたのか、という疑問については、悪党に類する活動で知られた安東蓮聖の子息が父の肖像画に明極楚俊の著賛を求めた事例(36)があり、在地の悪党的勢力が禅宗の「難解な教義」など理解できたはずはない、という先入観に再検討を促している。

建仁寺住持の招聘など得宗の禅宗政策の基底にある関心事は、こうした渡来僧の受容などで、中央に先行する可能性すら示した地方の力量を再編することであったと考えられる。(37) すなわち、五山派と建仁寺との結びつきは、栄西からの法脈等の継承ではなく、おそらく在地勢力に対する禅宗の影響力に着目した得宗が、将軍家創建の京都建仁寺住持として有力禅僧を招聘しはじめたことに端を発する。そうだとすれば、これら有力禅僧の法脈を嗣いだ五山派の関心事は、栄西の教義の継承などではなく、重要拠点として手中にした建仁寺の興隆を図るべく、開山栄西に対する信仰を様々に喚起することにあったと考えられる。そのような観点から視野に入る史料をいくつかみておこう。

たとえば、『霊洞雑記』所収「附宮辻子地于霊洞庵文」である。延文二年（一三五七）六月の次のような「社頭三塔衆会議」を収録している。(38)

延文二年六月十八日、社頭三塔集会議曰備叡覧了

左中弁判

早且依二本山免許一、且任二禅庵衆望一、被レ経二御奏聞一被レ申二綸旨一、速止二宮辻子一、永為二寺塔頭一、囲三入霊洞禅室管領敷地一、建二広済禅師（高山慈照）追福梵場一、偏安三置僧侶一可レ紹三隆仏法一由事

右建仁寺者、千光禅師開祐之鴈宇（中略）、直稟二禅宗於異域之風一（中略）、然則日域五山之最初也、禅閣之締構自二斯時一而令レ興、台岳四明之別院也、顕密之擁護至来際而勿レ転者乎、爰彼寺如二望申一者、愛宕以北谷河以南、止二宮之辻子一、為二寺之塔頭一、囲三入霊洞禅庵相伝之敷地一、欲レ立二広済禅師追修之禅室一云、此条可レ塞二往古之道路一之段、先年雖レ出二異端之事書一、再就二鄭重之衆望一、則及二免許之評議一訖（後略）

史料の体裁は、日吉社頭における叡山三塔集会事書をうけて、左中弁（蔵人頭日野時光）が後光厳天皇に奏聞し

たものかとみえる。また宮辻子とは、建仁寺周辺の辻子であろうか。文中に「先年異端の事書を出だすと雖も」とあるが、正平七年（一三五二）には叡山が建仁寺の料所確保の動きを制止した事実も確認できる。[39] ところが今回は「免許之評議」に及んだ、とある。注目したいのは、事書の直後にみえる「千光禅師」という栄西呼称である。「私見」では、「千光禅師」は道元や宋元明人の著述に認められる中世の用例だが、先に述べたとおり、五山派で「禅師」は必ずしも主流の用例ではない。一方、廷臣・顕密寺社周辺は、栄西の国際的な呼称というべき「千光」を忌避する傾向を示す。その中にあって上記は、顕密寺社が「千光」という呼称を用いた可能性を示す珍しい事例である。

建仁寺系塔頭に伝来し、その利害を記すこの文書は、本当に叡山が作成したのだろうか。「異域之風」を直接うけている「五山之最初」など、建仁寺の寺格を誇る叙述は、五山派による作成を思わせる。しかしこの文書は、五山派があまり使用しなかった「禅師」の尊称を用いている点も注目される。すなわちこの文書は、建仁寺の開山栄西が叡山ないし顕密主義の補助的な存在、つまり遁世僧に類する存在だといわば卑下することで、建仁寺が辻子を占有し塔頭敷地に組み込むことにつき、叡山の軟化を引き出す効力を有した、とも考えられる。結論は持ち越すが、五山派は叡山と交渉するにあたり、栄西の呼称をかなり自覚的に操作し、建仁寺の興隆に結びつけようとしていた可能性をみておきたい。

『一心戒儀軌』もまた、五山派の栄西認識を探るうえで重要な史料である。「応永廿年（一四一三）二月廿七日（中略）大虚（梵仝）和尚、授レ予以二此本一、然育二小異一、所以葉上一流為二正伝一也、龍統志レ之」との奥書を有する。[40]

経典に匹敵する重要性を師の言行に認め、語録や詩文集などを整えるのが「祖師禅」の系譜をひく五山派の特徴だとすれば、『禿尾長柄帚』などの作品集をのこし、建仁寺住持もつとめた正宗龍統は、歴とした五山派の一員と評価して差し支えない。しかし一方で、五山派の一つである黄龍派に属した正宗は、派祖栄西の戒律重視について、江戸期の高峰東畯に連なる関心を寄せ、栄西の真撰か今日も議論のある『斎戒勧進文』や『日本仏法中興願文』を引用する古文献として知られる『一心戒儀軌』[41]の書写にかかわったのである。

注目すべきは「葉上」である。正宗は、栄西の密教上の法流をさして「葉上一流」と述べているのだが、栄西の密教僧としての呼称である「葉上」は、密教僧であれ禅律僧であれ遁世僧であれ、栄西を顕密主義の一員とみなす廷臣・顕密寺社周辺だけでなく、実は五山派の清拙正澄や月舟寿桂らも用いている。[42]「派祖明庵栄西」の「台密禅兼修の昔」[43]に対する関心は、黄龍派や正宗に限られた特殊なものではなく、建仁寺を擁した五山派全体に共有されていた可能性がある。

五山派の「禅」は、密教を削るのではなく何かを付け加えることで、むしろその性格を明らかにした、と考えてみる必要はないだろうか。その何かとは、おそらく宋学を主流とした儒学と、それを取り巻く混合的な諸思想であった。月舟寿桂の作品検討へと移ろう。

三　栄西は仏心宗第一祖である

戦国期の五山文学を領導した月舟寿桂は、栄西を派祖とする黄龍派ではなく、当時五山派を席巻していた諸門派横断的な幻住派に属したが、[44]建仁寺住持を何度かつとめており、たとえば次の諸作品において、開山栄西について言及している。

①永正十年（一五一三）「前霜台《朝倉孝景》英林居士三十三年忌陞座」[45]

②永正十一年（一五一四）「建仁開山祖師三百年忌辰化斉疏(46)」
③大永四年（一五二四）「播弟夢拝千光大士記(47)」
④天文二年（一五三三）以前「除夕小参(48)」
⑤天文二年（一五三三）以前「六月旦上堂(49)」

作品の性格だが、①は檀越越前朝倉氏のための法事法語、②は栄西遠忌供養執行への寄付を呼びかける勧縁疏、③は栄西関連の夢想があった知己禅僧に与えた文章、④⑤は建仁寺住持としての説法など住院法語の一部である。月舟はこれらの作品で栄西に触れる際、基本的に「千光」の呼称を用いており、尊称としては、①「祖師」、③「大士」などを用いるが、先述の「禅師」は用いていない。その一方で、月舟は②で「葉上僧正」、⑤で「葉上僧正大法師千光」など、「千光」だけでなく「葉上」も併用している。ただし月舟の栄西認識を特徴づけるのは、おそらく「千光」でも「葉上」でもなく、①「吾建仁開山千光祖師入二大宋一、見二黄龍八世孫虚庵敞一、伝二仏心宗一」、②③「仏心宗第一祖」というものであった。「仏心宗」は一般に「禅宗の異称」とされるが、その内実はどのようなものだったのか、検討を試みたい。

戒定慧の三学の基盤として「心」を重視する考え方は、すでに最澄に見出され(50)、最澄以来の叡山仏教の再興を志した栄西は、主著『興禅護国論』で、北宋・永明延寿の『宗鏡録』なども参照しつつ、「心」を重視し「不立文字」「教外別伝」を説いたとされる(51)。栄西に先立ち日本に禅宗をもたらした大日能忍は、禅宗を「心宗」と称したという指摘もある(52)。他方、「仏心宗」という考え方は、もうすこし後の段階で明確化したという見解もある。たとえば、本格的に「仏心宗」を構想した円爾は、密教のもっとも困難な無相頓行と同等のものという意味で「仏心宗」の語を用いたとの説(53)や、戒律を保持することで仏に至れるという栄西の考え方を批判し、禅者はおのずから仏である、という意味で「仏心宗」の語を用いたとの説[54]がある。蘭溪も「仏心宗」を理解するうえで外せない存在であり、その著『坐禅論』の一節に、「禅仏内心也、律仏外相也、教仏言語也、念仏名号也、是皆従二仏心一出、是故為二根本一也」とみえる[55]。ほぼ同様の記述が円爾『坐禅論』にあり、両者とも『宗鏡録』の影響を受けているが[56]、円爾の「心」の用例は『宗鏡録』と全く同一ではないという指摘もある[57]。なお日蓮は、栄西については「持戒第一葉上房」と述べる程度で、『宗鏡録』に基づく円爾の儒仏道一致論も取り立てて批判の対象としなかったが、蘭溪については、その思想の中核を「教外別伝」とみなし、典拠はスリランカ由来ともいわれる楞伽経だと喝破し、天台教学正統派の立場からもっとも厳しい批判の対象にしたとされる[58]。すなわち、「教外別伝の仏心宗」は、栄西やその母胎である叡山仏教を経由していたにせよ、実際に明確化したのは、密に対する禅の優位を説いた円爾や、奔放な南海仏教の系譜をひく蘭溪だというのが、上記の研究史から得られる理解である。

　ところが円爾や蘭溪ではなく、栄西こそ「仏心宗第一祖」だという認識も、戦国期にかけてめだってくる。早い段階では、弘安十年（一二八七）成立の道光著『鎌倉佐介浄刹光明寺開山御伝』が、浄土宗系の良忠について「仏心禅宗、教外別伝之旨」を栄西門人の栄朝や道元に学んだと述べる[59]。円爾の系譜をひく龍泉令淬編『虎関和尚紀年録』の場合、「惟我明庵、参二遍宋地台州万年一、遇二著虚庵一、受二仏心印一」と記すが[60]、この文脈は、越前朝倉氏のために記された月舟①に「吾建仁開山千光祖師入二大宋一、見二黄龍八世孫虚庵敞一、伝二仏心宗一」とひきつがれ、「仏心宗」という用語が明確化している。月舟①に先立ち、『碧山日録』寛正元年（一四六〇）四月九日条は、宋国に「仏心宗」のあることをきいた道元が、のち「建仁明庵」に「器許」されたと記す[61]。あるいは、室町期五山文学の代表的な担い手であった横川景三は、葉上流に興味を示していた正宗龍統が住持として就任した聖福寺について、「日本国仏心宗第一祖千光大士甘棠古道場也」と述べ[62]、正宗自身も、建仁寺住持に就任した際の入院法語で、嗣法を表明した瑞巌龍惺につき「日本国仏心宗第一祖、開山千光大士七世的孫」と述べている。[63]

円爾や蘭溪が説いた「仏心宗」は、おそらく彼らの禅と既存の三学に含まれる禅との異同を主題とした仏教内部の議論であったが、横川景三、正宗龍統、月舟寿桂らが栄西を初祖とみなした「仏心宗」は、むしろ仏教外部の諸思想の付加で特徴づけられるものであったように見受けられる。先述の月舟②で考えてみよう。

この作品で月舟は、建仁寺における栄西三百年忌の法事執行のために、「上自二王侯一、下至二士庶一、無レ緇無レ素、概然楽レ施」と述べ、身分の上下、僧俗の区別に関係なく、法事への協力出資を求めている。月舟①にみえる越前朝倉氏なども出資者として想定してよいだろう。ところが、こうした広範な出資を募るのは、儒典が「諂」として、神祇が「神不歆」としてそれぞれ禁じる「非類」「非族」の祭祀にあたるという懸念が存在したらしい。これに対する月舟ら建仁寺宿老たちの答案こそ、「吾祖日本仏心宗第一祖也、不レ分二自家他家一、不レ論二同派異派一、趨二祖庭一者、誰不二敢薦蘋一、猶若二儒家一者、各祭二文宣王一、何必拘二孔氏子孫一也哉」という認識であった。「心」に着目した「仏心宗第一祖」栄西は儒学や神祇をも導く存在で、栄西への信仰は孔子への信仰に類似するのだから、儒学や神祇を信奉する人々の禁忌には触れない、という主張であろう。すでに虎関師錬も、最澄と栄西の関係を孔子と周濂溪の関係になぞらえていた[64]が、禅と密の関係性よりも、こうした禅宗の儒学的要素を強めた点にこそ、五山派の特徴があるのではないか。

「心」を要とした戦国期の神儒仏一致思想の盛行については、先学の指摘がある。たとえば、五山派相手に講釈し、月舟と学問的交流もあった清原宣賢は、実父吉田兼倶の『神道大意』にみえる「心」理解や禅宗の「直指人心」を参照しながら、清家学の発展を図ったという。[65] また、天正十九年（一五九一）七月に五山派・西笑承兌が起草したポルトガル領インド・ゴア総督宛秀吉返書は、「夫吾朝者神国也、神者心也（中略）此神、在二竺土一喚レ之為二仏法一、在二震旦一以レ之為二儒道一、在二日域一謂二諸神道一、知二神道一則知二仏法一、又知二儒道一、凡人処レ世也」と述べる[66]。当時の五山派の思想的営為は、仏教内・国内における禅か密か、千光か葉上か、という中世前期以来の枠組みの中で終始していたのではなく、仏教外・海外に連なる神儒仏一致思想に絡む「仏心宗」の構想で特徴づけられよう。

それでは五山派は、栄西を「仏心宗第一祖」と提唱することで、建仁寺の興隆につきどのような人々からどの程度の支援を得ることができたのか。直接この問いに答えるものではないが、秀吉の朝鮮侵攻について、中国古典世界の再現をめざしたものと意義づけた五山派の秀吉画像賛が、一定の武士層に受容されていた事実[67]に着目したい。室町・戦国期の在地勢力の末裔を含む彼らは、多大な惨禍と「武」をめぐる観念的な負の遺産とを残したが、侵攻でどのような世界が実現されるのか、五山派の賛文の中に答えを求めようという文明的な関心も備えていたとみられる。月舟らが建仁寺興隆の基盤として期待したのは、海外への関心と侵攻とを同居させるような神儒仏の一致思想に基づく世界認識、つまり五山派が述べる「仏心宗」に関心を寄せた檀越たちであった可能性をみたい。

おわりに

建仁寺檀越であった鎌倉幕府が、在地勢力の関心を惹きつけるべく、十世円爾、十一世蘭溪らを住持に招聘し、同寺が五山派の重要拠点となった時点をもって、五山派は、開山栄西に対する信仰を様々に喚起し同寺の興隆を図るべき立場に置かれた。では五山派は、室町・戦国期にかけて、どのようにして栄西への信仰を喚起したのか。①蘭溪ら渡来僧の建仁寺入院など、五山派が本来有した国際性に見合った「千光」呼称を多用しつつ、②「葉上」の呼称も併用して栄西は密教僧だという理解を保持し、③加えて「心」を重視する栄西は儒学や神祇も導く「仏心宗第一祖」だという理解を示した、と整理できよう。五山派は、②の密教を削ることで「禅」の立場を明確化し「純粋化」したのではなく、むしろ①の国際性を更新すべく③の儒学などの要素を強めた点に特色があり、それによって、蘭溪―甲斐の在地勢力、石梁―信濃の在地勢力、明極―安東蓮聖、瞭庵―相模大森氏、月舟―越前朝倉氏など、諸勢力の栄西・禅宗・海外への関心を喚起したのではなかろうか。

残された検討課題および研究展望を述べてみたい。

第一に、五山派は栄西の国際的な呼称というべき「千光」を多用することで、列島各地の在地勢力の信仰を喚起し、建仁寺檀越であった歴代政権の禅宗政策をも左右したと見通したが、栄西呼称の網羅的な収集に基づき、これを疑問の余地なく論証するのは、実際のところ難しい。ただ「私見」では、「千光」という国際的な呼称は、「葉上」という顕密主義に連なる呼称に優位する形で近世地誌類に普及している。日本に流入した禅宗の主流は、中国王朝中央からは辺境視された南方の「南宗禅」であったことが知られているが、日本側の受容は鎌倉幕府や室町幕府など中央政権が主導したという理解がなお根強い。しかし、禅宗の発信者側だけでなく受容者側においても、主役は中央の国家ではなく「夷中」と呼ばれた地方社会の人々であり、彼らがどのように高度な統治者文化というべき禅宗を受容していたのかを解明することは、引き続き中世五山研究の焦点だと考える。

第二に、「仏心宗」についてである。本稿では、栄西呼称に付随して現れた限りでの「仏心宗」を論じたが、「仏心宗」という用語の網羅的な収集は未着手である。ただ「私見」では、栄西を「仏心宗第一祖」とみる理解は近世以後あまり普及していない。その理由はおそらく、近世の諸思想や宗教が、月舟②のいう「自家他家・同派異派」を区別する方向へと進んだためであろう。近世社会において「家」や「村」が広範に成立し、「家」や「村」の始原への関心をひきうけた神祇や、「家」や「村」内部の人間関係への関心をひきうけた儒学がそれぞれ自立の基盤を得て、仏教の個人主義的な側面を厳しく批判しはじめたという事情を想定できる。そのようななか、仏教の一宗派として再出発しようとした近世禅宗にとって、栄西が説いた戒律重視は「仏教らしさ」を取り戻す上で仰ぐべき規範であり、また、いわゆる「純粋禅」の形成が、実は密教色よりも儒学色の払拭を志すものだったとすれば、儒学の受容について目立った事績を示さない栄西が、円爾や蘭溪など五山派の祖師たちを差し置き「臨済宗の始祖」とみなされた事情も理解しやすい。

註

（1）「顕密主義」については、黒田俊雄「中世における顕密体制の展開」（『黒田俊雄著作集』二、法藏館、一九九四年、初出一九七五年）一三二頁、栄西の実像に関する現在の理解の到達点は、中世禅籍叢刊編集委員会編『栄西集』（中世禅籍叢刊第一巻、臨川書店、二〇一三年）を参照。

（2）室町幕府など歴代政権から五山、十刹、諸山などの格式を与えられた全国の禅院を主要拠点とした黄龍派、聖一派、夢窓派など臨済系、曹洞系を含む禅宗諸門流という意味で用いる。

（3）栄西は禅律僧の一人であり、禅律僧の末裔が五山だという見通しは、黒田俊雄「王法仏法相依論の軌跡」（『黒田俊雄著作集』二、前掲註（1）、初出一九八七年）二一七頁、平雅行『日本中世の社会と仏教』（塙書房、一九九二年）四七八・四九〇頁、原田正俊『日本中世の禅宗と社会』（吉川弘文館、一九九八年）一七五頁、大塚紀弘『中世禅律仏教論』（山川出版社、二〇〇九年）八四頁（「禅家」の項）など参照。

（4）和島芳男「栄西禅の性格について」（『史学雑誌』五四編四号、一九四三年）三八六頁、多賀宗隼『栄西』（吉川弘文館、一九六五年）二五四頁、米田真理子「栄西の入宋―栄西伝における密と禅―」（吉原浩人・王勇編『海を渡る天台文化』勉誠出版、二〇〇八年）二一三頁、西尾賢隆「中世後期の禅宗―五山派から関山派へ―」（『臨済宗妙心寺派　教学研究紀要』九、二〇一一年）一四頁、舘隆志①「栄西『未来記』と蘭渓道隆」（『駒澤大学禅研究所年報』二五、二〇一三年）二六三〜二六四頁、②「鎌倉仏教界における栄西の位置づけ」（『禅文化』二三二、二〇一四年）二六〜二七頁など参照。
（5）柳田聖山「栄西と『興禅護国論』の課題」（『中世禅家の思想』日本思想大系一六、岩波書店、一九七二年）四四〇頁。
（6）「南禅寺対治訴訟」（『大日本史料』六―二九、四八四頁）。
（7）『沙石集』下巻（岩波文庫、一九四三年）一六二頁、『訓読　元亨釈書』上巻（禅文化研究所、二〇一一年）三四頁。
（8）古田紹欽「栄西研究」（平野宗浄・加藤正俊編『栄西禅師と臨済宗』日本仏教宗史論集七、吉川弘文館、一九八五年所収、初出一九七五〜七八年）。
（9）ちなみに渡来僧の中でも、蘭溪（建長寺）と無学（円覚寺）との相違が存在した（川添昭二『日蓮とその時代』山喜房佛書林、一九九九年、八〇頁）。
（10）玉村竹二「臨済宗教団の成立」（『日本禅宗史論集』上、思文閣出版、一九七六年所収、初出一九六二年）九七六頁。
（11）斎藤夏来・谷舗昌吾「栄西呼称の変遷と禅宗の変質」（『岡山大学大学院教育学研究科研究集録』一六一、二〇一六年）参照。
（12）「正宗住聖福江湖疏」（『補庵京華続集』所収、『五山文学新集』一、四〇五頁）。
（13）以下、栄西呼称に関する「私見」は、すべて斎藤・谷舗前掲註(11)論文による。
（14）多賀前掲註(4)書、二〇〇頁。
（15）大雑把に、中国や日本内部の諸地域に通用した、という意味で、以下に用いる。
（16）『建内記』文安四年六月十三日、十四日条など参照。
（17）『沙石集』下巻（前掲註(7)）一六一頁。
（18）矢野立子「中世禅僧と勅号―禅師号と国師号をめぐって―」（『史艸』四八、二〇〇七年）四〜五頁、菊地大樹『鎌倉仏教への道―実践と修学・信心の系譜―』（講談社、二〇一一年）七〇頁など参照。
（19）玉村竹二編『扶桑五山記』（鎌倉市教育委員会、一九六三年）一六八・一六九頁。
（20）永村眞「東大寺大勧進職と「禅律僧」」（『南都仏教』四七、一九八一年）六五頁付表。

(21) 稲葉伸道「『栄西自筆文書』解題」(『栄西集』前掲註(1)所収)。
(22) 細川涼一『中世の律宗寺院と民衆』(吉川弘文館、一九八七年)六〇～六三・六七～七一頁、松尾剛次『勧進と破戒の中世史―中世仏教の実相―』(吉川弘文館、一九九五年)一六～一七頁。
(23) 文永五年「菩薩戒血脈」(『大日本史料』五―二二、三八三頁)ほか。
(24) 『訓読　元亨釈書』上巻(前掲註(7))一三四頁、『対外関係史総合年表』(吉川弘文館、一九九九年)一九三頁参照。
(25) 佐藤秀孝・舘隆志編『蘭渓道隆禅師全集』第一巻(大本山建長寺、二〇一四年)二六六～二六七頁。
(26) 『訓読　元亨釈書』上巻(前掲註(7))一五三頁。
(27) 玉村竹二『五山禅僧伝記集成　新装版』(思文閣出版、二〇〇三年)八五頁。
(28) 同右、一〇六頁。
(29) 「本朝高僧伝」巻二五(『大日本仏教全書』一〇二、二四九頁)。
(30) 「寄聖福石梁和尚」(『明極楚俊遺稿』所収、『五山文学全集』三、二〇一七頁、上田純一『九州中世禅宗史の研究』文献出版、二〇〇〇年、五七頁註(49))参照。
(31) 『訓読　元亨釈書』上巻(前掲註(7))一三四頁。
(32) 白石虎月編『東福寺誌』(思文閣出版、一九七九年復刻版)九八頁。
(33) 森克己『日宋文化交流の諸問題』(刀江書院、一九五〇年)八四頁参照。
(34) 祢津宗伸『中世地域社会と仏教文化』(法藏館、二〇〇九年)一三頁参照。
(35) 玉村竹二「叢林史話第七話、駿河乗光寺開山について」(『日本禅宗史論集』下之一、思文閣出版、一九七九年所収、初出一九五三年)。
(36) 大阪市立美術館編集・発行『肖像画賛』(展示図録、二〇〇〇年)六二頁№56。
(37) 時期は異なるが、儒学の新潮流であった宋学の受容については、京都や山口などの先進地よりも、越前や薩摩などの後進地の方が先行したという見解がある。和島芳男①『日本宋学史の研究　増補版』(吉川弘文館、一九八八年、初版一九六二年)二三二頁以下、②『中世の儒学』(吉川弘文館、一九六五年)二一四頁以下。
(38) 『大日本史料』六―二二、三一二頁。

(39)「祇園執行日記」(『大日本史料』六―一六、九一頁以下)。
(40)荻須純道「栄西の一心戒について」(平野・加藤前掲註(8)編著所収、初出一九六四年)三三五頁。
(41)菅原昭英「栄西元久元年の運動方針について」(平野・加藤前掲註(8)編著所収、初出一九七九年)一四〇頁註(2)参照。
(42)渡来僧清拙の用例については『大鑑禅師語録』(多賀前掲註(4)書、二五六頁)参照。
(43)玉村前掲註(27)書、三一三頁。
(44)玉村前掲註(27)書、一六〇頁。
(45)『月舟録』所収(『大日本史料』四―一三、六九一頁)。
(46)『幻雲疏藁』所収(『大日本史料』四―一三、七二一頁)。
(47)『月舟録』所収(『大日本史料』四―一三、七三〇頁)。
(48)『月舟和尚語録』所収(『大日本史料』六―四〇、一三一頁)。
(49)『月舟和尚語録』所収(『大日本史料』四―一三、六九一頁)。
(50)大塚前掲註(3)書、八七～八八頁。
(51)多賀前掲註(4)書、二四六頁、大塚前掲註(3)書、九四頁、和田有希子「鎌倉初期の臨済禅―栄西における持戒持斎の意味―」(『仏教史学研究』四九―一、二〇〇六年)六二頁。
(52)中尾良信『日本禅宗の伝説と歴史』(吉川弘文館、二〇〇五年)六五・八八頁。
(53)加藤みち子「円爾禅の再検討―「禅」と「仏心宗」概念の分析を通して―」(『季刊日本思想史』六八、二〇〇六年)六〇頁。
(54)菅基久子「宋禅将来の意義―明庵栄西と円爾弁円―」(同右)一四～一六頁。
(55)大塚前掲註(3)書、四七頁。
(56)和田有希子「鎌倉中期の臨済禅―円爾と蘭渓のあいだ―」(『宗教研究』三三八、二〇〇三年)一〇五頁。
(57)高柳さつき「日本中世禅の見直し―聖一派を中心に―」(『思想』九六〇、二〇〇四年)一一三頁。
(58)石井公成「中国禅の形成」(『思想』九六〇、二〇〇四年)一一頁、川添昭二「御遺文における禅宗」(日蓮宗勧学院『中央教学研修会講義録』一五、二〇〇五年)。

(59)『大日本史料』五—二二、四八四頁。
(60)『大日本史料』六—九、一〇一二頁。
(61)『大日本史料』五—一、八一〇頁。
(62)前掲註(12)に同じ。
(63)「正宗和尚住東山建仁禅寺語録」(『禿尾鐵苕帚』所収、『五山文学新集』四、一五三頁)。
(64)『訓読　元亨釈書』上巻（前掲註(7)）三六頁、柳田前掲註(5)論文、四四六頁。
(65)和島前掲註(37)①書、二〇七頁、同②書、一九四頁。
(66)三鬼清一郎「キリシタン禁令をめぐって」(『日本歴史』三〇八、一九七四年）一〇一頁、北島万次『豊臣政権の対外認識と朝鮮侵略』(校倉書房、一九九〇年）一〇六頁（全文掲出)、朝尾直弘編『世界史のなかの近世』(中央公論社、一九九一年）一一三頁、高木昭作『将軍権力と天皇』(青木書店、二〇〇三年）二四頁。
(67)斎藤夏来「秀吉の画像賛」(『禅学研究』八六、二〇〇八年)。
(68)儒学は父母の恩にのみ固執する、という仏教側からの反批判も道元の段階から存在したらしい。戸頃重基『日蓮の思想と鎌倉仏教』(冨山房、一九六五年）二二二頁参照。
(69)平野・加藤前掲註(8)編著、三頁（両氏執筆「はじめに」)。
(70)栄西の儒学・宋学への関心は、足利衍述『鎌倉室町時代之儒教』(日本古典全集刊行会、一九三二年）二五頁、戸頃前掲註(68)書、二〇三頁、和島前掲註(37)①書、八九頁、柳田前掲註(5)論文、四六六頁、久須本文雄『日本中世禅林の儒学』(山喜房佛書林、一九九二年）四頁など、存在した可能性も指摘されるが、実証はできないという見解が強い。

中世の禅僧と因果の道理

――夢窓疎石・宗峰妙超・関山慧玄・一休宗純・道元――

池田丈明

はじめに

中世社会が仏教思想に彩られており、とりわけ因果の道理[1]、そしてそれと密接にかかわる業―輪廻[2]が、中世の人々に広く意識されていたことは、よく知られた事実である。たとえば、中世人を活写した『今昔物語集』『宇治拾遺物語』『太平記』等をひもとけば、そうした仏教的な心性に基づく話は枚挙に遑がない。

そのような仏教思想の色濃い中世社会の中で、禅僧は因果の道理に対し、いかなる意識を持っていたのであろうか。よく、禅・悟りは、因果を超えた自由な境地などといわれるが、日本曹洞宗の宗祖道元は、晩年に因果の道理をふかく信じるべきことを説いたことも知られている。しかしその他、日本中世の禅僧が因果の道理をどのように捉えていたのか、についての研究はあまり知らない[3]。

因果の道理・業―輪廻は、仏教の基本教説にもかかわらず、近代に入ってからは科学的な合理主義に合致しないもの、差別の固定化を招くものとして、その反社会性・差別性が批判され意識の外に排除されている[4]。それには耳をかたむけるべきところが少なくないが、中世禅宗史を考えるとき、因果を超越するにせよ、認めるにせよ、それは強く意識されていたと推測されるので、本稿では中世禅僧の語録・法語に見られる因果の道理の位置付けを検討することで、日本中世の禅僧の意識の一端を追求してみたいと思う。

まず、このことを考える上で、即座に思い浮かぶいちばん典型的なものは、鎌倉期の禅僧、無住道暁（一円。一二二六～一三一二）の『沙石集』である。ここには、因果の道理にかかわる説話が数多く見られるが、その中でも注目されるのは、唐代の禅僧永嘉玄覚の言葉「空を豁達し（空の概念を正しく理解しないことをいう）、因果を撥無し、蕩々漾々として悪趣を招く」（傍線・（　）は筆者、以下同じ）を引用し、続けて、

史料1

云ふ心は、知解情量をもて、空の道理を得て、因（原因）も無し、果（報。結果）も無しと心得て、善悪の業果を撥無し、放逸無慚にして悪業を作りて、悪趣に入るべしと云へり。末代の大乗の学者の中に、間にかくの如き人出来るなり。能々仏法の大意を得て、邪見の林に入る事なかれ(5)。

と述べられ、撥無因果（因果撥無）は悪趣に堕すことが表明されている。本稿では、因果の道理をめぐる問題の中でも、この「撥無因果」に焦点を絞り、右の課題に答えようと思う。なお、文中「撥無」は払いのけて信用しないこと、「撥無因果」は因果を否定する邪見のことである。それでは、いわゆる兼修の禅僧といわゆる純粋の禅僧とに便宜上わけて、その意識を探ってみよう。

一　いわゆる兼修禅と因果の道理

兼修禅とは、禅を他の要素から切り離す純粋禅主義から与えられた評価で、宋朝禅伝来以前の禅宗を指して、あたかも不純であるかのように呼ばれる。近年、このような評価は、宗派の純粋性を自明とする近代的な観点から下された価値判断であること、また、禅は多様な要素を含むことが明らかにされつつあり、「兼修」「純粋」の二項対立的分類は日本禅宗を取り扱った研究史の上では通用しなくなってきている。(6) しかしややもすれば、兼修禅は不純として批判的に見られ、純粋禅のみが正統と評価されがちなので、本稿ではあえて「兼修禅」「純粋禅」を別々に分析することで、純粋禅主義についても問題点を先鋭化し、議論を深めたいと思う。

まずは、いわゆる兼修禅の代表的禅僧として夢窓疎石を取り上げ、その因果の道理をめぐる意識を見ていきたい。

夢窓疎石

夢窓疎石（一二七五～一三五一）は、一万三千余人という弟子を育て、五山を主導する大門派（夢窓派）を形成した。その夢窓疎石が、足利直義の問いに対し答えた形式の法語『夢中問答集』(7) に見られる、因果の道理に関する夢窓疎石の発言を抽出すると、次の「『夢中問答集』にみる因果の道理一覧」（以下、「一覧」とする）のとおりになる。

この「一覧」に見られるように、夢窓疎石は足利直義に対し、因果の道理を非常に多く教示している。その中で撥無因果に関しては、「一覧」No.22「慢心」に、「もし邪見を起して、因果を撥無し、我慢（高慢）を高くして、人法（衆生と仏法）を誹謗する者は、魔道に入るまでもなし。直に地獄に堕すべし」と示している。また、「一覧」No.39・40「本書公刊の趣旨」にも因果の否定は、問題視されている。このように、夢窓疎石も前述の無住道暁と同様に撥無因果は悪趣に堕すと捉えていたようである。

その他に、因果の道理は差別の固定化を招く、との近代的な批判にかかわり興味を引く記述が、「一覧」No.1・

『夢中問答集』にみる因果の道理一覧

No.	摘　要	出典（講談社学術文庫）
1	今生に貧人となれることは、前世の慳貪の業の報ひなり。	〔一〕「今生の福報」（二六頁）
2	もし前世の福因なくば、たとひ世を渡る様を、さまざまに習ひて、そのごとくにふるまふとも、福分のまさること、あるべからず。	〔一〕「今生の福報」（二六頁）
3	貧しかるべき業報にて、給はるべき御恩をも給はらず、治るべき所領をも治りえざるなり。	〔一〕「今生の福報」（二六頁）
4	もし人身命を省みず仏道を行ぜば、たとひ前世の福因なくとも、三宝・諸天の加護によりて、道行の資となるほどの衣食は満足すべし。	〔五〕「求道と福利」（三五・三六頁）
5	もし衆生の業報拙き故に、仏の利益もかなはぬと言はば、凡夫の苦にあふことは、皆業報の故なり。	〔六〕「仏菩薩の真の功徳」（三七頁）
6	仏は一切のことに皆自在を得給へりといへども、その中に三不能といへることあり。一には無縁の衆生を度することあたはず。二には衆生界をつくすことあたはず。三には定業を転ずることあたはず。	〔六〕「仏菩薩の真の功徳」（四四頁）
7	定業とは、前世の善悪の業因によりて感得したる善悪の業報なり。かやうの決定の業報をば、仏菩薩の力も転ずることかなはず。形容の妍醜、福徳の大小、寿命の長短、種姓の貴賤、これらは皆、前世の業因に応へたる定業なり。	〔六〕「仏菩薩の真の功徳」（四四頁）
8	前世の悪因によりて悪果を得たる人、この理を知りて、今生に悪業を作らずば、当来必ず善果を得べし。転じがたき現報をとかく持ちあつかふほどに、当来の善因をも修せず。これは愚人にあらずや。	〔六〕「仏菩薩の真の功徳」（四四頁）

9	知るべし業力のたやすく転ずべからざることを。	［六］「仏菩薩の真の功徳」（四六頁）
10	業に種々のしなあり。現生にやがて報ふをば、順現業と名づく。次生に報ふをば、順生業と言ふ。順生の後に報ふは、順後業なり。もしこの三種よりも軽き業なるは、いつにても、便宜の時報ふべし。かやうなるをば、不定業と名づけたり。軽重によりて遅速ありといへども、作りおける業の報はずしてただ止むことはあるべからず。仏力・法力にあらずは、いかでかこれを消滅せむや。仏力・法力ありといへども、衆生もし求哀懺悔の心なければ、消滅すること能はず。	［七］「神仏の効験」（四七頁）
11	貧苦は慳貪の業因によれり。短命は殺生の業報なり。形容の醜陋なるは、忍辱ならざる故なり。種姓の下賤なるは、他人を軽劣したりし報ひなりと説き給へり。もし人、この教へに随ひて、前非を悔いて長くかやうの業因をやめなば、何ぞ定業とて転ぜざることあらむや。	［七］「神仏の効験」（四七頁）
12	貧窮下賤にして、名利ともに欠けたることは、偏にこれ前世に名利のために、悪業をつくりし故なり。	［七］「神仏の効験」（四八頁）
13	定業を祈りて、転ぜんことも難かるべし。たとひ祈り得たりとも、幾程かこれを保つべき。世間の愛着いよいよ増長して、当来は必ず悪趣に入るべし。	［八］「方便を兼ねた祈り」（五二頁）
14	もし正法流布の御志はなくて、ただ御敵を祈り殺して、我が御身は世に栄え給はんためならば、この順現業によりて、世を保ち給ふことも久しかるべからず。当来はまた悪報を受け給ふべし。	［九］「真言秘法の本意」（五五頁）
15	下賤の人は、各々の宿習にまかせて、何れの法にても、一宗を信じぬれば、	［十］「有力檀那の祈禱」（六〇頁）

	出離の要道不足なし。	
16	十善・五戒の宿薫によりて、国王大臣、有力の檀那とならせ給へるも、しかしながら三宝の恩力なり。	〔十〕「有力檀那の祈禱」（六一頁）
17	人の今生と思へるは、前世に後生と思ひし世なり。今又、後生と思へる世は、後世の今生なるべし。	〔一一〕「後生の果報の祈り」（六一頁）
18	末世に生を受くる人は、皆宿善拙き故に、涯分の果報才学なむどのおはする人も、その先祖に及び給へるは少なし。	〔一六〕「末世に三宝を敬ふ謂れ」（七二頁）
19	真実の三宝は、塵沙法界に遍満し給へども、末世に生まれたる人は、皆宿善薄き故に、かやうの仏僧を拝むこともなし。その法門を聴聞することもあたはず。	〔一六〕「末世に三宝を敬ふ謂れ」（七三頁）
20	僧宝の衰へたることを、そしり給はむよりは、自身の信心の古へに及ばざる故に、仏法をも軽忽し、僧侶をも誹謗して、罪業を招く因縁とはなれども、功徳を得る福田にはあらざることを歎き給ふべし。	〔一六〕「末世に三宝を敬ふ謂れ」（七三・七四頁）
21	今我が朝の武将として、万人に仰がれ給へることは、偏にこれ宿善のいたすところなり。	〔一七〕「政治と仏法」（七九・八〇頁）
22	因果を撥無し、我慢を高くして、人法を誹謗する者は、魔道に入るまでもなし。直に地獄に堕すべし。	〔一九〕「慢心」（八七頁）
23	坐禅をうとむことは、宿習の拙き故なり。	〔二二〕「坐禅と狂乱」（九〇頁）
24	前業によりて、鬼魅に悩まされて狂乱するもあり。	〔二二〕「坐禅と狂乱」（九〇頁）
25	古人意を得て後、三十年、五十年綿密に練磨して、旧業宿障をつくすを、長養の工夫と名づけたり。	〔三五〕「意句倶到と長養」（一一四頁）

26	末代に生まれたる人は、宿薫浅薄なる故に、在家の人の中に、たまたま仏法を信じ給ふも、大略は世俗の名利のためなり。	〔三八〕「知行合一」（一二〇頁）
27	たとひ他人に罵られ打たれたりとも、それによりて地獄に堕つることはあるべからず。かかる悪縁にあうて、起こる所の一念の瞋恚は、倶胝劫の善根を焼失して、遂には我を地獄に堕とすべし。	〔四一〕「理入と行入」（一二八頁）
28	かやうの法門は、教の中に種々の因縁譬喩にて、説き置かれたり。ただ教の中のみにあらず、禅宗を挙揚し給へる祖師たちも亦勧めらる。	〔四一〕「理入と行入」（一三〇頁）
29	人間の八苦の中に、怨憎会苦といへるはこれなり。皆これ前世に彼をあだみたりし報ひなり。或は貧苦・病苦に責めらるるも亦、これ我が慳貪・破戒の報ひなりと思ひて、瞋ることもなく、悲しぶこともなし。かやうの心に安住するを、報冤行と名づく。	〔四一〕「理入と行入」（一三一頁）
30	もしまた福分ありて、官位も進み、財宝も豊かに、名誉も人に勝れ、芸能も世に超えたることありとも、皆これ前世に修せる、有漏の善根にこたへる、果報威勢なり。久しく保つべきことにあらずと思ひて、これに誇り、これに着する心のなきを、随縁行と名づけたり。	〔四一〕「理入と行入」（一三一頁）
31	いまだ仏法を行じても見ずして、退屈する人は、業力の深くして、仏法の志のいるがせなる故なり。仏法を行ずるだにも、悟ることやなからむと疑がはしきに、退屈して一生を過ごしなば、当来には何となるべきや。	〔四七〕「円満具足の本分」（一四五・一四六頁）
32	仏法に入ること、一世一時の薫修にあらず。今生に利根の姓を受けて、頓に悟る人は、前生盲昧にして、坐禅したりし人なり。今生に盲昧にして坐禅する人は、当来必ず一聞千悟の人となるべし。	〔四八〕「坐禅の本意」（一四七頁）
33	今時の人は、宿習も厚からず、道心も深からず。	〔五五〕「古則着語の公案」（一五七頁）

34	もし忉利天なむどに、生まるべき人は、天人来迎する故に、異香室に薫じ、妓楽天に響くべしと云云。たとひ、かやうにいしげなりとも、その果報つきなば、又悪趣にかへるべし。	[六〇]「臨終の相」（一七〇・一七一頁）
35	今生には正法を行ずれども、いまだ練磨の功もつもらず、前世の業障は、いまだつきざる故に、解脱自在の分なし。これによりて、一旦悪趣に入る人もあり。かやうの人は、臨終の相はあしけれども、王法の薫力、失せざるが故に、遂には解脱の場に到る。	[六〇]「臨終の相」（一七一頁）
36	教・禅の宗師の中にも、難に遭うて滅し給へる人あり。前業によりて、一旦臨終に悪相はあれども、これを以て化導の方便とする故に、臨終の相あしき人とはそしるべからず。	[六〇]「臨終の相」（一七三頁）
37	大乗を謗する罪によりて、一旦地獄に入れども、大乗を聞きつる縁によりて、遂に解脱を得る謂れなり。	[八二]「易行門と難行門」（二二一頁）
38	謗法の罪業は、必ず招き給ふべし。無益なることの、これよりまされるは、あるべからず。	[九一]「教外別伝の本旨並びに本朝禅宗の伝承」（二四三頁）
39	末代禅宗を信ずる人の中に、未だ因果の道理をもわきまへず、真妄の差別をも知らざる人あり。	[九二]「本書公刊の趣旨」（二四四頁）
40	委曲に談ずる因果・真妄の法門をだにも、愚存のごとく受け取る人は少なし。	[九二]「本書公刊の趣旨」（二四五頁）

＊本稿は、川瀬一馬校注・現代語訳『夢中問答集』（講談社学術文庫、二〇〇〇年）による。なお、夢窓疎石の因果の道理に関する発言は、数多く見られるが、紙幅の関係から、本稿にとくに関係するものに限った。

3・7・11・12・16・21・29に見られ、そこには現世の果報の原因が細別されている。その中でとくに注目されるのは、「一覧」No.21足利直義が現世で為政者となっていることについて、

史料2

人界に生を受くる人、貴賤異なりと云ふとも、皆これ前世の五戒十善の薫力なり。その中に福分も人に勝れ、威勢も世に超え給へる人は、前世に五戒十善戒をよく持ちて、その上に諸々の善根を作し給へる故なり。今我が朝の武将として、万人に仰がれ給へることは、偏にこれ宿善のいたすところなり。しかれども、なほも世の中に敵対申す人もあり。御家人と号して、奉公する人の中にも、仰せに随つて私を省みざる人は稀なり。かやうのありさまを見奉る時は、前世の善因のなほも不足におはしましけるよとおぼしき

と語っているように、それは過去世で行った善事の報であると明示している。こうした意識は、夢窓疎石だけではない。興福寺大乗院第二十六代門跡の経覚は、楠葉新右衛門が語った足利義政の夢の話を書き記しているが、そこにも、

史料3

去月(寛正二年一月)十八日夜室町殿(足利義政)御夢ニ、普廣院殿(足利義教)束帯ニテ御枕ニ令レ立賜テ云、吾(足利義教)在生時罪ヲ犯事依レ多レ之、受苦事非レ一、然而又善事ヲ沙汰事モ多端、依レ之重可レ生二将軍一者也、[8]

と見えるので、因果によって種姓に貴賤の差が生じることは、顕密諸宗にも中世の人々にも広く意識されていたようである。やはり、それが差別を招くという近代的な意識は中世には存在しない。

ここで、ひとつ疑問とすべきことは、因果の道理を持ち出すことによって、仏僧にとっては俗人を道徳的に行動させることにつながる、まさに方便として、因果の道理を含めていた可能性である。では、この問題をもう少し掘

り下げて考えてみよう。「一覧」に見られるように、足利直義に因果の道理をふかく教示した夢窓疎石は、俗甥であり弟子の春屋妙葩が記した夢窓疎石の行状記「天龍開山夢窓正覚心宗普済国師年譜」に、

史料4

是以天下之士無二貴賤一。仰二道風一者如三大旱望二雲霓一。然師(夢窓疎石)素無三以レ私容二人之情一故有下四遠之人跋二渉山川一而来上。不レ得二相見一者往往有レ之矣。然猶挨下排搪突於丈室之外伺二出入時一造次問レ道者上。雖二風雨時一無レ有二虚日一焉。師毎謂レ徒曰。我以二虚声一被二人崇敬一不レ遑二靖退一。是亦業債之使レ然也。(9)

と見えるように、夢窓疎石は自身が多忙を極め隠遁できないことを、宿業の債務が招いたものだと常々語っていたという。となるとこの事例が明快に示すように、夢窓疎石にとって因果の道理は、単なる方便では決してなかったのである。

以上、本章では、『夢中問答集』を手がかりに夢窓疎石の因果の道理の位置付けを明らかにした。そこでは、冷厳な事実として捉えられており、それゆえ、決して撥無すべきではなかった。だとすれば、夢窓疎石が「一覧」No.28「かやうの法門は、教（禅・律以外の諸宗）の中に種々の因縁譬喩にて、説き置かれたり。ただ教の中のみにあらず、禅宗を挙揚し給へる祖師たちも亦勧めらる」と述べていることが気になる。他の禅僧たちはどのように意識していたのだろうか。

二　いわゆる純粋禅と因果の道理

前章では、夢窓疎石の因果の道理をめぐる意識について考察してきた。夢窓疎石は、多芸多才であり、また、日

本的禅をはじめたとも語られるので、それゆえにかえって禅僧としては不純であり、因果の道理をふかく意識していた可能性も考えられる。そこで正反対に、ひたすら純粋な禅を追いかけたとされる、いわゆる純粋禅の林下（叢林下。五山派以外の諸派）、その中でも臨済系山隣派（大徳寺派と妙心寺派）・日本曹洞宗は、撥無因果の問題をどのように捉えていたのか、本章ではその代表的禅僧である宗峰妙超・関山慧玄・一休宗純・道元を順に見ていきたい。

宗峰妙超・関山慧玄

ここでは、夢窓疎石とともに二大巨頭と称せられた、大徳寺開山、宗峰妙超（一二八二～一三三七）の遺誡に注目し、臨済系山隣派派祖の撥無因果の意識を検討したい。なお、妙心寺開山、関山慧玄（一二七七～一三六〇）の意識を考えさせてくれる遺誡は、宗峰妙超の遺誡につながるのでまとめて考察してみることにする。まずは関山慧玄の遺誡を見ていくことにしよう。

史料5

関山風水泉頭談ス二出世ノ始末一ヲ。師（関山慧玄）臨二示寂一。立ナカラ告二授翁（授翁宗弼）一云。昔吾カ大應（南浦紹明）老祖。越二風波ノ大難地一。蚤入二宋域一。遇二著虚堂（虚堂智愚）一。将路頭再過之称。受二児孫日多之記一。単ニ伝楊岐正脈（臨済宗楊岐派）ヲ於吾朝一者ノハ。老祖之功也。次ニ先師大燈老人（宗峰妙超）。受二應祖（南浦紹明）淵粋之命一。長養者二十年。果シテ顕二大應遠大ノ高徳一。①起二仏祖已墜之綱宗一。②残二真風不地之遺誡一。鞭ニ策後昆一者ハ先師之功也。老僧（関山慧玄）爰ニ受二花園仙帝（花園上皇）之勅請一。創ニ開這山（妙心寺）一。嚼レ飯養二嬰児一。後昆縦然ヒ有下トモ忘ニ却老僧（関山慧玄）一之日上。忘ニ却應燈二祖（南浦紹明・宗峰妙超）之恩一ヲ。不二ス老僧カ児孫一ニ。幸ヒ③有二先師（宗峰妙超）遺誡一。老僧（関山慧玄）又何ヲカ道ン。至嘱。

右享保十六年（一七三一）九月十九日。大法院（妙心寺塔頭）全密首座。以レ所二写得一示レ余（無著道忠）。余問。何従得二此一本一。密曰大龍院（妙心寺塔頭）天祐座元。以二伝写本一示二高源寺ノ藍渓和尚（藍渓慧湛）一ニ。不レ知二出処一(10)。

関山慧玄は、南浦紹明・宗峰妙超の功績を挙げ、後世の弟子たちが、わたし関山慧玄を忘れる日があったとしても、應燈二祖の恩を忘れるようなことがあれば、そんな者は弟子ではない、と誡めている。この遺誡は、関山慧玄が示寂直前に風水泉[11]のほとりで弟子の授翁宗弼に口伝し、授翁宗弼法嗣の雲山宗峨が成文化したものとされている。[12]なお、右の遺誡は、妙心寺を代表する碩学、無著道忠（一六五三〜一七四四）が『正法山誌』巻四にはじめて収録したものである。[13]本稿で史料5関山慧玄の遺誡をまず提示したのは、その中で、傍線部②③宗峰妙超が「真風不地之遺誡」を遺してのちの弟子を誡めたことが特筆されていることに注目したいからである。この「真風不地」とは、無著道忠が同書の中で「真風不地。恐不下脱墜字。[14]」と注記しているように、「真風不墜地」の遺誡であると考えられる。[15]では、この宗峰妙超が遺した真風不墜地の遺誡について立ち入って見ることにしよう。

史料6

○遺誡

老僧（宗峰妙超）行脚後、或寺門繁興、仏閣経巻鏤二金銀一、多衆閙熱、或誦経諷呪、長坐不臥、一食卯斎、六時行道。直饒雖二恁麼去一、不下以二仏祖不伝妙道一掛中在胸間上、則撥無因果、真風墜レ地。併是邪魔種族也。老僧去レ世久矣、不レ許レ称二児孫一。或儻有二一人一、綿二蕝野外一、一把茅底、折脚鐺下、煮二野菜根一、喫過レ日、専一究二明己事一者、与二老僧一日日相見報恩底人也。誰敢軽忽哉。勉旃勉旃。

建武二年（一三三五）十一月　日、宗峰叟、書二于看雲亭下一。[16]

宗峰妙超は、どんなに仏法が興隆しようとも、仏祖不伝（教外別伝・不立文字）をきちんと理解していないと、撥無因果することになり、そうしたことをすれば、正しい仏法は地に墜ちてしまう。また、そんな者は仏法を害する悪魔であり、弟子ではない。と手厳しく誡めている。したがってこれによれば、宗峰妙超も夢窓疎石と同様に撥無因果を誡め、さらにそればかりではなく、撥無因果は仏法失墜の邪見と誡めていた。そしてこの撥無因果をめぐる意識は、史料5傍線部②③弟子の関山慧玄（妙心寺派）も重視していたのである。[17] 引きつづき宗峰妙超の法脈に連なり、破戒の逸話も知られる一休宗純の意識も見ておきたい。

一休宗純

一休宗純（一三九四～一四八一）は、男色はもとより女犯の伝説や、また、あえて日常破戒無慚の行為を、大徳寺一派の爛熟に対する警鐘として示すなど、真摯と狂乱の共存する生涯をおくった禅僧として知られている。この一見、まったく因果にとらわれない禅を実践した一休宗純は、実際のところ因果の道理をどのように捉えていたのであろうか。一休宗純が会下[18]に示した法語には、

史料7

凡参禅学道、須三勤二絶悪知悪覚一、而至二正知正見一也。悪知悪覚者、古則話頭、経論要文、学得参得、坐禅観法、労而無レ功者也。如レ是之輩、当代四百四病一時発、為二人所一レ辱。是情識之血気也。対二閻老面前一、有二甚伎倆一乎。獅子尊者断頭、白乳顕露分明也。正知正見者、日用坐二断涅槃堂一底工夫、全身堕二在火坑一、子細看レ之、苦中有レ楽。若能見得、不レ昧二撥無因果境一。若見不レ得、永不成仏漢。可レ懼々々。

示二会下徒一之法語　前大徳禅寺一休子宗順謾（ママ）道[19]

と見える。まず、末筆に「前大徳禅寺」とあるので、この法語は、一休宗純が、文明六年（一四七四）後土御門天皇の大徳寺住持の綸旨を承けた八十一歳以降のものであることが分かる。内容は、およそ参禅し仏道修行するには、「悪知悪覚」を全てなくして、「正知正見」に到らねばならないという。そして、「正知正見」とは、ふだん涅槃堂

に坐りぬく工夫をして、全身が火のあなに落ちこむとも、詳しくこのことを観察し考えてみると、苦の中に楽がある。もしこのことがよく見ぬけると、撥無因果の邪見にくらまされることはない。もし見ぬけないと、永遠に成仏できぬ者となる。と撥無因果の邪見をおこせば、真理を悟ることなどできないと会下に誡めている。さらに、一休宗純の撥無因果の位置付けについて、もう少し見ておこう。八十歳代に記されたと考えられている偈頌に、

史料8

破戒沙門八十年　自慚因果撥無禅　病被二過去因果々一　今行レ何謝二劫空（空劫。長年）縁一（原因）[20]

と賦したように、八十八歳で示寂する一休宗純が、晩年、自らの撥無因果を悔いる姿がここには見られる。また一休宗純は八十一歳から瘧（間欠熱の一種）に罹り病床に臥すが、ここでは病は過去の因縁の結果こうむっていると述べている。この点について「一覧」№29には、病苦は破戒の報いとあり、史料8の「病」も冒頭の「破戒」の意義に対応させているのであろう。これらによれば、壮年期は因果に捉われない禅を実践した一休宗純であったが、晩年には、撥無因果を悔い、さらに会下にもそれを誡めていたのである。

道　元

日本曹洞宗の宗祖、道元（一二〇〇～一二五三）は、坐禅こそ仏法の正門であり、大安楽の法門であると語り、本覚思想や念仏、祈禱をきびしく排斥。また、出家至上主義により、在家成仏や女人成仏を否定した考え方をしたことが広く知られている。そして、こうした一面は、排他的な「専修」を高く評価する立場からは、鎌倉仏教の代表的人物のひとりとされてきた。[21]このように評価される道元であるが、晩年には撥無因果の邪見を誡めていた。

道元の晩年の思想が表されているとして、近年注目を浴びている十二巻本『正法眼蔵』[22]所収の第七「深信因果」

の巻・第八「三時業」の巻には、因果の問題が具体的に論じられていることが知られている。たとえば「深信因果」の巻には、「百丈野狐」の公案、すなわち「大修行をした人でも、因果の法則に落ちるのか」と問われた老人が「不落因果」と答えたために、五百生の間、野狐の身に堕してしまう。百丈懐海はその野狐に対し、この公案の答え「不昧因果」を教え、それによって野狐の身を脱することができた、という話を引用し、続けて、

史料9

この一段の因縁、天聖広燈録にあり。しかあるに、参学のともがら、因果の道理をあきらめず、いたづらに撥無因果のあやまりあり。あはれむべし、澆風一扇して祖道陵替せり。「不落因果」はまさしくこれ撥無因果なり、これによりて悪趣に堕す。「不昧因果」はあきらかにこれ深信因果なり、これによりて聞くもの悪趣を脱す。あやしむべきにあらず、疑ふべきにあらず。近代参禅学道と称ずるともがら、おほく因果を撥無せり。なにによりてか因果を撥無せりと知る、いはゆる「不落」と「不昧」と一等にしてことならずとおもへり、これによりて因果を撥無せりと知るなり。(24)

とあり、近年禅僧の多くが、撥無因果の誤りを犯しており、世を乱し、祖師の教えが衰亡に向かっていると語っている。まさにこれは、史料6宗峰妙超の「遺誡」と同質の意識である。そしてここでは、「不落因果」は撥無因果であり、「不昧因果」こそが深信因果であると示している。

ところで、四十五歳の壮年の道元は、この「百丈野狐」の公案を七十五巻本『正法眼蔵』所収の第六十八「大修行」の巻でも触れている。しかしそこでは、「不落」と「不昧」の対立図式に捉われることを誡めていた。つまり、史料9の「不落因果」は撥無因果であり、「不昧因果」こそが正しいという解釈は、晩年になってはじめて導き出された結論なのであった。こうした思索の展開は、辛酸を重ねているうちに、晩年になって、恣意的な自らの工夫

を超えて、自らの宿業にふかく思いを潜めたからだと考えられている。[25] また、このあり方からすると、破戒を含め既存の仏教に積極的に挑戦した一休宗純が、晩年、自らの宿業に眼を向けていった心境の変化は、まさに道元の思索の展開と同質に属するものであったのだろう。

以上のように、いわゆる純粋禅の代表的禅僧である宗峰妙超・関山慧玄・一休宗純・道元もまた因果の道理を直視し、その上で思索を展開していた。こうした事実は、中世禅宗史を考えるさいに見落とすことのできない一面である。

おわりに

以上、中世禅僧の因果の道理をめぐる意識について、夢窓疎石・宗峰妙超・関山慧玄・一休宗純・道元を中心に素描を試みた。これまでの考察によって明らかになったことは、おおよそ次のとおりである。中世の禅僧にとって、因果の道理は単なる方便ではなく、冷厳な事実であり、決して撥無すべきものではなかった。そしてそればかりではなく、撥無因果は仏法失墜につながる邪見と誡められていた。本稿は便宜的に「兼修禅」「純粋禅」を別々に分析したが、そうした対立図式に明らかな相違は見られず、因果の道理に対し同質の意識を持っていた。やはり、禅・悟りを他の要素から切り離す狭隘な純粋禅主義は、この意味でも成り立たないのである。

最後に、史料5関山慧玄の遺誡のテキストの問題から、近世禅宗における因果の道理の位置付けについて若干の言及を加え、さらに今後に残された課題を指摘して、この小論を閉じたい。関山慧玄の遺誡は、註(13)に示したとおり、それ自体、江戸中期に作られたのではないかとも疑われている史料であり、そのまま信用してよいか留保が必要だが、もしそうならば、江戸期の妙心寺教団が宗峰妙超の遺誡、つまり撥無因果の誡を重視していたことを示唆することになろう。事実、近世仏教に大きな影響をあたえた日本黄檗宗の宗祖、隠元隆琦（一五九二～一六七三）は、後水尾法皇をはじめ多数の公家武家などの俗人に積極的に法を説いたが、その中で「答獨廣方居士七問」[26]には、獨廣方居士の「問。人死後出レ此生レ彼。種種地獄種種輪転（輪廻）是否」に対し「師（隠元隆琦）云。随二福業一以昇沈。果不レ虚矣」と、因果の道理を含め、さらに具体的に、「有二寿夭窮通之別一。恐前生殺生之余報。一者短命。二者多病。信不レ誣矣」と教示している。これは、「一覧」№11「短命は殺生の業報なり」と示した夢窓疎石と同質の意識である。こうしたあり方からすると、因果の道理は、前近代の禅宗においてはまさに常識的な仏教の教説であったともいうべきであろう。

しかし近代以降、このような因果の道理は、その反社会性・差別性が批判され、なかなか扱いにくい教説となっている。そうした観点からか、因果の道理は、仏典の神話的言説と同じレヴェルの言語とみるべき教説と目されたり、原始仏典『スッタニパータ』（六五〇偈）[27]などが引用されて、人間の価値は過去の業によって決定されるものではなく、品格のある行為に在るなどと説明され、差別的業論の批判のために、同時に因果の道理も否定される。たしかに『スッタニパータ』は、最古層の仏説であり、歴史的人物としてのゴータマ・ブッダ（釈尊）のことばに最も近いとされている。しかし『スッタニパータ』は、そもそも近代に入ってからはじめて日本に紹介された原始仏典であり、漢訳もされていない。つまり、大乗仏教や、日本中世仏教を考える上で、それをそのまま持ち込み規定することは、明らかに実態を乖離した規定であり不適切であろう。

今日では、日本中世の祖師たちを、近代的で偉大な人物と見なすことへの批判が多方面で言及されてきている。[28]本稿は、中世の禅僧が因果の道理を冷厳な事実として直視し、その上に思索を展開していたことを明らかにした。

これまで切り落とされてきた、こうした要素が中世禅僧に絡み合っていたことを踏まえることで、禅宗史はより豊かに再構成される余地がまだまだ残されているように思う。今後さらなる探求を続けてゆきたい。

註

(1) 因（原因）と果（報。結果）との間には必然的な関係があり、この理法を因果の道理という。前世・現世・来世の三世を通貫するとされる。
(2) 業（善悪の行為）によって次の生の境遇が決まり、それを永遠に繰り返すとされる。これを輪廻という。
(3) 道元の他に、禅僧の因果の道理をめぐる意識として知られているのは、その対象を大陸の禅僧に広げてみても、達磨の直説とされる二入四行説の中の報冤行と随縁行のみである。なお、夢窓疎石も達磨の報冤行と随縁行について語っている（「一覧」№29・30）。
(4) とくに、被差別民に「差別戒名」を定式化したことやハンセン病を「業病」と位置付けた歴史への反省から、因果の道理は否定的に見られる。なお、「自業自得」「因果応報」等、現在でも成句として使われているが、一般に悪い意味に使用され、しかも現世の範囲内に限られて、前世・現世・来世の三世にわたる理法とは意識されていない。
(5) 「永嘉禅師の言」（小島孝之校注・訳『沙石集』〈『新編日本古典文学全集』五二、小学館、二〇〇一年〉）二三四頁。同書は市立米沢図書館蔵本（興譲館旧蔵）を底本としている。
(6) たとえば原田正俊氏の文章を借りれば、「研究史上いたずらにありもしない「純粋禅」を規定することは歴史的評価を誤ることになる」と端的にいっている。同氏「九条道家の東福寺と円爾」（『季刊　日本思想史』六八、二〇〇六年）九四頁。
(7) 九十三問答よりなる仮名書きの法語。康永元年（一三四二）、梵僊の二つの跋を付して公刊。本稿は、川瀬一馬校注・現代語訳『夢中問答集』（講談社学術文庫、二〇〇〇年）による。同書は康永三年（一三四四）刊五山版を底本としている。
(8) 『経覚私要鈔』（『史料纂集』続群書類従完成会）寛正二年二月六日条。
(9) 「天龍開山夢窓正覚心宗普済国師年譜」（『大正新脩大藏經』第八〇巻所収）四九二頁。

(10) 本稿は、無著道忠『正法山誌　全』(思文閣、一九七五年)五九頁による。同書は龍華院蔵本を原本としている。

(11) 妙心寺塔頭玉鳳院の井戸。なお、この風水泉の写真が、『朝日ビジュアルシリーズ　週刊仏教新発見28　大徳寺妙心寺』(朝日新聞社、二〇〇七年)二〇頁に掲載されている。

(12) 『正法山誌　全』五八・五九頁。

(13) 関山慧玄の遺誡は、それ自体、江戸中期に作られたのではないかとも疑われている。玉村竹二「初期妙心寺史の二三の疑點」(『日本禅宗史論集』巻下之二、思文閣出版、一九八一年、初出は一九五七年)、加藤正俊「関山の遺誡」(『関山慧玄と初期妙心寺』思文閣出版、二〇〇六年)等。

(14) 『正法山誌　全』五九頁。

(15) 廣田宗玄氏は、史料5傍線部②無著道忠の指摘どおりに一字増やし「残真風不墜地之遺誡」とすると、史料5傍線部①「起仏祖已墜之綱宗」との八字対句の形が崩れてしまうことから、「不墜」とすべきところを「不地」と誤ったのではないかと推測している。同氏『正法山妙心寺開山　関山慧玄禅師伝』(春秋社、二〇〇九年)一七五・一七六・二二三頁。

(16) 本稿は、『大燈国師拾遺録』(開山国師正當六百五十年遠諱記念『大徳寺禅語録集成』第一巻、法藏館、一九八九年)一八六頁による。同書は龍光院蔵本(大徳寺二百二世實堂宗傳筆写本)を原本としている。なお、現在臨済宗諸派で読誦されている「興禅大燈国師遺誡」(『禅宗日課聖典』貝葉書院、二〇一四年、七六~七八頁)は、次に挙げた宗峰妙超が大衆に示した法語「示衆法語」(嘉暦二年〈一三二七〉または正慶元年〈一三三二〉)が史料6「遺誡」の冒頭に付け加えられ、若干字句の相違がある。

汝諸人来二此山中一、為レ道聚レ頭、莫レ為二衣食一、有レ肩無二不衣一、有レ口無二不喫一、只須下十二時中向二無理会処一窮来究去上、光陰如レ箭、慎勿二雑用心一。(『大燈国師拾遺録』一八一・一八二頁)。

(17) 宗峰妙超の「遺誡」については、荻須純道『臨済禅叢書7　夢窓大燈』(東方出版、一九四四年)一七九・一八〇頁、平野宗浄『日本の禅語録　第七巻　大燈』(講談社、一九七八年)四七~四九頁、竹貫元勝『ミネルヴァ日本評伝選　宗峰妙超—大燈を挑げ起して—』(ミネルヴァ書房、二〇〇八年)一〇二頁等で解説されているが、とくに撥無因果をめぐる問題には言及していない。

(18) 相国寺僧南江宗沅・堺の豪商尾和宗臨・真弟の岐翁紹禎・没倫紹等・祖心紹越・済翁紹派・北海紹超等が知られ

ている。

(19) 本稿は、平野宗浄監修・寺山旦中編著『一休和尚全集別巻　一休墨跡』（春秋社、一九九七年）による。同書は真珠庵蔵と酬恩庵蔵の写真が八二・八三頁に掲載されている。他に、『狂雲集』（平野宗浄監修・蔭木英雄訳注『一休和尚全集第二巻　狂雲集〔下〕』〈春秋社、一九九七年〉一六七頁）にも収録されている。

(20) 「病中二首」。本稿は、平野宗浄監修・平野宗浄訳注『一休和尚全集第一巻　狂雲集〔上〕』（春秋社、一九九七年）三一三頁による。同書は奥村重近衛蔵本（祖心紹越筆写本）を底本としている。

(21) このような見方は、黒田俊雄氏の顕密体制論（同氏『日本中世の国家と宗教』岩波書店、一九七五年）の提起以降、大きく変わってきている。実際には鎌倉仏教においても、多様な実践が行われ、排他的というわけでもなく、複合的な面が強いことが明らかにされつつある。

(22) 道元が晩年に自ら『正法眼蔵』を改稿し、体系的に編纂しようとしたが未完におわり、残されたのが十二巻本『正法眼蔵』という。なお、この十二巻本『正法眼蔵』を前提に、それ以前のものを集めたものが七十五巻本『正法眼蔵』であり、今日、十二巻本と七十五巻本をセットに用いるのが普通である。

(23) ここでは三時業の具体例を挙げて説明している。文中、三時業とは、順現報受業、順次生受業、順後次受業のこと。順現報受業とは、この生で業を作って、この生で報いを受けるもの。順次生受業とは、この生で業を作って、次の生で報いを受けるもの。順後次受業とは、この生で業を作って、次生以後で報いを受けるもの。なお、夢窓疎石も三時業について語っている（『一覧』No.10・14）。

(24) 本稿は、水野弥穂子校注『正法眼蔵』（四）（岩波書店、一九九三年、二八七・二八八頁）による。同書は『秘蜜（密）正法眼蔵』二十八巻本を底本としている。ついで、石井修道氏は、「深信因果」の秘密正法眼蔵本と永光寺本との校異を示している。史料9、当該箇所で大きく異なるのは、「なにによりてか因果を撥無せり」が永光寺本にはない。同氏「『深信因果』『三時業』考」（『駒澤大學佛教學部研究紀要』第五十八號、二〇〇〇年）四三頁。

(25) 十二巻本『正法眼蔵』に関する先行研究は数多く見られるが、とくに本章とかかわる研究として、前註(24)「『深信因果』『三時業』考」、玉城康四郎「十二巻本について」（『現代語訳　正法眼蔵六』大蔵出版、一九九四年）、末木文美士「脱構築から再構築へ―道元『正法眼蔵』―」（『仏典をよむ』新潮社、二〇〇九年）などがあり、多くの点で参考とした。なお、鏡島元隆・鈴木格禅編『十二巻本『正法眼蔵』の諸問題』（大蔵出版、一九九一年）が体系的にまとめられている。
(26) 『普照国師法語』(『大正新脩大藏經』第八二巻所収)七六五頁。
(27) 「生れによって〈バラモン〉となるのではない。生れによって〈バラモンならざる者〉となるのでもない。行為によって〈バラモン〉なのである。行為によって〈バラモンならざる者〉なのである。」(中村元訳『ブッダのことば―スッタニパータ―』岩波書店、一九八四年)一四〇・一四一頁。
(28) たとえば末木文美士氏は、従来、宗祖として特別視されてきた思想家たちも、中世という場の中に入れ直して見なければならない、と端的にいっている。同氏『日本仏教入門』(角川学芸出版、二〇一四年)四六頁等。

あとがき

稲葉伸道先生は、二〇一六年三月をもって名古屋大学を定年退職された。一九七三年四月に名古屋大学大学院に入学されて以来、四十三年間に及んだ名大在籍記録にも終止符を打たれたわけである。先生は、大学院修了後、日本学術振興会奨励研究員を経て、一九八〇年四月に名大文学部国史学（のち日本史学）研究室の助手に就任され、八二年に講師、八七年に助教授、九七年に教授に昇格された。名大一筋の教員生活であった。当然ながら、学部・大学院での教え子も数多く、卒業・修了後も、名大日本史学研究室に事務局を置いている中世史研究会（稲葉先生は創設メンバーの一人である）の会員となって先生との交流を続けている者も多い。教え子たちから「ご退職の記念論文集を」との声が上がったのも自然の成り行きであった。

これを受けて水野智之さんと私が論文集作成の話を始めたのは、二〇一三年夏頃であったと思う。その後、安藤弥さんと小久保嘉紀さんを交えて相談を重ね、稲葉先生に論集刊行のご了承をいただいたのはその冬であった。続いて、先生の研究分野を念頭に、論文集の性格についての検討を始めた。中世寺院史を柱とすることはすぐに決まり、その上で、①寺院の組織と運営、②朝廷・国衙・武家政権との関係、③地域と寺院、といったサブ・テーマを設定することにした。①②は、先生のもともとの専門分野である。③については、先生の業績の一分野が、『新修稲沢市史』から始まり現在の『愛知県史』に至る地域史であることによった。これもまた、先生が東海地域の国立大学の教員として、社会的責務を誠実に果たされていることの証明と言えよう。

二〇一四年六月、名古屋大学大学院で稲葉先生の教えを受けた中世史専攻の卒業生および先生と交流の深い名大卒業生の方々に、論文集への寄稿をお願いする書簡を発送したところ、多くの方からご賛同をいただくことができた。翌年秋には論文が揃い始めたが、そこに史料論に相当する論文が数編あり、今更ながら「実証」という、先生の研究の基底をなす特色に改めて気づかされ、④寺社史料論をサブ・テーマの中に追加することにした。思い返してみれば、先生は名大での授業の際、用意されてきた史料の解釈について、「いや、待てよ……」と長考に入られることがままあった。事前に解釈したはずの史料についても常に問い直し続けられるその姿勢は、「実証」を重んじる名大の学風を示すものであり、まさに先生からの無言の教育であったように思う。

最終的には、稲葉先生の先輩諸賢から大学院生までの諸論考、そして先生ご自身の論文を加えた二十二編の論文を頂戴することができた。ご多忙の中、力作をお寄せくださった執筆者の方々に深く感謝するとともに、これもまた先生の学徳のしからしめるところと痛感した次第である。

ただし、その後、私ども世話人の不手際もあり、心ならずも刊行が今日まで延引してしまったことは、先生をはじめ関係各位にお詫びしなければならない。また、末筆ながら、出版を快諾された法藏館のご厚意には改めて謝意を表するとともに、ご苦労いただいた編集の田中夕子氏にも深く感謝申し上げる。

稲葉先生はおいくつになられても若々しい。退職された後も、研究生活においてはお変わりないだろう。これからも、なおいっそう私ども後進をご指導いただけるものと確信して、筆を擱くことにする。

二〇一六年十月

世話人を代表して　青山幹哉

執筆者紹介〈五十音順〉（生年。現職）

青山　幹哉（あおやま　みきや）
一九五六年。南山大学人文学部教授

安藤　弥（あんどう　わたる）
一九七五年。同朋大学文学部准教授

飯田　良一（いいだ　りょういち）
一九四七年。三重県史編集委員

池田　丈明（いけだ　たけあき）
一九七五年。正眼短期大学講師

生駒　孝臣（いこま　たかおみ）
一九七五年。大阪市史料調査会・関西学院大学非常勤講師

稲葉　伸道（いなば　のぶみち）
奥付上に掲載

川戸　貴史（かわと　たかし）
一九七四年。千葉経済大学経済学部准教授

金龍　静（きんりゅう　しずか）
一九四九年。浄土真宗本願寺派円満寺住職

小久保嘉紀（こくぼ　よしのり）
一九七九年。桜花学園大学・中京大学非常勤講師

小林　保夫（こばやし　やすお）
一九四七年。嵯峨芸術大学非常勤講師（元堺女子短期大学教授）

斎藤　夏来（さいとう　なつき）
一九六九年。名古屋大学大学院文学研究科教授

佐藤　圭（さとう　けい）
一九五三年。福井県立一乗谷朝倉氏遺跡資料館文献調査専門員（元　福井県教育庁埋蔵文化財調査センター所長）

高橋　菜月（たかはし　なつき）
一九九二年。名古屋大学大学院文学研究科博士課程前期課程在学

谷口　央（たにぐち　ひさし）
一九七〇年。首都大学東京都市教養学部教授

中島　雄彦（なかしま　たけひこ）
一九七四年。岐阜市歴史博物館学芸員

西島　太郎（にしじま　たろう）
一九七〇年。松江歴史館専門学芸員

服部　光真（はっとり　みつまさ）
一九八五年。公益財団法人元興寺文化財研究所研究員

古田　功治（ふるた　こうじ）
一九六五年。名古屋大学大学院文学研究科博士課程後期課程在学。大府市役所

松山　充宏（まつやま　みつひろ）
一九七六年。射水市新湊博物館主任学芸員

水野　智之（みずの　ともゆき）
一九六九年。中部大学文学部歴史地理学科准教授

安原　功（やすはら　いさお）
一九六三年。中京大学国際教養学部非常勤講師

渡邉　正男（わたなべ　まさお）
一九六四年。東京大学史料編纂所准教授

（二〇一六年十二月現在）

【編者】
稲葉　伸道（いなば　のぶみち）
1950年生まれ。専攻は日本中世史。名古屋大学名誉教授。
代表的な著書・論文に『中世寺院の権力構造』（岩波書店、1997年)、「中世東大寺における記録と歴史の編纂——『東大寺続要録』について——」(『統合テクスト科学研究』1-2。名古屋大学、2003年)、「後醍醐天皇親政期における王朝の寺社政策」(『年報 中世史研究』40、2015年）など。

中世の寺社と国家・地域・史料

二〇一七年五月三一日　初版第一刷発行

編　者　稲葉　伸道
発行者　西村　明高
発行所　株式会社　法藏館
京都市下京区正面通烏丸東入
郵便番号　六〇〇-八一五三
電話　〇七五-三四三-〇〇三〇（編集）
〇七五-三四三-五六五六（営業）

印刷・製本　亜細亜印刷株式会社

ISBN 978-4-8318-6245-7 C3021

延暦寺と中世社会　河音能平・福田榮次郎編　九、五〇〇円

東大寺の新研究1
東大寺の美術と考古　栄原永遠男・佐藤 信・吉川真司編　一七、〇〇〇円

東大寺の新研究2
歴史のなかの東大寺　栄原永遠男・佐藤 信・吉川真司編　一七、〇〇〇円

鎌倉仏教と専修念仏　平 雅行著　九、〇〇〇円

中世後期　泉涌寺の研究　大谷由香著　六、〇〇〇円

中世叡尊教団の全国的展開　松尾剛次著　一二、〇〇〇円

王法と仏法　**中世史の構図**〈増補新版〉　黒田俊雄著　二、六〇〇円

仏教史研究ハンドブック　佛教史学会編　二、八〇〇円

法藏館　価格税別